王韜日記新編

上

【清】王韜 撰
田曉春 輯校

上海古籍出版社

國家社會科學基金重大招標項目“晚清維新
變法先驅王韜著作整理與研究”（16ZDA182）

王韬像

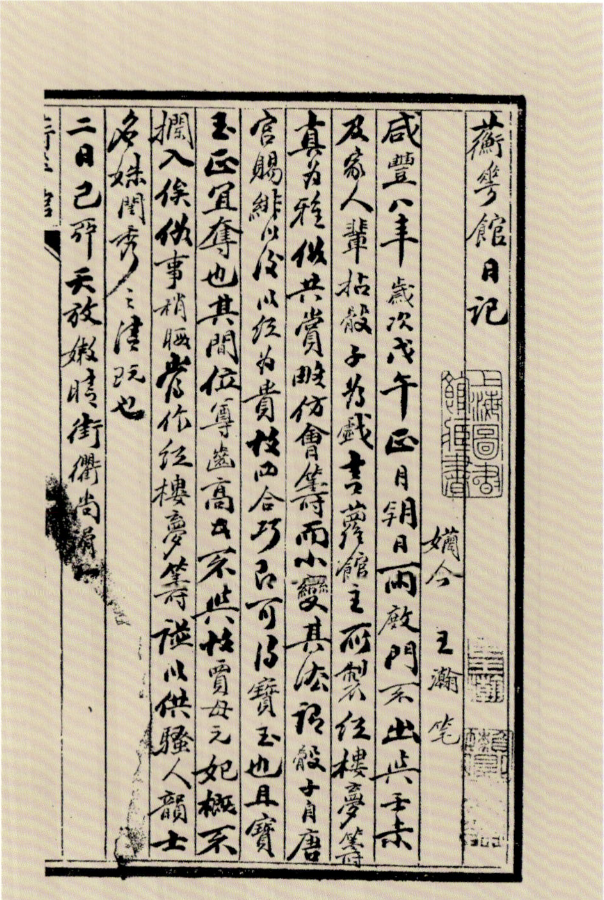
蘅華館日記

嬾今 王瀚 筆

咸豐八年歲次戊午正月朔日，兩廠門不出，與壬叔及家人輩拈骰子為戲。書蘅館主所製紅樓夢籌，真為雅俗共賞，賭仿會籌而小變其法。擲骰子自唐官賜緋以後，以紅為貴，故四合巧色可得寶玉也。且寶玉正宜奪也。其間位尊齒高者不與，故賈母元妃概不攔入，俟徐事稍暇，當作紅樓夢籌，謎以供騷人韻士名姝閨秀之清玩也。

二日己卯，天放嫩晴，街衢尚有

上海圖書館藏王韜《蘅華館日記》稿本

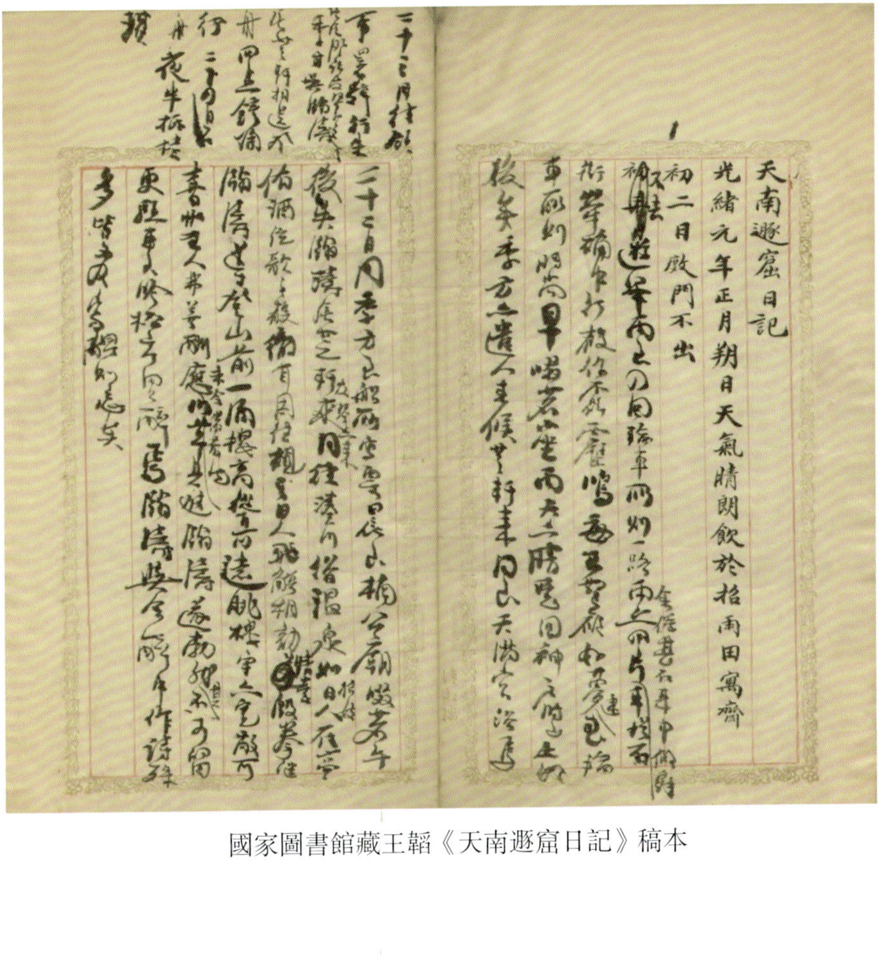
天南遯窟日記
光緒元年正月朔日天氣晴朗飲於栢雨田寓齋
初二日啟門不出

國家圖書館藏王韜《天南遯窟日記》稿本

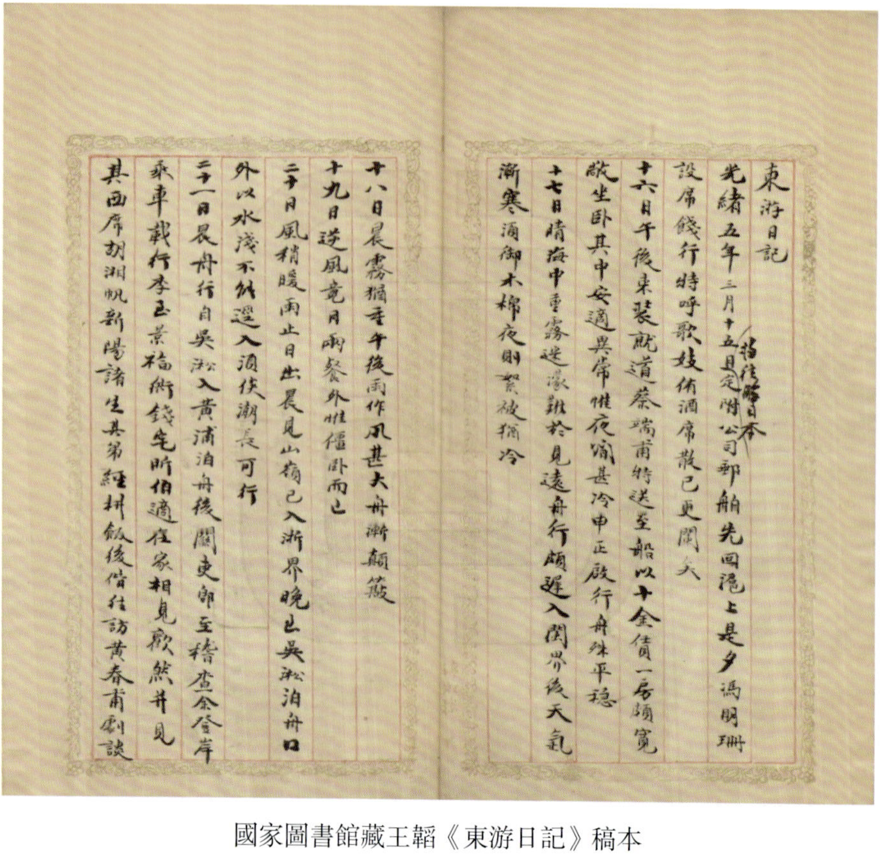

東游日記
光緒五年三月十五日擬往日本定附公司郵船先回滬上是夕馮明珊
設席餞行時呼歌妓侑酒席散已更闌矣
十六日午後束裝就道蔡嘯甫特送至船以十金賃一房頗寬
敞坐卧其中安適異常惟夜間甚冷申正啟行舟殊平穩
十七日晴海中重霧迷濛雖於見遠舟行頗遲入閩界後天氣
漸寒須御木棉夜間蒙被猶冷
十八日晨霧猶重午後雨作風甚大舟漸顛簸
十九日逆風竟日兩餐外惟僵卧而已
二十日風稍暖雨止日出晨見山脈已入浙界晚至吳淞泊舟口
外以水淺不能遽入須俟潮長可行
二十一日晨舟行自吳淞入黃浦泊舟後關吏即至稽查余登岸
乘車載行李至景福衕錢老昕伯適在家相見歡然并見
其西席胡湘帆新陽諸生其弟經耕飯後偕往訪黃春甫劇談

國家圖書館藏王韜《東游日記》稿本

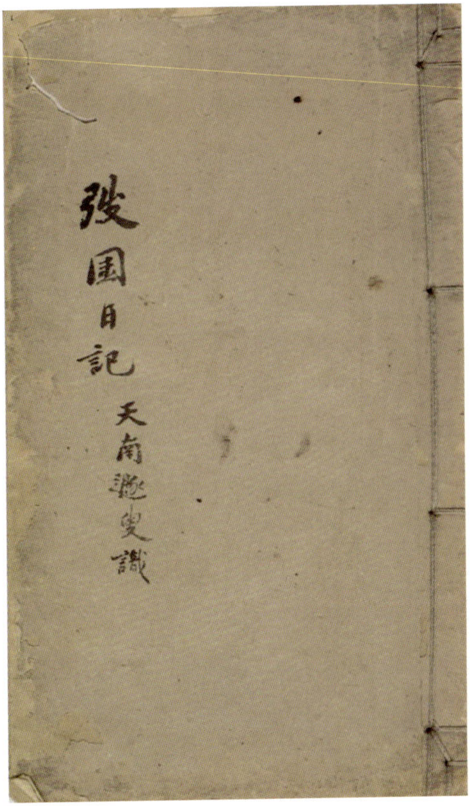

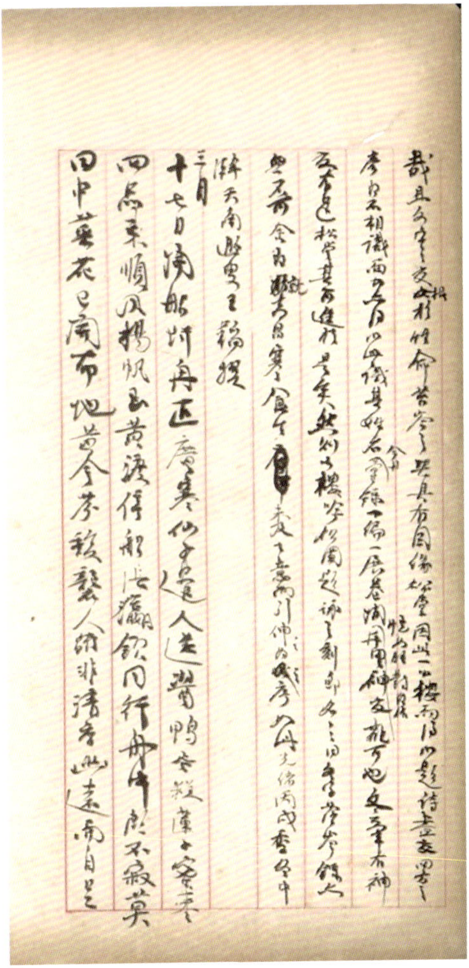

南京圖書館藏王韜《弢園日記》稿本

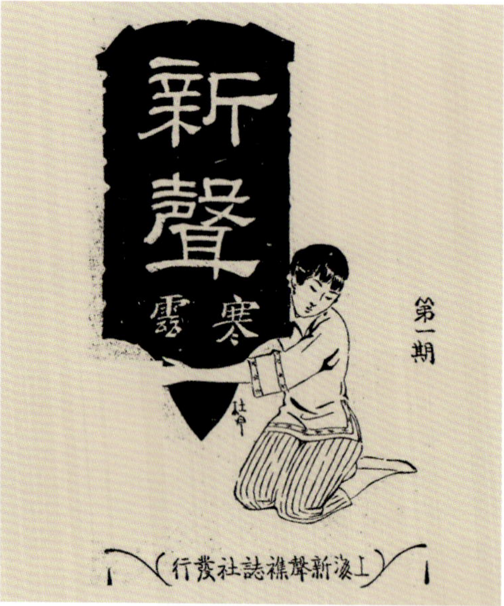

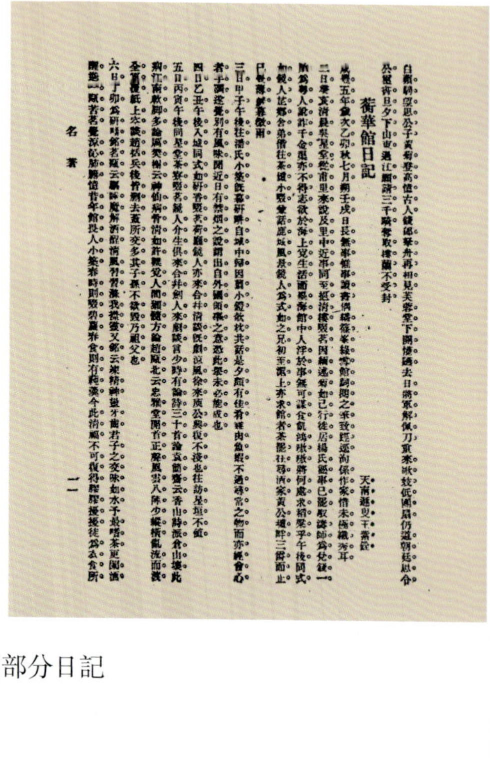

自顧時念思公子黃菊登高憶古人鐵郎擊舟再相見芙蓉堂下撫懷過去日將軍解佩刀夏來歌鼓低團扇仍遣朝廷恩命
公密衛旦夕下山東過江翻講三千騎誓取樓蘭不受封

衡華館日記　天南遯叟王韜

咸豐五年歲次乙卯秋七月朔壬戌日長無事雜閱諸書偶錄蓉峯錄雪館詞閱之乘致輕逐尚係作家惜未極纖秀耳

二日癸亥消長吳厔堂從甫里來設及里中近事同至挹清樓啜茗因編述如己行徒居楊氏懸事已罷設壽師為徒儀一脆為尋人說詐千金退亦不得志欲於海上覓生活而墨海館中人浮於事無可謀食飢鴻嗷嗷將何處求稻粱乎午後同式如餞人花鄉舍弟偕往茶園小啜茶話座妓鳳泉餞人為式如之兄初至滬上亦求館者茶罷往尋酒家黃公壚畔三爵而止已暮薄暮微雨

三日甲子午後往潘氏小樓訪嘉研畔自城中歸因買小鐙欲枕共話是夕頗有佳肴雞肉魚蝦不過尋常之物而亦饒會心者乎調逕覺別有風味聞近日有禁烟之說謂出自外國領事之意恐此舉未必能成也

四日乙丑午後入城同式如研香啜茗茶館餞人亦來合并消談既劇寂風徐來頗公與復不淺也往訪星垣不值

五日丙寅午後同星堂茶寮啜茗餞人介生俱來合并劍人來劇談言少時有論詩三十首論袁簡齋云香山詩派倉山壞此病江南軟脚多論厲樊榭云神仙病骨消如許魏覺人間潮體方論趙甌北云忠雅堂開首正聲風雲八陣少縱横亂流而裁丕實稽紙上空談趙括兵後皆刪去蓋所交多其子孫不欲毀乃祖父也

六日丁卯為研畦銘茗甌云飄飄欲仙解酒醒消風有習藤我襟懷又銘云采精神益牙齒君子之交味如水予最嗜茶更聞酒醒甚一甌茗覺深沁肺腑憶昔年館役人小築春時則啜碧蘿春食則有純羹今此消福不可復得膠膠擾擾徒為衣食所

名著　一一

《新聲》雜誌刊載王韜部分日記

前　言

晚清時期，中國歷史步入“數千年未有之變局”。江南有一位落第秀才，以英雄豪傑自居，隱然以聖賢自期，與曾國藩、郭嵩燾、李鴻章、丁日昌、張之洞、盛宣懷有或深或淺的交集，他應時而動，一生屢變，是維新變法的思想先驅、中西文化交流的重要傳播者、中國報業元老，初具世界視野的政論家、史學家、教育家、文學家，此人便是王韜。

一

王韜（1828—1897），蘇州府元和縣甫里（今蘇州市吴中區角直鎮）人[①]，初名利賓，字蘭仙，號子九[②]。一名

① 王韜先世本出蘇州府昆山縣，曾祖鵬翀始遷甫里，即六直鎮，又名角直，以唐甫里先生陸龜蒙隱於此而得名。甫里舊屬蘇州府長洲縣，雍正二年（1724）分長洲縣南境置元和縣，甫里歸屬元和縣。又析昆山而置新陽縣，二縣同城而治。甫里界連昆山、新陽二縣，乾隆二十六年（1761）將元和縣縣丞移駐甫里，一鎮之地，分防專轄，分屬元和、昆山、新陽三縣。（乾隆《吴郡甫里志》卷一《凡例》，《中國地方志集成・鄉鎮志專輯 6》，江蘇古籍出版社 1992 年版。）王韜以祖籍昆山縣，居元和縣之甫里，得入新陽縣學爲附生，《弢園老民自傳》稱：“素居蘇州城外長洲之甫里村”，原因即在此。

② 咸豐八年十二月日記卷首：“余字蘭仙，號子九。”

畹[1]，字蘭卿[2]，一字仲衡，小字蘭瀛。後傭書西舍，易名瀚，字蘭君，一字嬾卿、懶今、孏今。逃亡香港，改名韜，字仲弢，一字子潛、紫詮、紫袖，號天南遯叟、遯叟，五十後又號弢園老民。幼承庭訓，九歲始遍讀群經，旁涉諸史雜説。十八歲以一等第三名入新陽縣學，次年金陵鄉試，一發不中，棄不再應秋闈，步其父後塵，設館授徒於錦溪（今屬蘇州昆山）、甫里。道光二十九年（1849）九月，接替猝然病逝的父親王昌桂，受雇於英國倫敦會上海站，任墨海書館創辦人、傳教士麥都思中文助手，佐譯《聖經》。咸豐四年（1854）受洗入教，改寫、潤色、翻譯宗教宣傳册，有意輔佐麥都思，開拓教會在士紳階層的影響，一如晚明徐光啓之於利瑪竇。咸豐六年（1856），誼兼師友的麥都思突然離世，王韜痛失知己。墨海時期，翻譯宗教著作之外，王韜還與艾約瑟、偉烈亞力等傳教士合作譯寫《格致新學提綱》《西國天學源流》《重學淺説》《華英通商事略》，刊登於《中西通書》《六合叢談》。咸豐七年（1857），自以“於西學稍有所聞，暇當識其緒餘，爲天算諸學别創一解”[3]。咸豐八至十一年（1858—1861），接連上書江蘇巡撫徐有壬、蘇松太道吴煦、繼任巡撫薛焕，又擬上書兩江總督曾國藩，代畫方略，終亦無果。咸豐十年（1860）奉吴煦命至上海郊外諸翟鎮督辦團練，無功而返。咸豐十一年（1861）冬，太平軍圍攻上海甚急，攜母親、妻女返鄉。同治元年（1862）正月，以黄畹之名上書太平天國總理蘇福省民務逢天义刘肇钧，陳攻取上游及上海方略，遭清廷通緝，得英國駐華公使卜魯斯、駐上海領事麥華陀及傳教士慕維廉庇護和幫

① 參看胡適《跋館藏王韜手稿七册》，《國立北平圖書館館刊》第八卷第三號第1—5頁。
② 參看日記所附《蘅華館印譜》。
③ 咸豐七年六月上旬日記，和許起《納涼詩》小注。

助，閏八月乘船逃往香港，結束上海十三年口岸知識分子生活，開始遁跡天南二十三載流亡生涯。

香港英華書院院長、英國傳教士理雅各聘請王韜助譯《中國經典》，並擔任書院印務所校對工作。同治六年至九年（1867—1870），應理雅各之邀，赴蘇格蘭譯《詩經》《尚書》《左傳》，沿途游歷馬賽、巴黎、倫敦等地，考察了英法的政治文化制度與民情風俗，講學於牛津大學，眼界大開。返港後正值普法戰爭結束，與張宗良等譯撰《普法戰紀》，始刊登於報章，繼以抄本遍傳南北。兩江總督曾國藩見而激賞。東傳至日本，備受推崇。同治十二年（1873），王韜與黄勝等人創辦了第一家華商出版社中華印務總局、第一份華資中文報紙《循環日報》，任正主筆，評論時政，鼓吹維新變法，聲名大著。光緒五年（1879），寺田宏、栗本鋤雲等日本知識界人士慕名邀王韜東游，此次中日文化交流的盛況載録於《扶桑游記》。

因馬建忠、盛宣懷斡旋，李鴻章的默許，光緒十年（1884）三月，王韜攜家重回滬瀆。四月始，每月爲申報館《點石齋畫報》作小説三篇，十四年（1888）冬輯集成《淞隱漫録》，繼又撰《淞濱閒話》，一時成爲滬上暢銷小説作家。返滬次年，格致書院中西董事公推王韜爲掌院。他倡導西學，造就人才。格致書院與廣方言館、江南製造局並稱清末上海“三個輸入西洋學術的機關”[①]。晚年的王韜，載酒看花，以老派名士而爲洋場才人之班首。雖日就衰頽，依舊關注時局，定期爲《申報》《萬國公報》撰作論説。自光緒五年（1879）於徐潤席上得見盛宣懷，信札往還，儼然盛氏編外幕僚。光緒十四年（1888）九月應山東巡撫張曜之邀，客游山左一月有餘。十五年（1889）兩廣總督張之洞聘

① 《上海通志館期刊》第二年第二期第75頁。

請編譯《洋務叢書》（一名《洋務輯要》），這是晚年王韜與傅蘭雅等人合作的一部大著作，十八年（1892）八月力疾重譯修訂，有稿本148册傳世。自光緒元年（1875）始，王韜傾注心力於著作的整理刊刻。十一年（1885），與友人創辦弢園書局。二十一年（1895）猶思醵貲刊刻，自稱“生平著述四五十種，已付手民者未及其半……所有著述已刻尚存者：《春秋經學三種》《西學輯存六種》《弢園尺牘》《尺牘續鈔》《文録外編》《法國志略》《蘅華館詩録》《火器略説》《瀛壖雜識》《淞隱漫録》《甕牖餘談》《淞濱閒話》，凡十有九種……其刻而已罄、尚待補刊者凡五種，《普法戰紀》爲尤著。未刻者凡十有六種，而以《四溟補乘》篇帙最爲繁重。”① 生前釐訂四十種：已刻二十四種、未刻十六種，餘皆未及删改之稿本，約有二三十種，日記即其一。

二

王韜日記稿本現存八種二十四册，分藏於上海圖書館、國家圖書館、臺北“中研院”史語所傅斯年圖書館和南京圖書館（以下簡稱上圖、國圖、臺北、南圖），民間收藏家手中另有兩册②，未見。稿本之外，有民國《新聲》雜誌據稿本排印的部分日記。今將四家館藏稿本與《新聲》排印本，縷述如下：

（一）上圖藏《蘅華館日記》稿本兩種五册

1.《蘅華館日記》一册，記咸豐七年（1857）五至七月王韜

① 《著述待銷并擬醵貲續刊未刻之書》，《申報》光緒二十一年乙未三月初一日（1895年3月26日）。

② “據悉民間收藏家手中另有兩册。”忻平《王韜評傳》附録三《王韜著作目録及版本》二《未刊書目》，第250頁，華東師範大學出版社1990年版。

因足疾回鄉養病期間事，有明確日期者：閏五月一日、十六日、二十二日至二十三日、二十五日，六月上旬，七月下旬、七月二十九日。今據稿本複製件整理。

2.《蘅華館日記》四册，記事時段：咸豐八年（1858）正月初一至二月二十九日、八月十三日至十二月三十日；咸豐九年（1859）正月初一至五月十五日、六月初一至初二；咸豐十年（1860）正月初一至五月初十、五月十八日至六月二十一日。後附《悔餘漫録》，日記有時日者：同治元年（1862）四月二十日、二十五日，閏八月十一日至九月十九日，十月中，十一月初旬，十二月八日。另有記同治二年至七年間寓居香港的見聞與交游，録王韜詩作甚夥，擬名曰《悔餘漫録·雜録》，可繫時日者：同治二年（1863）二月，五月，六月，七月，十月初一、十二日、二十五日；同治五年（1866）七月七日；同治六年（1867）十一月二十日；同治七年（1868）正月十七日。《續修四庫全書》[①]、《上海圖書館藏稿鈔本日記叢刊》[②] 先後據稿本影印，今據《續修四庫全書》本整理，參校《上海圖書館藏稿鈔本日記叢刊》本。

(二) 國圖藏稿本四種十二册

1.《蘅華館雜著》二册。

a.《茗華廬日記》起訖時間：道光二十八年（1848）十一月初一至十二月二十九日；道光二十九年（1849）正月初一至閏四月二十日。

b.《蘅華館日記》起訖時間：咸豐五年（1855）九月十四日至十二月十五日。

---

① 第576册，上海古籍出版社2002年版。
② 第23—24册，國家圖書館出版社、上海科學技術文獻出版社2017年版。

c.《茗薌寮志》，當是寓居海上時追懷甫里、昆山舊事，可繫時日者惟有道光二十九年（1849）正月二十一日，參看《苕華廬日記》。

d. 咸豐三年（1853）、四年（1854）細帳，王韜伯叔父、兄弟等家人的名諱、生卒年，附於日記相應年份之後。

另有《瀛壖雜誌》11 葉，是王韜同名上海史志的草稿，及《蘅華館書目》《蘅華館藏書目録》。

2.《蘅華館雜稿》七册。

a.《蘅華館日記》起訖時間：咸豐十一年（1861）正月初一至初五。

b.《遯叟漫録》起訖時間：光緒四年（1878）正月十七日至二月十九日。日記有月日而未寫年份，繫年爲考訂所得。

c.《東游縞紵録》起訖時間：光緒五年（1879）閏三月八日至四月二十四日，其中閏三月八日至二十日與《東游日記》有重疊，然記事各有側重，詳略可互補。

d. 零星日記：咸豐十一年（1861）二月初一；光緒八年（1882）十二月八日、十一日。

e. 醉六堂辛巳除夕查存，是與掃葉山房、讀未樓往來的鬻書記録，有時日者：光緒七年（1881）六月初四、十三日，七月初四、初五，十二月廿九日，此皆收入日記，略補本年日記之闕。

另有《瑣窗閒話》、《西事雜志》、《蘅華館藏書目（子部、集部）》、《補售舊時鬻書目》、《讀書隨記》、讀《左傳杜解補正》劄記及火藥製作、施放等。

3.《弢園日記》二册。

a.《弢園日記》記光緒四年至十五年間事，稿本所録，斷續且分散，與雜記錯出，大多有月日而無年份，甚者僅記其事而年月日並無，逐條考證之後，排比歲月重新編輯：光緒四年（1878）三月後；光緒五年（1879）三月一日；光緒八年（1882）四月末；光緒十一年（1885）十一月；光緒十二年（1886）六月九日至十二日、六月下旬，七月十八日，八月一日，十月廿六日、廿七日、廿九日、十月杪，十一月初、十一月初二至初五、十二日、廿七日至廿九日、十一月末，十二月初一、初十至十八日；光緒十三年（1887）正月初七至三月十六日，正月十七日，二月初、二月十一日、二月初一至三十日，三月初五；光緒十四年（1888）八月初一，九月初一、九月二十二日至二十五日；光緒十五年（1889）五月初七、十月下旬。

b.《東游日記》起訖時間：光緒十四年（1888）十一月初一至二十五日。本年王韜應山東巡撫張曜之邀，有山左之行，九月一日乘海輪至烟臺，小住盛宣懷衙齋，陸行十一日抵濟南，二十二日遷入撫署，盤桓一月有餘，十一月一日束裝言别。《東游日記》記王韜返程時與張秉銓、鄒弢同行，記録從山東濟南至江蘇清江浦的一段旅程，每日行經城鎮、里程及見聞。後附《東游賸録》，記張曜幕僚施補華、沈康諸人所撰詩詞楹聯，王韜致吴大澂、張曜、長善等人書札，並日本鑄造銀錢等雜記。

c. 另有光緒九至十二年（1883—1886）錢物帳及書札往還、鬻書記録，丁亥三月到蘇杭之前用錢帳、丁亥用錢帳、丁亥雜記，既補日記之闕，也可與日記參看，均附於相應年份之後。

4.《東游日記》一册。

a. 王韜有《東游日記》兩種，一記光緒十四年（1888）山東之行，見前所述；一記光緒五年（1879）東瀛之游，即此本，起訖時間爲：光緒五年三月十五日至二十九日、閏三月初一至二十四日、四月二十五日至六月十四日，與《東游縞紵録》同爲鉛印本《扶桑游記》的初稿。

b.《天南遯窟日記》，録於《東游日記》扉頁，記光緒元年（1875）正月初一、初二兩日事。

（三）臺北藏《蘅華館雜録》稿本一種六册

1. 第一册有日記、尺牘、書目、藥方與雜記。

a.《茗華廬日記》，一名《茗華廬日志》，起訖時間：道光二十九年（1849）閏四月二十一日至二十八日，正與國圖藏《蘅華館雜著・茗華廬日記》正月初一至閏四月二十日銜接。閏四月二十八日日記後有雜記，鈔録吴門孫麟趾、秦耀曾詞三闋，江鳳笙《琴韵樓詞稿》詞作二十九闋及姚燮詞序。

《蘅華館雜録》第一册卷首題“茗華廬日記。第二册。道光己酉閏月子九氏手記”，卷端題“茗華廬日志。己酉年”。知《茗華廬日記》與《茗華廬日志》，一事而兩稱。

b. 有王韜致孫韻卿尺牘《甲寅剛午後六日致紅蕤第一札》《附致紅蕤閣女史札》。

c. 卷前有管嗣復、邱伯深諸人姓字籍貫與住址及《蘅華山館雜志》數則。

d. 又有《粤雅堂叢書》第一至二十集子目、《海山仙館叢書》子目、《丁卯秋八月寄去英國書籍目録》、《〈國朝漢學師承〉著書補目》、《〈國朝漢學師承〉著書目》，璇閨秘戲方、治魚口藥方丸方及雜記數則。

2. 第二、三册爲《瀛壖雜記》，始於咸豐二年（1852）六月初一，止於咸豐三年（1853）三月十日。

a.《茗薌寮日記》，亦名《瀛壖雜記》，起訖時間：咸豐二年（1852）六月初一至八月二十九日。

b.《蘅華館日志》，亦名《瀛壖雜記》，起訖時間：咸豐二年（1852）九月初一至十二月三十日。

c.《瀛壖雜記》，起訖時間：咸豐三年（1853）正月初一至三月十日。後附《粵西雜記》始於道光二十九年（1849）七月廣西會衆起事，止於咸豐三年（1853）二月二十三日太平軍攻陷揚州。

《蘅華館雜録》第二册卷首署“茗薌寮日記，亦名瀛壖雜記。蘅華山人志。”第三册卷首題“咸豐癸丑三月下浣。蘅華館日志二册。後附粵西雜記。王子九書。”卷端署“瀛壖雜記。蘅華館主志。”第三册又署“瀛壖雜記。玉瑠山人志”，知咸豐二年（1852）六月初一至咸豐三年（1853）三月十日日記，統稱《瀛壖雜記》。

3. 第四册題名《蘅華山館雜録》，有日記、器玩帳、印譜與藥方、提要。

a.《瀛壖日志》，繫以時日者：咸豐三年（1853）三月十一日至五月十日、五月中旬，六月初旬、六月中旬，七月初旬、七月十九日，八月五日，九月；咸豐四年（1854）正月初一，二月十二日；咸豐三年（1853）四月六日；咸豐四年（1854）五月十日。

b.《甲寅夏五回里日記》記咸豐四年（1854）五月七日至二十四日，王韜自上海乘舟至生田（一作笙村、生村，今蘇州市相城區生田村），探望寄寓此地的母弟女兒，友人孫啓榘一家亦寓居村中，其間王韜與孫啓榘之女孫韻卿（紅蕤）定情，與第六册《蘅華日記·甲寅笙村小記》内容有重合。

c. 另有《甲寅秋季置辦文房器玩帳》《蘅華館印譜（一）（二）》《石經攷文提要》、治夾色方。

4. 第五册爲《滬城見聞録》《粵海幸存書目》。

a.《滬城見聞録》記咸豐三年（1853）六、七月上海小刀會策應太平軍，佔據上海縣城，乃王韜親歷。

b.《粵海幸存書目》包括：《海上寄來書籍》《孏窟剩書目録》《甲子季冬從海上寄來書目》《甫里未來書籍記憶目》《客粵所購書》《乙丑年海上攜來書》《在粵必購之書》《珠叢别録總目》《經訓堂叢書目録》《述古叢鈔目録》《龍威秘書總目》《知不足齋叢書僅存細目》《紛欣閣叢書目録》《〈毛詩疏〉採用書目》《元刻殘本叢書目録》等。

5. 第六册有日記與雜録。

a.《蘅華館日記》起訖時間：咸豐四年（1854）八月初一至十二月十三日；咸豐五年（1855）正月初一至三月十九日。

b.《蘅華日記·甲寅笙村小記》記咸豐四年（1854）五月七日至十一日間事，與第四册《甲寅夏五回里日記》内容有重合。

c. 另有雜録：《母親帶回衣物帳》《吴門畫舫録》。

以上内容據《"中研院"歷史語言研究所傅斯年圖書館藏未刊稿鈔本》[①] 影印本整理。

（四）南圖藏《弢園日記》稿本一種一册

《弢園日記》起訖時間：光緒十三年（1887）三月十七日至十一月初二，正好銜接國圖藏《弢園日記》正月初七至三月十六日，是王韜日記中最完整的一年，記事長達十個月。

此書封皮題"弢園日記　天南遯叟識"，卷端題"淞隱盧雜識　天南遯叟王韜紫詮甫"，《淞隱盧雜識》僅兩則，南圖著録爲《淞隱盧雜識》，不夠準確，題名當改爲《弢園日記》。

（五）《新聲》雜誌據《蘅華館日記》稿本排印一種

起訖時間：咸豐五年（1855）七月初一至八月三十日，1921

① 史部第8—9册，臺北"中研院"歷史語言研究所2015年版。

年《新聲》雜誌據稿本排印，刊登於第1—3期。鄭逸梅《王韜的〈蘅華館日記〉手稿》談到稿本的來歷[①]，係其友陸澹安購於上海舊書攤，原稿題爲《蘅華館日記》，無署名，鈐"紫詮王韜印"。施濟群創辦《新聲》雜誌，索去逐期登載，手稿交印刷所排印，未及録副本，印刷所突遭火災，手稿焚毁。今據國圖藏《新聲》雜誌整理。

三

王韜的日記，隨著他行跡、境遇、心態的改變，内容有斷續取捨、詳略長短之不同，稱名也每有變化。道光末年鄉居授讀時期，名爲《苕華廬日記》；咸豐年間在上海墨海書館時期，初名《瀛壖雜記》《瀛壖日志》，後改稱《蘅華館日記》；遁跡香港時期，光緒五年（1879）前有《悔餘漫録》《天南遯窟日記》《遯叟漫録》《東游日記》，晚年日記大抵以《弢園日記》爲名。現存王韜日記，始於道光二十八年（1848）十一月，止於光緒十五年（1889）十月，是記録他二十一歲至六十二歲人生足跡的第一手史料，雖有不少年份空缺，四十二年的時間跨度已很可觀，基本涵蓋了他所經歷的道光、咸豐、同治、光緒四朝，其中記事滿一月以上的有十五年：道光二十八至二十九年，咸豐二至五年、八至十年，同治元年，光緒四至五年、十二至十四年。咸豐一朝的日記，藉助上圖、臺北、國圖所藏稿本及《新聲》雜誌排印本的綴合，是王韜日記中最爲完整且豐富的段落，這一時期正是王韜文化轉型與思想蛻變最有認知和剖析意義的階段。尤爲難得的是，他早年與晚年史料匱乏的狀況，因道光與光緒年間的日記而

① 《書報話舊》第125頁，學林出版社1983年版。鄭逸梅另有《王韜和金翠芬》一文，也述及此事，《藝壇百影》第72頁，中州書畫社1982年版。

有了很大的改觀。

王韜的日記較完整地記録了他的生平經歷、情感、交游與心路歷程。透過日記可以考察這位近代中國思想文化史上的先驅性人物在晚清大變局中的蜕變過程。光緒十六年（1890）王韜一病幾殆，賦詩《久病不痊枕上口占聊以自輓》："巫陽下召太匆匆，六十三年若夢中。著述半生蟲鳥語，功名一笑馬牛風。英雄心事埋黄土，兒女情私叩碧穹。歸隱未成山未買，此身合葬鹿城東(祖墓在昆山東門外)。"[①] 此時距他辭世，只有七年，以英雄心事、兒女情私、著述半生爲自己下判語，是他的夫子自道。從咸豐年間受洗入教、參與宣教、上書巡撫道臺、獻策太平軍，至同光之際創辦《循環日報》，昌言變法自强，屢屢投書當道，熱心贊畫洋務，無一不是他的英雄心事在時勢變遷中外化而出的豪傑行徑。他的種種行徑與心事，有原原本本記録於日記，出示友朋觀覽者，也有不願明言，甚或迴避隱瞞者。他的日記，十之八九是實録，也有曲筆文飾與有意闕略，參酌以其他史料，可以發覆王韜意圖掩藏，卻又留下馬跡蛛絲，草蛇灰綫隱伏於文字之間的英雄心事。此等發覆，既關乎其人生平事跡的釐清，如加入教會的動機和入教後的作爲、與倫敦會關係的真相，與太平軍的淵源及上書的動因等，更關係到在中西文化相遇的最初階段，兩種異質文化之間是如何從碰撞排斥逐漸走向交流，並試圖加以融通的，而王韜這位時代先驅的思想嬗變軌跡的個案研究，爲這個大題目提供了至今也未過時的一個參照，他的日記是開啓這個户牖的鑰匙。

王韜勤於筆札，每有聞見，即録於日記，日記是他的"百寶箱"，也是研究王韜報章政論、史著、尺牘、詩歌、游記、小説

① 陳玉蘭校點《王韜詩集》卷六，上海古籍出版社2016年版。

等著述無可替代的編年史料。日記保留了部分詩歌、尺牘、游記、報章稿件的初稿或雛形，是輯佚、校讎的重要來源。部分著作或文章的撰寫時間、過程與背景，也可以從日記中尋得綫索。他的小説創作的素材、靈感，取資於日記者亦復不少。

日記存尺牘五十二通，見於刊本《弢園尺牘》《弢園尺牘續編》的有三十五通，文字略有異同。日記所録尺牘是草稿或有意留存，有非完篇者。又稿本以“利賓”、“賓”、“瀚”自稱，刊本則一律改爲“韜”，自是王韜有意爲之，以掩飾早年行跡，也可反證墨海時期“王利賓”與“王瀚”是並用的，因對象内外親疏而有區别。《弢園尺牘》《弢園尺牘續編》未收録的有十七通，除少數尺牘繫年略有考證外，其餘尺牘作年從日記一索即得。日記中還有咸豐十年二月九日徐有壬覆王韜書、咸豐十年三月初一初二日龔橙覆王韜短札兩通、咸豐十年三月初七日張文虎覆王韜書。這些尺牘，對於王韜著作的輯佚與校勘，王韜生平與交游研究所具的價值，自不待言。

《王韜詩集》有《弢園詩補遺》[①]，輯自日記的即有六十餘題，其中《有題》《重有題》等十餘題即是爲孫韻卿所賦的情詩。王韜一生有三段情，他爲初戀顧慧英、情人孫韻卿、髮妻楊保艾分撰《眉珠庵憶語》《笙村靈夢記》《夢蘅閣鴛鴦誄》，合爲《三恨録》，記其平生“三大恨”：志情、志悔、志痛。日記載録咸豐三年至九年（1853—1859）他與孫韻卿的離合，《甲寅夏日回里日記》、《甲寅笙村小記》即是笙村定情的隱晦記録。他日記中最旖旎的一段“兒女情私”，餘生念念難忘，遂移花接木寫入《遁窟讕言》之《韻卿》《懺紅女史》，《淞隱漫録》之《陸碧珊》《龔繡鸞》《笙村靈夢記》諸篇。從日記到小説，從定情實録至虚實

---

① 陳玉蘭校點《王韜詩集》卷六，上海古籍出版社 2016 年版。

相生，或者可以印證他在咸豐五年（1855）十月十二日日記中的話："予生平於情之一字，未能灑脱。"或者又可從另一角度探討他小説創作的宗旨與趣味，以及他對女性和情愛的態度。

王韜是晚清變局的親歷者，是急於入局的用世者，他的日記是一個通權達變、沉淪下位的才智之士對咸豐朝東南戰局變化和中外交涉始末的觀察、判斷與記録，無疑是中國近代史獨具一格的史料。王韜在這個變局中的心理與情感的變化與走向、政治與文化立場的選擇與轉换，端賴日記以存，可與詩集文録印證。

道光二十九年（1849）九月至同治元年（1862），是王韜棲身墨海書館、漸通西學的十三年，這一時期與太平天國席捲東南、其興也勃其亡也忽的過程幾相同步。咸豐二年（1852）十二月四日"是日賊攻陷武昌"，這是王韜日記首次紀録太平天國事。日記又有《粵西雜記》，以時人而録時事，從日記推斷，當是取材於邸報與《京報》。墨海書館年最少的"秉筆華士"王韜，佐譯《聖經》之餘，已經開始關注、記録與研判時局。咸豐三年（1853）日記有這樣一則："八月五日（9月7日）。上海小刀會起事，戕縣令，劫道庫，據城以叛。元帥劉麗川，粵東人。因作《小刀會起事本末》一篇。"1853年10月1日《遐邇貫珍》刊登《近日雜報》一文："江蘇上海縣於八月初五日晨爲閩粵人聚黨搆閧，戕縣令，劫監司，毁文武大小各署，蓋所謂小刀會也。兹述其事之始末於篇……"① 文章未署名，疑即《小刀會起事本末》。日記後附《滬城見聞録》，述及咸豐三年上海小刀會事，與《近日雜報》的敘述與細節有相近處，可對讀。

咸豐八年（1858）之後，清廷在江蘇、安徽、浙江等地與太

① 《遐邇貫珍》1853年10月1日第3號，松浦章等編著《遐邇貫珍》（附解題、索引），上海辭書出版社2005年版。

平軍激戰，丹陽、常州、無錫、蘇州等地相繼失守，其後杭州戰事膠著，上海被圍；外則與英法美俄談判事始終未能達成共識，同時又命僧格林沁等在天津及運河一帶積極備戰。王韜自以“深觀大勢而熟察全局”（致周弢甫騰虎第一書稿），“不禁慨然有澄清天下之志。”（咸豐八年十月十五日日記）。出入道署、縣署與英署，上書巡撫道臺，徘徊於清廷、英人與太平軍三方勢力之間，咸豐十年（1860）五月十一至十七日陪同英國傳教士艾約瑟、楊雅涵等至太平軍佔領下的蘇州，與忠王李秀成晤談，這一周的日記獨闕，却又在前後數日的日記中留下綫索，這是他的狡獪伎倆，非僅此一例。咸豐十一年（1861）二月初一，王韜與艾約瑟、新署漢口領事官佛禮賜等人乘舟往金陵，拜會太平天國外務丞相、美國傳教士羅孝全等官員，三月二日王韜自漢口返回上海，日記僅有二月初一事，咸豐年間的日記至此也戛然而止，留白甚多，然而發覆的空間也極大。王韜的日記，文字之間，文字之外，各具精彩。

王韜曾有意“網羅近人詩詞，編爲詩話，并附己作其中，千秋之後，得掛驥尾而傳”（咸豐七年日記）。日記中屢見與友人沽酒啜茗，劇談詩學，探討音韻，聯句題咏。日記還抄録了時人的許多詩文詞作，如蔣敦復、李善蘭、江湜、沈謹學、孫麟趾、秦耀曾、江鳳笙、顧惺、許起、曹以綸、盛樹基、李涵、孫瀜、沈康、張秉銓、鄒弢、施補華、畢玉洲、潘獄森、吴翊寅諸人詩文詞，録於日記中，“以備他日詩話中採擇”（咸豐九年四月二十八日日記）。王韜生平傾慕美而慧的閨閣才女，在日記中記録下多位掃眉才子的文字，如吴江吴瓊仙、歸安女郎談步生、嘉興朱薇（紫仙）、陳兆春、檇李一女子等。咸豐七年（1857）的養病日記，不啻是一部小而微的鄉邦談藝録，其中大幅連篇抄録其父門人江湜的詩作，保留了《伏敔堂詩集》定稿刊刻前的文字形態，且王韜與孫文川或以墨筆圈點，或於天頭批註點評，既可視爲小型的江湜詩選本，亦可見出王、孫二人的詩歌旨趣與審美。若將日記中這些談藝文字纂輯一處，當可爲咸豐、光緒詩壇文苑平添些掌故。光緒十四年（1888）《東游日記》所附《東游脞録》，抄録施補華光緒十四年（1888）十月二十六日游泰山登日觀峰的紀游詩、楹聯。施補華卒於光緒十六年（1890），三年後刊刻的《澤雅堂詩文集》録詩止於光緒十二年（1886），楊國成點校《施補華集》[①] 倘見王韜此稿，當可稍補施氏晚年詩作。

王韜的交游網絡，是他聯通新舊世界的觸角，顯示他介入大時代的廣度與深度，回到日記載録的歷史現場，或可窺見端倪之一二：造就他奇懷、奇行、奇氣的地域文化背景、中西古今的碰撞與變遷，是如何推促他截斷衆流，嶄然而爲時代先驅。日記爲王韜交游網絡的研究提供了一份 1 600 餘人的名單（詳見附録《人名索引》），涵蓋了中土異域不同層面的人士，剔除無關宏旨者，約有三百人。個人心史與時代群像，從這部日記中窺豹一斑。以下録鬼簿式的臚列，可省去許多筆墨：

蘇州甫里親友交游圈：王韜恩師顧惺、顧鳳蓀父子，同門許起、潘綺；王韜父王昌桂弟子江湜、江湜父江文鳳；王韜叔岳丈楊雋、妻兄兼好友楊引傳；王韜戚串曹以雋、曹以綸、曹翼鳳、周侣梅；其師嚴興鼇及嚴莆、嚴德焌等。

英國倫敦會上海站傳教士麥都思、美魏茶、雒頡、慕維廉、艾約瑟、楊雅涵、偉烈亞力、合信、韋廉臣、偉禮遜等，華人教徒潘詒準、吴式如、王竹生、沈毓桂、邱天生等，滬上最早華人西醫、仁濟醫院黄錞；倫敦會香港分會傳教士理雅各、宋美、湛約翰及粤港華人教徒屈烟山、林蓉發、黄木、張冠英、梁文盛；

① 浙江古籍出版社 2018 年版。

英國外交官麥華陀、威妥瑪、佛禮賜等；海關第一任總税務司、英人李泰國，格致書院董事、大律師英人担文；美國第一批派遣來華的新教傳教士裨治文，美國浸禮會傳教醫師瑪高温，江南製造局編譯、格致書院董事傅蘭雅等。

道咸時期口岸知識群體及滬上交游：同供職於墨海書館的李善蘭、蔣敦復、張福僖、郭福衡、管嗣復、管貽芳等，在墨海書館最久的費廷培；受雇於英國外交官或傳教士、洋行的龔橙、應龍田、吴樵珊、曹樹耆、陶星垣、邱兆三、錢文漪、章東耘等人；上海道署、縣署幕僚如吴新銘、吴汝渤、袁贊勛等；曾流寓上海，後爲曾國藩幕僚的周騰虎、趙烈文等，寓滬文人姚燮、孫文川、周白山、何咏、李祥鸞、江鳳笙、張鴻卓、雷葆廉、潘瑩、宋希軾、韓應陛、楊峴、孫瀜、秦光第、于源；上海善士、王韜之師江駕鵬、江承桂父子，慈善家、實業家經緯、經元善父子，鑒藏家徐渭仁，王韜同門、曾奉命攜第三批幼童赴美留學的祁兆熙；數學家顧觀光、華蘅芳，科學家徐壽，友人孫啓榘、古琴家祝鳳喈。

同光時期以《申報》爲中心的洋場文人群體：隨園後人袁祖志、李士棻、田均、萬釗、倪鴻、潘嶽森、耿蒼齡、管斯駿、徐維城、王恩溥、汪芑、畢以堮、秦雲、居世紳、鄒弢等。申報館主美查及報人蔡爾康、何鏞、錢徵、黄協塤等；樂善堂主、日人岸田吟香，游滬日本文士北條鷗所；滬上醫者徐圓成、往來粤港的包三鑣；足跡曾至滬的著名學者、文人楊守敬、文廷式等。

粤港官員、商人與文士：福建巡撫丁日昌、廣東水師提督方耀、廣州將軍長善、協理廣東洋務的鄺其照、廣東機器局總辦温子紹；署陽江同知、候補知府嚴家疇、曾爲廣西知縣知府的張秉銓，魏源之孫、九龍釐廠當差的魏恒，前山洋藥釐廠委員蔣鴻年、兩廣候補鹽大使劉弼宸；香港廣茂泰洋行創辦者招雨田、香港有利洋行買辦馮普熙，精通西學的香港知識人士黄勝、張宗良等。

上海輪船招商局、上海電報局、上海機器織布局等機構的洋務官員與官商：盛宣懷、馬建忠、唐廷樞、唐廷桂、陳樹棠、唐德熙、温秉忠、伍廷芳、陳猷、嚴瀠、徐潤、顧壽喬、楊廷杲、劉紹宗、鄭觀應、謝家福、聶緝槼；津海關道周馥、李鴻章幕僚胡燏棻；天津鐵路公司駐滬董事鍾靄堂；寶順洋行買辦、鄭觀應姻親、徐潤之師曾學時，上海禪臣洋行大買辦梁寶鑑；味蒓園主人、實業家張叔和，委辦徐州利國礦務的實業家胡光國。

其他官員及幕僚：江蘇巡撫徐有壬，蘇松太道吴健彰、龔照瑗，曾任上海道臺、時爲河南按察使的邵友濂，寧紹台道薛福成、上海知縣莫祥芝、河道總督吴大澂、江南鹽巡道胡家楨、松江知府陳遹聲、浙江布政使許應鑅；上海辦理華洋事務的陳福勛、羅貞意、蔡匯滄；湘軍後人與官員曾紀澤、曾廣鈞、劉騏祥、何敦五；兩廣總督張之洞幕僚辜鴻銘、屬員王松森，山東巡撫張曜及其幕僚施補華、沈康、陳其元、蔣其章等。

游歷東西洋的外交人員、中外交流人士：出使歐美諸國的郭嵩燾、李鳳苞、鍾天緯、蔡鈞、陳爔唐；駐日公使何如璋、黎庶昌及屬員張斯桂、黄遵憲、沈文熒、吴廣霈、余瓗、姚文棟、孫點；從事中日文化與商貿的交流人士如胡璋、王仁乾、王藩清、王治本、衛鑄生。

日記還記録了旅滬書畫家：胡公壽、闵澐、徐榮宙、梁清、唐禄、沈正標、陳世模、朱鈞一、張子和、江開泰、尹小霞、錢青、錢寶慶、錢慧安、李承熊、屠墉、吴淦、吴昌碩等；書林人物：抱芳閣書坊主鮑廷爵、文瑞堂主人浦鑑廷、醉六堂書坊主人吴申甫、爲書局所刻書題簽的朱榮棣、大文書局汪鴻翔等。他如光緒五年（1879）東游結識的日本朝野人士[①]，詳見附録《人名索引》，不一一列舉。

王韜撰日記，自稱效法司馬光"事無不可對人言"，其咸豐二年、七年、八年日記，甫里楊引傳、上元孫文川、常州吴新銘、陽湖趙烈文、歸安丁彦臣、吴江沈毓棻、湖南魏彦諸友人皆曾寓目，並有題識。如咸豐二年（1852）《茗薌寮日記》卷首有："申江有客久飄蓬，徵逐詩壇酒國中。慧業幾生防墮落，不如認取此真空。絶代紅顔花見羞，多情忘却粉骷髏。才人第一風流孽，懺悔須教未白頭。識得前因與後因，百年元是夢中身。六如已證金仙果，我輩如何墮轉輪。（近聞諸友人，唐六如已證大覺金仙之果）。小春中浣，接到此册，批閲一過，題三絶句於此，蘭卿先生見之，以爲何如也？獨悟盦主人楊引傳識。"

咸豐五年（1855）十月二十五日日記，王韜抄録孫韻卿詩《繡餘無事，兀坐幽窗，觸景言情，凄涼滿目，知音已渺，青鳥不來。前見〈蘅華日記〉中有〈等卿來〉詩八絶句，知兩地相思，洵非虚語，因亦效顰，戲成四章，不足爲詩也》，知咸豐五年（1855）王韜曾以《蘅華日記》示孫韻卿，以表相思之誠、之苦。

四

上個世紀，方行、湯志鈞整理上圖藏日記稿本一種四册，題爲《王韜日記》，1987 年中華書局梓行。2015 年有陳正青增訂本，補入臺灣藏日記稿本一種六册、《新聲》雜誌排印本，可惜

① 王立群《中國早期口岸知識分子形成的文化特徵——王韜研究》第四章附録《〈扶桑游記〉所載日本人考略》列出 118 人，雖略有訛誤，然已網羅殆盡，可參看。北京大學出版社 2009 年版第 225—245 頁。

的是，增訂本遺漏了日記稿本六種十四册：上圖藏稿本一種一册、國圖藏稿本四種十二册、南圖藏稿本一種一册。《王韜日記新編》以新編命名，一是有别於中華書局版《王韜日記》，較之中華版增訂本，新增了上述若干稿本；二是如前所述，國圖藏光緒年間日記，除了光緒五年扶桑之行的《東游日記》《東游縞紵録》繫年明確，《遯叟漫録》、《弢園日記》、《東游日記》（光緒十四年）及稿本中所存零星各條日記，都未寫年份，有些條目僅記其事，年月日俱付闕如。本次整理王韜光緒年間部分日記稿本時，先逐條考訂繫年，再依時日之先後，重新予以編排，已非稿本原貌；咸豐年間亦有部分條目，爲免編排序次之誤，也略考其繫年，附於相應年份日記之後，故以“新編”名之。

日記整理，始于 2013 年底，其間斷續無定，2016 年初稿成，擱置一年，2018 年重理舊稿，次年始定稿。感謝責任編輯袁嘯波編審，不僅代爲糾謬正訛，並與劉賽主任商討修訂凡例，俾使日記體例更爲完善。《王韜日記新編》能有今日之新面貌，得編輯之助良多，特致謝忱。日記的整理，得到浙江省哲學社會科學重點研究基地浙江師範大學江南文化研究中心的支持。感謝同門浙江師範大學陳玉蘭教授給予我這個機會，不時婉轉督責，方有此書的問世，也使我免於玩愒歲時之沉淪。

稿本整理，識字爲難，出錯最易，亦最忌想當然。整理者自知笨人，惟有下最笨之功夫，持戰戰兢兢之心，黽勉從事，或能稍減錯謬。感謝浙江大學薛龍春教授、國家圖書館李紅英研究館員、南通書家范啓文兄，不憚其擾，爲之辨識難字，實爲王韜之功臣。至於本書中或尚有掃除未净之訛誤，自是整理者學殖荒落所致，亦願讀者諸君不吝正之。

庚子立秋前一日田曉春識於還是讀書齋

凡　例

一、日記中同一人物，其名與字號往往前後寫法不一，多異體、古體，容易讓人誤以爲另一人，故如非特殊情況，均改爲通行字，以利閲讀。

二、稿本以干支紀年月日，皆在“（　）”中標出對應之公元紀年月日。

三、稿本中空缺待補、空白未完、蟲蛀殘缺或漫漶難辨之處，約略可計字數者，以“□”標識，不能計字數者，則以“……”表示。日記中多處有空白行若干，則以脚注標示“以下空白××行”。

四、稿本中詩、詞、賦、序、記，王韜本人常有增删修改，以其或有助於《王韜全集》之校勘，故改動處以脚注説明。

五、稿本《東游日記》《東游縞紵録》是日本東京報知社明治十二年至十三年（1879—1880）鉛印本《扶桑游記》的初稿，文字互有異同。稿本簡而鉛印本詳，然亦有稿本存而鉛印本缺者，僅於鉛印本闕略而稿本載録、稿本删改關涉文意、互校可正訛者，以脚注標出。稿本是日記，鉛印本是日記體游記，故收

《東游日記》《東游縞紵録》，而不收《扶桑游記》。

六、稿本中訛字或疑似訛字，先以“（　）”括出訛字，繼以“〔　〕”括出正确字，明顯手誤字則徑改；稿本之脱漏、殘缺和漫漶難辨之文字，或據上下文補足，或據印本校補，以“〔　〕”括出；稿本有衍字，則以“（　）”括出。

七、稿本已分段落，一般不作變更；如無，則據内容酌情劃分。日記中所録尺牘，段落之分，亦如此例。

八、稿本之單、雙行夾注改爲單行小號字，注中之注以“（　）”括出。

九、稿本天頭有補書文字，以《東游日記》《東游縞紵録》最多，或據上下文意，或據印本行文，納入相關段落，不便插入正文者，則以脚注標出。

十、稿本中人名、地名、名物、制度等，一般不作注釋，如需特别説明，以脚注標出。

十一、稿本中光緒四年至十五年間之日記，大多有月、日而無年份，或年、月、日俱無，整理者逐條考訂，考證所得日期，以“（　）”括出，繫年依據以脚注標出。

十二、避諱字徑改，不出注，如“元妙觀”改爲“玄妙觀”、“元奘”改爲“玄奘”。

十三、稿本中日記常與雜記相間，凡與著者生平經歷、日常生活密切相關之内容，諸如衣物帳、錢物帳、印譜、家人姓字生卒及交游録等，皆附於相關年份之後。他如校記、藏書目、提要、讀書筆記、藥方等則不録，將另行輯録成書。

十四、稿本首尾空白葉，雜記家人友朋之生卒年、姓名字號及住址等，與日記時間互有參差，整理時依稿本序次照録，以存原貌。

十五、書末附日記人名索引，以便研究者檢索。

目　録

道光二十八年戊申（1848）

僕行年二十一矣，才無一長，行無足取，性既滓愚，質又猥瑣，昧修德葆身之學，乏致功造命之權，幸賴父師督責，朋友箴規，稍戢顧忌，不至泯其善而入於惡，不然，蕩檢逾閑，靡所止矣。顧簡編所載，用以垂戒，古人於一己之行事，必兢兢焉書以自考，以鑒覆轍而警前非。夫有懲於前，然後能不行於後。中材以下之學問，大抵從針砭生，則磨礪不可或緩。若施報之説，非可以律聖賢，亦非所以興起豪傑，冀倖多而機謀出，抑亦沮自新之路，豈僕所敢云乎哉？前此事遺忘而不足録，爰取近者，自戊申十一月上浣始，筆之於書，法司馬温公“事無不可對人言”意，以爲是記。

十一月

道光戊申十一月朔辛未（1848 年 11 月 26 日）。天氣晴暖，晷影甚短，捉管吟哦，輒已日暮。時予病新瘥，足弱不出户，校是歲所作之詩，將成一卷矣。

二日壬申（11月27日）。晴。至术民師齋中，時正作佛事，笙鼓嘈聒，香篆繚繞。復過莘圃内兄家。

四日（乙亥）〔甲戌〕（11月29日）。晨，同芷卿舍弟登酒樓啖麵。過友石丈齋中，清談良久，出詩集相眎。過企陶還讀軒，不值。

九日（庚辰）〔己卯〕（12月4日）。晴。至术民師齋中，師外出買藥未回。歸已上鐙時矣，咏莪來舍不值。是日嚴憶蓀招持螯，以晚歸未及赴約。

十有一日（12月6日）。晴。夜稍起風。咏莪以新購《漁洋集》來，倩予校正。

十有二日（癸未）〔壬午〕（12月7日）。晴。夜多噩夢，夢讀書二卷，詞頗瑰偉，醒時茫不記憶。前夕夢中得句云："叩角虚爲寧子歌。"未解何故。

十有三日（甲申）〔癸未〕（12月8日）。澧卿過舍。夜月暈，更餘起大風，寒鴉盤天，聲啦啞驚夢，側聽園中竹木摇落，可慨，枕上雜然有感。

十有四日（乙酉）〔甲申〕（12月9日）。微冷。暮，吴小于同咏莪來。《蘅華雜志》告成，計四十六則。是日有風，二更餘始定。

十有五日（丙戌）〔乙酉〕（12月10日）。晴。楊梧園來舍，述其戚吴贊元老病以死，欲乞詩以光幽壤，予輓之云：

流水咽泠泠，寒雲沍漠漠。草木正飄摇，夜深驚秏惡。吁嗟耆德亡，古人不可作。憶君素明農，田耕而井鑿。竭力手足間，門户不憂弱。田園日以增，家計日以拓。年老遂含飴，海屋籌交錯。鶴算既不添，鵬飛何所托。迢迢數十霜，行誼猶如昨。我爲捉管吟，高山空仰若。林樾風聲號，紙窗日色薄。仙路無崎嶇，終比人間樂。

十有六日（丁亥）〔丙戌〕（12月11日）。晴。薄暮，有吴寶元來，尩瘦可憐，匍匐求乞，余惻然動心，與之阿堵四十而去。

十有七日（戊子）〔丁亥〕（12月12日）。晴。修家書一函，郵寄海上。薄暮，吴小于同咏莪過舍，與譚南北朝暨嚴分宜事，極爲昭晰，江左風流，猶覺未遠。

十有八日（己丑）〔戊子〕（12月13日）。晴。江菊生暨賡虞過舍。午後，過青蘿山館。

十有九日（庚寅）〔己丑〕（12月14日）。江菊生、許立功過舍。夜夢與咏莪劇談，得詩云："不隨桃李争春艷，漫去香街逐繡塵。"時清坐已久，咏莪秉燭欲去，予送之，及門而寤。復夢慧英世妹，爲吟七律四章，詞意悲惻，醒時猶記大略，然不能舉一字矣。是日晨，從兄竹筠從村中來留宿。

二十日（辛卯）〔庚寅〕（12月15日）。數日天氣晴暖，冬令失司。夜四更微雨，天明始止。

二十一日（壬辰）〔辛卯〕（12月16日）。陰，微雨溟濛，乍停乍止。過企陶齋中，小飲於還讀軒，歸已更餘。竟夕雨聲滴瀝，好夢爲醒也。

二十二日（癸巳）〔壬辰〕（12月17日）。陰。午後，吴村周氏以舟逆姊氏歸。過友石丈齋中飲喜酒，婿爲洞庭席朗凡，歸與术民師同舟，已三鼓矣。竟日雨，黄昏始止。

二十四日（乙未）〔甲午〕（12月19日）。陰。過淵如書塾，時淵如館於嚴氏，憶蓀、桂森皆來聚談。復詣曹竹安齋中。薄暮，咏莪偕小于來舍。薪圃來舍不值。

二十五日（丙申）〔乙未〕（12月20日）。天稍放晴。楊野舲丈來舍。午後過青羅山館，劇談良久。復詣話雨窗，薪圃沽酒留飲。黄昏微雨。术民師饋紙二十幅。

二十六日（丁酉）〔丙申〕（12 月 21 日）。陰，晨微雨。是日冬至，祀先。

二十七日（戊戌）〔丁酉〕（12 月 22 日）。是日放學，聊以息肩。天陰，森寒逼人。過小于齋中，復往青羅山館訪术民師，特開甕煮酒，剪燈小飲。夜飯既罷，同至茗寮，聽曹春江説平話，殊覺詼諧。

二十八日（己亥）〔戊戌〕（12 月 23 日）。晴。咏莪、小于來。接得海上吴鴻裁一札，知家大人於歲底將返櫂矣。

二十九日（庚子）〔己亥〕（12 月 24 日）。晴。晨，竹�從兄來。移館於曹氏畏人小築。薄暮至薪圃齋中，湘舟亦來合并，小飲於話雨窗，歸已更深。

晦日（12 月 25 日）。晴。咏莪來舍，同過虹橋，與康甫閒話，並立檐下，幾忘風露之冷。

十二月

十二月朔（壬寅）〔辛丑〕（12 月 26 日）。晴。是日持齋。同咏莪過小于館。夜讀謝希逸《月賦》，夢中作古風一篇，正在得意放歌，忽晨雀喧檐，蘧然而覺。

二日（癸卯）〔壬寅〕（12 月 27 日）。咏莪至館中。過青蘿山館，與术民師論逆璫事，以爲有明二百年元氣斲喪盡矣。暮過莘圃齋中，時莘圃已到館中。

三日（甲辰）〔癸卯〕（12 月 28 日）。晴。天氣殊暖。术民師過我館中。咏莪來舍。

四日（乙巳）〔甲辰〕（12 月 29 日）。晴。暮往青蘿山館，术民師沽酒小飲。後同詣茗樓，聽曹春江説平話，歸已更餘。是夜讀陳壽《三國志》，三更始寐。

五日（丙午）〔乙巳〕（12 月 30 日）。陰。林藝齋來，以村釀一罈相饋，味殊郁烈。咏莪來舍。是夜風起甚猛。

六日（丁未）〔丙午〕（12 月 31 日）。陰。微冷。咏莪來，以印章相贈。晨，綿生過畏人小築。

七日（1849 年 1 月 1 日）。晴。至泖人師家，唁師母之喪也。過還讀軒，與企陶閒話，竟晷始别。

八日戊申（1 月 2 日）。陰，清晨微雨。咏莪來舍。以雜料果子煮臘八粥，頗恬澹可食，此典出《夢華録》，後世遂沿爲風俗。吾里尼庵中送雙弓米者紛紛於道，予於是日得飽食之，五臟神皆齊聲讚美。

九日己酉（1 月 3 日）。陰。寄吴鴻裁一札，覆前書也。海上飛鴻，一月再至，天末旅人，得通消息，亦可喜也。是日友石丈生日，煮麵甚佳，戴瑶圃亦來合并。

十日（戊戌）〔庚戌〕（1 月 4 日）。晴。過青蘿山館。夜讀漁洋詩，微倦假寐書榻，醒已更深。

十有一日辛亥（1 月 5 日）。晴，下午陰。咏莪來，清話數語即去。夜，汪强庵至舍，自言從京師來，身上僅衣單袷，戰栗之色可掬，予曰："范叔何一寒至此？"因沽酒小飲，聊以禦冷。綈袍之贈，予豈無戀戀故人情乎？黄昏後微雨，屋瓦淅瀝，不能成寐。

十有二日壬子（1 月 6 日）。陰。是日未至館，留强庵在舍。

十有三日癸丑（1 月 7 日）。陰。是日贈强庵衣數襲。詎知强庵得衣，竟不辭而行。詢之路人，則云爲吸片岕，歸衣於典閣。噫！人之無良，何一至於此？爲鬼爲蜮，則不可測，其强庵之謂乎？

十有五日乙卯（1月9日）。晴。术民師至舍，診夢蘅之疾。暮過其齋。

十有六日丙辰（1月10日）。晴。過吴小于館。咏莪至舍。竹筠從村中來留宿。

十有七日丁巳（1月11日）。晴。余喉痛放學。陳青州來。服友石丈藥一劑，即已霍然。是日館移於惇大堂。湘卿生子，作湯餅會。咏莪來舍。

十有八日戊午（1月12日）。晴。楊梧園來，攜詩數帙，命予塗改。予丁未年詩已藏事矣。

十有九日（庚申）〔己未〕（1月13日）。晴。暮過吴小于館。

二十日（1月14日）。晴，數日天氣殊暖。咏莪來舍。夜風甚大，三更有宵小從後門入，竊物數件而去，比覺，已遁遠矣。予連遭不得意事，實爲憤懣，而人謂予若無事者，亦因處之淡然，故不覺耳。

二十一日辛酉（1月15日）。陰。晨大風，頗有寒色。暮至話雨窗，以詩集眎莘圃，倩其訂正。黄昏時家大人從海上歸來，兩載不見，悲喜交集，縷問起居，絮話家常，夜深而寐，中心帖然。

二十二日（1月16日）。晴。予是日放學，友石丈以盛饌相待，禮意優渥，家大人亦來。暮過話雨窗，薪圃置酒小飲，縱談學問，頗覺心契。

二十三日癸亥（1月17日）。晴。术民師家有喪葬事，予執紼往送。晨，江補松、楊野舲丈暨莘圃昆仲俱來舍，與家大人劇譚。過天風草堂，同吟甫諸同學小飲。是夜未眠。

二十四日甲子（1月18日）。晴。术民師祖父之墓在大林浦，丑刻出柩，予病初痊，未及往詣。夜設宴於天風草堂，家大人亦來，予與暘谷同席，歸已二更。

二十五日乙丑（1月19日）。晴。過徐少甫齋中。同陳康甫往訪薪圃，清譚竟晷，至竹安家即别。復詣端喜齋，友石丈謂予曰：“已逼歲除，摒擋一切，都無所着，將逃債九成臺矣！”然意思從容，猶出詩集相眎，絶無王戎齷齪之態，此尤可取。

二十六日（1月20日）。陰。過還讀軒，與企陶閒話。午後張仰峰來。過話雨窗。是夕莘圃祭神。

二十七日（1月21日）。雨。許唫父來閒話。

二十八日戊辰（1月22日）。過友石丈舍，清譚竟晷。朱蕙亭來舍。咏莪來。是夜敬神。术民師招飲，以有事未赴。悶坐雨窗，殊覺恀憛。

二十九日己巳（1月23日）。雨。數日來天甚陰晦，街衢泥濘，不能攜屐游行。鍵户不出，益覺寡歡，繙閲書籍，益無聊賴。古人云三餘讀書，此言殊未必爾。

（録自國家圖書館藏稿本《蘅華館雜著·茗華廬日記》）

道光二十九年己酉（1849）

正　月

道光二十九年歲次己酉正月元旦庚午（1849年1月24日）。朝晴，北風。午後陰，風轉西北。過青蘿山館，賀新禧也。街市間泥滑異常。至話雨窗，與野舲丈、莘圃内兄閒話片晷即别，時已薄暮。及歸，前門已閉，乃從田野間行，折入後門。野草猶濕，泥塗甚濘，獨行彳亍，村尨遥吠，不啻蜀道之崎嶇。噫！人生不幸作男子，跋涉險阻，蒙犯霜露，何在蔑然？予不禁爲之感慨。

二日辛未（1月25日）。晴，東北風，下午陰。吴村周侣梅丈暨竹林來舍，錦溪朱雪泉母舅暨蕖卿來舍，皆賀新禧，與家大人稍叙闊悰。過天風草堂，置酒小飲。家人團聚一堂，剪燭清譚，殊得佳趣。

三日壬申（1月26日）。東北風。晨，日出即隱，下午稍放晴色。月媖女兄從吴村返舍。予同夔石、賡虞、根于、友梧啜茗茶寮，室頗精潔，陳設亦不俗，於此中可耐久坐。夜，小飲話雨窗。

四日癸酉（1月27日）。晴。過白蓮禪院，韞修上人特瀹佳茗，清坐移時，頗覺神遠。午時小飲話雨窗。暮至青蘿山館，是日术民師特治佳肴，以延家大人。銀燭乍剪，羽觴旋飛，珍錯雜陳，莫可名狀，彼廚娘洵别具調羹手也。飲韋陟家者，過三日齒頰猶香，其术民師之謂乎！是夕家大人醉甚。

五日甲戌（1月28日）。晴。是日家大人買舟至海上，予送之江滸。家庭團聚纔數日耳，又欲離别，飢驅之難如是。午後同咏莪詣茶寮啜茗。是夕應野舲丈之招，小飲於自得堂，同席曹敬甫。飲興甚豪，一舉數觥，頗有醉意，歸已二更矣。

六日乙亥（1月29日）。清晨，雲氣濛濛，日光忽出忽没。過青蘿山館閒話，繼至薪圃家，即别。夜，友石丈招小飲，與其婿席朗凡同席。

七日丙子（1月30日）。晨陰，巳時微雨，東北風。忍之、静如來舍。是日閉門習静，同咏莪博《紅樓夢》籌爲樂，雨窗無事，聊以消愁祛悶。

八日丁丑（1月31日）。晴。清晨似欲發風，未果。同咏莪至彈指閣啜茗。過青蘿山館，不值。過話雨窗，即别。

九日戊寅（2月1日）。晴。過自得堂，莘圃特留飯。蔣書甌從鄧村來，偕往彈指閣啜茗。復至巢雲小築，與瞿能上人譚禪。過青蘿山館，不值。

十日己卯（2月2日）。晴。特沽村釀，招薪圃、賡虞小飲於行素園，飯罷同至自得堂。過嚴湘舟齋中，復詣青蘿山館譚詩。夜讀《陳后山集》。

十有一日庚辰（2月3日）。晴。陳青州來。莊竹香丈從村中至。午後同咏莪、曉峰至茶樓啜茗，莘圃、湘舟亦來合并，至晚而歸。

十有二日辛巳（2月4日）。朝晴，下午陰，東南風甚狂，天氣殊暖。過自得堂吃麵，莘圃三子周晬故也。午後過青蘿山館譚詩。夜詣話雨窗，薪圃置酒小飲。是日立春。夜大風。曹少泉、陳粲如過舍，不值。

十有三日壬午（2月5日）。陰，西北風，下午放晴。陳粲如、沈蘋洲過舍。友石丈來診夢蘅病。夢蘅之疾已逾數月，力倦體羸，納穀甚少。過曹桂林舍，時桂林新喪偶，哀緒纏綿，過於荀郎、潘岳。出輓詩數十篇，詞愴楚挽，令人一往情深。午後過安橋舍。

十有四日癸未（2月6日）。晴。咏莪來。西北風。竹安、桂林、葵石來舍。午後過青蘿山館，晤吴雲卿，劇譚良久。夜三更微雨。

十有五日甲申（2月7日）。陰，清晨微雨。夏安橋來舍。黄昏至府廟看放花。

十有六日乙酉（2月8日）。修家書一函，寄至海上。過自得堂，與莘圃閒話，攜其詩集歸。復往天風草堂，即别。咏莪、小舲來舍。

十七日丙戌（2月9日）。陰。是日至館。午後，微風送寒，絲雨弄晴。學徒共五人，咿唔讀書，恂恂畏法，洵屬孺子可教。嚴純甫、林雲谷過舍。夜半，西北風甚大，狂吼如虎，側耳聽之，殊覺可畏。

十有八日丁亥（2月10日）。陰。晨，有日即隱，西北風吹直如刮。嚴静如來。

十有九日戊子（2月11日）。陰。夜，星月皎然。

二十日己丑（2月12日）。晴陰不定。薄暮雨，小樓聽雨，竟夕不寐，有陸放翁作客臨安景況。

二十一日庚寅（2月13日）。晨雨，檐溜如注。是日嚴湘舟畢姻，予往賀喜，同席吴守梧。午後雨止，至自得堂。湘舟所娶係潘松舟之女公子也，潘氏無所依，僦屋於楊，事皆楊爲主。是日得與薪圃劇譚。往青蘿山館，即返。黄昏剪燭，置酒小飲，同席劉誦莪丈。夜深不寐，無可消遣，於术民師處借得《紅樓夢》籌，擲骰子爲戲。入春數日，餘寒尚勁，薪圃特沽燒春以禦冷。三更後送親至湘舟家中，紅毹帖地，銀燭高燒，觀其合巹既畢，煮酒小酌，同席吴守梧、方芸卿、楊薪圃、賡虞，頗已薄醉，惜賡虞不克善守酒德，未能盡興。人生於世，爲歡幾何，恐自兹以後，吾不復見此樂矣！

二十二日辛卯（2 月 14 日）。晨陰午晴。至張家館啖麵，同席者聽濤丈以及松軒、莘圃、筠卿、桂生、琢卿也。是日頗有倦態，因至茗寮小啜，借茶神以驅睡魔。巳後歸舍，高枕静卧，申杪方起，即往潘舍飲酒，是日湘舟回門也。

二十三日壬辰（2 月 15 日）。朝晴午陰，日時出時隱。至企陶齋中閒話。王松卿來館，趙静甫亦來合并，即同往淵如館舍，清譚片晷即别。往范秀石家，攜《養目十圖》歸。人有謂秀石癡者，及交語，頗不草草，記事亦了了，以是知人言之謬也。是夜紅橋有花。風甚大，三更時雨，天明始止。

二十七日丙申（2 月 19 日）。陰晴不定，天氣暄和，漸有盎然春意。野舲、莘圃來。竹村從板橋至舍。

二十八日丁酉（2 月 20 日）。陰。咏莪至舍，同過小于齋中閒話。四更雨。

二十九日戊戌（2 月 21 日）。雨。清晨日出即隱，西南風吼地有力，至暮愈狂。過青蘿山館談詩，夜深而歸。

晦日己亥（2 月 22 日）。雨。過王紫篁齋中閒話。

二　月

二月朔日（2 月 23 日）。雷始發聲。术民師過舍。

二日辛丑（2 月 24 日）。晴。暮過莘圃齋中，於話雨窗小飲。夜，繁星滿天。入春以來，夜雨日陰，農民甚苦之。

三日壬寅（2 月 25 日）。驟雨如注，竟日不止，不能至館。午後過徐少甫齋中。數日皆東北風。

四日癸卯（2 月 26 日）。晨陰午雨，入夜愈甚。枕上聽之，殊抱杞憂也。

五日甲辰（2 月 27 日）。陰。朮民師過舍。

六日乙巳（2 月 28 日）。晨，野舲丈來舍。稍有微雨。

七日丙午（3 月 1 日）。過紫簾齋中閒話。

八日丁未（3 月 2 日）。朝陰午晴。紫簾來館劇談。暮過自得堂，與莘圃談詩。夜月有暈。

九日戊申（3 月 3 日）。晴。過青蘿山館。夜有月暈。

十日己酉（3 月 4 日）。晴。下午，静甫偕秀石長子秉鏞至館，從予受業。

十有一日庚戌（3 月 5 日）。晴。午後同咏莪至錢家漊觀劇，後至西滙散步，過紫簾齋中。是日東南風狂吼如虎，撲面不寒。夜月暈。

十有二日辛亥（3 月 6 日）。晴。是日夢蘅歸寧。午後，同澧卿、咏莪至錢家漊觀劇。過畏人小築，湘卿特留一麵，因其子彌月故也。是夕朮民師招飲，小集於青蘿山館。朮民師之甥沈吉甫從師習醫，特設此筵，猜枚拇戰，極盡歡樂。予所飲無算，酒態淋漓，不自甘爲小户也。是夕晴，月色皎然，歸已更餘矣。

十有三日壬子（3 月 7 日）。晴。暮過還讀軒。夜，月色如晝。

十有四日癸丑（3 月 8 日）。晴。竹篛兄從村中來留宿。是日接家大人書，海上旅客，平安似舊，差慰我心矣。夜與竹篛絮話家常。

十有五日甲寅（3月9日）。晨微雨，下午纔放嫩晴。黄昏上燈後，檐瓦淅瀝，雨又作矣，今年春事，想在雨中過耶。

十有六日乙卯（3月10日）。暮過還讀軒。黄昏微雨。

十有七日丙辰（3月11日）。清晨微雨，檐溜滴瀝。午後，細雨如絲，溟濛不定。過紫簾齋中。

十有九日戊午（3月13日）。狂風刮地，有如虎吼。

二十日己未（3月14日）。晴。竹筠至檀溪。是日以酒壹罎饋憶蕿，亦饋术民師旨酒一盛。夜過青蘿山館小飲，同席夏竹溪，亦醫士也。

二十一日庚申（3月15日）。過侶梅齋中論命理。暮過青蘿山館，即别。莘圃特招小飲，置酒話雨窗，相對細酌，悠然有會。

二十二日辛酉（3月16日）。晴。晨同陳侶梅至張家館啖麵，薄暮過其齋中，細譚命理。

二十三日壬戌（3月17日）。晴。午後過侶梅齋中閒話。暮至吴小于館。同咏莪散步郊坰，於翠雲庵外得晤康甫，劇談良久。

二十四日癸亥（3月18日）。陰，午後晴，風甚狂。晨過侶梅齋中。暮往青蘿山館，與术民師談詩，歸已上鐙時候。於途中遇嚴静如，攜其子自館歸。

二十五日甲子（3月19日）。晴。晨過侶梅齋中，饋菸十束，聊以將意。是日曹懋亭至館。夜同咏莪在紅橋閒話，更餘始散。

二十六日乙丑（3月20日）。晴。晨過徐少甫藥室。暮過侶梅齋中閒話。夜風甚大。是日天氣和煦。

二十七日丙寅（3月21日）。雨，下午檐溜如注。暮過徐少甫藥室。黄昏雨，隱隱有雷聲。

二十八日丁卯（3 月 22 日）。微雨。是夕咏莪過紅橋閒話。夜有疾風。

二十九日戊辰（3 月 23 日）。晴。過侶梅齋中。咏莪來舍閒話。過青蘿山館談詩。過自得堂即別。是夕自沽美釀，静坐小飲，聊洗塵襟。

三　月

三月朔日己巳（3 月 24 日）。晴。晨過徐少甫藥室，攜《本草經解》四幀歸。暮過許椿泉齋中，與嚴純甫閒話。薄暮過紅橋散步，同康甫、咏莪談紙鳶。

二日庚午（3 月 25 日）。陰，清晨微雨。夜，新月如絲，隱約可見。

三日辛未（3 月 26 日）。晴。午後過憶㑹齋中小飲，純甫亦來合并，歸已上燈時，嚴静如來。

四日壬申（3 月 27 日）。晴。暮過守之齋中，不值。夜同咏莪小橋閒話。

五日癸酉（3 月 28 日）。晴。是日修家書，附便鴻至海上。過王紫簾館中閒話。暮詣青蘿山館談詩。嚴浄人師及楊小舲來館。

六日甲戌（3 月 29 日）。晴，午後微陰。浄人師來館，以書六種售予，價甚賤。暮過守之齋中，借書故也，晤其子伯威。晚時同咏莪至野田散步。是夕雨。

七日乙亥（3 月 30 日）。莘圃從横江至，詣館中劇談。

八日丙子（3 月 31 日）。雨竟日，下午略有晴意。暮過吴小于館中，不值。

九日丁丑（4 月 1 日）。陰。暮過薪圃舍，特命閏生持壺沽酒，小飲話雨窗。夜晴。

十日戊寅（4月2日）。晨陰，下午放晴。咏莪來。途遇友山閒話。

十有一日己卯（4月3日）。晴。午刻小飲自得堂，置酒拇戰，頗覺微醺。是日莘圃祀先，同至趙陵掃墓，路殊不近，田塍高低，頗不易走，往返委頓，歸已月上。夜有小疾。是午夢蘅歸家。

十有二日庚辰（4月4日）。晴。咏莪來。是日母氏至錦溪。予因昨日跋涉過勞，身體微倦，同咏莪詣野田散步，菜花已黄，時有香來。嚴純甫、綿生至舍，手談爲樂。至周升山藥室閒話。

十有三日辛巳（4月5日）。晴。是日清明祀先，即以祭品數簋招莘圃小飲。里中有神會。飯罷同莘圃、葵石、賡虞、咏莪隨意散步，徜徉自適。過青蘿山館。暮至自得堂小飲，根于特沽旨酒，飲興甚豪。夜有月暈，步月而歸。

十有四日壬午（4月6日）。晴，下午有風，輕陰淡淡，日色稍隱，正是養花天氣。過自得堂，與莘圃閒話竟晷。午後過青蘿山館。既歸，適咏莪在舍，復與縱譚，此中盤桓，頗有佳趣。

十有五日癸未（4月7日）。晴，巳刻小雨，霏微即止。是日至館，趙静甫、夏奕山、范漱石都來，劇譚良久，乃始别去。暮過還讀軒，與静甫閒話。夜風甚狂，天氣殊暖，宵深不寐，偕夢蘅譚歸寧時事。

十有六日甲申（4月8日）。晴，天暖甚，不能容裌衣。午後風狂日隱。竹安來館。浄人師以書數種售予。連日搜奇説部，頗有所得，此心甚慰。友石丈於鹿城席氏借得南田畫二幅，一爲梨花金魚，一爲菊花，描寫如生，娟秀異常，洵非俗筆所能，定非贋本也。

十有七日乙酉（4月9日）。晴。東風狂似虎，日有時稍隱。

午後莘圃至館，劇談竟晷始别去。咏莪來，倩友石丈診疾。暮過話雨窗即别。是日莘圃有俗事，意甚怏怏。予歸已上燈時，月色濛濛，不甚明朗。二更微雨。

十有八日丙戌（4 月 10 日）。晴。天氣和煦，塵襟煩躁，知將雨矣！下午雷聲隱隱，不能成雨。暮過還讀軒，與静甫閒話。軒中陳設頗不俗，庭前鼠姑將放，紫荆滿樹，小窗斗室，楚楚有致。頃之，企陶亦至，言從吴門歸。因述前夜在旅齋聽雨，檐溜喧豗，不能安枕。夫吴門離甫里不過數十里，而晴雨迥異，是何故與？是日竹筠從檀村來，留宿。夜雨。

十有九日丁亥（4 月 11 日）。細雨溟濛，狂風料峭，竟日不止。過話雨窗，即别。過青蘿山館談詩，朮民師將具小宴賞鼠姑。連日風雨，殊敗清興，聯句作《止風乞晴詩》。是日在升山藥室中閒話，遇劉根于自錦溪還。

二十日戊子（4 月 12 日）。剪風絲雨，未肯放晴。芳事闌珊，春人骯髒，箋乞天公許三日晴，庶不辜負此庭前一段佳景也。午後過自得堂，賀野舲丈懸壺之喜。過青蘿山館不值，歸與竹筠兄閒話。一燈窗底，檐溜微滴，讀《三藩紀事本末》。

二十一日己丑（4 月 13 日）。是日至館。母氏從錦溪歸。朮民師折簡招予小飲，燒燭看花，分曹射覆，門生婦子，團坐一室，雖無後堂絲竹，而風流勝概，已空儕輩。庭下燃巨蠟二椽，花影葉影，蕭疏牆角，四周圍以紅闌，上張翠幔，絶無微風。是夕酒罄無算爵，即席聯句。朮民師與予拇戰，誤觸酒壺，淋浪襟袖，師有“傾倒銀壺潑玉漿”之句。予歸家已更餘矣。

二十二日庚寅（4 月 14 日）。稍晴。午後，同侣梅至茶寮啜茗劇譚。吴小于來舍。薄暮，與咏莪散步林坰。是夕四更大雨。

二十三日辛卯（4 月 15 日）。晨陰微雨，午後雨甚傾注，黄昏始止。今春苦雨，麥盡爛矣。

二十四日壬辰（4 月 16 日）。微晴。月英女兄從吴巷歸。是日放櫂至大市掃墓，西北風甚大，蒲帆十幅，頃刻而至。午後，風稍小。飯罷登岸，焚以黄紙，奠以濁酒，拜掃後即行。解纜移棹，至玉峰，以時晚不及，泊舟村口。

二十五日癸巳（4 月 17 日）。晨晴。是日舟抵鹿城大東門外，登酒樓獨酌，意緒蕭然，殊有别致。移棹至河村，迂道上冢，殘碣卧草，新筍滿地，有荒蕪不治之嘆。野人情話，擘竹煮茶。此鄉風景，亦頗不惡。午後至湧泉樓啜茗，陣雨忽至，點龐於豆，少頃即止。著屐而行，復往小西門散步，歸已夕陽在山。舟因風順，其去如駛。

二十六日甲午（4 月 18 日）。晴。是日至館，嚴静如來，里中有神會，同静如往觀焉。暮至青蘿山館談詩，朮民師得《討春》十二題，因命同作。夜讀《靈芬館詩》，一燈如豆，睡思雜然，未二更而寢。

二十七日乙未（4 月 19 日）。晴，風甚狂，日光殊淡。曹少泉來舍。午後同純甫、咏莪至昆山邑廟游覽，陳設頗雅。

二十八日丙申（4 月 20 日）。晴。是日里中演劇賽神，同咏莪往觀，人頗叢雜，苦不得前。暮遇懋堂、子遠、咏莪，同詣茶寮小啜。四更雨。

二十九日丁酉（4 月 21 日）。晨，微雨如絲，午晴。是日觀劇。暮過青蘿山館。

晦日戊戌（4 月 22 日）。晴。里中有神會。夜至升山藥室閒話。

四　月

四月朔日己亥（4 月 23 日）。晴，風殊狂大，夜雨。

二日庚子（4月24日）。雨，隱隱有雷聲，未杪雨止。過紫簾齋中。過蕤夢樓，與唫父閒話。

三日辛丑（4月25日）。晨吹微雨，三點兩點即止，午陰。過自得堂，薪補從橫江解館歸。過惇大堂，眎以近作。

四日壬寅（4月26日）。晨晴午陰，絲雨微茫。墻陰屐聲，不絶於耳，日暮雨止。過自得堂。過青蘿山館，术民師賜以一篋吟箋，曰助爾添修五鳳樓也。從此東塗西抹，不憂無紙矣。浻人師過惇大堂，以巨印一方售予，上鐫獅鈕，雖工而未純熟，即倩錦父刻“眉珠小盦華鬘居士印”九字。

五日癸卯（4月27日）。陰，晨雨如絲，濕衣不見。咏莪過舍。午後詣吴鴻裁齋中，兼晤雪山。過朱蘊齋舍，絮譚蓉峰死時情況，爲之慘然改容。覺現在之友，得一聚首，亦非易也。至浻人師齋室，攜文三山圖章六方歸。復往王紫簾書舍，談數語即别。歸時經許春泉藥室，與嚴純父、凌習之、顧春山同飲，片時即别。

六日甲辰（4月28日）。陰。浻人師至館，咏莪亦來。暮過自得堂。復過青蘿山館談詩。

七日乙巳（4月29日）。陰，巳後雨。

八日丙午（4月30日）。陰，微雨廉纖，時停時止。過淵如館中閒話。未後雨，地濕甚，著屐而行。

九日丁未（5月1日）。晨陰午晴，地稍燥。過青蘿山館，劇譚良久。復過自得堂，時莘圃在吴門已歸，乃命酒小飲。星衢長子亦從吴至，頃之，湘舟來合并。

十日戊申（5月2日）。晨，日出即隱，午陰，隱隱有雷聲。過青蘿山館談詩。黄昏雨。

十有一日己酉（5月3日）。晴。沈瘦蓀來館，以《青蘿山館詩》一卷來，讀之斐然。過自得堂。

十有二日庚戌（5月4日）。午晴，暮有陣雨，甚爲傾注。

十有三日辛亥（5月5日）。是日立夏。下午小飲惇大堂，秤得四鈞，同席戴瑶圃。歸家亦置酒獨酌，意緒惘然。見庭前殘紅滿地，知春已去矣。酒間接讀朮民師札并《餞春》諸詩，悲感淋漓，益令神傷。暮，雷雨如注，較前夜稍小。夜被酒不得眠，聽風雨颯然，一回春去一回老，少年頭爲之白也。

十有四日壬子（5月6日）。雨竟日不止。是日吕仙誕期，友石丈故操岐黄業者，特潔觴治酒，偕予小飲，同席施子蘭、戴瑶圃、林粹山，皆大户也。予與友翁拇戰争先，出奇制勝，拳所未到氣已吞，當之者輒靡。午後，朮民師作札招飲，剪燈聽雨，另有一番清景。同席唫父諸子皆不善飲，酒間惟與朮民師縱譚詩學，師於俄頃間得絶句一十五首。予欲作未果，見大巫而氣索矣。

十有五日癸丑（5月7日）。晴。晨至桂生齋中，齋名自娱軒，取“聊以自怡悦，不可持贈君”之意，暮亦過之。伯姑來。

十有六日甲寅（5月8日）。晴。同桂森、淵如、緑茂、韻仙至錦溪觀劇。於舟中小飲，拇戰輒負。泊岸後，至蘭九齋中，出醴酒勸飲。復至愛日軒見癯卿。暮於桂生齋中置酒小酌。

十有七日乙卯（5月9日）。晴。暮過咏蘭堂，與綿生閒話。復往青蘿山館。

十有八日丙辰（5月10日）。晴。晨，棉森過館，清談竟晷。暮至青蘿山館談詩。復往蕤夢樓，與唫父閒話。

十有九日丁巳（5月11日）。晴。薄暮，綿生來館，即同彼至自娱軒，與淵如閒話。

二十日戊午（5月12日）。晴。午後，與席朗凡閒步至保聖禪院。過自得堂，與也崚丈清談竟晷，留飯而歸。

二十一日己未（5月13日）。晴。是日里中演劇。至自得堂。復往青蘿山館。咏莪來舍不值。三更雨。

二十二日（戊午）〔庚申〕（5月14日）。晨雨。過咏蘭堂，與綿生同往觀劇。午後，天公放晴，使游人快意，繼同湘舟往茶寮啜茗。

二十三日（庚申）〔辛酉〕（5月15日）。晴。午後，朮民師過館。暮至咏莪齋中，詢其疾也。

二十四日（5月16日）。野舲丈過舍。往侶梅齋中閒話。暮過自得堂，莘圃置酒小飲，歸已更餘。

二十五日癸亥（5月17日）。暮往自娱軒，沽酒縱飲。綿森、淵如、緑梅皆豪量，如長鯨之吸百川。是夕甚醉。

二十六日甲子（5月18日）。是日宿酲未解，頗有小病，未至館中。午後過自得堂。復往青蘿山館談詩。暮小雨。一春無三日晴，入夏以來，開霽之日實少。

二十七日乙丑（5月19日）。小雨如絲，午後稍大。朮民師過館。過自娱軒，與桂生劇談，淵如亦來合并。

二十八日丙寅（5月20日）。晨晴，午後雷電交作，雨甚滂沛。至晚雨勢益狂，如奔雷之驟下，如急湍之忽來，三更始止。

二十九日丁卯（5月21日）。雨。午後，日光稍出。朮民（師）過惇大堂。暮過自娱軒，與淵如閒話。

閏四月

閏四月朔日戊辰（5月22日）。朝晴午陰。於家中酤酒獨酌，聊以澆愁。暮至青蘿山館。復過自得堂。夜雨殊大，竟夕不止，枕上聽之，殊起愁矣。

二日己巳（5月23日）。晨雨如注，午晴。同純甫過自娱軒。

三日庚午（5月24日）。微有晴意。暮至咏莪齋中，詢其疾也。夜雨，終宵如懸霤。

四日辛未（5月25日）。雨甚大，風亦横絶，夜仍未止。

五日壬申（5月26日）。飄風驟雨，永夕永朝，水勢頓長。

六日癸酉（5月27日）。風已止，雨稍息，可免滔天之慮。是日筆工鄭雲書來。夜晴。

七日甲戌（5月28日）。略有晴霽之色。里中演劇賽神，飯罷往觀。過青蘿山館談詩。復過自得堂。

八日乙亥（5月29日）。晴。午後觀劇。往青蘿山館談詩。曹桂林過館中閒話。

九日丙子（5月30日）。晴。是日伯姑歸。竹筠兄從村中來，留宿，夜與絮話家常。

十日丁丑（5月31日）。晴。

十有一日戊寅（6月1日）。晴。過青蘿山館。

十有二日己卯（6月2日）。晴。過青蘿山館。

十有三日庚辰（6月3日）。晴。過青蘿山館。懋亭、竹安皆來館中。薄暮過陳咏莪舍，詢其疾也。時咏莪染咯血症，友石丈爲之診視下藥，然其病已成，醫皆束手。草木之功，豈能挽回造化？咏莪正在綺年而種此早衰之根，惜哉！

十有四日辛巳（6月4日）。晴。竹安來。

十有五日壬午（6月5日）。晴。术民師過惇大堂。數日來天色晴霽，所種之秧，扶疏水面，抽碧成針，農民漸有喜色，蓋春麥已壞，所致望於秋成者尤急也。

十有六日癸未（6月6日）。陰。清晨微雨，至晚漸密。苦雨之時，每雨輒大，淅淅瀝瀝，夜不絶聲，欹枕坐聽之，深爲抱杞人之憂也。

十有七日甲申（6月7日）。晨陰午晴。綿生來館中閒話。

暮過自娱軒，與淵如劇譚。夜風甚狂。

十有八日乙酉（6月8日）。天氣微晴。朮民師到惇大堂閒話，倩作研銘一則。頃之，綿森亦來。暮過静娱軒，與淵如、桂森劇譚。桂森所居軒本曰静娱，予爲易其名曰自娱。

十有九日丙戌（6月9日）。晨雨，下午微晴。綿森來。

二十日丁亥（6月10日）。雨，下午稍止。

（録自國家圖書館藏稿本《蘅華館雜著·茗華廬日記》）

閏月二十一日戊子（6月11日）。陰，下午微雨。前月朮民師招飲，具一簡云："小庭鼠姑開數日矣，塵俗倥傯，未一款曲。今午招集諸賢友小飲山齋，亦玉谿生愛惜殘花之意也。"陳杏塘來館中。同友石丈過咏莪齋頭，時咏莪疾已不起，予諭以不必服藥，凝神静坐，亦可養身。薄暮過自得堂，與莘圃劇譚。莘圃爲人外謙而内傲，貌愚而心慧。其待人接物也恂恂然，但亦有介處。近喜讀佛經，謂能澹於名利，而自予微窺之，則覺渠名心更重，利念愈深，可知利名枷鎖，殊不易脱耳。

二十二日己丑（6月12日）。晨雨。時江補松將修《甫里志》，囑予考曹氏家乘，予致書友石丈，友翁即覆云："手書下逮，知補松欲修纂《甫里志》，但有此大手筆，弟尚未識其人。佐理諸君並不以文章名世，可知平日管窺蠡測，深有愧也。先祖没後，即遭家難，行述小傳，皆未刊刻，家乘所載，亦甚寥寥。弟時尚在總角，容緩日詢諸長者，當縷陳也。"

二十三日庚寅（6月13日）。雨。入夏以來，無日不雨，農民苦之。予作《苦雨詩》五絶云：

輕寒簾底燕初飛，早起溟濛雨漸微。阿母何勞搜故篋，今年應不著生衣。

怕聽前村鳩婦呼，庭前半畝變成湖。水深聞説江魚賤，争遣兒童入市沽。

并少①街頭屐齒聲，風狂雨急斷②人行。朝來總覺炊烟重，遮住③疏林不肯明。

數處秧歌唱已休，水車轆轆决渠溝。低田漸見新苗没，多少農人相對愁。

濃陰雜樹壓檐端，雨氣陰森入夏寒。壞壁半④攲茅屋漏，又吹急點上闌干。

時薪圃有武陵之行，作飢鴻謀稻粱計，未識其有所遇否。

二十四日辛卯（6月14日）。驟雨狂風，終日不止，枕上聽之，殊有所感。頻伽詩云“研田隨例有荒年”，恐今歲亦所不免。

二十五日壬辰（6月15日）。雨。未至館。招薪圃小飲，玉壺買春，賞雨茅屋，聊以澆愁。醒逋喜射覆，予舉“拾”字令射，不解，乃增一“陽”字，即《左傳》“猶拾瀋”也，瀋陽，地名。趙甌北著《陔餘叢考》，自矜淹博，而亦多謬處，暇將摘出數條，以資嘔噱。

二十六日癸巳（6月16日）。微雨。“簾前暗，輕雲檻外流”，恰於此日情景相合。暮，雷雨。

二十七日甲午（6月17日）。晨雨。莘圃來訪，予時剛作研銘，令友石丈鐫之。銘曰：“具堅貞，堪比德。與汝交，有終吉。不羨管城封，吾自守其黑。”薪圃亟賞之。夜同醒逋至話雨窗，

① 稿本先作“最惱”，後改爲“并少”。
② 稿本先作“少”，後改爲“斷”。
③ 稿本先作“斷”，後改爲“住”。
④ 稿本先作“墻角已”，後改爲“壞壁半”。

剪燈沽酒，兩人對飲，縱譚古今人物，亦頗不嫌寂寞。

二十八日乙未（6月18日）。陰，小雨霏微，時弄晚晴。過桐君齋中。夜沽酒小飲，三爵之後，已有醉意。夜作小詞一闋，調寄《訴衷情》：

新寒側側上羅衣，梁燕妒雙飛。垂着重簾不捲，黄昏人語稀①。　　風料峭，雨霏微，思依依。丁寧楊柳，將愁綰住，休放春歸。

又作一闋，調寄《唐多令》：

底事戀孤衾，愁多夢不成。盼天明、夜更沉沉。殘夢閒愁都較可，聽遠處、斷秋砧。　　自悔忒多情，相思直至今。狠西風、特地相尋。還算悲秋雙燕子，簾乍捲、已來臨。

又一闋，調寄《於中好》：

往事零星併作愁，被人喚起懶梳頭。滿城昨夜閒風雨，簾外海棠無恙不？　　風又峭，雨又㥩，斷雲化作淚悠悠。離愁緊處嫌天窄，只管懨懨過一秋。

調寄《訴衷情》：

小樓近水已寒生，薄被冷無情。高樹寒鴉亂起，窗紗猶

① 稿本先作“夕陽猶未歸”，後改爲“黄昏人語稀”。

未明。　　凄冷色，欲滿城，最堪驚。昨宵風雨，蕭蕭瑟瑟，都是秋聲。

予憶丁未年有《遇美人詞》二闋。一調寄《少年游》，純勦李笠翁意云：

爲憐小苑飄紅雨，小立階前語。見有人來，佯掉帕羅，逐瓣將花數。　　欲藏芳徑穿花路，恨翠鈿留住。步襯香塵，濕透繡鞋，微印些兒土。

一調寄《點絳唇》：

瞥遇樓頭，珠簾隱約容平視。笑伊釵墜，斜露眉峰翠。　　飛過鴛鴦，羞怯迴頭避。□□□[①]，問渠心裏，暗妒他家婿。

酒闌燈灺，有觸於懷，古人所云斷腸人遠，傷心事多，正難爲情也。因作小詞見意，調寄《阮郎歸》：

枕上分明都是淚，深夜難成睡。春來只覺病懨懨，玉骨瘦無比[②]。　　可憐人，可憐事，寫個相思字。字成盼着誰人寄，仍悶沉沉地。

聞江弢叔云：有一閨秀，咏一詞經數十遍，至於傷心出涕。予亟問其詞若何精妙，弢叔云調寄《清平樂》：

---

① 稿本此處無空白，依詞牌當遺漏三字。
② 稿本先作“消瘦已無比”，後改爲“玉骨瘦無比”。

憑樓獨自，芳草縈愁思。空抱紅綾清淚漬，説與相思誰寄。　當時燕子窗紗，如今[1]飛絮飛花。耐得春離秋別，人生多少年華。

予讀之，亦爲欷歔欲絶。夜夢中得二句云："郎情輕比風中絮，妾夢多於山上雲。"頗覺纏綿悱惻也。

聞吴下畫家以劉彦沖布衣爲作手，詞家則以秦雪舫、孫月坡爲絶唱。玻叔又言渠族弟鳳笙，字韻樓，工詞善琴，亦爲風雅主人。兹姑摘數闋，以見一斑。

下係孫月坡詞。

祝英臺近 丁未寒食，偕蔣楚亭、雪舫至瑞相院訪馬守貞墓，尋斷碣不得，問土人，無知者，凄然賦此

懶看山，慵唤酒，來訪美人墓。隨着鐘鼓，問到水邊路。只從芳草搜尋，斷碑捫遍，總不是、埋伊香土。　恨難訴。可曾月夜魂歸，花底悄吟句。舊日羅裙，化作蝶飛去。自憐漂泊天涯，又逢寒食，便珠淚、也無彈處。

《疏影・咏白髮》云：

彈箏老矣。嘆亂飄白髮，憔悴如此。對鏡蕭蕭，細不勝簪，欲掃秋霜無計。桃花靧面分梨日，記慈母、替梳雙髻。恨歲華、轉换匆匆，舊友白頭存幾。　回首因緣似夢，鬢愁搔更短，扶病初起。鬥草閒門，重遇雲英，莫問杜郎年

① 稿本先作"今年"，後改爲"如今"。

紀。凄涼懷抱風塵路，染多少、愁痕難洗。算不如、垂柳經春，尚有一番緑意。

此係孫麟趾月坡所著。

金縷曲 東關垂柳一株，籠烟拂水，依依可憐，曾與月坡艤舟其下。昨晤顧子巽，云已枯死，賦此弔之

臺榭都傾倒。剩亭亭、荒堤悄立，不如枯槁。其奈臨風旖旎處，獨自繫人懷抱。看亂葉、竟無人掃。記得春前歸緑意，尚金尊、畫舫相圍繞。嘆一霎，曇雲杳。　倩魂久已歸瑶島。何處著、齊梁古步，一絲殘照。癡絶紅樓蟬鬢女，竊得畫眉遺稿。又怎解、燕煩鶯惱。賴有銀豪能點拍，向白門、寫出簾前□。歌一曲，碧天曉。

此係秦耀曾雪舫所著。
蛟川姚某伯曾序江韻樓之詞曰：

自來匿情深者思多紆，茹境苦者憂易鬱。行鬱不可終忍，隨境所觸，寄之楮豪，若靈均之騷、蘭成之賦、少陵之詩，有同轍焉，今復於江君韻樓之詞得之。韻樓其將以詞名當世哉？非韻樓志也。

韻樓之爲人，春冰持體，秋菰結心。顑首悴面，不虧貞素。有意尋樂，知其哀深。世不我覺，閉户①可以十年；往將安求，出門動作千里，則將譏陶彭澤爲傲士，指杜樊川爲

① 稿本先作“門”，後改爲“户”。

狂夫，抑疑王仲宣爲蕩子乎哉？夫蓬瀛天上，難覓青冥之梯；寶劍沉波，孰溯延平而問？托凄籟於落木，索澀響於枯蜩。寡女悲絲，繫諸七軫；美人芳蘭，植之九陵。知音寥寥，行自惻已。

蓋以韻樓生長吴趍，僦居窮隘[①]。牽蘿補屋，翠袖已薦；塞書滿胸，紅粟不飽。好友三兩，聊寫寤言。朱門對衢，未嘗一叩。飲酒必[②]痛，拈花且娱。借張態李娟，爲錦囊中之材料；列哀絲豪竹，供沈醉後之指麾。雲自過峡，痕不粘夢；麝欲殘燈，風來醒香。倚屏拭翡翠之烟，貼鬢聽櫻桃之雨。倩渠頑艷，抒我曼聲。放怫無聊，詎關結習乎？無何窮居不樂，拔劍四顧。卷襆成束，捆書壓箱。浮蠡湖，下瀫渚，探禹穴，劬金庭。真仙不逢，嗒焉返轡，而爲西北汗漫之游。手捫瑯琊，足躡廣武；目貶句注，氣吞岢嵐。深雲聽雞，平磧追豕。太行夜卧，枕底雁奔；獲鹿曉馳，壘心塵起。爲之卞夷門之監，訪鴻臺之宫。沿秦始皇坑卒之川，憩淮陰侯譚兵之地。冠纓上揭，長飈東來；尊酒未乾，頹日西下。蒼涼滿臆，涕泗横襟，又何禁譜以銅琶而颯如猿嘯也？閲境殊詭，積卷益多。且怨且訴，誰諒誰慰？若東坡之《江城子》，草窗之《高陽臺》，幼安之《永遇樂》，罔不吸其神髓，供我挼摩。是以旨引而彌長，格堅而漸老，不忍卒讀，恐有傷於我懷[③]。曠難與言，請還秘諸笥篋。且願早從佛懺，養璞存真，慎毋老作癡蠶，引絲自縛也。十年睽面，精進若斯。祇以詞論韻樓，而韻樓已敻乎遠矣！

① 稿本先作“巷”，後改爲“隘”。
② 稿本先作“不”，後改爲“必”。
③ 稿本先作“夢”，後改爲“懷”。

虞美人 冬日過滄浪亭，滿目蕭然，悵焉今昔

如今説甚傷情緒，爲甚空凝佇？西風衰柳泣黄昏，只恐春光不省慰離魂。　少年蚤是心情懶，强逐看花伴。紅闌隱約畫橋西，又憶金驄那日駐長堤。

琴調相思引點點，歸鴉落照中。紛紛霜葉滿林紅，西風無恙秋色怨芙蓉。　擬抱孤琴尋舊約，□□□□□[①]。重門深鎖院西東，一鈎新月何處小簾櫳。

柳梢青 有懷姚某伯孝廉於京師

渺渺雲槎。不知何處，載酒看花。燕子銜紅，倉庚啼緑，奈此年華。　相思水闊山遮[②]。空立盡、殘陽半斜。楊柳東風，荼蘼春雨，芳草天涯。

清平樂 冬夜彈琴，寄懷顧九

空江問渡，好夢成凄楚。猶記微茫夢中路，半是烟波雲樹。　薄帷緊守孤窗[③]，燈花[④]欲墮冬釭。聽盡枕邊寒雨，起來重理秋江。

---

① 稿本此處無空白，依詞牌當遺漏五字。
② 稿本先作“遥”，後改爲“遮”。
③ 稿本先作“幃”，後改爲“窗”。
④ 稿本先作“火”，後改爲“花”。

水　龍　吟

年年故國看花，每因春好傷人意。如今去去，鞭絲帽影，只供憔悴。忍不思量，舊家門徑，重垂清淚。況長亭短堠，斜陽芳草，都應是，傷心地。　　休説會難別易。便殷勤、深情遠寄。一年春事，一春花事，教誰料理？客思鄉愁，他時懶説，分明相憶叶。倘無憑飛夢，休勞望眼，向高樓倚。

渡江雲 送族兄弢叔北上

江空天浸水，緑波淼淼，四面亂風帆。客程從此去，落日荒雲，隱約見層嵐。無端潮汐，向暗裏、朝暮愁添。那辨得、天涯風景，江北與江南。　　何堪？悠悠身世，落落風塵，又别懷多感。應自惜、扁舟人獨，千里春三。舵樓望眼知何處，況眼前、柳已毿毿。鄉思遠，應教飛度魚緘。

七　娘　子

茜紗窗樓葳蕤鎖，繡花衾擁春寒坐。總不忺人，未應憐我，淚和粉絮相思裹。　　潛身簾下嬌鬟嚲，窺妝鏡底金釵墮。莫怨東風，輕抛春過，楊花知否春魂作。

臨江仙 寄懷確君

十里荒江春夢幻，十年抵得相思。殷勤梁燕自差池。有誰歌緩緩，陌上正花時。　　可惜垂楊飛盡絮，桃花委盡胭脂。甫能病起又春遲。鏡中人易老，漸恐鬢成絲。

又

蝴蝶夢蘇芳草緑，嬌鶯啼軟高枝。落花片片汎清池。有人來照影，瘦損比前時。　　費盡十年花下淚，如今不願春遲。關心梁燕奈何之。垂簾拳手卧，風雨黯人思。

又 舟次寄内

暫時小别秦淮路，匆匆也費心期。浮名些子足羈棲。今宵何處？回首暮雲齊。　　蘆葉荻花秋瑟瑟，月明風約帆低。桔槔聲亂水田西。有人似我，一樣思依依。

愁倚闌令

平生意，久遲延，漸華顛。開盡落花飛盡雁，又殘年。　　清風明月江天。黯鄉思、水枕無眠。如此天涯風月好，在誰邊？

定風波 垂虹橋

飄蕩殘年下客舲，滿天雨雪過松陵。瑟瑟蕭蕭蘆竹響，誰上？垂虹橋畔有孤亭。　　鶯脰湖邊明日路，何處？迷茫應見越山青。白石老仙今去久，知否，新詞誰唱與誰聽？

漢宫春 訪徐天池先生故宅

滿地飛花，又繁華老去，徑曲苔深。孕山樓外，先生自署樓名。依舊朵朵遥岑。百年前事，算牢愁、誰伴清吟？休更説、頹垣破壁，眼前多半消沉。　庭下一池水碧，料當時照影，短髮森森。只今倦旅如我，每愛登臨。古藤陰下，省年年、多少春心。公何處、連宵風雨，書窗遍了青陰。

臨　江　仙

行盡越溪溪上路，四圍空翠烟蘿。夕陽隱隱亂雲多。暗凝望眼，鄉思又如何？　澗水潺潺流不盡，野花零落山坡。柳陰陰處幾經過。悄無人跡，野碓自翻波。

點絳唇 睢州早行

和夢登車，風凄露冷星辰皎。一燈低照，四面荒山抱。　霧斂雲開，漸聽雞聲曉。□□□[①]，倦眸凝眺，缺月懸林杪。

浣溪紗 自澤至并，獨行七日，驢背呻吟，聊遣疲憊

千里無端又遠行，輪蹄宛轉若爲情，十年身世幾曾經。　輕薄浮雲分黛色，零星亂石長溪聲，馬頭遥見數峰青。

---

① 稿本此處無空白，依詞牌當遺漏三字。

玉　樓　春

空階飛盡梧桐葉，葉底秋蟲吟咄咄。綠窗紗拓薄於烟，山向人愁青一抹。　　連宵負影雲天闊，憑過玉闌干幾折。清光漸滿漸凄涼，應是雁門關外月。

清　平　樂

譙樓戍鼓，月黑三更午。知道江南無限路，夢也吟𡾰難作。　　起來小倚朱闌，自憐游子衣單。一樣秋風院宇，今[1]宵知爲誰寒。

其二

天涯夢短，愁比天涯遠。愁到無憀魂夢斷，誰在舊時庭院？　　紗窗燈火熒熒，恍如滿室精靈。今夜枕邊寒雨，爲儂先作秋聲。

新雁過妝（臺）〔樓〕

自掩啼痕。紗窗外，輕烟又作黄昏。疏星數點，天際向我殷勤。往事難言惟有淚，窮愁如影不離身。斷相聞，短書不寄，千里横汾。　　而今思量舊約，算翠銷眉月，綠減鬟雲。苦憶銀樓，凄絶更有何人？一燈寒照四壁，記前夜依稀夢見君。相思處，便冷蛩斷雁，也彀銷魂。

① 稿本先作“秋”，後改爲“今”。

驀溪山 題張次柳《白馬澗訪僧圖》

凍波微皺，鬲岸烟林雜。一葦渡西風，遥望見、板扉雙闔。野梅花未，休去繞籬笆。村落遠，石橋低，黄葉無人踏。　　亂鴉歸盡，落日餘孤塔。四面聳寒山，向何處、裁雲補衲？甚時重去，相對畫圖看。掃荒徑，啓禅關，請下吟詩榻。

西地錦 江上有懷虞山范引泉

又是孤帆雙槳。禁平離情悽愴。霜華滿地，雁鴻無數，度遥空清響。　　珍重薜蘿無恙。夢何從飛向。不眠常是，衾寒於鐵，况西風江上。

好事近 候潮兩日，不果行

漸水落沙痕，無數征帆齊歇。夜夜濤聲枕底，壓重衾似鐵。　　荒郊何處覓村醪？鄉思去黯凄絶。便擬輕舟歸去，又滿天風雪。

憶舊游 七夕後，諸友放櫂秦淮，余獨處蕭然，念曩時徵逐之游，舊歡如夢矣

認文鴛剪翼，錦鯉沉書，渺渺江波。依舊歌樓上，記尊前絃管，簾外星河。燭花暗墜良夕，眉月映雲羅。正翠袖徵詞，畫屏點筆，紈扇聞歌。　　如何頓忘却，算絮語吹蘭，未抵情多。猿鶴今無恙，嘆白門秋老，艷冶消磨。只今天遠

人遠，凄雨下庭柯。倚錦褥銀床，蟲聲滿院還夢他。

高陽臺 癸丑殘冬十有一日，子真招同陳心泉暨次柳武阜探梅，予因事未與

波冷浮烟，寒峰殢翠，霜林飄墮凄紅。姑負山塘，今年花事匆匆。驚心烽火天涯近，數清游、問與誰同？思何窮，悴柳棲鴉，殘照西風。　　芳橋冶港知何似，想樓臺無主，深鎖簾櫳。怨抑孤懷，見梅應説愁儂。長宵燈影供幽寂，喜中仙、詞句玲瓏。時子真委校王少鶴農部《懺盦詞》卷。寄情濃，還待消寒，盟社相從。

换巢鸞鳳

惆悵天涯，問夢魂何地，歌管誰家。敗蘆驚聚雁，衰柳亂棲鴉。此情誰與説些些，但無恙青山風月佳。西風急，殘月墮、怨懷難寫。　　闌亞，燈欲灺。新舊淚痕，兩袖渾無罅。麋鹿亭臺，猩鼯池館，算得傷心圖畫。孤坐空幃儘無眠，小樓霜壓鴛鴦瓦。待相逢，訴離愁、凄絶今夜。

解佩環 人日招集姚子貞、陳心泉、戈順卿、黄秋士、張次柳、陸侶松消寒，分咏得梅邊一舸

烏篷小繫，對一枝冷艷，不是春意。聽説孤山，無限荒涼，誰與賞心同倚？佳人窈窕來空谷，望不見、怨鴻天際。又雪飛、滿壓蘆花，青鬢少年愁比。　　岑寂知君吟苦，芳情正杳渺，流水千里。玉笛高樓，知有誰憐，羸損看花人

淚。黄昏縱有冰蟾影，還肯照、緑花嬌麗。但擁爐、自譜清商，付與小紅歌起。

又 前詞子真、心泉疊和見示，仍依前韻寄意

花驄悄繫，指櫻桃窗户，誰會芳意？盼斷雙魚，難托微波，何處畫闌孤倚？東風不怨天涯柳，應只怨、飛棉無際。算此時、翠袖梅花，瘦減玉容羞比。　　倘悔星盟一度，紅牆渾未信①，銀漢千里。悄悄懨懨，幾曲柔腸，添得舊歡新淚。苧蘿負了牽蘿願，還肯惜、粉嬌脂麗。試寄將、鳳鏡團圞，定照兩眉愁起。

又 重挽賦笙道女

茜紗窗户，記朝風夜月，心事難訴。樓閣春明，婉娩芳年，眼底可憐塵土。惠峰依舊青如抹，誰與鬥、畫奩眉嫵？聽流泉、猶認環聲，换了年時凄楚。　　此際有人傳説，依依猶想見，無限情苦。怨煞東風，漂絮粘泥，已抵青鳥一度。香魂渺邈今難省，還許我、夢來何處。便此時、相對沉淪，也只傷心淚雨。

疏　影

重衿似鐵，倚繡屏小坐，燈蕊含纈。遥憶荒寒，斷澗雲封，香心未展凄絶。使君别有閒風韻，又譜就、湘絃幾疊。

① 稿本先作“省”，後改爲“信”。

聽朔風、響到窗紗，半夜玉階堆雪。　　還勸金尊小飲，新詞倩縞袂，筠管低擫。紙閣無人，留伴冰蟾，休與人間離别。一枝瘦影春無恙，但怨□①、漂零時節。甚路長、不記相思，夢也至今消歇。

此俱從《琴韻樓詞稿》中摘出，皆韻樓所著者，以見我吴下不乏詞人也。

江韻樓名鳳笙，曾於咸豐五年到上海作寓公，賣畫賣字，頗嗜片芥，所入不足供旅費，卒至奇困而去。余謂韻〔樓〕字勝於詞，詞勝於畫。小楷學耕石，頗工。

孫月坡曾選近人詞爲《絶妙近詞》，刻竣，攜之外出。今板已燬於兵燹，遍覓之吴門書肆，已不可得矣。

（録自臺北“中研院”史語所傅斯年圖書館藏稿本《蘅華館雜録·茗華廬日記》）

附　　録

茗薌寮志·卷首

伯父淞溪公，諱昌業。

叔父默山公，諱昌言。生於嘉慶辛酉年五月初五日子時，没於道光四年甲申四月二十四日亥時。葬於元邑東十九都四十一圖東字圩第三十八坵許氏墳旁。丙丁山癸向，庚午庚子分金。

先長兄春鎬，九歲殤。生於嘉慶二十二年八月十一日午時，

① 稿本此處無空白，依詞牌當遺漏一字。

終於道光五年七月初二日酉時。

先次兄春鑅，六歲殤。生於嘉慶二十五年二月初三日亥時，終於道光五年六月二十四日午時。

先三兄春元，三歲殤。生於道光三年八月初三日子時，終於道光五年七月初五日巳時。葬於東十九都四十一圖東字圩内許氏墳旁。

晉侯公墳在崑山東門外咸區二十三圖鱗字圩第三號地，約一畝有零，地名河村，塋位坐南向北。乾隆十二年正月十六日未時葬。

載颺公墳在四安橋源潭圩角直涇，乙山辛向兼卯酉三分，丁卯丁酉分金。

錢文：寬永，日本。景盛、嘉隆、景興、光中。安南。

絞腸痧方。明礬三四錢，滚水調勻服，吐下即愈。

先將兩臂膊下以針刺血，十指甲一分半處，即安。

温�園，名子紹。

亡弟子卿，諱利貞。生於道光十四年甲午六月十五日申時，没於咸豐十年庚申八月初八日辰時，暫葬於曹氏宗墳。

亡弟媳夏氏，卒年二十二。附葬龍潭。生於道光十六年丙申十月十五日卯時，終於咸豐七年六月初九日午時。

先室楊氏，卒年二十四歲，暫厝龍潭。生於道光（八）〔七〕年丁亥五月初九日亥時，終於道光庚戌九月十二日丑時。

從兄竹筠。三侄：端甫、拙甫、恂甫。先從嫂邵氏。

（録自國家圖書館藏稿本《蘅華館雜著·茗薌寮志》）

己酉春夜，小集楊氏話雨窗，酤酒銷寒，薄醉不寐，剪燈相對，藉拾墜歡。宵長咸苦岑寂，因擲骰子爲戲，得盧奪采，各不相讓。夜午過湘舟齋中，樺燭燒紅，罇杯斟緑，洗杓復飲，觥籌交錯，鄰雞未鳴，主人留髡而送客。中聖微醺，小窗已曉，人生行樂耳，恐自兹以後，吾不復見此矣！①

人生蹋地後，顛倒名利，曾無一刻閑暇，魂魄已去，皆如秋草浮雲耳，不亦可憫乎？復有著書立説博身後之譽，亦思數百年後空名豈澤枯骨哉？而況未必傳也，吁，悲已！

己酉正月，陰雨不止，殊敗清興。小桃纔放，又被催落。春窗初曉，鷓鴣正啼。誰奏緑章，替花姨乞晴，俾廿番芳信一一吹開，庶幾可觀。顧燒蠻燭、寫紅箋以請之，書家非精筆佳墨勿書，蓋特藉美一時，更能傳諸後世，鼠須筆、蠶繭紙，未足爲豪也。

余始仿館閣體裁，酷意肖景亭太史，印泥畫沙，拙滯尤甚。後從朮民師游，以爲此不可學，遂舍去。嘗臨率更碑帖，未得其似。近年欲效惲南田，然無當也。余秉質似不鈍，而於書法一道，庸俗不堪入目，生平每以爲恨，大抵不學故耳。自後將斷去此手，勿令貽笑於人間也。

逸少書骨肉停匀，天然嫵媚。子敬綽有父風，而史譏其瘦枝老幹，一味枯寂，洵然。

余不能書而健於塗抹，人有見而笑之者，不顧也。每午後得暇，濡豪伸紙，苦無規仿，春蚓秋蛇，筆法恣肆，有似懷素帖。人言不如效索靖，奇而弗誕，然乎？否乎？天地間何年不秋，何處無月，人苟濸然自得，奚往而非快？余隱於酒，有虞松之高情，得髯蘇之逸致，皓月當頭，引杯在手，泊然也。夫人生數十寒暑中，所閑者衹幾日耳，誰能結無情游乎？

① 参看前録道光二十九年己酉（1849）正月二十一日庚寅日記。

往余同友人登玉峰，御風而行，遥見落日深處，寺門不掩，山之南，荒祠半圮，疏林一角，時正九月之望。空山葉滿，鐘聲帶秋。山不甚高，石徑紆折。有一抱玉洞，圍以石闌，人不能入。中有古佛，色相莊嚴。寺僧留余啜茗，因以日暮，匆匆下嶺。今日僻處海濱，無山可登，屐齒久不折矣。生平酷有游癖，安得幾兩蠟屐踏遍天下名山也①！

（録自國家圖書館藏稿本《蘅華館雜著・茗薌寮志》）

苕華廬日記・卷首

小異於九年遷無錫。

葉調生，吴門名宿。

李桂園之子奎垣，專醫喉科，住華林寺左。粤省。

潘姓，善刻竹木，高第街三多軒裱畫店内。

管小異，名嗣復，金陵茂才，避難至光福，家焉。家中一妾二子，子名鷂保。

蘇州閶門外上津橋施家浜東首陳大順布行，轉交葉調生先生。

胥門外萬年橋萬年樓茶館間壁水巷後，交光福夜航船，送光福鎮上街間，交南京籍貫管某收。

南濠新開河橋順源山貨行許壽芝先生收下，轉交管某。

邱伯深，名希濬，一字湘帆，閩人，汀州籍。蘇州閶門外上

① 参看《漫游隨録》4《登山延眺》，記道光二十三年癸卯（1843）"余十六歲赴鹿城應縣試，試事畢，始得一登馬鞍山"及"咸豐己未春，寓齋無聊，因約嶺梅游山"事。陳尚凡等校點《漫游隨録》，鍾叔河主編《走向世界叢書》，嶽麓書社1985年版，下同。

津橋汀州會館内。

周雙庚，名白山，一字四雪，餘姚人。

蘅華山館雜志

楚香。

古瀛李韻仙。隨興所至，信筆而書，截然而起，截然而止。

閶門下塘上金橋日昇昌寶號任惕庵先生收啓，轉寄至上津橋。

京都崇文門外喜鵲胡同。

楊子棩二舍姪。

京都正陽門外煤市街小馬神廟。

楊懋章，號伯雲，刑部湖廣司郎中。

順城門外大街靈石會館。

順城門外二廟街，又名上斜街，金井胡同，原任禮部侍郎何宅何相山三兄，名樞。

京都彰義門内城牆胡同内鎮江府會館。

（録自臺北“中研院”史語所傅斯圖書館藏稿本《蘅華館雜録·茗華廬日記》）

咸豐二年壬子（1852）

六　月

咸豐二年歲次壬子六月朔日庚辰（1852 年 7 月 17 日）。邵梅岑、松泉昆仲來舍。數日來天氣炎熇，旱魃爲虐，姚明府下令斷屠，令百姓持齋禱雨。是午讀《緑雪軒詞》，詞爲元和廣文張篠峰所作，甚屬清麗，允堪銷暑。申刻，林益扶、少雲來舍。夕陽欲下之際，至小東門訪吴雪山，登臺納凉，清譚片晷。復至四牌樓源源寓齋訪張篠峰，得晤雷約軒，縱談詩古文詞、上下古今人物，娓娓忘倦，夜漏既下，同至茶寮啜茗，更深始别。篠峰名鴻卓，一字偉甫，雲間人，以明經授元和教諭。約軒名葆廉，華亭諸生。皆能詩。益扶，閩中孝廉，曾爲縣令。

二日辛巳（7 月 18 日）。至孫正齋室，復至江翼雲師齋中不值。邵梅岑昆季來舍。午後油然作雲，隱隱有雷聲，似有雨意，既而雲净風來，炎熇雖減而膏澤不降，洵乎《小畜》之卦曰“亢陽已久，密雲不雨”也。晚時至五峰茶寮啜茗，同啜者益扶老丈，以及孫子正齋、張子菊如、陳子少雲。既夕，小酌於益扶齋中。正齋名啓桀，鹿城諸生，能詩。

三日壬午（7 月 19 日）。清晨，至墨海館中校理秘文。巳刻，溽暑如蒸，揮汗不止。未刻有雨，稍起涼飈。顧長卿來舍，診舍弟子卿病也。

四日癸未（7 月 20 日）。晨，李壬叔來舍。壬叔名善蘭，海昌諸生，精天文，善算學，能詩。顧藹堂來舍。

五日甲申（7 月 21 日）。是日熱甚。夜，同孫子正齋往訪篠峰，效康駢之劇談，啜茗小樓，更餘而散。

六日乙酉（7 月 22 日）。壬叔來舍，以《鏡説》一篇相眎，詞甚簡峭，頗似柳柳州筆意。申刻有雨，甚屬滂沱，庶蘇民困。晚間壬叔來舍，劇談竟晷。

七日丙戌（7 月 23 日）。午後至邱兆三寓齋。是日雷聲殷殷，欲雨不果。薄暮往訪正齋，得晤顧子藹堂、徐子諮卿、姚子秋田，小酌於齋中，飲酒微醺，納凉閒話，戲效東坡説鬼，并及閨閫褻狎事，談甚洽，至更餘始别。夏日薄暮，予偕壬叔散步城闉，見垂楊影裏，斜露雙扉，有一女子，亭亭玉立，澹妝素抹，神韻不可一世，旁侍小婢，年齒稍長，見余至即掩扉而入，板橋一曲，竹籬四圍，無從覓其蹤跡。於麂眼中窺之，祇見羅裙窣地，隱約可辨而已。予戲效表聖《詩品》，口占四句，以紀其事曰："清飈颯至，晚蟬微鳴。美人一笑，小橋前横。"壬叔聞之，亟稱其妙。

八日丁亥（7 月 24 日）。薄暮往訪篠峰，同寓者有一老邑侯，亦雲間人，耳重聽，語剌剌不休，所説無非功名之蹭蹬、宦海之浮沈而已，俗吏齷齪態，殊屬可厭。鐘鳴漏盡，夜行不止，深堪憫焉。談既不得意，遂與訪艷。至全翠堂，間有一二校書，皆不足以當一盼，所來者殊屬落莫，弗甚款洽，古人詩云："欲與冰心通款曲，難將冷面博温存"，讀之生慨。余乃别篠峰而歸，其時雷電閃爍，勢欲下雨，涼意三分銷晚暑，電光一路送歸人，頓覺胸鬲間三斛塵氛焕然冰釋。既歸，於鐙下讀《東華録》。

九日戊子（7月25日）。申刻有雨。既夕，正齋來舍。余嘗讀東坡詞，有“天涯何處無芳草”之句，輒爲低徊久之。自至滬城，留心察訪，當意者絶少，間有一二如寶兒者，則又丰韻有餘，豐腴不足，生平每以爲恨。蕩溝橋側有一姬，不知其姓氏，詢之鄰里，則曰鴛湖人也，歸於粵商，姿態妍麗，風神蕩逸。所居茅屋三楹，外則圍以槿籬，雜植花卉，叢篁幽箐，六月生寒，予至墨海，必過其室。一日是姬晨起，探花於籬底，微見弓鞋半折，予不禁癡立良久。彼聞人聲，四顧流盼，余乃以團扇障面而過，因微吟曰：“籬外團扇白，籬内弓鞋紅。弓鞋不霑土，團扇可遮風[1]。美人回盼若有意，摘花簪髮何匆匆。一花落地待郎拾，願郎持入懷袖中。”之子婉孌，固非無情，不知姻緣簿能爲我如意珠否？

十日己丑（7月26日）。未杪微雨。數日讀施耐翁《水滸傳》，胸鬲頗爽。

十有一日庚寅（7月27日）。申杪，雷約軒葆廉、李壬叔善蘭、陳循父來訪，同至茶寮，登樓啜茗，劇談竟日。晉人好爲清言，喜探玄理，謂有得意相忘處，恐亦不是過也。循父工鐵筆，檇李人。同時來滬者有少谷朱君，亦精篆刻，工書法，善畫梅，頗饒嫵媚態，且諳醫理，贈予一箑，字以篆書，極有古意。今至乍浦，不能復與握手，殊爲耿耿。少谷名鈞一，字次癯。循甫名世模。

十有二日辛卯（7月28日）。午後至林益扶老丈齋中。將往也是園，途遇約軒、循父、張雲士，同詣尹小霞畫室，復至許芝

① 稿本先作“容”，後改爲“風”。

雲舍。薄暮，同曹酉生至縣南寓齋訪錢蓮溪，蓮溪以有事被控，未得剖白，殊有戚容。余聞之竊爲不平，籌畫良久，未獲良策，乃別而歸，已更餘矣。蓮溪名文漪，婁縣諸生。

十有三日壬辰（7 月 29 日）。薄暮，至蓮溪寓齋，蓮溪沽燒春一巵，以破愁城。是夕月色甚佳，予步月而歸。往訪靄堂，與謀蓮溪事，藹堂以爲事久必釋，毋庸多慮。途中多涼風，披襟當之，頓消煩暑。遇顧子秋濤，立談片刻。秋濤名秉圻，上海諸生。

十有四日癸巳（7 月 30 日）。薄暮，往晤正齋，小集茶寮，藹堂、長卿、子卿咸在，閒話良久。頃之，圓月已上，色甚皎潔。同正齋至大境，往訪壬叔，與之劇談。壬叔徘徊月下，曰："萬里無雲，上下一色，如此良夜，何以消遣?"予曰："有此明月，對此良友，絶無杯酒，其何以堪?"壬叔大笑，乃命小僮沽酒對酌，出詩文與正齋閱之。大境閣甚高，窗欞四達，清風徐來，儘堪逭暑。壬叔是陳元龍一流人，允宜卧此百尺樓也。

十有五日甲午（7 月 31 日）。薄暮，往集茗寮，同孫子正齋、顧子藹堂、長卿、徐子子卿、錢子梅苑、張子秋槎至姚子秋田齋中，置酒小飲，拈字飛觴，拇戰醉月，良朋雅集，其樂無以過也。

十有六日乙未（8 月 1 日）。至益扶老丈舍。午後倦甚，假寐於樓。壬叔來舍，家人辭以外出，遂至不遇。既夕，子卿、正齋來，納涼閒話，片時即別。

十有七日丙申（8 月 2 日）。薄暮，小啜茗寮。是夕正齋、少雲設宴於酒樓，孟大爲客，黄三爲介，予亦在座。孟大不善飲，正齋爲置醴酒。酒後同與訪艷，迄無所遇，興盡而返。

十有八日丁酉（8 月 3 日）。未杪，迅雷閃電，雨下如注。三茅閣西白楊一株爲雷火所燬，一犬斃於河濱。薄暮，茶寮啜茗，正齋、菊如、長卿皆在。菊如爲言鹿城邑宰徵役煩苛，賦税繁重，室如懸磬，民不聊生，甚於毒蛇猛虎，慷慨激昂，幾至淚下。正齋亦爲田所累，因迫於徵租，遁於滬上，嘗有詩贈予曰："不是催逋人太急，仲宣何事獨登樓？"其感喟也深矣！聞鞠如言，亦爲扼腕欷歔者久之。

十有九日戊戌（8 月 4 日）。午後，邵梅岑自南匯返，至舍訪余，因遇微雨，留坐竟晷。張鞠如來。

仲夏中浣，同海昌李君壬叔詣寶兒室。寶兒澹妝素抹，挽慵來髻，不施脂粉，自覺嫵媚異常，見余至，驚喜殊甚，雙眥熒然，盈盈欲涕。一兒趺坐於榻，視余而笑。寶兒私謂予曰："自郎别後，妾靡日不思，屢遣董嫗，藉達微波，而郎君門深似海，無由得達。繼我家老僕遇郎於途，其時郎與數友偕行，又難啓齒。妾每晨臨鏡理妝，輒爲泫然，自恨命薄，不得復與郎相見，吐妾衷曲。妾家盎無餘粟，桁無懸衣，惟郎君是賴，郎君獨不憐妾乎？妾與郎君，緣雖淺，情實深。妾非飛茵墮溷之流也，願偕郎君，堅囊盟，踐宿約，永矢白頭，郎君其勿棄妾也。"余聞其言，爲之潸然，執其手曰："余何忍負卿？"時將薄暮，余辭而出，寶兒以纖手攜余，送至唐梯，囑余復至，意依依若不忍舍者，余撫慰再三，乃始褰帷而入。壬叔笑曰："予從壁上觀，猶代君魂銷，况身歷其境者，寶兒其殆一往情深者耶！"

二十日己亥（8 月 5 日）。壬叔屢欲訪寶兒，輒以事阻，是日聳余再四，遂與偕往。寶兒着白羅襦，曳黑紗褌，拖絆屜，籠銀釧，雙腕如雪，見予至，喜甚不能語，爲瀹嘉茗，情話絮絮。壬叔微笑視寶兒，目不轉睫，寶兒微覺含羞，俯首撚余帶曰："此非新人之所贈耶？"余曰："青樓蕩婦，非我思存，所不敢忘者，惟卿而已。"壬叔亦代爲解曰："此言良是，非口頭語也。"頃之，寶兒以纖手雪藕，更以銀刀剖瓜，色赤若琥珀，味甘若醍醐，汁涼若冰雪，食之溽暑頓消。寶兒不日將爲出谷之鶯，已於三牌樓側新購數楹，頗爲寬敞。設余不至，則遷喬之消息末由而通，寶兒與余，其或尚有宿緣也耶！復同壬叔至源源寓齋，尋篠峰劇談，吴桐君亦來合并。擬訪約軒，以微雨未果。既夕，篠峰留飯，特沽佳肴二簋，頗堪下箸。篠峰最好客，年五十，精神不少衰，高談雄辯，徹夜忘倦。江左流風，其猶未泯與！

二十一日庚子（8月6日）。壬叔來舍。蓮溪之少君來，年十七，美秀而文，與伊同至縣南寓齋，時蓮溪在寓旬有三日矣。當事者極力周旋，奈夷官剔嬲不已，故事猶未白。蓮溪泣謂予曰："倚閭之母，淚眼已枯；執炊之妻，柔腸欲裂。羈縻旅館，如坐針氈。足下有心人，能爲余白不韙之冤而拔諸火坑乎？"余曰："當爲君圖之，恐急則生變。"歸時過益扶老丈舍，即以此事詢之，益扶亦别無籌畫。正齋饋余以西瓜，曰："閣下是長卿再生，消渴之疾素慣，況乎溽暑逼人哉！兹饋西瓜一枚，當酒開燈炧時，擘而食之，洵堪涼沁詩脾。"余愛其言，頗有風趣。

二十二日辛丑（8月7日）。薄暮至正齋舍，納涼閒話。

二十三日壬寅（8月8日）。午後，邵梅岑、許芝雲來舍，同至茶寮啜茗。回至荷廳，得遇澹人，乃易盞更啜，盧仝七碗之量，無以加焉。薄暮，至大境閣赴壬叔宴，同席錢石葉、胡小橋、春驅煉師以及篠峰、約軒、循甫，異饌佳肴，臚列几案。壬叔飲興甚豪，欲作酒國之王，春驅煉師已頹然醉矣。是日立秋[1]，篠峰爲作《賀新涼》一闋，以紀其事。壬叔於夢中得句云："落花湖畔曾經過，經過何人問落花？"篠峰謂筆意蕭颯，似有鬼氣。

二十四日癸卯（8月9日）。午後，同王星堂、鄒理渠至荷

① 二十二日辛丑爲立秋日。

廳啜茗，滄人亦來合并。沈松雲自天津返，亦在茶寮，相見歡然，得與話舊。同詣潘枕書齋中讀畫。林益扶老丈來舍。

二十五日甲辰（8月10日）。午後至林益扶齋中，同至望月軒啜茗，談米鹽瑣屑事，竟晷始别。薄暮至正齋舍，同往東門訪吴雪山，時已上燈矣。雪山性甚孝，父病劇，割股以進。其交友亦以誠慤，雖不讀書而恂恂儒雅，有古人風焉。是夕同訪篠峰，吴桐翁尚未言旋，亦來劇談。始知桐翁籍本西泠，曾作廣福縣尉，嘗鐫一圖章云“錢塘江上三間屋，鄧尉山中九品官”，蓋亦風雅自喜者也。頃之，約軒亦至，剪燈閒話，互舉故事以作談柄，更餘始别。

二十六日乙巳（8月11日）。大風。午後，壬叔來舍，欲與余至西園啜茗，余以將雨不果。夕過正齋舍，遇酉生、賓谷、秋田，茗寮小啜。

二十七日丙午（8月12日）。大風折林刮地，茅屋爲摧。墨海鄰於曠野，林木怒號，亂蟬聲咽，聽之頓有張季鷹蓴鱸之感。午後至雪山齋中，絮談片晷，同往松雲家中，松雲方閉户獨坐，以償畫債。余與雪山折屐同來，爲覓詩逋，既至，瀹茗清話，展册讀畫，覺筆墨之間頗有神韻，是瓣香於南田翁者。松雲自牛莊回，攜得佳釀，開甕細酌，其味頗烈。歸已更餘，途中又與朱葵圃、周景堂立談片時。松雲好畫諳曲，所居有假鶴山房，甚精潔，好客不倦，藏畫頗多，異日將遍閲之。

二十八丁未（8月13日）。風止，微雨竟日。

二十九戊申（8月14日）。薄暮，至正齋舍閒話。

七 月

七月朔己酉（8月15日）。晴。過正翁寓齋。午後，正齋來舍，時潘氏有喪事，饋予蔬品二籃，即留飯焉。飯罷，與諮卿舍弟同至茶寮啜茗，途間遇枕書，把臂登樓，沽酒轟飲，已微醺矣。復與訪艷，絶無佳者，歸已更餘。枕書，婁東人，善作艷體詩，不亞《香奩》、《疑雨集》也。

二日庚戌（8 月 16 日）。既夕，安徽殷蓉峰來，清坐劇譚，攜《隨園詩話》五帙還余。其友汪君能畫，有范叔之寒，托予謀安研所，余未有以應也。蓉峰，新安諸生。

三日辛亥（8 月 17 日）。午後，邵梅岑、許芝雲來，同至茶寮啜茗。途遇蓉峰，清談良久而别。復與邵、許二君小飲酒樓。薄暮，往訪雪山，攜詩稿一卷以歸。

四日壬子（8 月 18 日）。至林氏齋中訪益扶老丈，不值。既夕，正齋來舍，剪燈小坐，縱談一切，澹人亦來合并，辯論肆起，所説半雜夷事。

五日癸丑（8 月 19 日）。至林氏小舍，適益扶老丈有事外出，又不獲遇。散步至大境閣，訪壬叔不值，見壁上新粘雷約軒詞一闋，筆甚豪放，是銅琶鐵笛之聲，非牙板檀槽之曲也。歸時路過少雲寓齋，乃往閒話。益扶知余在，亦來合并。鞠如獨出議論，亹亹數百言，殊少簡潔，令人聽之欲倦。

六日甲寅（8 月 20 日）。午後，讀《前漢書》。薄暮，正齋來舍，與之散步城闉，至大境閣訪壬叔。壬叔於前夕夢閣下有人吟詩，諦聽之，僅得二句曰："幾處樓臺春寂寂，滿天星斗夜沉沉。"覺筆下殊有陰森之氣，閣中殆有詩鬼耶？

七日乙卯（8 月 21 日）。薄暮，正齋、少雲、舍弟諮卿同至三牌樓，登樓飲酒，醬鴨醃雞，殊有風味。正齋曰："貧逃酒國真無奈。"余對曰："愁寄書城亦復佳。"其時炎官雖去，殘暑未銷，飲後復至茗春樓啜茗，正齋去約藹堂不值。是夕薄醉，與正齋縱談人物。余於申江諸子少所許可，正齋獨不謂然，其言謂諤，余折其角，詞鋒安肯少挫也。

八日丙辰（8月22日）。午後，正齋招余小酌，余與舍弟偕往，同席秋田、酉生、同邑顔君。余真老饕，見招必赴，靈芬詩云“肥肉大酒便結社”，讀之莞然。是午有陣雨，雨後天殊涼爽。酉刻，徐子卿招余小集九間樓，正齋、諮卿與余持燈踐約，靄堂、梅苑亦至。座中不相識者，吴大、鄭五。吴大將至吴門，故特設此筵以餞之。是夕座中諸人俱能歌，爲弄絲竹以侑酒，唱《教頭》一劇，情致畢肖，備極詼諧，急管繁絃，庶幾破此愁城乎！

九日丁巳（8月23日）。往訪壬叔不值。夜飯後再往大境，與壬叔劇談。壬叔之友周石薌書來，勸其應試，言及粤西人來談跳梁小寇事，深可扼腕。吾輩白面書生，馬惟戀棧，蠹祇鑽書，酒酣耳熱之餘，徒呼負負，南顧堪虞，西泠無恙，人生行樂，正在此時。其言頗有奇氣，惜乎余囿於偏隅，不能與之抵掌快論也。

十日戊午（8月24日）。申刻，往翼雲師齋中，饋以修金三枚。申江多扶乩者，有公事則詢乩仙，以剖決是否，亦間有詩詞偈語以爲贈答。翼雲師出乩仙詩示余，詩不甚佳，疑弗類仙，殆好異者爲之乎？至西園晤正齋，與祁翰蓀閒話片晷別去。

十一日己未（8月25日）。詣翼雲師齋中，攜圖章一櫃歸。

十有二日庚申（8月26日）。薄暮至正齋舍，與長卿、藹堂茶寮小啜。後同藹堂至兆三寓齋，與其似雪汀閒話片時。

十有三日辛酉（8月27日）。日長無事，讀《李義山集》。偶至西園散步，得晤華卿，欣然把臂，至其寓齋，閒話竟晷。華卿姓韓，與余同里。

十有四日壬戌（8月28日）。是日祀先。午後至翼雲師室，翼雲有微恙，解館。既夕，以酒券取淳醪一石，薄具祭肉祀品數篁，招諸友小飲於西窗，期而不至者，靄堂、梅苑，不速自來者，杏圃一人。蠻燭已剪，賓朋未集，乃折簡招壬叔至，以破寂寞。壬叔將至西泠，即借此筵，以爲祖餞。是夕正齋辯論鋒起，壬叔、長卿與之力争，余亦抵掌和之。旁人見之，盡詫爲癡，而此中人不自覺也。

十有五日癸亥（8月29日）。清晨，甫里人陳大來舍，絮談里中近況。與之同詣西園，登凝暉閣啜茗。是日有神會，士女焚香者不可勝數。妓家多著赭衣、曳桎梏，雜於會中，謂償夙願，以消災譴。遇雪山於廟。午後至益扶丈室，同至縣南訪蓮溪於寓齋，劇談良久而别。

十有六日甲子（8月30日）。至益扶丈室，同往西園，啜茗於畫舫軒。是日往大境，壬叔已解維去矣。

十有七日乙丑（8月31日）。益扶丈來舍，以《文選》六帙相眎。余在滬瀆，無書可讀，就彼借閲，稍理舊業，亦消閒之一計也。

十有八日丙寅（9月1日）。薄暮，同子卿、正齋啜茗畫舫。

十有九日（9月2日）。既夕，至正齋舍，清談片刻，借得《古今文致》一卷。是日丁卯。晴。

二十日戊辰（9月3日）。讀《蘇長公集》。

二十一日己巳（9月4日）。

二十二日庚午（9月5日）。晨至畫舫軒，同諮卿舍弟啜茗，正齋、子卿亦來合并，謔浪笑傲，縱談一切，大有淳于、曼倩之風。午後，益扶老丈偕其長女鳳齡來舍。同里陳大來，正齋亦來，劇談良久。至縣南訪蓮溪，得晤曹梅生。蓮溪爲沽燒春一巵，對談小飲。蓮溪望救路窮，阿堵告匱，勢岌岌乎難以度下，懇余籌劃，予未有以應也。歸經西園，至文元齋，欲購《惲帖》二卷而索價甚昂，亦姑置之。遇子卿、吴三於茶寮，同至酒肆，約飲二斗，已覺微酣，歸來已更深矣。宵闌酒醒，胸鬲間殊覺煩悶，轉輾不能成寐。自後必當戒酒，即飲亦必以少爲貴，不敢如長鯨之吸百川也。

二十三日辛未（9月6日）。薄暮，至益扶丈舍，益扶爲市醬脯、醃鴨二簋，沽酒一壺，留余夜飯。余爲招正齋至，小飲談詩，剪燈共話，殊可樂也。

二十四日壬申（9月7日）。日暮，正齋來舍，立談良久。長卿亦來，數言即别去。客去點燈，跂脚繙書，真屬樂境。味淡者長，非熱中人所能領會。

二十五日癸酉（9月8日）。長卿來舍，同至墨海。午後，陳静山至，同詣西園散步。時已夕陽，因登酒樓小酌。樓側有一垂髫女子，頗静婉，從隙中窺之，不覺神移。是日飲甚少，猶未及醺。

二十六日甲戌（9月9日）。蓮溪少君來舍。午後，陳大静山至，同往菊如寓齋。静山欲謀下榻所，不得隙地，殊費籌畫也。余胸鬲間悶甚，頓覺墳起，行動皆作隱痛，左臂忽腫，屈伸不利，不識何疾也。既夕，正齋來舍，與余往訪益扶，清談片刻，即復别去。兼晤少雲。

二十七日乙亥（9月10日）。清晨，蓮溪少君偕其戚張若愚來舍。若愚名日升，金山學諸生，人頗恂雅。静山至。午後至縣南。滄人以洋四枚貸於蓮溪，時蓮溪事已可了矣，因乏青蚨，難超黑獄。余與孔方兄久有絶交書，聞言徒呼負負而已。詣西園，遇陶君星沅、陳子春林於茶寮，因共啜茗，劇談往事。静山俟余於荷廳，余與之立談數語。長卿至余舍診病，未值。既夕，余挑燈訪正齋，兼晤秋田，談良久始别。

二十八日丙子（9月11日）。清晨，張若愚來舍，長卿亦來，診余疾也。午後登群玉樓，同益扶丈、菊如啜茗，間談時事。

二十九日丁丑（9月12日）。静山來，飯後同往啜茗，兼晤景堂、陳五。復同丹成、徐大至近仙處談相，盤桓良久，始共别去。

晦日戊寅（9月13日）。微雨廉纖，乍停乍止。午後，星田來舍，絮話家常。薄暮，同訪正齋不值。歸時遇正齋於途，立談良久。余僻處於兹，與世少合，齷齪苟且之流日接於目，胸鬲間殊屬憒懣。人情世故，久已了了，行將入山爲僧，脱此利名枷鎖，不與此輩俗物爲伍也。

八　月

八月朔日己卯（9月14日）。微雨。是日至館，無事。

二日庚辰（9月15日）。檐雨傾注，庭中立變爲渠。薄暮，正齋來舍。

三日辛巳（9月16日）。雨甚大。長卿來舍，診余疾也。

四日壬午（9月17日）。雨稍止。星田來舍。

五日癸未（9月18日）。晴。午後，至正齋室中，同訪益扶，至畫舫齋啜茗，途遇祁翰蓀。夜，長卿來舍，同詣正齋室，診其如夫人疾也。復至如景園啜茗，劇談竟晷，是日可稱茗戰。

六日甲申（9月19日）。清晨，正齋來舍，同往廟西啖麵，諮卿舍弟亦預焉。還至畫舫齋啜茗。午後，雪山來舍，同往啜茗，張少梅亦來合并。於群玉樓晤顧長卿，即别。

七日乙酉（9月20日）。午後，往正齋舍閒話。李子蓮、曹梅生來舍，同至畫舫齋啜茗，近仙、星田亦來合并。

八日丙戌（9月21日）。午後，至正齋舍，清話移時。

九日丁亥（9月22日）。

十日戊子（9月23日）。正齋來舍，同至畫舫齋啜茗，復往廟中觀劇。至益扶齋中不值。晤張菊如，立談片晷。星田來舍。薄暮微雨。

十一日己丑（9月24日）。晴。數日館中不校秘書，殊覺閒暇。午後稍涉文史，然頗有倦意。正齋、長卿來舍，同至荷廳啜茗，澹人亦來合并，劇談軍國大事，正齋頗嫻於本朝掌故。復至四牌樓，聽黼山、子卿倡《化沉香》一齣，極淋漓盡致。途遇陶星源。余於音律一道頗不能解，間從雪山學之，未明其旨，至於抑揚宛轉之間，殊乖音節，不識何故也。

十有二日庚寅（9月25日）。午後同星堂啜茗。細雨溟濛。至正齋舍閒話。長卿、雪山來舍。至群玉樓，同長卿劇談。

十有三日辛卯（9月26日）。雨。正齋來舍，菊如亦來，劇談竟晷。午後，陳少雲來。余逋負甚多，時近中秋，索者紛至，即欲築九成臺逃債，亦不可得，真爲悶絶。前日正齋贈余詩云："珍重今時留息壤，也應早蓄買山錢。"蓋勸余省穡而用之，爲他時退步，其識見與莘圃略同。莘圃，余之内兄，吴縣諸生，名引傳，績學能詩，别已二年，相思不見，酒闌燈灺，時念及之。

十有四日壬辰（9月27日）。晨雨甚大。是日至館。歸已晚矣，就食於村店，市脯惡蔬，不堪下箸。

十有五日癸巳（9月28日）。中秋令節，天放嫩晴。午後至正齋舍，正齋俗事冗雜，不克細談。同諧卿舍弟至西園，啜茗於品泉軒。董錦翰與余晤談，董曉庵、唐芸閣、張雲士俱來合并，暢論良久始别。薄暮往正齋室，正齋摒擋家事，見余至，傾身障簏，其鄙不啻王夷甫也。余始意約正齋踏月閒遊，見其如是，遂怏怏而散。歸來窗底繙書，篝燈夜讀，致有佳趣。微步庭中，見月色如水，不忍負此良宵，因信足所至，獨行踽踽，豪情逸興，自謂不減髯蘇當日也。世間名利之徒，營營擾擾，焉能解此樂乎？廟中得遇益扶丈以及少雲、吴大，同詣景園小啜，間談時事。少雲識淺論鄙，不足與言。嗟乎！天下之大，盡如此輩，我豈有㥦志之日哉？人生不能快意，無異居於枯冢，古人種白楊於門前，非無見也。董曉庵工篆刻，唐芸閣善丹青，張雲士書法極佳，皆僦居廟中以筆墨爲生涯者。是日玉峰蔡湘濱、徐杏林訪余，不值。

十有六日甲午（9月29日）。晴。午後，蔡湘濱、徐杏林來舍，正齋亦來，同至緑蔭軒啜茗。湘濱，崑之諸生。蒿目時艱，見今之方面多不以民瘼爲念。粤西小寇，名曰朱楷，改元明命，勢益猖獗不可制。督撫諸大臣紛紛思去，欲報病休致者不一而足。無事之日，則浚民膏以自奉，及乎事變猝來，倉皇失措。宦橐既盈，則解職旋里，以與妻孥共樂，受國厚恩，置諸度外。夫國家設官，本爲患難之秋資捍衛、備籌畫也，而今朝廷之上盡如若輩，社稷何所倚，民人何以爲生哉！湘濱與余論及時事，輒爲欷歔欲絶，喟然嘆曰："事不可爲矣，惟有隱居以終老耳。"余亦厭棄世故，欲爲名僧。家益貧，憤世嫉俗愈甚，終日於邑，惟涉書史，否則逐屠沽輩詼諧談笑，縱酒自晦，其實皆非余之所樂。余狂士也，才而狂，安得不貧？貧而才，安得不死？生斯世也，爲斯人也，名利場中，非我側足地矣！

日來閲《可信録》，見當世顯宦，其祖宗必孳孳爲善，積德累仁，何其子孫既顯之後，皆貪黷無厭，削國病民，爵秩愈崇，行事愈齷齪，然猶寵榮没世，富厚綿於數代。吾意天既報施善人，何不即報之於及身，或報之於子孫之賢者？又有貧士，未遇之先，拒奔女，完節婦，廉隅自勵。及乎既仕，荼毒孤寡，陷害忠良，靡有底止。夫天既因其不淫而報以高爵，何不見其奸慝而陰殛之耶？豈其不淫之微善，天必報施，而誣良戮忠，乃理數所使然耶？其理真不可解矣，吾安得叩九閽而問之？

余嘗與正齋言：臣下氣節之頹靡，本朝爲甚。皇上屢開言路，且聖祖立制：凡誅戮諫臣者，不得入太廟。而舉朝之臣無一敢直言極諫者，即有所敷奏，皆諛詞滿紙，浮廓不中窾要，於國計民生毫無裨補，急其所緩，後其所先，黑白倒置，是非混淆。天下之吏員皆奉行故事，上下相蒙，苟安旦夕，求其興利除弊，安可得乎？余當酒酣耳熱之際，輒欲擊碎唾壺，爲之痛哭流涕也。

十有七日乙未（9月30日）。至正齋舍，聚首清談，知蔡湘濱已解維去矣，如黄鵠翔於千仞，令人渺然莫接。數日天氣朗霽，真春秋多佳日也。薄暮，以杖頭錢百文招正齋轟飲酒樓，藉消酒渴，舍弟諮卿亦從游焉，徐子卿、姚秋田亦相繼至。協盛酒家無佳釀，味殊薄劣，諸人頗不盡興，又顧至他，舍弟沽肴饌數品，差解老饕。三爵之後，微覺醺矣，因步月而歸，庾公興復不淺也。余於城北僦屋數椽，與澹人偕居，近日澹人將至香港，下逐客之令，不免謀容膝之所，以免露處。困厄之中，何所不有，思之淒絕。醉歸之後，更送正齋至家，縱談一切，亦不知其所説何話也。

十有八日丙申（10月1日）。午後至正齋舍，同往畫舫軒啜茗。又至東門訪雪山，閒話竟晷。既别，經天主堂觀劇，爲《掃秦》一齣，極佳，我佛點化奸雄，令其氣短。又觀《劈棺》一齣，神情畢肖，覺千載之下猶如生也。

十有九日丁酉（10月2日）。正齋極喜彭甘亭詩，謂其工於運典，故其詩格律雖細而短於言情，絶少流利之作。一夕閒步月下，誦其《咏弘光錢》詩云：“慘淡秦淮月，當頭歲幾更。一年新天子，兩字小朝廷。”頗爲沉着。《苦雨》詩云：“積陰似作水雲響，落葉疑聞風雨聲。”殊覺陰岑可喜。前日楊近仙將返吴門，至舍辭余，余感其意誠，送至百步外，珍重而别，期以臘底重復相見。近仙精風鑑，持齋斷酒已三十餘年矣，年老而精神矍鑠，爲人誠至悱惻，亦有足取者。午後，至正齋舍閒話，正齋亦來余舍，同登群玉樓啜茗，痛詆吏胥之狡獪，積弊相陳，不能廓清。上海邑中倚衙署爲生者不下萬餘人，民庶何由不病？爲政者汰冗務簡，則民困可蘇矣。古之官吏，俸足養廉，自奉儉約，故多清正之名。今則不然，糈薄而用奢，勢不得不取償於民，横征暴斂，屯民之膏，侵漁國帑，上虚下匱，有由然也。張篠峰曰："君之立牧，本以理民事。事苟有益於民，則雖受利亦無害也。若外博廉介之名而不爲民理事，雖日飲一杯水，亦何取乎？"其言頗近於理。

二十日戊戌（10 月 3 日）。侯家浜有一女子，臨窗刺繡，湘簾不捲，從簾際窺之，其容絶佳，不知何姓也。前壬叔謂予曰：西關外箍桶匠生一女，年纔十五，麗絶人寰，猶未字人。天生美材，何不擇地耶？由此推之，名才之淪落者亦復不少。午後至正齋舍，同往廟中觀劇，復至東關訪雪山不值。過陳少雲寓齋，與菊如閒話竟晷，益扶丈偕其友林會庵亦來合并。會庵，上海諸生，與先君子有舊，年已六旬餘矣。同至畫舫啜茗，清言娓娓，至昏黑始返。

二十一日己亥（10 月 4 日）。午後至長生庫中，以布衣質錢，立俟良久，足爲之疲。歸時途遇子卿、秋田，拉至酒肆小飲，余爲沽肴饌，正齋亦驀然而至。余引滿三大觥，已覺微醉。余此中恬澹自適，雖處窘迫，亦復怡怡如也，故即酒爐雜坐，與若輩歡呼，别覺翛然意遠。詩人窮而後工之説，其理頗長，使余生長富家，則此性靈必日爲聲色貨利所汩，欲求如今日之胸襟，不可得矣。

二十二日庚子（10 月 5 日）。翼雲師以《大悲陀羅像咒》一册贈余，鐫刻極精，詮注極細。余小病初愈，頗欲逃禪。焚香蚤起，几净窗明，閉門自懺，琅琅誦經，亦屬樂事也。正齋如夫人性慧佞佛，向余索是經，余即舉以饋之，正齋亦以煮鴨一盤爲報。清晨途遇益扶，立談片晷。午後，同益扶丈至西關訪宋大，宋大新徙，居室雖小，殊覺幽雅。自北至西，往返數里，深街僻巷，幽致泠然。夜至正齋舍，剪燈絮話，以杯酒酌余，酒味殊烈，不減京江之製。

二十三日（乙丑）〔辛丑〕（10 月 6 日）。至益扶舍，不值。薄暮，約藹堂、子卿、長卿、梅苑、秋田、正齋小飲於酒樓，舍弟亦預焉。持螯大嚼，不殊畢吏部之風流也。

二十四日（丙寅）〔壬寅〕（10 月 7 日）。午後無事，往廟中觀劇，《跌雪》一齣，聲情凄側，令人墮淚。至正齋舍。晤藹堂於茶寮，同至酒肆小飲。途遇玉峰顔大，拉之偕往，飲至三爵，已覺薄醉，歸時已上燈矣。檢書欲讀，睡思雜然。甚矣酒之亂性也。

二十五日（丁卯）〔癸卯〕（10 月 8 日）。甫里人來，接得莘圃一札。余里中詩人，自术民師而外，推莘圃爲巨擘。余一日早起，偶見壁上有《白桃花》詩一絶，字亦蒼古，閲之乃里中潘子升所作，詩云："憶去瑶臺縞袂分，燕支妝罷孰超群。却看露井枝横月，修到梅花尚有君。"味其詞，兼有懷舊之意。

二十六日（戊辰）〔甲辰〕（10 月 9 日）。午後，至東關訪雪山，與朱葵圃、費獻廷酒爐小飲，歸已夕陽在山矣。上燈後，至正齋舍。余數日青蚨飛盡，爨火將虚，正齋貸余以二洋，稍救燃眉。余初意至此蓋欲稍蘇涸轍耳，而今困迫又若此，不知窮鬼何年送去也。

二十七日（己巳）〔乙巳〕（10 月 10 日）。晨，與正齋、顔大往林老家中，同益扶、少雲至緑蔭軒啜茗，抵掌而談。甌茗既啜，益扶特邀余輩至舍，是日其女鳳齡生日，治麵相款，菊如亦來合并，顔大先歸。午後至廟觀劇，得晤枕書，拉至茶寮小啜。繼而舍弟諮卿、沈子小良亦至，徘徊久之，乃始别去。黄昏時邀正齋薄酌於酒樓，劇談閨房瑣屑事，聽者神爲之移。歸於燈下讀秘書一册。

二十八日（庚午）〔丙午〕（10月11日）。木樨已香，天氣殊暖。夜來電影微閃，檐溜滴瀝。余將遷居，乏於資斧，頗爲煩悶，欹枕不寐，聽此雨聲，益覺愁緒坌集也。是夕夢讀古詩數十章，頗似選體。見説部中有《鸚媒》一則，詞甚瑰異。曰某女子蓄一鸚鵡，性慧能言，朝夕飼以佳果。一日飛去，至數里外士人家，止其簾上，謂之曰：某家女子思汝久矣，約以後日，俟於河濱，特命致意，毋失信焉。既而飛歸，告女亦如所云云。明日女子出游，果遇士人於橋，邂逅相悦，遂成夫婦，故曰鸚媒。余愛其意，夢中細讀數過，及醒猶能默誦。

二十九日（辛未）〔丁未〕（10月12日）。薄暮，偕長卿啜茗。正齋之四姬將歸，正齋爲之購澡豆、面藥閨中諸品，余亦同往，歸已昏黑矣。夜飯後至益扶丈舍，并晤菊如。益扶詢余宗牒，余謂我家世代單傳，至明已不可考，在他處又無别支，所謂衰宗也。衰宗欲盛，必當修德。余生平福澤已爲輕薄孽所削盡，欲德之修，不其難哉！先君子辛苦立門户，至余而一敗塗地，思之益淚下也。三更時雨。

（録自臺北“中研院”史語所傅斯年圖書館藏稿本《蘅華館雜録·茗薌寮日記》）

九　月

九月朔日（壬申）〔戊申〕（10月13日）。西風已起，天氣驟寒，急雨終朝，重陽節近矣。薄暮至正齋舍，藹堂、子卿、長卿、舍弟芷卿俱在，茗寮小啜，頓覺寒意逼人，因至酒樓轟飲，黄昏時始散。

二日（癸酉）〔己酉〕（10 月 14 日）。是日余遷居於北城外，小樓數楹，頗饒幽致，其地僻静，人跡罕至，儘堪讀書。是夕，益扶丈、正齋、少雲咸來送余，長卿饋余洋一枚，困厄之中，得此二三朋儔扶持之慰藉之，亦足以消愁破寂也。

三日（甲戌）〔庚戌〕（10 月 15 日）。午後至益扶齋中，劇談良久。歸至正齋舍。正齋四姬之父年八十七矣，手足便利，耳目聰明，猶如五十許人，真壽徵也。是夕得一夢甚奇，夢至一所，屋宇甚廣，西廡半就毁圮。衆捕一虎至，毛色純青，四足俱被束縛，既閉以柙，稍解其索，飼以羊豕，虎即以爪攫取。余畏而走，登屋而觀之，自覺身輕如葉，履屋如平地。忽見虎若人立，頓變爲偉男子，余喜甚，與之同游，謂之曰："今天下人而虎者多矣，虎而人者則未之見也。"頃之，一人從小橋而至，神情洶洶，將摧辱余，予急避之，猶詈不已，意將報之，而力不能，歸以告虎，虎大怒，長嘯一聲，仍變爲虎，出門而去。予亟出追之，但見月暗星稀，天黑如黳也。

四日（乙亥）〔辛亥〕（10 月 16 日）。薄暮過益扶舍，復至北城茶寮，俟子卿不至。歸時晤長卿、雪汀於酒肆，舍弟芷卿亦在，效康駢之劇談，作劉伶之痛飲，引滿三爵，已覺微醺，適可而止，其中自有至樂也。

五日壬子（10 月 17 日）。天氣朗霽，曉起櫛髮，兀坐小窗下，展閲稗史。忽景堂折簡招余，乃至凝暉閣上煮茗細啜。景堂縷述同人演劇情事，謂將製新曲以娱聽聞。頃之，子卿徐子、舍弟芷卿俱至。有王大者，與余初識面，意甚殷勤，邀余至五雲樓小酌，賭酒拇戰，飲興頗豪。復往群玉，登樓啜茗，雪山亦來合并。景堂、王大先别去，余偕雪山至葛仙翁祠觀劇。復往北城外天后宫，見藹堂、子卿偕衆羽士焚香禮斗，曹翁爲壇主，留余小飲。繼與雪山迂道過松雲舍，松雲藏燒春極佳，以菽乳瓜蔬數品下酒，三人對飲，情話娓娓，歸已更餘。

六日癸丑（10月18日）。益扶丈來舍。薄暮至正齋舍。晤藹堂於茶寮。是日雪山來。

七日甲寅（10月19日）。午後，往葛仙翁祠中觀劇，啜茗食餅，樂自有餘。復至畫舫齋，得晤子卿，同至酒壚沽飲，正齋亦來。繼過正齋舍，留余夜飯，所煮蟹羹，風味殊美。

八日乙卯（10月20日）。益扶丈來。是日余理書籍，陳於几案間，頗覺楚楚。

九日丙辰（10月21日）。是日重陽令節，天氣晴朗，余與正齋、少雲、芷卿舍弟醵錢飲酒，持螯爲樂，姚秋田亦來合并，剪燈劇飲，談笑詼諧，此樂何極乎！滬人多不好事，藝鞠者絶少，即讀書子弟亦皆俗氛滿面，求其澹然遠俗者，未之見也。

十日丁巳（10月22日）。晴。數夕月色甚佳，照几榻如水，静坐對之，萬念皆寂。

十有一日戊午（10月23日）。薄暮，往訪益扶不值，步月而歸，西風吹面，頓覺寒意侵人。

十有二日己未（10月24日）。飯後往訪正齋，與之啜茗。途遇淡人，同至荷廳，劇談一切，後各别去。獨至酒樓，得晤嚴大、費二，置酒小飲。薄暮至正齋舍，正齋特市豕脯，留余夜飯。上燈後同至桂香庵，庵中有尼與僧媱媟事，爲人所執，故特至彼一詢奇聞。復與顔大閒話，歸已更餘。

十有三日庚申（10月25日）。晨至正齋舍，同詣宴晉昇齋中。薄暮，同長卿、正齋至城北茶寮啜茗。頃之，子卿、秋田亦來合并，群往酒壚轟飲，飲興甚豪，爲罄五爵。長卿渴甚，特拉正齋與余小啜精廬，縱談世事。正齋勸余習刑名，長卿勸余學醫，余皆笑諾之。

十有四日辛酉（10 月 26 日）。薄暮，過王家酒肆，長卿招余小飲，正齋、舍弟芷卿俱在。市中有牛脯，舍弟爲沽二簋，余素弗食，不能下箸。頃之，子卿、藹堂咸來合并，縱飲十餘觥，始覺微酣。數日以來，遊於酒國，萬斛閒愁頓覺消釋矣。

十有五日壬戌（10 月 27 日）。薄暮，過正齋舍閒話，後同正齋、舍弟子卿至協盛酒樓小飲。連日杖頭屢空，因借酒兵十萬破此愁城也。是夕得一夢，甚覺不祥。夢一古鏡，形製甚鉅，忽然中破，余乃掘地成穴，瘞之土中，其穴臨水，流泉湯湯，穴爲所淹，余遂驚寤。嗟乎！夢蘅已死，破鏡不能重圓，一棺淺土，露蝕風欺，弱魄又何以安耶？何日傭書事畢，擇高原而安葬焉，碎玉零珠，自當加意護惜之耳。

十有六日癸亥（10 月 28 日）。薄暮，與丹成、嚴大小飲酒樓，繼而玉塘、達高皆至，暢飲數觥，頓覺微醺，復至茗寮小啜。玉塘饋余以茶葉。

十有七日甲子（10 月 29 日）。雪山來，不值。薄暮至正齋舍，即別。是日得莘圃書壹函，勸余屏綺語而歸禪旨。然余作《花國劇談》一書，大旨亦無詭於正，以文人之筆墨爲名妓下針砭，浮雲在空，明月滿地，一片虛無，反屬幻境，但法秀見之，不免詆呵耳。莘圃書中極道嚴桂生遺棄塵俗、修身養性，爲不可及。桂生，余舊友也，數年不見，造詣乃如此耶？余邇來頗思逃禅，而海陬僻壤，絶無名僧可與究禪宗之主旨，二三朋儔皆附腥慕羶之流耳，更不可與言。還山讀書之約，徒成虛語，引領西望，無枝可棲，將來此志能終成乎？付之浩嘆而已！

十有八日乙丑（10 月 30 日）。薄暮，偕舍弟至城北茶寮。往訪正齋，同詣酒樓劇飲。是夕正齋購得稻蟹，留余夜飯，持螯置酒，剪燈清話，其樂何如也！

十有九日丙寅（10月31日）。午飯後往城中觀劇。諸伶皆擅絶技，每一登場，滿座傾倒。廟内有賢主人，瀹清茗，進寒具，使余憑闌而觀之，殊覺心暢神怡也。復詣東關，往訪雪山，清談娓娓。雪山特沽旨酒，相對共飲，出絹素一幅，倩余題詩，上畫墨梅一枝，是松雲所寫，殊有清致。是日，月娛姊氏從吴淞寄書於余。余與姊氏久不相見矣，今得此書，可抵萬金也。余在於兹，親懿間隔，厄窮日甚，困頓無聊，欲思自拔於泥塗，卒不可得。先君子在時，不乏密友，迄今門户衰遲，有同任昉，欲求如劉秘書其人，未易遇耳，每念及此，輒爲墮淚。

二十日丁卯（11月1日）。薄暮至正齋舍，并晤其舅郁子安。正齋之繼夫人從鹿城來，攜巨螯一簍。於是沽酒治具，招諸友小飲焉。同坐者長卿、秋田、少雲、子安及余暨主人而六。縷薑潑醋，風味殊佳，非故鄉不能有此品也。

二十一日戊辰（11月2日）。是日天陰。余所作之事，無不可以告人，每有所作，輒筆於書，法司馬温公之意也。康甫家足自給，課徒之暇，儘可流覽諸史，涉獵百家，以文章名世，而所造僅若此，其資稟可知。桂生與余交時，鶩名利，厭貧賤，絶無翛然遠俗之心，今何變之甚速耶？不知莘圃亦嘗微窺其人，與之深談否？弢叔遊幕華亭，偕其友來墨海，與余一見，眉間精悍之色亦少減矣。茸城張篠峰、雷約軒亟稱其詩文，以爲當今不可多得。弢叔之才已爲人折服若此，横覽四海，嘆才難矣，能勿憮然？

余今年五月後始涉文史，裒集舊作，暇則吟咏風月，陶冶性情，與正齋諸友瀹茗清談，沽酒劇飲，可謂樂矣，而其貧較舊歲更甚，豈真詩能窮人耶？莘圃好直言，時以書來規余過失，古有諍友，可無愧焉。余功名之心久已如死灰，不能復燃，且爲文縱恣負奇氣，欲以此俯就有司繩尺而掇青紫，亦難矣！今天下方有事，安用此經生爲哉？壬叔精天文，與弢叔爲友，性亦倜儻，惜名士氣太重，其提綾文刺、曳裾侯門者乎？余在兹日愈貧困，布衾莫贖，爨火將虚，待届明年，决計歸里，第還家之後，無田可耕，恐作留侯之辟穀耳。嗟乎！天之厄余，不至於此極不止也。余所娶泠泠，乃閩人女子也，是女爲林君撫養，非其所生。余後日旋歸，必當别擇嘉耦，蘆簾紙閣，著箇孟光，亦屬文人佳話。汪君俊明，乙巳年與余同時入泮，今兹翩然而上，恍有雲泥之隔，“同學少年多不賤，五陵裘馬自輕肥”，讀少陵詩，不覺感慨係之。薄暮詣城北茶寮，偕正齋、秋田、芝卿、舍弟芷卿同往酒壚小飲，燈灺更闌，始别去。

二十二日己巳（11 月 3 日）。微雨溟濛，西風料峭，秋氣深矣。嫩寒初厲，急欲裝綿，而青蚨飛盡，無衣無褐，何以卒歲乎？

二十三日庚午（11 月 4 日）。薄暮，啜茗茶寮，與正齋、長卿同往酒壚轟飲。頃之，施大亦來。長卿縱談一切，飲興甚豪，余已頽然醉矣。

二十四日辛未（11 月 5 日）。暮偕秋田飲酒，杏圃亦來合并。頃之，嚴大、戎二、張八等群來縱飲，一罄數觴，後至城北復飲。微雨初止，街衢泥濘，不覺納履踵决焉，於是同湘山踉蹌而歸。

二十五日壬申（11 月 6 日）。是夕秋田購得稻蟹，醵錢小酌，同席有二徐、子卿、正齋，少雲亦在座，對菊持螯，真屬樂事。

二十六日癸酉（11 月 7 日）。是日午後，途遇沈松雲，同至東關，往訪雪山，清談良久而别。薄暮，益扶丈見招，同席正齋、菊如、少雲，置酒小飲，更餘始散。

二十七日甲戌（11 月 8 日）。與二徐、子卿黄壚沽飲，三爵而止。歸時至吴氏小舍詢澹人之疾，吴氏特留飯焉。

二十八日乙亥（11 月 9 日）。薄暮，同正齋、長卿酒壚小飲，因與劇談，得罄衷曲。長卿精醫理，勸余學之：“予不能作良相以濟世，深願爲良醫以濟人。”兹聞斯言，常恐其有志而未逮焉。

二十九日丙子（11 月 10 日）。薄暮，茶寮小啜，得晤丹成、達高，同往酒壚轟飲，已薄醉矣。

三十日丁丑（11 月 11 日）。薄暮，長卿沽旨酒煮佳肴，招余小集，正齋、芷卿同往，集於城西草堂，并晤其姊丈鍾君星槎。酒酣出《秋樹讀書圖》命題，時已宵闌，微雨未止，藹堂在座，撥琵琶以侑酒，長卿亦唱《板橋道情》以和之。竊自喜曰：滬城之秀，萃於一席矣！夜深始别。

十　月

十月朔日戊寅（11 月 12 日）。連日病酒，頗覺頭痛，静坐不出。山意衝寒，梅花欲放，苦無驛使折寄一枝也。

二日己卯（11 月 13 日）。薄暮，與長卿、正齋飲於酒樓，間爲北里之游。

三日庚辰（11 月 14 日）。賦閒無事。午後，與正齋擕其長公子觀劇，神志暇豫，頗覺自適。既夕，宴於徐品山家。品山遷於新舍，賓友如雲，酒如澠，肉如坻，頗有田家景象。

四日辛巳（11 月 15 日）。薄暮，長卿、藹堂、正齋小集茶寮，同至酒樓劇飲，旋至正齋舍閒話。秋田沽酒，正齋市肴，因而再酌。藹堂與正齋縱談世故，長卿竊爲不然，詞辯鋒起，余特唯唯而已。嗚呼！正齋之言宜於涉世，長卿之言宜於持躬，揆之於理，皆失其平。余之絶人逃世，非無故也。

五日壬午（11月16日）。暮，同長卿泥飲於酒舍，正齋亦來。散步林坰，送至城邊而别。

六日癸未（11月17日）。天寒晷短，杜門不出，終日鈔胥，所得青錢，藉以换酒，亦一樂也。

七日甲申（11月18日）。室近郊野，狂風亂吼，夜坐聽之，殊有懷鄉之感也。暮偕壬叔飲酒，夕飯於林氏。

八日乙酉（11月19日）。既夕，往訪正齋，得晤藹堂，煮酒閒話，飽飯而歸。

九日丙戌（11月20日）。暮，與舍弟芷卿、顧子長卿薄沽村醪，聊以禦冷。復往正齋舍。

十日丁亥（11月21日）。微雨無聊，繙書兀坐。徐君子卿折簡來招，余同正齋、秋田、少雲、舍弟芷卿偕往。是夕特設二席，肴核頗豐，有數友素不相識，酒量殊豪，皆屬大户。余亦所飲無算，狂花病葉，幾不自禁。甚矣，不爲酒困之難也！

十有一日戊子（11月22日）。午後，往東關訪雪山閒話，旋至林氏小舍候益扶丈，益扶特留夜飯，時少雲亦在。林女鳳齡于歸有日，因爲之摒擋一切焉。

十有二日己丑（11月23日）。薄暮，偕壬叔小飲酒樓，歸至正齋舍，同詣林氏，益扶特爲沽酒市肴，留余夜飯，少雲亦在。

十有三日庚寅（11月24日）。午後，壬叔偕余至酒樓泥飲，長卿、秋田、舍弟芷卿、陳子壽亭皆來合并。長卿善談，輒與壬叔抵梧。余恐其攘臂，罄數觴遽别。繼經廟西，見梅苑在肆縱飲，起拉余坐飲，後共往青樓，房老爲供片芥。余於此中，久已絶跡，一見即别，不復縈懷。復至城北再酌，已不勝酒力矣。

十有四日辛卯（11月25日）。是日林女鳳齡于歸，余往賀之。嬌客顧君蕙卿，習醫，亦醇謹子弟也，余與同席。冰人朱梧崗，喜談吐納之術，云絶欲已八年矣，頗有所得，夜間趺坐不寐，殊覺静妙。是説余未信之，世人妄冀成仙，求成内丹，徒自苦耳。

十有五日壬辰（11月26日）。薄暮，同舍弟芷卿至正齋舍，正齋特剪佳蔬煮麵，豖脯醇醪，備極豐旨，是夕盡歡而散。

十有六日癸巳（11月27日）。嚴風料峭，就日鈔書，殊覺手冷。數日無錢，悉以敝衣典庫，其苦誰相諒也！

十有七日甲午（11月28日）。微雨溟濛，至午即止。午後，壬叔以周石薌來，邀余小飲，既至寓齋不值，沽飲酒壚以俟之。繼而石薌同岳壽門俱來，一揖之後，翩然就坐，飲興甚豪。因詣醉月樓，佳肴羅列，藉以侑酒。余與石薌拇戰輒勝，而石薌已醉矣。

十有八日乙未（11月29日）。是日風甚大。

十有九日丙申（11月30日）。晨有大霧，至午始散。

二十日丁酉（12月1日）。薄暮，雪汀來舍，與長卿同至酒舍小飲。往北關唁廷培之喪，送其櫘至四明會館。廷培姓費，在墨海爲最久。

二十一日戊戌（12月2日）。天氣殊寒，墐户不出。

二十二日己亥（12月3日）。雪汀來舍。薄暮，至正齋館中。

二十三日庚子（12月4日）。數日茹蔬，頗思佳味，因市羊羔，以解老饕。

二十四日辛丑（12月5日）。正齋來舍，同至畫舫啜茗。復詣六露軒小飲，芷卿舍弟亦偕往焉。途遇潘枕書、魚玉佳，拉往緑波廊啜茗。枕書出《詩餘》以相眎，繼而石薌、壬叔、壽亭亦來合并，復至酒壚轟飲。後枕書、壬叔與余共游教坊，絶無粲者，其貌則牛鬼蛇神，其心則魑魅罔兩，余見之，廢然而返。

二十五日壬寅（12月6日）。同壬叔往訪正齋。

二十六日癸卯（12月7日）。午後，與壬叔、壽亭同往四美軒啜茗，茶再瀹，即往酒樓小飲。繼至壬叔寓齋，飲予以橘酒，笋脯蔬品，風味殊佳。酒後復至角端，聽徐淑卿説書，容媚音清，殊可取焉。

二十七日甲辰（12月8日）。天氣殊暖，敝裘亦覺其温矣。

二十八日乙巳（12月9日）。薄暮，正齋來舍，留一餐而别。

二十九日丙午（12月10日）。静坐小窗，看書排悶。

十一月

十一月朔丁未（12月11日）。日有食之，既。

二日戊申（12月12日）。午後往訪正齋，并晤長卿，同至四美軒啜茗。復至壬叔寓齋，瀹茗劇談，黄昏始别。

三日己酉（12月13日）。薄暮至益扶舍。後獨往酒樓，得遇嚴大、張八，遂與飲酒，别已更餘矣。

四日庚戌（12月14日）。午後往澹人齋中。將出北關，得晤戎子，遂與登樓劇飲，已薄醉矣。

五日辛亥（12月15日）。薄暮，同萃亭飲酒。

六日壬子（12月16日）。是夕地動，屋宇皆震。

七日癸丑（12月17日）。

八日甲寅（12月18日）。午後，同壬叔至天主堂觀劇。

九日乙卯（12月19日）。萃亭來，同至西園，登樓啜茗。繼至東關訪雪山，至暮而歸。

十日丙辰（12月20日）。晴。掩關却掃，潛心典籍，時作《海陬嘉話》，將蕆事矣。

十有一日丁巳（12月21日）。

十有二日戊午（12月22日）。周石薌來，午後同往豫園，登探香第一樓啜茗。

十有三日己未（12月23日）。午後，同石薌、壬叔往畫舫軒啜茗，并晤雪山，後登酒樓劇飲。

十有四日庚申（12月24日）。

十有五日辛酉（12月25日）。午後，同石薌啜茗。薄暮，芝卿、杏村、正齋、梅苑、少雲、秋濤、秋田并舍弟芷卿小飲於酒樓。醉後同正齋、梅苑訪艶勾欄，遍覽數家而返。

十有六日壬戌（12月26日）。午後，同正齋至廟中觀劇。

十有七日癸亥（12月27日）。

十有八日甲子（12月28日）。

十有九日乙丑（12月29日）。

二十日丙寅（12月30日）。

二十一日丁卯（12月31日）。既夕，至澹人齋中。

二十二日戊辰（1853年1月1日）。至敬業書院，與枕書晤談。至緑波廊啜茗，兼晤宋小坡、石薌、壬叔并石薌令似熙伯。同至浙紹公所觀劇，至暮而散。

二十三日（庚午）〔己巳〕（1月2日）。飯後至正齋室，同往觀劇。

二十四日（己巳）〔庚午〕（1月3日）。

二十五日辛未（1月4日）。午後，與石薌偕往西園，啜茗於探香第一樓。後遇施大，同飲於酒壚，三爵始罄而石薌已醉。復至寓齋小坐，石薌攘臂以起，縱談時事，不殊杜牧、郇模，雖在草野，亦抱愚衷也。是日壬叔特市羊羔蔬簋，留余飯焉。歸已更餘，萃庭因攜燈相送，至墨海始别去，甚可感也。

二十六日壬申（1月5日）。午後，偕熙伯啜茗豫園，石薌亦來合并。茶罷後，同詣酒樓小飲。頃之，壬叔亦至，復以蔬肴留余夜飯。

二十七日癸酉（1月6日）。午後，同春霖至源源寓齋，往訪壬叔不值，飲於黄壚。途遇萃庭，告余將歸，拉至茗寮，閒談竟晷。歸途遇雨，衣履沾濡，想當日郭林宗折巾一角，其風度從容，殊不可及也。

二十八日甲戌（1月7日）。既夕，至正齋館中閒話。正齋患目疾，倩余寫家報二函。歸時風甚大，燈爲所滅，曠野昏黑，獨行踽踽，殊覺恇怯也。

二十九日乙亥（1月8日）。陰。

十二月

十二月朔日丙子（1月9日）。飯後往正齋寓室，同至探香樓啜茗，途遇萃庭，亦來合并。正齋因目痛先歸，予偕萃庭觀劇，游人叢雜，苦不得前。返至源源寓齋，見石薌獨坐寫字。繼至酒樓轟飲，邱兆三、董錦翰亦來，座中互有辯論。後至兆三寓齋，石薌已醉。復過酒家，又罄三爵，石薌已玉山頹倒，不能行矣。予爲扶之翼之推之挽之，始得至舍。石薌高唱大江東，聲情激烈，同舍之人，皆爲驚愕。遂往勾欄訪艷，歸已二更，萃庭送至墨海始别。

二日丁丑（1月10日）。午後，同壬叔往正齋館中，不值。

三日戊寅（1月11日）。薄暮，至浙紹公所觀劇。繼與石薌、壬叔酒壚小飲，飲既薄醉，即至館中啖飯，石薌飲興甚豪。同往平康，着意尋春，迄無佳者。歸途遇雨，石徑甚滑，殊覺窘於跬步也。

四日己卯（1月12日）。雨，夜往正齋館中。是日賊攻陷武昌。

五日庚辰（1月13日）。是日北風凜烈，寒氣蕭森，特沽旨酒，與壬叔、石薌夜飲，聊以禦冷。

六日辛巳（1月14日）。午後，正齋特具墨瀋，招石薌書楹帖，余因與石香同往，得飲醴酒，惜止半罌，殊失所望。既歸，石薌復解杖頭錢，偕予往酒家縱飲。頃之，壬叔亦來，盡興而返。

七日壬午（1月15日）。薄暮，同石薌、壬叔黄壚痛飲。天寒風急，雪花亂舞，殊可觀也。飲後同登聖會堂，躋其絶頂，江天空闊，帆檣在目，真覺一覽爲豪矣。

初八日癸未（1月16日）。微雪，街衢泥濘，殊不可行。午後著屐至城中，往訪正齋。聞昨夕四牌樓被災，焚燬廬舍五十餘椽，因往觀焉。至源源寓齋，同壬叔劇談。石薌避火於水仙宫，猶未歸也。頃之，石薌至，即詣黄壚買醉，出城時已昏黑矣。

九日甲申（1月17日）。快雪已晴，檐溜猶滴。静讀《黄庭》一卷，閉户不出，殊可樂也。

十日乙酉（1月18日）。市得蛤蜊甚佳，因沽村醪，與壬叔、石香小飲。

十有一日丙戌（1月19日）。雪山來舍，同至世公酒舍，縱譚情事。酒味殊佳，爲罄三爵，復登聖會堂憑眺。過壬叔寓齋，時石薌沽酒自娱，余亦共飲。夜飯後同至勾欄訪艷，歸來已更餘矣。

十有二日丁亥（1月20日）。

十有三日戊子（1月21日）。裳卿來舍，至四牌樓訪壬叔，約軒、小坡出《乞詩圖》與余閲之。頃之，蔣劍人亦至，共詣黄壚轟飲。座中聯句，多不成篇："著屐踏殘雪，買醉黄公壚。相逢酒賢聖，載賡詩唐虞。時清東高閣，吾輩猶江湖。歲暮歸未得，痛哭聊狂呼。”聯至此，興盡不能再屬，乃往蔬館中啖飯。劍人欲嚐片芥，即至勾欄院中。劍人出院，將輿上玻璃擊碎，壬叔在後，爲人所執，一夕不歸，消息杳然。余同石香至縣署見藹堂，託其切究。是夕宿於寓齋，徹夜不寐。

十四日己丑（1月22日）。晨晤小坡。午後至源源寓齋，石薌猶未歸，静俟良久，讀《約軒詩草》。繼同石薌出北關，知壬叔已在余舍，羊裘已去，席帽亦無，形容殊狼狽也，余心爲惻然。嗟呼！壬叔遘此無妄之災，實所不料，歡樂未終，憂患及之。回憶前夕之聯詩擊節，飲酒高歌，適成禍藪矣。是夕陳循父、卜筠亭亦來。

十有五日庚寅（1月23日）。至正齋舍吃飯。既夕，同秋濤、芝卿、少雲、秋田、梅苑、藹堂并舍弟芷卿往館中小飲，遞瑶觴以飛花，剪銀燭而聽雨，猜枚限字，其樂臻極，歸已二更。是日石香來舍。

十有六日辛卯（1月24日）。微雨溟濛，短窗兀坐，情懷殊覺恡憛也。

十有七日壬辰（1月25日）。雨。午後至石香寓齋，劇談竟晷。讀潛夫《梅花詩》百首。與石薌論及壬叔之事，知子箴明府已爲之料理矣。是夕壬叔宿於余舍。

十有八日癸巳（1月26日）。約軒來舍。

十有九日甲午（1月27日）。石香、筠亭來舍，偶談即去。是日嚴寒，酤酒與壬叔對飲，風甚大，酒力不能上面也。夜深剪燭，論及兵亂事，爲之憮然。

二十日乙未（1月28日）。午後閒步至廟，得晤舒塘、鞠如，茗寮小啜，繼至酒壚買醉。復詣源源寓齋，往訪約軒。石香以鐵壺沽酒，留余小飲。約軒於市上購得鐵壺一柄，製甚古雅，因倩梅伯作圖、劍人作詩，自號鐵壺外史。嗟乎！士相得則益彰，物因人而見重。當其棄置市廛，誰加拂拭？自約軒物色之而聲價頓增，光華遂著，其遇不遇何如哉？

二十一日丙申（1月29日）。石香、筠亭來舍。午後至源源寓齋，同石香、雪山至松雲室。石香將歸，缺於資斧，欲以古畫三幅鬻諸松雲，而松雲不欲售也。既歸，石香置酒共酌，約軒亦來合并。

二十二日丁酉（1月30日）。約軒來舍，飲以乳酪一壺，謂風味殊佳，不減醍醐灌頂也。同至依綠軒啜茗，小坡、枕書亦來合并。依綠軒本名綠波廊，既圮，後人重葺，小坡爲之易今名，殊不雅馴。

二十三日戊戌（1月31日）。薄暮至雪山舍。是夕四牌樓火，烈焰騰空，火勢甚猛，頃刻間延燒數百餘椽，陸文裕宅幾爲灰燼。滬之火災，數年來未有如此之甚者也。余同梅苑、馥山登杏雨樓而觀之，歷歷皆見。噫！一片繁華之土，頓爲瓦礫，可嘆哉！

二十四日己亥（2月1日）。午後同循甫至舒塘齋中，復過益扶丈舍，即別。繼往正齋家中吃飯。

二十五日庚子（2月2日）。午後至舒塘齋中，繼往酒樓，與諸友轟飲，歸時復偕戎大飲於城北黄壚。朮民夫子抱喪明之痛，作《淚海集》一帙，特寄來索予誄詞，并徵海上名流題咏，研農、劍人皆有詩。予以歲事將闌，百端叢集，苦無詩思，乃作札以覆之曰：

> 海上鴻歸，惠我手書，并得《淚海集》一卷。臨風雒誦，亦不自知淚之何從也。嗚呼！蟫叔竟死耶！始而淞水人來，偶言及此，猶以爲傳聞之誤，今則訛讖凶詞自夫子而至矣。嶄然頭角，天促其齡，不知夫子何以自解！

歲事將闌，百端叢集，欲作一詩，以哭蟫叔，而鮫眼已枯，欲哭而不成聲，故欲作而猶未果也。除歲之夕，當登九成臺上，東望欷歔，烟波浩淼，振觸於心，可爲蟫叔一大哭。淚竭詩成，而賓亦從此返矣！夫蟫叔以早慧而殤，賓亦以小有才至於此極，有同悲焉。然蟫叔雖死，或可重生，與夫子再結父子緣，如横山故事，未可知也。即或不然，夫子刊此集傳世，使天下之人共傷蟫叔聰俊而卒，則蟫叔亦可不死。

若賓則先君即世，臺芳又殞，作客三年，親懿間隔，老母弱弟，栖栖海濱，正不知何時可歸，是更不逮蟫叔遠矣！況吾夫子學道有成，樂善不倦，必非無子者。雛鳳雖夭，石麟再降，亦意中事耳。卜之於天，即卜之於夫子，曷敢以無稽之詞强爲慰藉哉！捉筆匆匆，紙盡而止。[①]

二十六日辛丑（2月3日）。是日，母氏同舍弟返櫂吴門。午後至雪山舍，還至林家。

二十七日壬寅（2月4日）。午後，同枕書、劍人茶寮啜茗。繼至源源寓齋，往訪研農。

二十八日癸卯（2月5日）。是日將一切逋負略爲摒擋，除夕九成臺上可以毋庸逃債矣。

二十九日甲辰（2月6日）。晨，同少雲啜茗，飽啖饅頭。夜至林氏吃飯。是日至東關，往訪雪山。夜得一夢甚奇，夢余將往白門應試，祈籤於神，以卜中否，乃掣得大吉之籤，末句云：“能掉旱蓮船，可以已世亂。”余不解其意。忽神起謂予曰：“汝

① 參見《弢園尺牘》卷二《寄滌庵師》，“賓”改稱“韜”，文字略有異同。《弢園尺牘》，十二卷，清光緒十九年（1893）長洲王韜淞隱廬鉛印本，見《清代詩文集彙編》第708册，以下引用此書，版本皆同，不再説明。

此行必獲雋，後當爲宰，涖巖邑，臨戰事而死於難。”余遂懼然而醒。

晦日乙巳（2月7日）。午刻，至林氏齋中吃飯。後同益扶老丈、少雲至探香樓啜茗。晚至城北孫家吃夜飯，少雲亦在。正齋第二妾巧姬烹飪殊佳，嘗鼎一臠，可以知其味矣。

雷約軒，居葺城北關菜花涇跨街牌樓東首下岸慎永堂[①]。

（録自臺北“中研院”史語所傅斯年圖書館藏稿本《蘅華館雜録·蘅華館日志》）

① 原在《蘅華館雜録·蘅華館日志》卷首，移置於此。

咸豐三年癸丑（1853）

正　月

癸丑歲正月元旦丙午日（1853 年 2 月 8 日）。雨。是日吴澹人、郭嘉璧來舍，賀新禧也。

二日丁未（2 月 9 日）。微雨。修《鴛鴦誄》。

三日戊申（2 月 10 日）。

四日己酉（2 月 11 日）。雨窗悶坐。

五日庚戌（2 月 12 日）。少雲來舍，留彼午飯，同至林益扶丈齋中，不值。往廟中玉泉軒啜茗，枕書亦來合并，清談半晷而別。

六日辛亥（2 月 13 日）。

七日壬子（2 月 14 日）。

初八日癸丑（2 月 15 日）。

九日甲寅（2 月 16 日）。

十日乙卯（2 月 17 日）。

十有一日丙辰（2 月 18 日）。是日九江失守。

十有二日丁巳（2月19日）。

十有三日戊午（2月20日）。

十有四日己未（2月21日）。

十有五日庚申（2月22日）。

十有六日辛酉（2月23日）。

十有七日壬戌（2月24日）。

十有八日癸亥（2月25日）。是日賊陷安慶，蔣文慶被害。

十有九日甲子（2月26日）。

二十日乙丑（2月27日）。與陳松亭啜茗，兼晤少雲。至廟觀劇，途遇達高。同枕書飲酒，後至世公酒壚小飲，歸已更餘矣。

二十一日（2月28日）。午後，同壬叔至竹林庵訪劍人，清談良久。

二十二日丁卯（3月1日）。午後，同李壬叔觀劇，復至舒塘寓齋，後赴酒樓。董錦翰以子畢姻，治筵款客，吴澹人亦來合并。

二十三日（戊寅）〔戊辰〕（3月2日）。至小東門訪雪山。至凝暉閣下，與趙雨堂、韓華卿啜茗。後晤潘枕書，至世公酒壚小飲。

二十四日（己卯）〔己巳〕（3月3日）。益扶丈來舍，宋大、顧晴川亦來。至正齋館中。

二十五日（庚辰）〔庚午〕（3月4日）。賊陷蕪湖。

二十六日（辛巳）〔辛未〕（3月5日）。夜，同子卿、秋濤飲於潤源館中。

二十七日（壬午）〔壬申〕（3月6日）。

二十八日（癸未）〔癸酉〕（3月7日）。是夕，同胡舒塘、張菊如呼舟旋里。夜宿於舟，劇談至二更始寐。

二十九日（甲申）〔甲戌〕（3 月 8 日）。在舟。風逆，行甚遲。是夜泊於黄渡，宵分始寢。

晦日（乙酉）〔乙亥〕（3 月 9 日）。是午抵鹿城，即附航舟至里，到已黄昏矣。

二　月

貳月朔日（丙戌）〔丙子〕（3 月 10 日）。晨至唫父齋中，情話移時，即至青蘿山館訪朮民師，饋以磁甌、洋箋等物，劇談竟晷，朮民師留余午飯。青蘿館易名第二酸齋，陳設宛如舊時。午後至自得堂，拜見野舲丈。時星衢夫人因吴門避亂，亦在里中。莘圃新舉一女雛，相見後悲喜雜生，絮話家常。至殷氏齋室，得晤莘圃，并見蔣君。頃之，怡卿亦來合并。晚與莘圃同歸，小飲於話雨窗。

二日（丁亥）〔丁丑〕（3 月 11 日）。至澧卿舍，并見其太夫人。往澁喜齋中與友石丈晤談，兼讀其數年著作。余與友石丈不相見者倏閲兩載，覺其神情舉致仍如疇昔。其令似堯輔，余舊徒也，頃出拜見，頎然長矣。故鄉戚友，契闊良多，念之能不依依。午後至毓蘭堂見竹安，余姑母年七十七矣，起居猶若平時，不勝欣喜。途遇陳侶梅，至鏡蓮居啜茗，談及申江風景。余謂侶梅精於術數，在滬可以致富。歸時夕陽落矣。

三日（戊子）〔戊寅〕（3 月 12 日）。至還讀軒晤企陶，并見静甫。頃之，韓翰香亦來合并。企陶爲設寒具，出星源梅花、湘雲山水數十幅，與余觀之。有《桃花源圖》，筆致工細，布置幽雅，不知何人所作。余謂企陶曰："此間真可避亂，惜不能作圖中人耳。"午後過莘圃館中，劇談良久，朮民師折簡招余，遂別。是夕小飲於第二酸齋，湯菊如亦在，同門諸子許君唫父、顧君玠生、曹子琴伯以及師姪伯威。所製肴饌甚佳，不減韋廚食品也，酒酣拇戰，飲興甚豪，歸已二更。

四日（己丑）〔己卯〕（3月13日）。至唸父齋中，唸父新築蕤夢樓，甚覺精雅。午刻特沽旨酒，留余飯焉，酒後劇談往事，振觸舊懷，覺杜牧之、韓致堯無此哀痛也。未杪同往青蘿，有一俗客在，與之縱談。是客頗信因果，能風鑑，所説多不中竅要，真覺客氣未除。是夕同飲於青蘿。术民師至錦溪未歸。予回家時已更餘矣。

五日（庚寅）〔庚辰〕（3月14日）。至竹安齋中。是日莘圃已至玉峰。午後往自得堂，并至湘舟舍，江鞠生亦在。

六日（辛卯）〔辛巳〕（3月15日）。午後，唸父來舍，劇談竟晷。术民師招余，遂往青羅，作誄詞三章，題《淚海集》七古一首。术民師留余夜飯，至更餘始歸。

七日（壬辰）〔壬午〕（3月16日）。附航帆至鹿城應歲試，同舟張竹村。抵城已午刻矣。宗師何桂清，係雲南人。是日考生員經古《衆心成城賦》，以“群下知膠固之議”爲韻；《賦得摛藻爲春》，得時字；擬陸士衡《吴趨行》，《春陰曲》七古；《新柳》四首，用漁洋《秋柳》韻。性理題《賢才輔則天下治》。午後得晤顔星泉，同至正齋舍，見其繼夫人，特市肉麵以款余，茶再瀹，予即辭去。散步至集街，得遇胡舒塘，同詣橋上茶寮啜茗。申杪，莘圃出場，余與之同寓。夜同奉齋、莘圃飲酒，更餘往南昀齋室閒話。

八日（癸巳）〔癸未〕（3月17日）。考童生經古《房謀杜斷賦》，以“笙磬同音，〔維〕（惟）房與杜”爲韻；《賦得偶聽黄鸝第一聲》，得新字；《春風風人》七排，得和字；和陶《勸農》，擬杜少陵《洗兵馬》。夜至酒家沽飲。

九日（甲午）〔甲申〕（3月18日）。是日補文生歲試《居敬而行簡，以臨其民》。午後至新廟啜茗。莘圃售蘭花一枝，丰姿綽約可觀。方獻庭亦來合并。過廟中花神祠，諸像尚未塑就。旁有盲女彈詞，殊覺可聽。是夕因莘圃進場，睡甚早。

十日（乙未）〔乙酉〕（3月19日）。清晨送莘圃至試院。是日考長、元七學生員《子曰不在其位不謀其政》、《〔譬〕（淠）彼涇舟，烝徒楫之。周王于邁，六師及之》；《賦得望杏開田》，得開字。辰刻，蔡湘濱、徐杏林來寓。午後舒塘來，同往山前，至其家中。舒塘特沽燒春，留余午飯。飯罷偕登玉峰，至抱玉洞側，徘徊久之。余不上此山已八年餘矣，今日風景依然，山靈無恙，余復得蠟屐一登，不可謂非幸也。至西山最高樓上，兩壁塗抹惡詩幾滿。山僧爲余瀹茗，余飲三杯，始與舒塘下山。既往新廟，得晤癯卿，與之散步劇談，細詢别後景況。薄暮，惺如、康夫至寓，偕往酒壚小飲，是夕樂甚，諸友皆醺然有醉意矣。

十有一日（丙申）〔丙戌〕（3月20日）。是日覆生員經古，擬庾子山《春賦》，擬《百花生日祝詞》。

十有二日（丁酉）〔丁亥〕（3月21日）。考崑、新、太屬七學生員。是日丑刻，余同惺如至試院，人甚擁擠，點名稍晚。卯刻有題《在止於至善》，經題《若濟巨川，用汝作舟楫》；《賦得青山郭外斜》，得青字。余出場甚早，往癯卿寓齋不值。是日同莘圃、惺如、根于、習之、奉齋、藝卿、康甫共飲於酒壚。

十有三日（戊戌）〔戊子〕（3月22日）。清晨，余偕惺如至鶴鳴樓啜茗，湘濱亦來合并，娓娓清談，致有佳趣。是日余趁航帆歸里，同舟子仙、紫篁、簡齋、暘谷、永哉、康甫六人，抵里門已黄昏時矣。

十有四日（己亥）〔己丑〕（3月23日）。晨至第二酸齋，出試文就正於朮民師。便道詣永哉舍。復往吴氏，得見雪山夫人，詢以申江近況。午後至竹安舍，劇談良久，至日入始散。復往子仙齋中，子仙新卜居，室殊精雅，頗有花石，圍以竹籬，亦覺蕭疏有致。

十有五日（庚子）〔庚寅〕（3月24日）。

十有六日（辛丑）〔辛卯〕（3月25日）。雨甚大。

十有七日（壬寅）〔壬辰〕（3月26日）。晨，莘圃來舍，同訪康甫不值。是日余祀先，即以數簋留莘圃午飯，暘谷亦來，計三人所飲止四斗，已覺微醺。酒後同薪圃至湘舟齋中，得晤聽濤丈，汪東方亦來合并。同往寶勝禪院，至鬥鴨沼，揖陸魯望之遺像。亭中欄檻，焕然一新。旁有术民師聯對甚佳："緑酒黄花，九日獨高元亮枕；烟蓑雨笠，十年長泛志龢船。"頃之，惺如亦來，約莘圃與余同詣黄壚小飲。繼到自得堂吃飯，歸已更闌矣。

十有八日（癸卯）〔癸巳〕（3月27日）。晨，櫂小舟至錦溪，得見雪泉母舅并癯卿、友蘭。復至張氏齋中，與蘭姊、蘭九晤談，因得稍叙親誼。返櫂歸來，夕陽挂樹矣。是日竹筠從兄到館。竹筠授經於梅村，近日遘病，形容殊覺消瘦。余與之不相見已有二年，談及家庭之事，輒爲淚下。其似端甫大阮久在吴門，因省親歸里，亦得相聚。嗟乎，王氏之衰甚矣！苟得一枝森茂，接此薪傳，亦我祖宗九原所深望者也。晚時至黼卿齋室。

十有九日（甲辰）〔甲午〕（3月28日）。黼卿來舍。晚至東里，途遇竹安，立談良久。

二十日（乙巳）〔乙未〕（3月29日）。静甫至舍，劇譚竟晷，與之同游寺剎。既至還讀軒，與企陶閒話。折簡招翰香小飲，有盛饌。午後，至殷氏齋中訪怡卿，不值。晚時以《仕士》二幅倩术民師題詩。至蕤夢樓，與唫父話别。余歸家將一月矣，是夕有船至滬，故得束裝而去。飄泊天涯，竟如萍梗，每念及之，輒爲潸然，未識何年許我高卧故鄉也。

二十一日（丙午）〔丙申〕（3月30日）。清晨，揚帆到滬，風逆舟遲，夜泊徐家墓。同舟者二人，朱拙軒、范静善也。

二十二日（丁未）〔丁酉〕（3月31日）。夕泊漁姬墩。

二十三日（戊申）〔戊戌〕（4月1日）。晨抵新閘，櫂小舟至洋涇橋。午後至林益扶齋中。

二十四日（己酉）〔己亥〕（4月2日）。至吴淡人齋中。

二十五日（庚戌）〔庚子〕（4月3日）。晨，同拙軒、静善到畫舫齋啜茗。午後至雪山舍。

二十六日（辛亥）〔辛丑〕（4月4日）。

二十七日（壬子）〔壬寅〕（4月5日）。

二十八日（癸丑）〔癸卯〕（4月6日）。

二十九日（甲寅）〔甲辰〕（4月7日）。

三　月

三月朔日（乙卯）〔乙巳〕（4月8日）。

二日（丙辰）〔丙午〕（4月9日）。

三日（丁巳）〔丁未〕（4月10日）。同正齋至廟啜茗。

四日（戊午）〔戊申〕（4月11日）。湘濱、杏林從玉峰來，因留一飯。

五日（己未）〔己酉〕（4月12日）。同秋田至世公酒壚小飲。

六日（庚申）〔庚戌〕（4月13日）。是日，正齋與湘濱先後開舟旋里。

七日（辛酉）〔辛亥〕（4月14日）。晨，母親自里中至。是夕地動。

八日（壬戌）〔壬子〕（4月15日）。壬叔自嘉禾來。午刻地動。

九日（癸亥）〔癸丑〕（4月16日）。午後，同壬叔至玉泉軒啜茗，縱譚天下大計，以爲天下之壞始於林少穆焚烟之舉，啓釁邊疆，而又不能臨事決斷、奮翦逆氛以安海内，迨乎王師敗績，輿尸啓羞，而天下始知中國之無人，外邦亦窺朝廷之虚弱，此粤西賊匪所以陰蓄異謀，肆然無忌也。是日清晨地動。

十日（甲子）〔甲寅〕（4月17日）。晴。飯罷，同壬叔散步西園，往玉泉軒啜茗，茶味甚佳。于時春光澹沱，景物暄妍，雖值世亂離，而游人仍復叢雜。壬叔擬往大境看桃花，余因連日嫩寒料峭，芳信遲催，花未盡放，且士女來者亦絶無，遂不果去，乃詣世公酒壚小飲。繼至緑波廊側，得遇小坡，復往酒家，三爵而止，壬叔已微醉矣。

（録自臺北“中研院”史語所傅斯年圖書館藏稿本《蘅華館雜録・瀛壖雜記》）

癸丑三月十有一日乙卯（4月18日）。午後，姚秋田來舍，同往畫舫齋啜茗，復至世公酒壚小飲。

十有二日丙辰（4月19日）。

十有三日丁巳（4月20日）。薄暮，同壬叔散步西園，得晤劍人、枕書，偕往酒壚沽飲。飲後與枕書至竹林禪院，讀劍人《憤言》三篇，頗切時弊。

十有四日戊午（4月21日）。啜茗玉泉軒，得遇益扶丈，縱譚良久，偕至顧惠卿舍。薄暮微雨。

十有五日己未（4月22日）。薄暮，同戎子至秦樓訪艷，校書巧菱，容色差可。繼而遇雨，沽飲於酒家。雨勢甚大，電光閃爍，因售蓋而歸，街衢水有尺許。

十有六日庚申（4月23日）。同劍人、枕書酒壚小飲，即别。

十有七日辛酉（4 月 24 日）。同枕書茶寮啜茗，頃之，松雲亦來合并，偕往南園散步，木石蒼古，亭臺幽敞，亦妙境也。繼詣城外偎鶴山房，松雲爲市精粲旨酒，三人共飲，松雲量不勝蕉葉而頗知酒味。既夕，與枕書至壬叔寓齋，往訪月仙校書，得嗜片岕。噫！自此一往，而青樓中又有蘅華之跡矣。

十有八日壬戌（4 月 25 日）。同壬叔至茶寮小啜，茗味甚佳。枕書、松雲亦在，頃之，劍人亦至。前夕食壬叔所煮雙弓米。往白栅訪艷不遇，亦有别趣。

十有九日癸亥（4 月 26 日）。張蓉圃、秦醉亭來舍。午後偕壬叔散步，小飲黄壚，繼登杏雨樓啜茗。薄暮訪友不遇，誤入天台。有金玲校書，年纔十四，尚未梳攏，容特秀媚，笑語既洽，小宴遂開。鳳娟校書屬意壬叔，亦沽酒相款。霞仙校書撥箏相侑，殊可聆也。歸家已三更餘矣。樓上一燈熒然，兒女輩猶未睡也。

二十日甲子（4 月 27 日）。午後往訪醉亭，與之啜茗，并見其戚顧子。

二十一日乙丑（4 月 28 日）。王雨堂來舍，午後同至廟中啜茗，并晤劍人。頃之，邱兆三亦來合并。

二十二日丙寅（4 月 29 日）。散步西園，得遇枕書，拉至酒樓沽飲，繼同王莒卿至月仙家，即别去。薄暮，訪醉亭、蓉圃，與之同遊花國，歸已更餘。

二十三日丁卯（4 月 30 日）。午後，同王宇堂啜茗。至兆三寓齋。復晤月舫。

二十四日戊辰（5 月 1 日）。啜茗玉泉軒，玉塘亦在，陶星沅亦來合并，繼而林益扶丈、少雲偕來，又頃之，邱雪汀亦至，雨堂亦接踵而至，是日可稱茗戰。茶後少雲請予啖餛飩，殊有風味，復往茗元啜茗而别。過滄人齋中，讀《獨秀峰詩》三十首。

二十五日己巳（5月2日）。午後散步西園，是日廟有蘭花會，游女頗盛，遇益扶丈、顧若舟，至凝暉閣啜茗，雨堂亦來合并。松雲、枕書在望月軒閒話，招余往啜，絮談良久。薄暮微雨，至兆三寓齋。

二十陸日庚午（5月3日）。湘濱從鹿城來。

二十柒日辛未（5月4日）。湘濱來舍。午後散步西園，登凝暉閣，得晤松雲，因共啜茗。晚過四牌樓，遇壬叔，登酒樓小飲。及歸，復見梅園，拉至黄壚，共罄三爵，孫子黼山亦來合并。

二十八日壬申（5月5日）。午後至廟，得晤秋濤，劇談時事。松雲、雋生、枕書、劍人麏至，往茶寮小飲，至七碗而止，正覺兩腋習習清風生矣。偶至城北孫家，其如夫人巧姬沽有燒春、饅頭，因留余飲。梅園亦至，爰同往黄壚，特市嘉蔬，酒味殊佳。歸至三茅閣側，忽遇戎子，復拉飲焉。

二十九日癸酉（5月6日）。秋槎來舍，不值。至城北孫家，見陸璞卿女史詩，詩亦不甚佳。正齋女公子韻卿亦和二首，有“庭院春殘剛落絮，簾櫳雨過忽聞香。别後相思明月夜，城南城北共清光”之句，殊覺清婉可誦。

晦日甲戌（5月7日）。午後同壬叔小飲黄壚，蓉圃亦來，遂至勾欄。霞仙校書情甚和婉，夜闌剪燭，宴於閣中，漏盡而别。

四　月

四月朔日乙亥（5月8日）。午後，同益扶、少雲啜茗茶寮，得遇劍人，訴以近況甚艱。頃之，壬叔亦至。薄暮，飲於黄公壚畔，歸至城北，復與戎子沽飲於酒肆。宵分而寢。

二日丙子（5月9日）。薄暮，同秋田至酒家小飲，三爵而止，繼與戎子啜茗茶寮。歸時微雨，泥塗甚滑。

三日丁丑（5月10日）。薄暮，同秋田飲酒，歸至城北，復與戎子再飲。數日遨遊酒國，别無俗慮著胸，真覺醉鄉之可樂也。

四日戊寅（5月11日）。清晨，至敬業書院肆業。

五日己卯（5月12日）。午後至正齋舍，是日正齋來自鹿城，有舟在滬，即將巧姬及女公子遷居故鄉，爲躬耕歸隱之計。余見之，不覺生感。繼至茶寮，偕壬叔啜茗，劇談詩學。薄暮，復訪正齋，見其一室蕭條，殘燈明滅，凄然墮作客之淚，爰剪燈留飯，絮話時事。寇氛未靖，杞人徒憂，不識何日復見昇平氣象也。

六日庚辰（5月13日）。飯後同壬叔至玉泉軒小啜，松雲、枕書俱在。頃之，正齋、劍人亦來，縱談詩詞。後予往内園，憑闌觀魚，頗有濠上之樂。晚時小集於偎鶴山房，飲酒譚文，剪燈話舊，分韻得酒字，限以五古，余未有以應也。

七日辛巳（5月14日）。薄暮，同壬叔至酒樓小飲。

八日壬午（5月15日）。晨，往正齋舍劇譚。頃之，雨忽傾注，相對默坐，殊覺静妙，古人賞雨茅屋，真有會心。後至西園，得晤陳大，與之啜茗。過益扶齋中啖飯，少雲亦在，繼偕正齋及顔星槎復至茶寮小啜。是日廟中演劇，亦往觀焉。數日來聞賊勢稍挫，闤闠間商賈復集，太平之景象漸復，是亦儒生所竊幸也。

九日癸未（5月16日）。薄暮，同壬叔往黄壚沽飲，得食黄甲，味亦佳，在《蟹譜》中爲上品。是日正齋來舍。

十日甲申（5月17日）。薄暮，蓉圃來。同壬叔往街市散步，即返。至淡人舍，淡人將去申江而至香港，故往送别，歸已昏黄。是日雪山從甫里來，接得术民師手書，并題畫詩二首，燈下即書復函，振筆迅掃，頃刻間已得數十行，殊覺紙短詞費也。

十一日乙酉（5月18日）。午後，同正齋散步西園，往玉泉軒啜茗。薄暮，澹人將至香港，特過余舍，論天下事不可復爲，國家有三蟲，皆足以病民。一曰蠹蟲，官吏是也；二曰蠱蟲，僧道是也；三曰瘵蟲，鴉片是也。天下之利不過五分，而此三者各耗其一，民何以不病？國何以不貧？爲人上者，宜改絃易轍，思所以善處之道，以培國本，以厚民生，則社稷幸甚！天下蒼生幸甚！夜，送澹人至江滸，帆檣鐙火，彌漫盈望，涼風吹衣，快人胸臆。歸途忽遇微雨。

十有二日丙戌（5月19日）。薄暮，張蓉圃來，同至勾欄。校書巧雲，頗擅姿藝，壬叔與余擬贈一楹聯："擬向天孫來乞巧，不知神女慣行雲。"頃之，遂開小宴，至暮而别。

十有三日丁亥（5月20日）。薄暮，同戎子及湘山飲於酒樓，復至茶寮啜茗，歸已更餘。夜微雨。

十有四日戊子（5月21日）。同壬叔至畫舫齋啜茗。數日天氣微冷，尚著木棉，余友人有句云："殿春花外風如剪，四月輕寒似早秋"，却與今年相似。

十有五日己丑（5月22日）。壬叔同陸瑶圃來，劇談良久。清晨，戎子摘玫瑰花十餘朵相饋，余以蜜漬之，夜深酒醉時開瓶細嚼，殊覺香溢齒頰也。是日特售鮒魚，醵錢轟飲，正齋亦來合并。酒罷，至玉泉軒啜茗，松雲、枕書亦在，同散步詣南園，頗有蕭閒之致。繼至松雲偎鶴山房，特市縮項鯿下酒。歸至東門，偕枕書訪艷，不遇而返。

十有六日庚寅（5月23日）。陸瑶圃來，饋余紅棗、海參諸物，同至酒樓小飲。

十有七日（乙卯）〔辛卯〕（5月24日）。薄暮，陸瑶圃來，同至酒樓小飲。是日午後，同壬叔、正齋往玉泉軒啜茗，繼遇松雲，同往東門，因得便道訪雪山焉。

十八日（丙辰）〔壬辰〕（5月25日）。是日午後，同正齋至茶寮啜茗，松雲、枕書亦在。薄暮，至正齋館中談詩。前晚偕壬叔啜茗杏雨樓，劇談詩學。

十有九日（丁巳）〔癸巳〕（5月26日）。薄暮，同壬叔至杏雨樓啜茗。歸，於燈下寫扇，至二更始寐。

二十日甲午（5月27日）。薄暮，同壬叔小飲酒壚，散步西園，往玉泉軒啜茗。

二十一日乙未（5月28日）。薄暮，偕壬叔至玉泉軒啜茗，劇談軼事。峽石鎮施秋泉能詩。有陳愚泉者以剃頭爲業，作《落葉》詩甚佳，其警句云："僧歸紅寺秋雙屐，客散黄壚雨滿庭"，後以貧死。謝秀仙作詩法盛唐，《咏唐花》云："繁華不藉東風力，富貴還將冷眼看。"亦見身分。《咏塔》云："蛟潭雲起晴疑①雨，鰲柱風迴②晝亦寒。"語意闊大。嘗過亭林鎮，莊子廟題壁云："古廟深藏③猶遁世，客如蝴蝶遠尋來。"後不合於世，以狂死。愚泉嘗作《秋影》詩，有句云："簾捲西風一雁歸"，亦佳。其《落葉》詩中更有"空山先度一聲秋，風圍空谷聚秋多"句，三用"秋"字，各極其妙。《登觀海峰》云："人隨歸鳥盤雲上，月送寒潮度海來。"又有絶句如"滿眼落花春雨裏，又隨燕子到江南"，亦饒風致。

二十二日丙申（5月29日）。同正齋啜茗於畫舫，頃之，壬叔亦至，偕至黄壚沽飲，與舍弟共四人，壬叔特解杖頭錢二百，以供大嚼，酒後復詣杏雨樓啜茗。午後再集茶寮，同啜者益扶、

---

① 稿本先作"還"，後改爲"疑"。
② 稿本先作"圍"，後改爲"迴"。
③ 稿本先作"無人"，後改爲"深藏"。

少雲、壬叔與余也。是日極閒，散步園中，憑闌觀魚，殊有濠上之樂。既而至畫舫晤周雲峰，與之談詩，因得再啜一杯苦茗，薄暮始散。

二十三日丁酉（5月30日）。暮，同壬叔至玉泉軒啜茗，劇談詩學，舉其《田園雜興詩》云：“扶杖叟酣燒麥酒，牽衣兒乞賣絲錢。溪無車水牛晨浴，門静①徵租犬晝眠。”《塞下曲》云：“萬里黄河凍不流，朔風吹動陣雲愁。更將刁斗敲寒月，一夜征人尽白頭。”其七律如“斷橋剩礎欹妨櫂，老樹横枝暗過溪”，頗似北宋佳句。又其弟子作《典衣詩》甚妙，于辛伯採入《詩話》中：“異日或能仍我物，此時强半屬他人。”頗爲確切。復如“老樹黄撑枝，秋花紅剩梗”、“野花買笑紅分檐，鄰樹多情绿過牆”，皆宋詩也。

二十四日（5月31日）。薄暮，同正齋至茶寮小啜，少雲亦來合并，壬叔同劍人亦來，沽飲於黄壚，飲興甚豪，特至店中市鰉魚啖飯。後至烟樓吸片岕，别已更餘。是夕與劍人留連甚樂。

二十五日（6月1日）。暮，同壬叔啜茗茶寮。是日午後，閒步至廟，得遇芸閣、枕書，偕往玉泉軒小啜。

二十六日庚子（6月2日）。暮偕壬叔散步街衢，甚無聊賴，乃詣黄公壚畔沽飲三爵，梅園亦在。歸，往正齋室閒話。

二十七日辛丑（6月3日）。午後蔣劍人來，劇談天下事，以文集相示。薄暮，小飲黄壚，壬叔同往，復至茶寮啜茗，芸閣亦來合并。日暮涼風颯至，散步園中，頗有佳趣，因重往酒樓，煮酒再酌。酒家有女子憑闌微睇，略有態度，惜不令其當壚，而狂阮籍得醉眠於側也。酒後同劍人詣館中吸片岕，分袂時已宵闌矣。

二十八日壬寅（6月4日）。至畫舫齋啜茗，壬叔亦來。與

---

① 稿本先作“少”，後改爲“静”。

雲峰清談，竟晷而别。

二十九日癸卯（6月5日）。正齋來舍，同往竹林庵訪劍人。劍人有姊字曇隱，剃髮爲尼，亦嫻翰墨，故劍人居於庵中。啜茗於玉泉軒，劍人失約不至。余與正齋食饅頭，味甚佳。午後閒行廟中，得遇壬叔，偕其戚許桂山、費祝三往游西園，乃同往望月軒啜茗。繼至點春堂，静憩片時，殊有樂境，堂中花石，亦覺可人。復出東關訪松雲，時松雲因足疾不能至城。頃之，枕書、芸閣偕至，松雲沽酒市肴，歡飲而散。是夕壬叔已醉。

三十日甲辰（6月6日）。薄暮，啜茗畫舫，蔣劍人偕其友蔡驤伯亦來，清談至夕而别。

五月

五月一日乙巳（6月7日）。薄暮，同芸閣啜茗畫舫，枕書亦來，即别去。

二日丙午（6月8日）。午後，劍人來舍，因同至西園啜茗，壬叔亦往，繼偕芸閣、枕書共五人小飲黄壚。是夕下酒苦無肴饌，枕書欲沽無錢，諷予買之，剌剌不休，殊不可耐也。酒後同壬叔至祝三家中，與桂山偕往勾欄。壬叔新擇一相知，小字輕憐，有玉環之肥，容亦不甚可取。歸來已三更矣。

三日丁未（6月9日）。薄暮，應桂山之招，同壬叔至祝三齋中。是日余將有雲間之行，匆匆解纜，雖有盛饌，不能細爲咀嚼。酒後至東關，航帆尚未開也。是夕微寒，細雨廉纖，時滴篷背，有風從窗隙入，頓覺衣單，肌膚生粟也。

四日戊申（6月10日）。午刻抵茸城，至蓮溪舍，把臂欣然，爲治肴饌，特市精粲四簋、旨酒一盛，臨窗對酌，絮話曩悰。時申江有東道主人欲聘蓮溪至琉球者，命余達其意，且爲之勸駕，蓮溪亦躍躍然願往，有乘長風破萬里浪之志。飯罷同蓮溪著屐訪友，至朱瑞軒家。瑞軒精岐黄，亦恂恂讀書子弟也。是夕下榻蓮溪舍。

端午己酉（6月11日）。是日王韻琴來。薄暮即同蓮溪、韻琴買舟至滬。午時微晴。夜泊鑰通橋畔。

六日庚戌（6月12日）。薄暮抵滬城。是夕蓮溪宿余舍。

七日辛亥（6月13日）。同蓮溪至館中。是日蓮溪即將開帆至琉球矣。余曰此地可以避兵，地雖遠於故鄉，實有世外之樂也。

八日壬子（6月14日）。午後，蔣劍人來舍，偕至茶寮啜茗。劍人自言昔時削髮爲僧，慕鐵舟之名而自稱鐵岸，繼欲追蹤寄塵，故亦名妙塵。爲吟鐵舟之詩曰："青山本自乾坤骨，紅粉無非造化才"，語意闊大，殊弗類僧。劍人少有文名而貌不揚，江淮間多呼爲"怪蟲"，及其爲僧，自作祭髮文。遭壬寅之警，作詩曰："頭顱惜少衝冠髮，肝膽猶餘斫地歌"。嘗有句云："緑酒獻花詩獻佛，青樓聽雨寺聽鐘"，爲僧而能作此詩，亦奇，是真絶無蔬筍氣者。是夕蓮溪至琉球，余送之江滸，臨别依依，殊有不忍之色。噫！飢來驅人，真可嘆也。

九日癸丑（6月15日）。許桂山來。

十日甲寅（6月16日）。劍人來舍。

五月中旬，夜納涼得句云：

疏簾隔著奈愁何，圓月晶瑩似鏡磨。翻要一分未圓好，清光不及昨宵多。

羅衫[1]涼透已深更，獨立閒階句未成。忽見流螢簾外過，墮儂衣上不分明。

① 稿本先作"衣"，後改爲"衫"。

六　月

六月初旬，與壬叔書云：

昨夕桂山來舍，納涼閒話，清風颯至，蕩我襟靈。桂山特索《英華通語》，弟敬贈之。去後瀹茗剪燈，展書排悶。忽憶昨過閣下寓齋，閣下炫以魯壺，弟艷羨之心勃生，鄙吝之態復起。弟傖人也，俗士也，請帶求劍，有加無已。日前板橋之畔，共喫鮒魚，餘芬尚留齒頰，豈敢再生妄想。然竊自揆，弟待桂山，不謂不腆，諒不徒以肥肉大酒供我醉飽已也。昨夕弟以此戲謂之，桂山忽言："將來當贈君以綿，惠君以帖，饋君以鼠鬚筆，送君以鵲尾杯。"艷詞徒費，虛願難償。弟笑止之曰："余近患咯血症，子雲吐胃，長吉嘔肝，病日深，壽弗長矣。先生苟有心，一陌紙錢，報我於九京可也，毋舍近而圖遠，使我心癢。"是語桂山未有以應也。閣下曠達人，亦穎敏人，必知其中曲折原委，決不訾弟爲阿戎一流人。夫投桃報李，朋友之常，故紵衣縞帶，物雖小而情通，弟豈真欲桂山饋物，不過聊以謔之耳。

昔者弟承閣下之命，竭力以圖，即有以報，弟不敢居功，亦不任受誚。食言而肥，不如食蛙而瘦，願以此言，告之桂山，並求閣下圖之。

宵來缺月娟娟，北窗靜坐，以養沉疴，不敢如褦襶子觸暑往還也。清恙已痊可否？念念！①

① 參見《弢園尺牘》卷二《與李壬叔茂才》，文字有異同。

六月中旬，壬叔回檇李，饋以蕹菜一盤。

七　月

七月初旬，夜大風，房屋震動。是月中，應雨耕來，自言曾至英國，覽海外諸勝。余即書其所述，作《瀛海筆記》一册[①]。

七月十九日（8月23日）。彗星見，因作《彗星説》一篇。

八　月

八月五日（9月7日）。上海小刀會起事，戕縣令，刦道庫，據城以叛。元帥劉麗川，粤東人。因作《小刀會起事本末》一篇。

九　月

九月，官軍結營新閘，不作進攻計，釋甲執冰而嬉。其與賊相持，不過恃槍砲轟擊而已，絶無一謀可以制勝。噫！真所謂腹負將軍矣。

是月避兵住我家者，亦復不少，潘研耕、林益扶、林藐官、江伶、張景山、蔣劍人，群聚一室，頗得縱譚。居樓上者，研耕夫人及滄人夫人。彈丸之地，僅可容膝，可謂逼仄之至矣！

（録自臺北“中研院”史語所傅斯年圖書館藏稿本《蘅華館雜録・瀛壖日志》）

---

① 參看《滬城見聞録》。

附　　録

粤西雜記

道光二十九年己酉七月，廣西賊起事，永福縣村民之無賴者從而應之，劫掠村鄉。

十月，賊擾上思州，分股流劫廣東靈山縣。

賊黨分攻湖南新寧縣，破其縣城。

三十年庚戌正月，賊擾廣西象州。

四月，賊踞守湖南新寧縣，自稱撫江王，擾楚粤交界十餘州縣。總兵裕泰破之，湖南賊平。

廣西賊攻破賀縣城，知縣自縊。

七月，命湖南提督向榮帶湖兵二千，赴廣西剿賊。户部奏西省軍興自此月始。

廣西巡撫鄭祖琛、提督閔正鳳以養賊玩寇，均革職。

十月，命告病總督林則徐爲欽差大臣，帶兵赴粤西剿賊。初二日由福建起程，十八日行抵廣東普寧縣，卒於軍營。

十一月，命告病總督李星沅接欽差大臣關防，赴粤西剿賊。

賊分股擾廣東翁源縣等處，徐廣縉、葉名琛督兵剿捕。

賊目陳亞潰攻破廣西龍州，奪印劫庫，州同殉節。

賊劫慶遠府，擾竄索潭、八旺、忭城等處。

十二月，賊擾横州、金田，提督向榮剿殺數百名，復調湖南、貴州兵六千三百名赴廣西軍營。

辛亥二月，東西兩省設局捐米，每米一石作銀一兩二錢。

賊攻太平府，文武官被害者數員。

四月，李星沅卒於軍，奉旨賞其母陳氏銀兩、人參。

賊攻破西林縣，刧奪倉庫，火藥、軍器俱爲其所得。

廣東賊刧清遠、英德二縣，葉名琛督兵剿捕。

五月，命賽尚阿爲欽差大臣，赴粵西剿賊。

命東副都統帶滿兵一千赴西辦理剿務，即烏蘭泰是也。

賊攻破象州城，駐兵守之。

賊欲竄入貴州古州，爲官兵擊敗，復回廣西。

賊擾思恩府，百色同知帶兵擊敗之。

調四川兵四千、貴州兵一千，赴西省軍營。

廣東紳士招募鄉勇七百名，赴軍營投效。

賊擾北流縣及豈侶、新墟等處。

八月初一日，賊首洪秀全率大兵攻破永安州，占據倉庫衙署，駐賊衆堅守，其知州、參將各官及幕友家人死節者數十人。

西省賊目凌十八帶兵數千，占踞廣東羅鏡山中，立營樹柵，作爲巢穴，徐廣縉帶兵往剿。

九月，賊擾貴縣，復竄那陳大塘。

賊踞永安州，以永竇、莫村爲前後門户，分賊立栅守之。烏蘭太督兵焚斃賊七八百名，賊退，復回州城。

賊分股攻擾桂林省城。

東賊何名科等聚衆數千，流刧信宜縣，官兵擊敗之，賊退走西省岑溪縣。

賊擾東省靈山縣等處，踞那洞爲巢穴，賊黨數千人，賽尚阿、徐廣縉合兩省官兵擊之，斬賊首顏品瑶，餘黨悉平。

賊擾思恩府，占踞白土山爲巢，滋擾南寧、太平等處，藩司勞崇光督兵剿平之。

壬子正月，梧州府河面賊黨千餘人，號波山艇匪，流刧兩省地方。

二月，官兵收復永安城，殺斃賊三千餘名，陣亡總兵二員、參游以下十六員，獲僞軍師洪大全，檻送京師。

徐廣縉、葉名琛各捐銀一萬兩，以助軍需。

波山艇匪流劫至封川江口，官兵擊沉其船數百隻。

賊衆圍攻桂林省城，都統烏蘭太力戰，受砲傷股，逾半月，卒於軍營。

命徐廣縉帶兵赴西，葉名琛帶兵赴羅鏡。

三月，賊久圍桂林不下，至廿七日，官兵奮勇進剿，以火焚燒，賊兵死者甚衆。四月初一日，賊衆解圍而去，分股竄入湖南界。

四月十四日，賊攻破湖南郴州，戕官劫庫。

四月二十五日，賊攻破道州城，提督余萬清先出避賊，奉旨革職。

命賽尚阿帶兵馳赴湖南。

六月，徐廣縉奏：兩省官軍剿除梧州河面波山艇匪净盡。

七月，葉名琛奏：官軍剿除羅鏡山賊匪凌十八等净盡。

命徐廣縉帶兵馳赴湖南，署理兩湖總督。

賊攻湖南桂陽府嘉禾縣，破之，搜虜倉庫，棄城而去。

賊沿路攻永興、安仁、醴陵、攸縣，皆破之，旋復棄去，於七月二十八日直抵長沙省城，四面環攻，占城外之妙高峰扎營。

八月，復調貴州、四川、河南、湖北等省兵八千，赴長沙援剿。

九月，賽尚阿革職解京，徐廣縉接欽差大臣關防。

賊匪屢攻長沙省〔城〕，地雷火砲，連次力擊，終不能破，互有殺傷。十月十九日，因連日夜風雨，賊遂解圍，由西岸偷渡而去，共計賊圍城八十餘日。徐廣縉奏：追剿賊匪，擒獲翼王石大軍師黄爲祥，解至京師。

十一月初三日，賊攻岳州府城，破東門而入，駐兵守之。

初四日，賊匪四萬餘人復抵長沙省城，兵勇對仗，不分勝敗。

初五日，賊匪三千餘人劫寶慶府糧臺，劫銀二萬八千餘兩。

初六日，紅頭賊匪萬餘，忽抵岳州府。

初九日，賊匪分股攻破益陽縣，入城駐劄。

十一日，賊黨五千人忽抵漢口，放火搶劫，燒去鋪户五千餘家，擄女子數百人。

十二日夜，抵漢陽府，火焚城外鋪户一萬五千餘家。十三日城陷，葉名琛家族被殺。

賊率衆圍武昌省城。

命江督陸建瀛帶江南兵赴武昌援勦。

命河撫琦善帶本省兵及甘、陝、直隷、吉林、黑龍江等處兵，赴武昌合勦。

十二月初三日，賊進攻武昌，向榮帶兵對仗，斃賊二千餘名。

初四日，武昌城陷。初，賊久困武昌，官兵駐營城東，賊窺城西平湖、文昌等門係臨大江，暗挖地道，用火藥轟陷，文武官弁多被戕殺。

頒發欽差大臣關防二顆，交陸建瀛、琦善二人祇領。

刑部議岳州失守文武官罪名，知府、知縣、參將均擬斬。

廣東曲江賊匪由西省散竄滋擾，葉名琛督兵勦平。

宗人府、内務府、户部等合奏：共計軍興兩年以來，發出内帑及户部撥項共銀一千八百萬兩。

癸丑正月十一日，賊陷九江。

十八日，賊陷安慶，巡撫蔣文慶被害。

二十五日，蕪湖失守。

二十八日，賊陷太平府。

二十九日，賊至下關。

二月初十日，賊陷江寧省城，總督陸建瀛不知所之，關防、印信俱陷城中，殺戮滿人殆盡。

二十二日，賊攻鎮江，破之。

二十三日，賊陷揚州。

（録自臺北“中研院”史語所傅斯年圖書館藏稿本《蘅華館雜録·瀛壖雜記》）

滬城見聞録

咸豐三年歲次癸丑夏六月，予患咳血疾，來診者玉書張君、梅苑錢君、長卿顧君。顧謂腎虚主補而頗不對症，張及錢皆用犀角，以祛熱清心，服十數劑始愈。予病時，解館十餘日，閉門養痾，亦足消愁。是時正齋有歸耕之想，其四姬已往生田，種田半頃，謂納太平之税，可以優游卒歲矣。

應雨耕，名龍田，直隸人，籍本浙江金華府。六月初旬從海外來，持其居停威君札謁見麥公，謂將入教，服膺耶穌。嗣是每日來讀聖書，正齋亦來合并，麥公爲之講解，娓娓不倦。雨耕言海外風景以及山川草木，述英國倫敦之事甚悉，因作《瀛海筆記》一卷。

七月賦閑之日，正齋特具扁食，邀同儕小飲，同席者雨耕、少雲、予及芷卿舍弟也。正齋賃小屋三楹，鄰於城堞，門外即街市矣。正齋眷屬居此者，繼夫人及韻卿女公子并其二子閏生、酉生，餘則一老媪以供驅使而已。

是時聞粵人歃血結盟，謀爲不軌，以東門外羊毛巷爲巢穴，植黨横行，不下千餘人，名曰“小刀會”。地方官知之，畏而不敢詰，至是勢垂成矣。

七月中旬，特在正齋舍醵錢飲酒，杏圃撥琵琶以相侑，促管繁絃，別有振觸。夜闌燈灺，忽聞門外甲馬洶洶，衆皆驚起，從門隙窺之，乃知邏卒也。正齋謂予曰：“外邊人言籍籍，觀察雖嚴設守備，然止分段巡查而不肅清黨羽，非防亂未萌之道也，此地不可以久居矣。”

自七月以來，賦閑之日，都與雨耕偕游，啜茗之餘，繼以小飲。雨耕飲興甚豪，一擲千緡，無少吝色，不煩予一解杖頭錢也。

於時會黨已成群，不逞之徒咸樂爲用，聚衆數千，以小刀爲號。刀徑一尺七寸，有布一方，上書彪、驫、艪、飈、颵，以爲記誌。又刻木戳，上鐫奇異之字，不可意解，有類圖讖。時青浦邑境黄渡間亦多結黨横行，以周立春爲魁，與小刀會通，隱爲聲勢，約尅期舉事焉。浙、閩、廣與本邑之人，分爲七黨，曰興安、曰泉漳、曰廣安、曰潮州、曰嘉應、曰寧波、曰上海，皆有頭目，有故輒械鬥，聞廈門之變，遂思作亂。又訛言長髮將南下，人心益摇。城中富室間有避往鄉間者，先幾遠害，明哲取之。

先是兵備吴健彰辦團練事，皆募閩粤無賴入行伍，跳盪拍張，漫無紀律，顧器械甚精利，時至校場演習，以耀威武。予曰：“此輩皆非土著，賊未至，則凌弱暴寡；賊將至，則劫財虜物；賊已至，則棄甲曳兵以走，何益於事？”寶山蔣劍人《上兵備書》亦云：“古之言兵者謂召外兵不如募土著，固也。外兵主客之勢，痛癢無關，生事滋累；土著則室家自謀保聚，子弟必衛父兄。今浙、閩、廣各爲一幫，本地亦非一處招募，此其勢無以異於外兵。本地懦而多詐，閩、廣悍不畏法，近已小有鬥狠，一旦臨敵，非惟徘徊觀望，難以救援，且恐積爲猜嫌，貽誤非淺，此之不可不深慮也。夫鄉勇固曰團練，不徒受工食，持器械，分段巡街，按名點卯而已。"其言頗有見到處，惜兵備不能用。兵備、團練、鄉勇皆各處招徠，及防堵事紓，遂罷去之，又不遞解歸籍，既無所歸，難以餬口，遂入會作亂。

（録自臺北"中研院"史語所傅斯年圖書館藏稿本《蘅華館雜録·滬城聞見録》）

咸豐四年甲寅（1854）

正　月

甲寅新正（1854年1月29日），賦閒無事，特令廚娘烹魚膾肉作迎春筵，招二三知己，共醉良宵，時同席者研耕潘伯勳、雨耕應龍田、潞齋曹樹耆、芸閣唐禄也。小宴一開，觥籌交促，言笑既洽，酒飲無算，席散已更餘矣。

滬自紅巾滋事，予足跡不至城市已越半載。賦閒之餘，則同雨耕、潞齋酣嬉淋漓於酒。惜懶於捉筆，舊事都忘，偶追憶之，不過得其大略。

自亂後，城外絶無酒家，偶思大嚼，輒喚渡至虹口，然所作羹湯殊惡劣，不堪下箸，而雨耕猶以爲適口，真作老饕之屬饜已。

入春以來，嫩寒料峭，陰雨連綿，街衢間泥濘異常，無一日乾燥。予不慣著屐，罕喜出門，公餘之暇，焚香静坐，殊有佳趣。

二　月

花朝[1]蚤起，不見客來，微雨廉纖，垂簾不捲，因濡筆弄墨，作數十字，覺手腕鬆脱，書致正濃，忽遇俗人强挽之去，比之催租敗興者，正復相似。

余性最清寂，喜静惡囂，今日下榻於予舍者不下數人，喧鬧殊甚，故予晨夕常不下樓，暇時惟臨池遣興而已。

（録自臺北“中研院”史語所傅斯所圖書館藏稿本《蘅華館雜録·瀛壖日志》）

五　月

端七日（6月2日）。解纜啓行，午前抵引溪，飯於王氏小舍。飯罷，同星堂至村北禪寮散步。是夕熱甚，即下榻其舍。

八日（6月3日）。清晨檐雨如注，風甚猛，不能放舟。午後天氣稍晴，風亦少止。薄暮下舟，夕泊黄浦。

九日（6月4日）。晨抵吴淞，帆檣如林，誠商賈會萃之所也。風甚利，幾不得泊，舟次嘉定城外。

十日（6月5日）。西北風，舟行稍遲，宿崑山東門外。舟過白塔，夕陽欲下，湖光如黛，鄰舟小童唱櫂歌，嚦嚦可聽。故鄉已近，轉覺心忙，竟夕不能成寐。

十有一日（6月6日）。命舟子移櫂至生田，自曉發，至午始得達。彼舟子頗不識途，迂道而行，故遠。其實沿小瀆以

① 花朝節，當即咸豐四年甲寅（1854）二月十二日。

行，不過八里耳。母氏暨舍弟并苕仙皆在生田，一載不見，悲喜雜并，辛酸淚落。正齋眷屬咸聚在一處，故鄉素好，相見歡然。

十有二日（6 月 7 日）。正齋從七千灣至，故友相逢，復聚闊悰，亦一樂也。生田屋頗仄，臨流種樹，可以釣魚。田低瘠，逢大水即爲河矣。

十有三日（6 月 8 日）。正齋特出家釀，殺鷄炊黍，留余小飲。席間清話偏長，談别後景況并滬城近狀，藉以下酒。同席殷憲，亦健談者。房主徐雲峰，恂謹人也。舍弟在生田授徒，亦賃其屋。

十有四日（6 月 9 日）。同母氏、舍弟放櫂旋里，舟甚小，頭爲之暈。抵里，日已亭午，即至青蘿山館，不值。

十有五日（6 月 10 日）。莘圃來舍劇談，暮亦過其室。

十有八日（6 月 13 日）。附航帆至蘇，至葑門，日將西矣。見詹老翁，年已八十六歲，鬚眉蒼古，精神矍鑠。頃之，正齋亦來，爲其妾四姬作佛事。又頃之，吟齋亦來，把臂歡然，如舊相識。既夕，置酒小飲。

十九日（6 月 14 日）。吟齋别無所好，惟耽麴蘖，醉則醺然睡矣。是午正齋稍得閒，同往玄妙觀啜茗，又往勾欄訪艷。吴門校書近時多以行爲字，有二官者容頗不俗，惜予少阿堵物作纏頭費耳。是夕佛事滿散，有盛饌，吟齋已入醉鄉，正齋即入睡鄉。

二十日（6 月 15 日）。晨，正齋放櫂歸，吟齋苦留，予乃止。

二十三日（6 月 18 日）。吟齋特市佳肴，鬥酒賞雨，禮意優渥，愧無以報。吴門景況，亦覺蕭條，衢市間非復昔時之盛。吾謂繁華少殺，未始非斯人之福也。

二十四日（6月19日）。買舟而歸，抵里已是午後。詹翁與其孫泰峻送至江邊，殷殷執别，殊可感也。予在觀前散步，途遇滬人周雲峰，異而詢之，知其娶如姬於婁門外，因妻反目，不安於室，故旅居於此。因共啜茗情話，至晚而别。餘事另載《生村小住日記》中。

（録自臺北“中研院”史語所傅斯年圖書館藏稿本《蘅華館雜録·甲寅夏五回里日記》）

附　　録

蘅華日記·卷首題識

人生數十年，倏忽如飄風，庸庸沒世，泯無聞知，大千世界中，何一不是？予犬馬之齒二十有七，前之所經，茫不記憶。心爲形役，情隨境遷，如浮雲之過太虚，不著一跡，釋氏謂之空諸所有，而吾儒則以爲寡情，達觀之士往往流連景物，欷歔陳迹。朋輩往來，詩詞酬酢，載筆書之，展卷可得，作日記。

滿江紅·瓜步守風

白浪掀空，似萬馬、脱韁而逸。甚咫尺、中分南北，斷流無術。海若天吴相對舞，問誰解鼓湘靈瑟。剩十年、戎幕老青衫，來摇筆。　　漚泛遠，花飛疾。春有幾，三之一。望金焦但見，亂帆斜日。如此江山經八代，降幡復見縱横出。問新亭、灑淚爾何人，憂王室。

祝英臺

鳳釵斜，蟬鬢瘦，星語癡情逗。笑淺愁深，癡夢隔年又。半生立馬關河，蒲龕揮手，纔看到、蘇臺新柳。　　展吟袖，還問詩酒[1]尊前，嬌鶯待人否？忍負歡場，天氣摘櫻候。劇憐點點蛾燈，背花窺，也學種、東風紅豆。

帆初挂，酒初酣。來江北，望江南。江雲漠漠柳毵毵。鶯解笑，花欲語，好春三。　　盼春到。春易老，江水流春去了。松江月，醉江潭。江上住，宅誰結？茅庵芳草□。[2]

咸豐乙卯，余年二十有八。

甲寅笙村小記[3]

五月七日（1854 年 6 月 2 日）。解纜啓行，午前抵引翔港，飯於王氏小舍。主人字星堂，賈人也。飯罷至村北禪寮散步，是夕即宿其家。

八日（6 月 3 日）。晨雨，檐溜如注。風甚猛，不能放舟。午後天氣稍晴，風亦少止。薄暮登舟，夕泊黄浦。

九日（6 月 4 日）。風甚利，幾不得泊。晚，舟次嘉定城外。

十日（6 月 5 日）。西北風，舟行稍遲。夕宿崑山小東門外，竟夕不成寐，夢中得二絶句：

---

① 稿本先作“伴”，後改爲“酒”。

② 該詞調牌疑爲《芳草渡》。末一字不辨。

③ 稿本此標題右有“咸豐乙卯，余年二十有八”一行，與前後文意無關聯，待考。

幾度相思淚欲流，别來一日像三秋。不堪記取前時事，新月樓頭恰似鈎。

阿儂愁緒滿腔生，屢欲題詩寄未成。料得妝臺應倦繡，惘惘小坐到深更。

及醒，於枕上又得一絶：

疏簾小雨鎮愔愔，又展芭蕉幾尺陰。偏到黄昏無賴甚，一燈如豆坐宵深。

十一日（6月6日）。舟抵笙村。

（録自臺北“中研院”史語所傅斯年圖書館藏稿本《蘅華日記·甲寅笙村小記》）

夏日閨中雜咏

多病多愁强自寬，不情不緒更無端①。更深枕簟猶如炙，願祝蒼天六月寒。

長日偏因刺繡忙，臨池喜學董香光。爲嫌腕弱除金釧，戲倣蘭亭一兩行。

蠹書仙窟②寄閒身，紈扇初題墨尚新。新著單紗③還怕熱，細揩香汗避生人。

高柳無風水滿塘，炎官火繖半空張。舊家池館多蕭瑟，

① 稿本先作“倚闌干”，後改爲“更無端”。
② 稿本先作“圖書叢裏”，後改爲“蠹書仙窟”。
③ 稿本先作“著得生衣”，後改爲“新著單紗”。

惟有蟬聲噪夕陽。

剛送微風已夕陽，雨餘添得一番涼。懶拈湘管尋詩句，纔倚闌干月上墻。

納涼簾底坐深更，擁髻微吟月正明。只有小鬟偏解事，問予幾首好詩成。

疏桐陰底[①]小庭幽，簾外溟濛雨未收。涼殺夜深花影瘦[②]，海棠先带[③]一分秋。

此種小詩無甚伎倆，一新字盡之矣。諸首錘煉未精，似多淺語。

輕雲薄似一重羅，耿耿銀河欲作波。留得芭蕉偏不剪，要聽夜半雨聲多。

新秋明月影團圞，如雪羅衣耐早寒。今夕涼燈差可近，讀書纔倦捲簾看。

碧紗窗外月昏黄，小閣疏簾慣貯涼。獨坐無人心更怯，微聞雛燕落空梁。

偶然小別動經年，事後追思多可憐。暗炷心香花下祝，何時剪燭話纏綿。

階前小立語依依，花影都從月上衣[④]。玉骨自憐無一把，比來還算菊花肥[⑤]。

皎潔中天月色寒，豆棚閒話暫盤桓。隔鄰小女殷勤問，

---

① 稿本先作“疏花開遍”，後改爲“疏桐陰底”。

② 稿本先作“風過餘香剛送得”，後改爲“涼殺夜深花影瘦”。

③ 稿本先作“晚涼已帶”，後改爲“海棠先帶”。

④ 稿本先作“花影月來都上衣”，後改爲“花影都從月上衣”。

⑤ 稿本先作“自識經秋人又病，那能比得菊花肥”，後改爲“玉骨自憐無一把，比來還算菊花肥”。

月裏姮娥可許看。

朝涼貪睡起偏遲，眉带閒情只鏡知。静坐無人常繡佛，重簾垂地晚晴時。

孤影疏鐙怕上樓，淚珠常向枕函流。秋來心事誰能曉，訴與天孫不解愁。

諸作都係少作，今概從删棄矣。

至吴淞訪侣梅丈不值，即用其壁間元旦韻

飢驅出門走，久别故園竹。枯蟬時禁聲，寒雀噪晨旭。况復遭亂離，空把昇平祝。江山嘆陸沉，庶幾天心復。書生抱杞憂，無才笑粥粥。我欲明農哉，會飽侏儒粟。扁舟海上歸，買田思種玉。間道來相訪，歷歷村邊屋。訪君既不遇，又嗟塵網縛。中流擊楫歌，慨彼楚氛惡。何年息壤盟，及時而行樂。

沈松雲正標以《秋燈讀畫圖》乞詩，爲題三絶句，余索畫箑，經年未報，末章云云，聊博一笑

小閣疏簾耐夜涼，一絲燈裏漏秋光①。宵闌吟罷無聲句，落葉聲乾走暗廊。

滿林風雨暗模黏，展卷焚香興未孤。怕蹈歐陽老窠臼，不教人寫讀書圖。

吾識休文已二年，從渠索畫久遷延。要留真跡毋相迫，法派寒家有嫡傳。

① 稿本先作“一痕燈影淡於霜”，後改爲“一絲燈裏漏秋光”。

四月六日集於偎鶴山房，同人壬叔李善蘭、劍人蔣敦復、枕書潘瑩、正齋孫啓榘，分韻得酒字①

吾與休文交，曾不二年久。落落眼中人，滬城大如斗。乾愁不出門，行樂復何有。消閑一卷書，排悶百壺酒。今春忽已過，筍老不適口。亂紅擁萬花，濃緑圍衆柳。時光滿眼非，招隱共良友。蔣詡天下士，李頎世無偶。賓也雖不才，未敢居人後。今日集此堂，小飲輒及酉。酒酣愁更來，豈曰掃愁帚。方今寇氛惡，騷擾遍淮右。六代好江山，竟作豺虎藪。我輩徒經生，無能展一手。毋笑孫樵癡，反思歸隴畝。正齋有歸耕之想。市上問荆高，吾其爲屠狗。

題朱蕖卿《焚香讀易圖》

近世談經九十家，遍搜奇字學侯芭。無言危坐參真諦，不問庭前有落花。

乍寒微雨下疏簾，香爐熏鑪懶自添。消息箇中誰領略，東風袖手一巡檐。

夢裏三爻曾遍讀，今朝展卷費凝思。從旁拍手應相識，即是君家玉雪兒。

風來忽聽韻琅琅，雨過微聞檐蔔香。禪榻鬢絲疏懶慣，假年我欲問京房。

---

① 參看咸豐三年四月六日日記："飯後同壬叔至玉泉軒小啜，松雲、枕書俱在。頃之，正齋、劍人亦來，縱談詩詞。後予往内園，憑闌觀魚，頗有濠上之樂。晚時小集於偎鶴山房，飲酒譚文，剪燈話舊，分韻得酒字，限以五古，余未有以應也。"當時未有應，或是次年回鄉途中補寫，故置於此。

從海上歸宿生田，贈正齋三首①

吾識孫樵久，躬耕②返舊林。暫歸滄海楫，重見故園心。酒③作平原飲，詩④聯下里吟。荆州今已得，展卷走書蟫。正齋有書籍在海上，予爲攜歸。

養病來兹地，耽閒趣可尋。樹頭風乍寂⑤，山脚日初沉。築室宜臨水，招涼可脱簪。友朋閒話好，知是已宵深。

今宵拼不寐，相坐話深更。月影天邊没，星光水上明。撲螢嫌扇小，怕暑换衣生。暫息征人轍，歸耕志未成。

有　題

娟娟缺月半鈎生，照着離人倍有情。檻外星光乍明滅，窗中鐙影最凄清。靈犀一點通非易，好夢二更醒始驚。欹枕静聽時起坐，庭階寂寂悄無聲。

十二闌干響屧廊，更深繞遍意彷徨。三生名字心中記，一卷詩篇袖底藏。簾外風來人獨立，庭前露下夜添涼。姮娥可遂儂癡愿，自理熏篝爇瓣香。

憑窗相視欲傳詞，先是心驚執手時。燈滅不教留影在，話低生怕被人知。但銷魂處身無主，最可憐宵漏亦遲。側聽有聲檐外響，微風吹過碧紗幮。

情多底事也愁多，纔到歡娱蹙黛娥。兹夕相逢緣未了，

① 參看《甲寅夏五回里日記》五月十二、十三日。
② 稿本先作“明農”，後改爲“躬耕”，天頭有：“明農二字斷不可輕用，如君此句，必宰相致仕方當得起”，似是友人評改。
③ 稿本先作“也”，後改爲“酒”。
④ 稿本先作“同”，後改爲“詩”。
⑤ 稿本先作“不動”，後改爲“乍寂”。

天涯此去怨如何。偶然小别秋深見，休使今生恨裏過。但得相期偕隱遂，年年書札托微波。

重有題

緡書簾底坐宵深，黯黯癡雲竟夕陰。檐溜已停人寂寂，釭花欲燼夜沉沉。依稀似隔三重幔，宛轉潛通一寸心。自説昨宵眠不著，忘攜薄被被寒侵。

衫子輕羅薄似雲，窗前並立共論文。情從别後多千縷，人比秋來瘦十分。風警雪膚寒起粟，宵闌冰簟冷生紋。往時無時深愁處，軟語星星悄不聞。

枕函斜倚倦難支，薄頳佯羞理鬢絲。嚙臂定盟三載約，捫心私誓兩人知。生生世世爲夫婦，歲歲年年弗别離。手出錦州箋一幅，淚痕和墨寫新詞。

驀然吹滅一燈紅，多謝微雲掩玉容。疏檻隔如千里路，巫山遮斷萬重峰。明知此别愁中過，多恐前宵夢裏逢。切莫夜深花下坐，風寒衣薄露華濃。

雙璧行 爲延陵兩公子作

草堂方報梅花開，今朝吴質翩然來。握手相迎爭倒屣，瀹茗小坐且徘徊。阿連昆季皆俊秀，前身應是謫蓬萊。文章並美稱雙璧，姓字聯輝著八垓。闢門籲俊珊網闊，方今濟時需奇才。英姿競爽廟堂器，交柯珍木非凡材。君家觀察涖兹土，民風丕變俗敦古。去年禱雨厪焦勞，分明愷澤及農父。堂前相映看璧人，階下成行粲玉樹。雙丁兩到已足誇，况兼三鳳尤能舞。從兄小峰亦雋才。和鳴雲路爭翱翔，秋高俱展凌霄羽。揭來省親到瀛壖，高軒過我快先睹。入春七日景物新，春風識面偏相親。氍毹自憐仍故我，扶摇直上豈猶人。佳士鳳毛可無愧，世家麟角原有真。即看一舉得高第，定知早歲稱詞臣。跨馬京華去射策，多少青雲逐後塵。芙蓉鏡裏聯花萼，珍重泥金報我頻。

送墨與紅蕤女士

學寫《黄庭》悄掩門，然脂弄筆度晨昏。借將王勃三升墨，寫上蠻箋似淚痕。

贈紅蕤女史小鏡一枚，繫之以詩

棗花簾外雨如絲，苦憶妝臺臨鏡時。别後容光消瘦甚，想應不慣畫雙眉。

團圞小鏡製偏工，百樣蛾眉畫不同。惟願此身相倚傍，一生常在鏡鸞中。

戲咏牙嘴，即贈紅蕤

牙管長盈尺，烟雲出此中。吹噓應有意，呼吸可相通。檀口常凝碧，櫻唇欲染紅。繡餘茶罷後，聊以助詩筒。

夜　坐

新月初生夜氣清，羅衣紈扇坐深更。一鈎未有團圞意，照着儂來分外明。

以箋筆贈紅蕤，各繫絶句一首

不與閨人鬥畫眉，謝家書格筆雙枝。蠶眠細字挑燈寫，定有簪花絶妙詞。

廿幅蠻箋分外明，迷離五色筆花生。新詩倘有應須寄，不要題詩寄不成。

春日有懷

鎮日相思倍可憐，東風料峭雨連綿。木樨香裏初分袂，屈指而今已半年。

春寒猶殢裌衣邊，簾幕深沉思悄然。獨坐黄昏人不見，孤燈如墨雨如烟。

泊舟鹿城外，作絶句二首，欲寄未果[①]

幾度思量淚欲流，别來一日像三秋。不堪記取前時事，新月樓頭恰似鈎。

阿儂愁緒滿腔生，屢欲題詩寄未成。料得妝臺應倦繡，惘然小坐到深更。

（録自臺北“中研院”史語所傅斯年圖書館藏稿本《蘅華館雜録·瀛壖日志》）

① 參看附録《甲寅笙村小記》五月十日。

甲寅剛午後六日致紅蕤第一札

舊歲秋風乍起，遽尔分襟，江邊雲樹，迥隔人天，腸一日以九迴，神惝恍而若失。溯自初見以來，即復傾心，願聯知己，不謂閨中巨眼，深鑒微忱，出示新詩，命予删削，盥讀之下，神飛色奪。又復謬許知心，引爲同調，笑談之際，不避猜嫌，鯫生不才，何幸得此！誰料訛言蜂起，遂作離群之鳥耶！自别以後，及至於今，此心耿耿，終弗能忘，午夜夢醒，淚痕常濕枕角，酒闌燈灺，愴然於懷。平生志願，多不能遂，情重緣慳，何以教我？

想吾賢妹，襁褓失恃，備歷艱辛，庶母寵媵，多所謡諑，家庭之間，有難以自處者。今兹僻居鄉曲，絶無伴侣，花晨月夕，誰與爲歡？嗟芳事之已非，恨流光之甚速，有不自嘆寂寞乎？猶幸吾賢妹，風雅性成，刺繡之餘，留心吟咏，研朱弄墨，聊以遣懷。名花剛謝，燕子初來；幽恨方深，離愁轉結。乃復伸紙命筆，寄書遠道，有“迴首申江，常形夢寐”之語，深情如許，愛我良多矣！中旬返櫂，得覯玉容，深慰渴思，實諧素願。蒙綺懷之眷注，感雅意之殷拳，爰投詩句，更極清新。知賢妹力研典籍，志切縹緗，不慚咏絮名流，洵是掃眉才子。

承惠金錢一枚、椒球一顆，敬藏篋笥，不敢示人。况球自常圓，適符佳讖，椒香不歇，歷久彌芳。球以瓜子五十九粒結成，不啻同心之結，賢妹慧心妙想，於此可見。是以敬贈佩玉一方，略獻葵忱，玉質温潤堅貞，不改素節，竊以比賢妹之德，懸諸下體，如見予面，是雖小物，手澤存焉。聚首未幾，又復相離，暫爲數日之留，彌廑三秋之想，是有夙因，諒非虚語。

十有八日，予即束裝就道，弭櫂吴門，雖風景依然，而市廛冷落，昔日繁華，不堪重憶矣。囑購牙嘴，長逾徑尺，未免不適於用，然自謂晨夕相伴，呼吸可通。外附宫粉一盝、澡豆五篋，足供賢妹香奩之用。湘管六枝、吟箋百幅，藉以驅使烟雲，咳吐珠玉。潤澤香膏，堪以沐首；團圞明鏡，可以畫眉。敬以貽奉，毋或見却。

予與賢妹，雖聚首無常，而結契有素，自在無言之表。雲母窗前，小名曾記；棗花簾下，舊約未删。既作合於異地，復相見於故鄉，此其中不可謂非緣也。然予之褊心更有進焉者，願以質諸賢妹。從來佳人才士，曠古難并；絶代名媛，多嗟不偶。近如少芬、慧英，略嫻翰墨，擘箋題句，競相唱和，吾里中傳爲美談。而慧英之婿，僅識之無，不免有彩鳳隨鴉之恨。少芬之倩，不能成文，又復早殞。至吾賢妹，才思綺麗，抽秘騁妍，偶一落筆，便是斐然，而生小解愁，詩多感慨，其中不無難言之隱。予非敢放言，亦因賢妹之才，爲賢妹惜之耳。即如吾兩人者，雖爲交淺情深，無奈離多會少，天故限之，詎非恨事！予居甫里，妹住鹿城，盈盈一水，無由覿面。况予作客海上，一懸帆影，便爾天涯，今兹一别，相見不知何時，言念及此，雖生猶死，豈特江文通所云黯然魂銷哉？是以予欲購田百畝，鄰賢妹所居之地，賃茅廬三椽，釀秫酒數斛，以供嘯傲，庶幾他年歸耕隴畝，猶得與賢妹相往還。悠悠此心，未知能踐約否？倘如此願不遂，則賢妹或可來舍，如姻婭相通，亦無不可。苟兩人之心自堅，則三生之約可訂，是否總在賢妹耳。予於三載之後，定欲旋歸，不復作出山之想矣。敬以奉告，願毋相忘。請以斯言，即爲息壤。現在熟梅天氣，驟暖驟寒，玉體千萬珍重。臨箋涕泣，不知所云。

五月二十三日在吴門汪舍，鬥酒賞雨，爰於燈下爛醉，作此未竟。翌日在舟中，既夜，秉燭獨飲，忽憶及吾妹，悄對銀釭，凄然不寐，念此況味，不覺魂銷。因抽筆補成之，共計九百六十字。有心人見之，不知是淚是血也。

不與閨人鬥畫眉，謝家書格筆雙枝。蠶眠細字挑燈寫，定有簪花絶妙詞。

廿幅蠻箋分外明，迷離五色筆花生。新詩倘有應須寄，不要題詩寄不成。

棗花簾外雨如絲，苦憶妝臺臨鏡時。别後容光銷瘦甚，想應不慣畫雙眉。

團圞小鏡製偏工，百樣蛾眉畫不同。惟願此身相倚傍，一生常在鏡鸞中。

學寫《黄庭》悄掩門，然脂弄筆度晨昏。借得王勃三升墨，灑上蠻箋似淚痕。

（録自臺北“中研院”史語所傅斯年圖書館藏稿本《蘅華館雜録》）

八　月

咸豐四年歲次甲寅八月朔日（9月22日）。晨起誦經。午後至潘氏小舍，秋槎亦來。薄暮過唐芸閣寓齋，清談竟晷，返至醫院，門已閉矣，乃迂道而歸。時恰李壬叔、錢蓮溪在舍，因與縱譚。飯後登樓，焚香静坐，一燈相對，萬慮俱寂，時於此間，得少佳趣。讀《南唐書》一卷。連日陰雨，時復清冷。

二日戊戌（9月23日）。天氣晴霽，仍復和煦。薄暮散步，途遇應雨耕，因同陶星源至酒壚小飲，復往孟春農寓齋，歸已更餘。

三日己亥（9月24日）。清晨，同俞碧山至英署，與雨耕談良久。午後偕雨耕散步洋涇，彼處陳設骨董頗多，迄無一佳者。途遇曹潞齋、邵蘭如，同至館中飲酒。薄暮，往潘氏小築，與蘭生閒話，即別。

四日庚子（9月25日）。晨起腹痛殊甚，想因昨食蟹羹所致。薄暮，至潘氏小舍。是日得紅蕤手札，甚慰。

五日辛丑（9月26日）。晨，唐芸閣來舍。數日來俗客坌集，多以煩惱事相役，胸中頓覺俗氛如斗。摩詰詩云："杜門不復出，久與世情疏。"竊羨其心逸也。潘枕書來。

六日壬寅（9月27日）。晨至洋涇浜，見紅巾赴市買物者往來不絶，甚爲心悸。是日包氏夫人卒，晚出靈櫬，余往觀焉。舉櫬者以營兵八人，送喪多係男子，喪服色主玄，無一舉哀者，夷禮不同於中華，亦屬見所未見。薄暮，往潘氏小築。

七日癸卯（9月28日）。晨往英署，寄家書至吴，得晤雨耕，同往啖麵，復同往春農寓齋。薄暮，偕湯大散步洋涇，繼至潘氏小築。

八日甲辰（9月29日）。薄暮，至潘氏小築。是日蘭生從吴淞歸。

九日乙巳（9月30日）。薄暮，同星垣至英署。是日，吉撫軍來會包公使，儀從甚盛。後偕應雨耕、曹潞齋、孟春農至黄壚小飲，星垣特爲東道主焉。繼往春農寓齋，歸已更餘。

十日丙午（10月1日）。晨至會堂，聽英人説法，講者操彼處土音，不甚可辨。午後，應雨耕、孟春農、曹潞齋來，同詣酒壚小飲，繼至春農寓齋閒話。

十有一日丁未（10月2日）。晨至英署，得見雨耕。孟尚未起，因往潞齋寓舍，碩甫亦來，同往啖麵。暮至潘氏小築，劇談竟晷。

十有二日戊申（10月3日）。潘氏舊宅近於北城，是日有紅巾四五十輩至其宅取物，其僕奔告余，予特同英人戴君驅逐之。暮往潘氏室。

十有三日己酉（10月4日）。薄暮，往潘氏小築，研耕從吴淞歸，相見歡然，剪燈留飯，更餘始返。

十有四日庚戌（10月5日）。暮往潘氏小築。是夕月色甚佳。

十有五日辛亥（10月6日）。晨至英署，與雨耕、春農劇譚，蓮溪亦偕往。既暮，小集余舍，同賞佳節，玩月傳觥，極人生之樂。蓮溪特爲東道主人，同席者應雨耕、孟春農、蔣劍人、俞碧山及余也。

十有六日壬子（10月7日）。同陶星源吸片岕。薄暮，至潘氏小築，研耕在家，特留夜飯。

十有七日癸丑（10月8日）。微雨溟濛，清晨無事，因作札致紅蕤。午刻往春農寓齋，雨耕先在，同詣洋涇散步，買醉黄壚，候東耘不至。既夕，復集於余舍，蔣劍人亦來合并，飲至更餘始散。是夕雨甚月黑，應、孟歸時想不易走也。

十有八日甲寅（10月9日）。晨至英署，在潞齋旅舍中小憩片時。繼見雨耕，同往春農寓齋。薄暮往潘氏小築，研耕特招予飲，肴饌甚精，同席張秋槎、潘大、金大及余也，招而不至者，應雨耕也。是日遣德全到吴淞，賫家書、銀兩至生田。

十有九日乙卯（10月10日）。薄暮，至潘氏小築，研耕絮話家常，剪燈留飯，歸已更餘。

二十日丙辰（10月11日）。清晨，汪月舫過舍。薄暮至英署，後途遇應雨耕，因與散步劇談，同至硯耕家即别。後往三和棧，得晤月舫，歸已黑矣。

二十一日丁巳（10月12日）。韓華卿來舍。薄暮，汪月舫到舍，偕至茶寮啜茗。

二十二日戊午（10月13日）。薄暮，同應雨耕、孟春農、曹潞齋、潘研耕至碩甫家，赴喜席也。是夕飲甚樂，觀其合巹而返。

二十三日己未（10月14日）。晨至碩甫家，與陶星垣同飲，即别。暮至研耕舍，煮肴留飯，極盡款曲，更深而歸。

二十四日庚申（10月15日星期日）。是日賦閑，至醫院聽英人説法，受主餐。午後同華卿茶寮啜茗，途遇應雨耕、孟春農，同往散步。後至英署，於春農寓齋小憩片時，即别。

二十五日辛酉（10月16日）。薄暮至潘氏小舍，時研耕已至吴淞。

二十六日壬戌（10月17日）。是日麥、慕二牧師將至雲間、洞庭，令予從之往游。於申杪解纜啓行，過小東門外，天色將暝，見頽垣敗壁，蒼涼滿目，城堞上人，鬚髪皆見。噫！官軍焚燬廬舍，殊爲失計也。夜行數十里，泊舟於周浦塘。夜微雨。

二十七日癸亥（10月18日）。清晨微雨，曉霧溟濛，村舍都不可辨。巳刻，日色隱隱，漸即開霽。午刻抵閔行鎮，維舟上岸，分送聖書。是日風色甚順，約行百里，薄暮抵松江，不及入城。夕泊泖河口。四更雨甚大，聲滴篷背，頓起懷人之想。窗隙漏天，風雨飄入，枕角稍爲沾濡，殊覺其苦。

二十八日甲子（10月19日）。清晨微雨，曉出泖口，余尚未起，九峰山色，不能領略，殊爲可惜。是午經周莊，未及登岸，詢之土人，云陳墓離此不遠。蓋由薛澱河出，即可從陳墓至甫里矣，故鄉甚邇，不能一省老母，殊覺惘然。申刻至屯村，從麥、慕二牧師上岸分書。彼都人士，競來聽講，所攜之書，頃刻都盡。暮泊同里，余登岸散步即返。是夕宿此。

二十九日乙丑（10月20日）。曉雨，天色陰霾不開。舟發經同里，時尚早，店鋪居民，俱未啓户。鎮盡有陳王道冢，係是南京河南監察御史，匾上書清朝侍御，殊不得體。午刻出花涇橋，即至太湖，一水汪洋，浩無涯涘，誠大觀也。湖中見飛鳧數百成群，盤旋貼水，繼而風作浪大，水濁不清，舟頗傾側，幸即收江，得以無恐。是日余坐船頭縱觀，爲風吹去一帽。抵洞庭山已未刻矣，居民咸至船側聚觀稱奇弗置，所分聖書，争來攘奪。夜泊是村大水橋，村名葉巷。

三十日丙寅（10月21日）。天已放晴，風色殊横。早飯後，同麥、慕二牧師登洞庭山。從新廟外盤折而上，登莫釐最高峰，遥望湖中，烟波縹緲，峰巒雜沓。昔人云“太湖汪洋三萬六千頃，七十二峰沉浸其間”，洵不虚也。麥、慕遍歷群峰，探奇造幽，不憚險阻，山石犖确，殊不易走，余從其後，足繭腰折，幾不能上，默念“寇往我往，彼人我人”之理，奮力追隨，始能相及，於後山觀音庵小憩。杪出萬松叢中而下，曲徑通幽，松篁蒼翠。見石匠數十，磨石鐫字，巍然巨冢，詢之，爲潘氏所作，蓋此邦富室也。是處墳冢纍纍，地下人反得領略山趣。洞庭嶺頗不少，而荒蕪弗治，盡爲鬼境，殊可嘆也。余同麥、慕二牧師繞俞塢村陟前嶺而回，是日游山，共行二十餘里。歸時東山司來謁，辭以未暇而去。晚飯後至東山司署，司官姓陳，字作臣，平湖人。復往都司署，都司亦姓陳，名作霖，安慶人。至夕，都司來謁，飲以洋酒，劇談而散。

揚舲竟抵太湖濱，陟彼高山眼界新。合沓群峰微有路，
蒼茫[①]孤島絶無人。捫蘿直上窮[②]其險[③]，鑱石應須辨厥真。

---

① 稿本先作“微茫”，後改爲“蒼茫”。
② 稿本先作“探”，後改爲“窮”。
③ 稿本先作“奥”，後改爲“險”。

得上莫釐最高頂[1]，狂風吹折郭公巾。

是日作詩，僅得一首，附紀於此。

九　月

九月朔日丁卯（10月22日星期日）。風色甚横，不能啓行。是日禮拜，麥、慕二牧師登岸講書，予同坤官游山，未及到巔即下，因足力疲乏也。予記昔人登山，每折屐齒，予謂上山欲俯，下山欲仰，庶爲得訣。洞庭人家，依山結籬，離太湖不遠，未至十月，已覺森寒逼人，夜間擁絮被，猶不能暖。水國先寒，斯言洵然。

二日戊辰（10月23日）。曉即解纜，午後至吴江城外。人來聚觀者不少，東西兩岸如堵牆。舟行吴江塘，處州兵丁沿途詗察。申刻至平望，分送書籍。有寧波人到舟來謁，能效英語，自言舊歲二月領勇來此。夜泊平家塔。飯後，麥、慕登岸散步，同村人閒話，此鄉人情，亦頗不惡。是日由洞庭至此，已行百餘里矣。

三日己巳（10月24日）。風順天晴，舟行如駛，風帆十幅，竟抵茸城。申杪從南門入，至普照禪寺講書。是夜剛值潮退，舟順潮而下，至閔行鎮始泊。

四日（丙午）〔庚午〕（10月25日）。順風揚帆，直抵黄浦，波浪奔越，舟甚顛側，余覺頭暈目眩，不能起立矣。巳刻至上海。芷卿舍弟從生田來，已四日矣。陶星源來舍，飯後同往英署。至茶寮啜茗，應雨耕亦來合并，偕往酒壚小飲，劇談而散。

---

① 稿本先作“差幸平生腰脚健”，後改爲“得上莫釐最高頂”。

復往春農寓齋，更餘而歸。是日碩甫亦來。

五日（丁未）〔辛未〕（10 月 26 日）。晨至英署，雨耕特留一飯。是日署中公事甚繁，予在春農齋中閒話即別。至潘氏小築，研耕在吴淞未歸，是日即在潘家啖午飯。薄暮，同星源、仲瞻、潞齋至黄壚小酌，潞齋爲東道主，招雨耕不至。繼至吴校書室，情話纏綿，留連竟晷，特設片岕。夜既深，別去。至雨耕寓齋，時雨耕怏怏不樂，余亦無言而歸。

六日（戊申）〔壬申〕（10 月 27 日）。是日天氣和暖。

七日（己酉）〔癸酉〕（10 月 28 日）。星源來舍，同往散步，途遇潞齋，復集於黄壚，仲瞻、雨耕亦來合并，更餘始散。

八日（庚戌）〔甲戌〕（10 月 29 日）。星源來舍，同詣碩甫家，特沽酒市肴，相對小飲。繼至山氏齋室，往訪易齋，同至茶寮啜茗，劇談而散。後往潘氏小築，竟晷始行。薄暮遇壬叔，同往散步至秀英校書室中，小憩片時即別。晚往洪客齋頭，讀《聖經》一章。

九日（辛亥）〔乙亥〕（10 月 30 日）。薄暮，同壬叔暨芝卿舍弟散步老閘。許桂山從吴門來，亦與偕行。繼往茶寮小啜，月舫亦在。二日來皆作清游，殊覺俗意盡掃，優游自適，真樂可娱。甚矣，逐隊成群、狂呼亂叫之足以妨性情也！

十日（壬子）〔丙子〕（10 月 31 日）。薄暮，同壬叔暨芝卿舍弟至茶寮啜茗，許桂山亦來合并。繼往潘氏小築清談，竟晷即別。

十有一日（癸丑）〔丁丑〕（11 月 1 日）。晨至英署，與應雨耕、曹潞齋、陶星垣、陸仲瞻酒壚小飲。是日忽忽不樂，借酒澆愁而愁更來矣。午後同星垣詣宋美牧師處，繼應雨耕、孟春農、曹潞齋、陸仲瞻俱來，小集黄壚，仍復轟飲。醉鄉雖可樂，而殊愁轉結，幽恨方深，覺此身在世，真如泡幻，一切都非我有。

噫！席中人悟此者誰乎？晚往春農寓齋，歸已更餘。

十有二日（甲寅）〔戊寅〕（11 月 2 日）。晨，同陶星垣詣宋美牧師處，繼往英署。星垣拉予啖麵，予因心緒棼亂，不辭而歸。薄暮往潘氏小築，研耕從吴淞歸，劇談而散。是日桂山來舍，即與同往茶寮小飲。

十有三日（乙卯）〔己卯〕（11 月 3 日）。薄暮至潘氏小築，研耕特出寒具供客，味甚甘美。是日周弢甫、湯果卿來。

十有四日（丙辰）〔庚辰〕（11 月 4 日）。午後至莊氏室，里正莊瑞東爲子授室，特潔喜筵，招予往焉。是夕顧秋濤、錢竹里亦在其室，二更餘始歸。

十有五日（丁巳）〔辛巳〕（11 月 5 日星期日）。是日禮拜，予至會堂受晚餐。午時偕星垣渡虹橋往錢氏小齋。梅苑新搆初成，特備佳肴，與二三友朋小飲。是日同席者曹子健、秦石亭、金馥山、唐緒卿、黄近霞、陶星垣、吴介年、陳少雲、吴雲谷也。酒酣拇戰，極盡歡樂，歸已夕陽西匿矣。

十有六日（戊午）〔壬午〕（11 月 6 日）。薄暮往英署，與景玉塘啜茗。繼至春農寓齋，一譚即别。復詣潞齋處，清言竟晷，歸已更深。

十有七日（己未）〔癸未〕（11 月 7 日）。周弢甫來舍。晨，同陳少雲至館中啖麵。薄暮，同弢甫茶樓小啜，劇談良久。復往潘氏小築，研耕特留夜飯。

十有八日（庚申）〔甲申〕（11 月 8 日）。是日甚爲閒暇。薄暮散步林陬，殊爲得物外趣。

十有九日乙酉（11 月 9 日）。薄暮，應雨耕來舍，即同俞碧珊至酒家小飲，肴饌甚佳，是日雨耕爲東道主，歸已昏黑矣。是晨同研耕至館中啖麵。

二十日丙戌（11 月 10 日）。至牧師戴雅各齋中。午後，研耕來舍，特沽數簋，留伊小啜。薄暮造其齋中，亦留夜飯，歸已更餘。

二十有一日丁亥（11 月 11 日）。午後，研耕來舍，同伊散步。夕陽在山，人影歷亂，見西人驅馬怒騁者如風飈電閃，瞬息已過，殊羨其速也。

二十二日戊子（11 月 12 日）。俞碧珊來舍，同詣英署，與應雨耕、孟春農往游。繼至茶寮啜茗，舍弟亦來合并。是日碧珊爲東道主人，拉予數人至黄壚飲酒，劇盡歡樂。薄暮至潘氏小築，研耕特留夜飯，劍人亦在，時蘭生方從吴淞歸，相見極歡，歸已更深。

二十三日己丑（11 月 13 日）。薄暮，同陶星垣、許桂山至英署，訪應雨耕不遇。繼至茶寮，得遇春農，閒話片時即别。

二十四日庚寅（11 月 14 日）。薄暮至潘氏小築，與研耕情話竟晷，特留夜飯，芷卿舍弟亦在，歸已更餘。

二十五日辛卯（11 月 15 日）。午後至虹口，訪胡少文不遇。繼而雨耕、春農、潞齋至酒肆沽飲。歸至潞齋寓室，適章東耘自天津歸，閒話片時即别。

二十六日壬辰（11 月 16 日）。星垣來舍，約至虹口赴婚筵。午後，研耕來舍。薄暮，余至景玉堂家，同席者黄近霞、唐緒卿、陶星垣、黄碩甫、陶義和、景玉堂也。是夕即宿其舍。

二十七日癸巳（11 月 17 日）。薄暮至潘氏小築，研耕特留夜飯，時柳谷從法華來。予歸已更餘。

二十八日甲午（11 月 18 日）。研耕來舍，薄暮同往其室，留飯而歸。

二十九日乙未（11 月 19 日星期日）。是日禮拜，至會堂聽英人説法。午後往潘氏小築，時研耕已至吴淞。繼而湯大來，邀余同至虹口，訪局員胡枚，枚字少文，浙人，清談數句即别。至陸椿山醫室，留連片時。歸時蓮溪在舍，因與縱譚。是日艾君歸自西泠，壬叔未回，云爲浙撫羈留，殊可詫也。

十　月

十月朔日丙申（11 月 20 日）。許桂山來舍。晨，同湯大啖麵。薄暮至潘氏小築，柳谷在家，閒話片時即歸。

初二日丁酉（11 月 21 日）。至潘氏小築，至晚而歸。

三日戊戌（11 月 22 日）。陶星源來舍。暮至潘室閒話。

四日己亥（11 月 23 日）。是日遣德全至生田。

五日庚子（11 月 24 日）。同陶星垣往茶寮小啜。

六日辛丑（11 月 25 日）。往潘氏小築。

七日壬寅（11 月 26 日）。杪秋時候，天氣和暖，僅著綿衣，尚覺其熱。屠墉偕其子新之來舍，同往茶寮小啜。歸至禮拜堂，聽麥牧師講解聖書。許桂山來舍，即偕伊往英署訪雨耕，不值。後往酒壚，見陶星垣、曹潞齋、孟春農、應雨耕都在，三杯之後即別。散步衢市間，自饒逸致。薄暮至潘氏小築，蘭生從吴淞歸，與之劇談，留飯而歸。

八日癸卯（11 月 27 日）。蘭生從吴淞購得肥蟹，特招余往，作持螯飲酒之雅事。與蘭生談甚樂，至更餘歸。

九日甲辰（11 月 28 日）。是日麥牧師至湖州，覽天目山諸勝，艾牧師又至吴淞，予得賦閑，同徐杏圃、程研香、芷卿至茶寮小啜，瞿少陵亦來合并。同伊至勾欄訪艷，迄無佳者。復至茗樓小啜，留連竟晷。午後往唐芸閣寓齋，見其陳設骨董頗多，價值頗昂。歸已更餘。

十日乙巳（11 月 29 日）。雨横風冷，裹足不出。夜與劍人、枕書清談良久，以遣寂寞。

十有一日丙午（11 月 30 日）。天稍放晴，而陡覺寒冷。夜，朱西園攜酒肴至舍，作長夜之飲，藉以消寒，時在席者蔣劍人、林益扶、潘枕書、徐杏圃、余及芷卿舍弟也。是日晨，同枕書、杏圃至茗寮小啜。

十有二日丁未（12 月 1 日）。晨，同益扶至少雲旅齋，時少雲遘疾甚重，予故往詢之。午後陶星垣來舍，因同往茶寮，枕書、杏圃前來合并。繼往酒壚小飲，三爵而止。返至芸閣寓齋，又至潘氏小築，黄昏時踏月而歸。

十有三日戊申（12 月 2 日）。晨，同枕書、杏圃至館中啖麵，杏圃特爲東道主。繼往茶寮，清談啜茗，作盧仝七碗之飲，晋人風流，殊覺不遠。午後同星垣茶寮小啜，復往闤闠間散步。薄暮至潘氏小築。

十有四日己酉（12 月 3 日）。同錢梅苑至少雲旅窗，詢其疾也。返至茶寮啜茗，蔡雲浦亦來合并。繼至酒壚小飲，酒味殊佳，當壚者亦頗解事。後往馥山寓齋，薄暮至潘氏小築。是午同雨耕、春農小飲。

十有五日庚戌（12 月 4 日）。午後，陶星源來舍。同湯鴻山至虹口訪胡少文，清談竟晷，特出寒具供客。晚至少雲寓齋。

十有六日辛亥（12 月 5 日）。飯後同陶星垣、張丹成、芷卿舍弟至黄壚小飲，酒至三爵，已覺微醺，至茶寮啜茗。薄暮至潘氏小築，蘭生從法華來，沽酒相款，更餘乃歸。

十有七日壬子（12 月 6 日）。陶星垣來舍，同至茶肆啜茗，繼往酒壚小飲。兩人對酌，清話偏長。歸至潘氏小築，爲彼作札，更餘始歸。

十有八日癸丑（12 月 7 日）。是日午後，閉門寫字，殊得清閒。薄暮，德全從生田來，知母氏因家事未畢，無暇至申。是夜挑燈同德全至酒肆中沽飲。

十有九日甲寅（12月8日）。午後陶星垣來，同伊至茶寮小啜，水濁，茗味不甚佳。繼至黄壚沽飲，舍弟芷卿亦來合并。酒後散步衢市間，得遇曹潞齋，復往啜茗，繼而應雨耕、陸仲瞻陸續俱至，乃同詣春農寓齋，清談竟晷。雨耕特爲東道主，沽肴市酒，小宴重開，更闌而散。是日痛飲，歸時吴雪山從甫里來，故鄉老友，久不相見，不覺歡然。

二十日乙卯（12月9日）。晨，同雪山、芷卿舍弟、鴻山、秀山至酒樓小飲，情話片時。午後陶星源來舍，同詣茶寮小啜，雪山及舍弟都來合并。暮至潘氏小築，歸後沽得一壺酒，與雪山對飲，藉以解渴。

二十一日丙辰（12月10日）。曹潞齋、陸仲瞻來。繼至英署訪雨耕、春農，不遇。繼至酒樓，共席者八人，雨耕已盛饌以待矣。酒後散步洋涇之側，偕雨、春二人至林見龍齋中，吸片岕而返。薄暮又至春農旅舍，沽酒更酌，宵闌始散。噫！余真老饕，一見酒肴即流連忘返，食雨耕嘉惠已三次矣，愧無以報也。

二十二日丁巳（12月11日）。是晨尚卧於床，益扶、懋堂來，言少雲於昨宵已西逝矣，予即靸鞋披衣而起。其時蕭錦安亦來，同至酒樓小飲。是日未至館，爲少雲籌辦喪事，迨暮始歸。夜挑燈寫信致正齋，告以少雲之事。

二十三日戊午（12月12日）。薄暮至潘氏小築。是日潘枕書來，同至茶寮小啜。夜，修書寄於雨耕。

二十四日己未（12月13日）。午後至茶寮小啜，枕書、芷卿舍弟俱來，復詣黄壚小飲。是日，慕、麥從天目歸。

二十五日庚申（12月14日）。午後，少雲之戚朱潤卿、韓幹庭并其從昆弟湯又村前來領柩。暮至潘氏小築，硯耕從吴淞歸，特留夜飯，歸已更餘。

二十六日辛酉（12 月 15 日）。午後，同枕書、林益扶登永江樓小飲。陶星垣來舍，同至茶寮啜茗。

二十七日壬戌（12 月 16 日）。午後，偕枕書至茶寮啜茗。

二十八日（辛亥）〔癸亥〕（12 月 17 日）。晨，同枕書至湧江樓小飲，陸仲瞻亦來合并。午後，應雨耕、孟春農、陶星垣、曹潞齋同詣黄壚小飲。後途遇瞿少陵，拉至茶寮啜茗。薄〔暮〕至潘氏小築，特留夜飯而歸。

二十九日甲子（12 月 18 日）。晨至英署，於雨耕旅窗小憩。繼見威司税，清談片時之許而退。暮同枕書啜茗，小飲黄壚而返。

三十日乙丑（12 月 19 日）。

十一月

十一月朔（12 月 20 日）。

十二日（12 月 31 日）。晴。至醫院聽書。午後同鴻山進城，從小東門入，見城外屋俱焚燬，已爲一片瓦礫場。城中人皆有菜色，髪長數寸。路上陳什物者不少，惻然憫之。至顧惠卿舍，出城已薄暮矣。復往研耕齋中，特留夜飯，秋槎亦來合并。

十三日（1855 年 1 月 1 日）。晴。是日英國元旦，天氣殊冷。詣雨耕寓齋閒話，同往老鬧散步。午後往鴻江樓小飲。後至研耕齋中，偕詣茶寮啜茗。是夕即在研耕處啖飯。是日吴雪山從吴淞來舍。

十四日（1 月 2 日）。薄暮，偕吴雪山、譚秀卿、芝卿舍弟至酒樓小飲，聊以禦寒。

十八日（1 月 6 日）。雪山在舍。風殊尖冷，重寒逼人。是日法蘭西翼助官軍同城黨鏖戰，約計四時之久，先進後退，官軍死者數百人，法之兵死者亦數十人。予友胡枚首先登城，不能復出，遂死於難，惜哉！午後，王勉齋來，囑予致書輔元堂收其骸骨。鴻山亦來，往店中同啖饅首。

十九日（1月7日星期日）。晴。禮拜，至講堂聽講聖書。午後同鴻山入城，覓胡少文之尸，聞人云官弁咸駢死於北城月城中，忠良骸骨已在灰燼之中。有林朋者，係僞先鋒，欲同余往視，予窺其意不善，遂辭不往，即至城西惠卿家。

二十一日（1月9日）。晨至英署，雨耕特留飯。薄暮至潘氏小築，留飯而歸。

二十二日（1月10日）。雨。午後，研耕、柳谷來舍。同鴻山至英署，後繞道至老閘見胡蕊史，留飯而歸。

二十三日（1月11日）。大霧迷漫，疾風竟日。晨，瞿溪雲來舍，至林永貴齋中，同往啖麵。午後陶星垣來，同至茶寮小啜。夜，於蘅華行館醵錢小飲，作消寒會，戲聯字作絶句，亦一樂也①。

二十四日（1月12日）。大風，天甚寒冷。夜，醵錢飲酒。

二十五日（1月13日）。晨，同潘枕書至館中啖麵，湯大亦來合并。午後，同枕書、秀卿冒雨至酒肆小飲。夜至潘氏小築，留飯而歸。

二十六日（1月14日星期日）。禮拜賦閑。瞿企雲來舍，同詣永貴齋中，復詣潘氏小築，時研耕尚未起也，因同企雲詣黄壚小飲。午後散步洋涇浜，暮往研耕齋中，留飯而歸。

二十七日（1月15日）。顧惠卿之夫人及其妹從城中出。聞城中絶糧已數日，劚草根以食。城黨薙髮去者不少，逆首亦不能禁。

---

① 因事後補記，稿本中二十三、二十四日序次顛倒。

（三十日）〔二十九日〕[1]（1月17日）。是夕招李壬叔、張南坪、張藝齋同飲，鴻山亦來合并，酒酣拇戰，殊可樂也。

十二月

十二月朔（1月18日）[2]。

十二月初六日（1月23日）。予同德全乘輿至南翔，將作歸計。是日抵南翔已將薄暮，即宿於旅齋，秉燭作書，不能成寐，思及伊人，真凄絶也。

初七日（1月24日）。晨，天氣殊冷，河中爲冰所阻，不利行舟，予即步行至馬陸鎮，茗寮中小憩。抵嘉定已將亭午，至廟中訪楊近仙，與之同至城外覓舟，登樓啜茗，以俟其至。迨暮舟來，予即附之以行，是夕宿於舟中。嘉定城隍廟雖有幽致，然室多傾圮，有荒蕪不治之嘆。

初八日（1月25日）。舟抵太倉，途中遇見陳井叔，將返甫里，即與之同行。至城外，見曹琴伯醫室在彼，遂往訪之。其父懋堂亦在，雅意殷拳，特設寒具。抵崑已斜陽挂樹矣。是夕宿於寓齋，特遣德全至生田。

初九日（1月26日）。同陳井叔附航帆至里。是夕至雪山家，時雪山尚在滬未歸。

初十日（1月27日）。同許慶雲至酒樓啖麵。至第二酸齋訪术民師，不值。至自得堂，得見薪圃，譚數刻即歸。午後買櫂至生田，命德全前往。是夕泊舟於南新，霜寒被薄，殊覺其苦。

十有一日（1月28日）。從南新返里，已將午矣。飯後往第

① 陰曆十一月無三十日。
② 稿本“十二月朔”原在“二十七日”前，移置於此。

二酸齋，劇談竟晷，术民師特留夜飯，頗有佳肴，宵深而歸，歸時伯威世弟持燈送予，殊可感也。

十有二日（1月29日）。同德全附航帆至崑，至時即遇雪山從海上歸，同往酒樓小飲。薄暮又附航帆至嘉定，是夕宿於舟中。

十有三日（1月30日）。晨抵嘉定，即於城外啜茗，步行至南翔，午後至真如鎮。是日共行五十餘里，足力疲倦，幾不能舉。因乘輿至老閘，天已昏黑矣。

以上皆事後補記，舊歲塵事碌碌，無暇捉筆，事多遺忘，兹特記其大略如此。蘅華館主手志。

（録自臺北“中研院”史語所傅斯年圖書館藏稿本《蘅華館雜録·蘅華館日記》）

附　録

咸豐三年癸丑（1853）、四年甲寅（1854）細帳[1]

□□弟細帳。

收嚴老開會，仍出塾會錢抵過。

癸丑年秋，收嚴老四洋壹元。〡〥〦[2]。

冬，買皮馬掛一千文。賣與金大媽。

秋，母親經手借家用洋壹元。共結四千壹百十文。〡〥〥[3]。

甲寅夏五月，付鑲鞋錢一千四百文。

---

① 標題係編者所擬。
② 此爲蘇州碼子，即“一五六”。
③ 此爲蘇州碼子，即“一五五”。

十月，付烟二百四十文。領一百四十文。

十月，借錢一百文。

十一月，借一百五十文。

十九日，代還二百文。雪山代墊酒錢一百三十文。

十六日，付一百文。

十七日，付三十文。

十二月，付藍紡綢長衫一千文，作一千一百文。扣去《京報》錢一百文。後又曾寫《京報》四本。

付海螺皮魁寸五百七十文。加帽結五十四文，作一千二百文。

付鑲鞋，五百八十文，作七百文。

共結五千一百六十五文。

除欠透付一千〇五十五文。

閶門内馬大籙巷書粉鋪問交施靜波先生轉交令子惠亭一兄幵啓。

松江西門外塔橋東首慎修堂趙府轉交孫唫秋先生。

松江西門外外館驛東首第二家張宅同居問交崑籍孫吟秋先生。

（録自國家圖書館藏稿本《蘅華館雜著》）

甲寅秋季置辦文房器玩帳

瞿壺一柄，上刻垂柳，惲字子冶所製。價六百文。

印色盒一個，大明萬曆年製，有座。價二百文。

紅木方盤一個，價三百五十文。

紫檀筆筒一個，價三百五十文。

銅香鑪一個，大明宣德年製，有座。價七百文。
小花瓶兩個，價一百五十文。
紫檀帽架一個，價一百文。
掛瓶兩個，價一百六十文。
翡翠搬指一個，賣於汪月舫，得洋八元。價洋三元五角。
磁器自斟壺一個，價八拾文。
白窑磁器盒子一個，應雨耕送。
天然几一隻，價洋一元。
安息香匣子一隻，價一百文。
紅木印箱子一隻，價一百五十文。
白窑密缸一隻，價五十文。
水仙盆一隻，價一百文。
磁面盆一隻，價二百十文。
古銅筆架一個，價一百文。
插鏡一座，價二百四十文。
掛鏡兩個，價一千二百六十文。
磁油盞一隻，已被人竊去矣。價八十四文。
石菖蒲盆一隻，送於楊墨林。價一百三十文。
鬥鷄碗兩隻，一隻已爲小价正和所碎。價七十文。
鷄缸杯四隻，盡碎矣。價一百二十文。
掛瓶青花白地。一個，送與姚某伯。價四十文。
紫檀匣子一隻，價一百八十文。
象牙筆筒一隻，價三百五十文。
書箱一隻，價二百六十文。
香橼盆一個，價三百文。
榻几一隻，價五百文。
錫燈臺一隻，價二百文。

彌陀榻一隻，價洋壹元。

方桌一隻，價一千一百文。

白銅水烟袋一隻，價三百七十文。

紫銅暖鍋一隻，價五百六十文。

（録自臺北“中研院”史語所傅斯年圖書館藏稿本《蘅華館雜録》）

咸豐五年乙卯（1855）

正　月

咸豐五年正月元旦乙丑（1855 年 2 月 17 日）。天氣晴明。屠新之來舍，饋予番銀一餅，辭之不獲，受之增愧。巳刻往潘氏小築，賀新禧也。復至張秋槎齋中。飯後散步馬路側，途遇應雨耕，同至茶寮啜茗，俞碧珊亦來合并。繼同雨耕至家，因倩碧珊持壺沽酒，聊復小飲。將暮，又至研耕齋中，時研耕從吴淞歸，相見劇談，秉燭夜話，留飯而歸。

二日丙寅（2 月 18 日）。是晨，官軍克復滬城，黨匪各鳥獸散，斬馘五百餘人。從虹橋獲黄衣賊目一名，不識何名。巳刻，金祝齋、瞿企雲來舍，同赴克勇營，見官兵旗幟徧立城上，生擒餘黨約數不計，皆騈斬於新閘。午後詣黄碩甫家小飲，繼偕勇目馮和進北門，時城中火焰未熄，廣廈千萬間，都爲灰燼，堪爲觸目傷心。至輔元堂，得見經芳洲，談片刻即返。出小東門，天已昏黑，頹垣敗礫中，幾不能辨昔日繁華，不堪回首，惜哉！

三日丁卯（2 月 19 日）。金祝齋、瞿企雲同至城中，先往西園，見得月樓、點春堂俱已焚燬。繼往江翼雲師家，容貌清羸，非復昔時。復至輔元堂，馨山、子多俱在，一揖即别。後詣郁泰峰齋中，王冶三亦來，聞是日撫軍將至其家。繼出小東門，微雨路滑，同秋槎、祝齋茶寮啜茗。

四日戊辰（2月20日）。潘枕書來。至唐雲閣旅齋，蒙其留飯。午後至潘氏小築，同研耕入城。

五日己巳（2月21日）。飯罷至茗寮小啜，雨耕來，不值。

六日庚午（2月22日）。飯罷至潘氏小築，沽酒小飲，情話纏綿，更餘而歸。

七日辛未（2月23日）。途遇陶星垣，拉至研耕齋中。是日研耕特設盛饌，置酒相迓，共席者金祝齋、陶星垣、黄良甫、陸仲瞻、瞿企雲、張秋槎、芷卿舍弟、研耕、柳谷及余也。是夕銀燭乍剪，高朋畢集，飛觴醉月。酒政初厲，予已中聖微醺，繼復拇戰，予出奇兵，以勝諸座，宵闌而歸。是日母氏從甫里來。

八日壬申（2月24日）。夜飲過多，微覺病酒，至緑波廊啜茗。

九日癸酉（2月25日）。星垣來舍，同至城中，登樓啜茗。枕書來舍。雨耕來招予飲，因同星垣偕往，至則劍人、碧珊、潞齋已先在矣。是日碧珊特爲東道主，呼酒相侑，意頗殷勤，繼至茶寮小啜。

十日甲戌（2月26日）。是日予特設小酌，折簡招友，集於蘅華行館，來者雨耕、潞齋、研耕、良甫、碩甫、星垣、劍人，猜枚拇戰，逸興遄飛，客散已更闌矣。是夕微雨路滑，甚不易行。

十有一日乙亥（2月27日）。

十有二日丙子（2月28日）。

十有三日丁丑（3月1日）。晴。同蔣麗堂入城，偕訪藹堂，閱吉撫軍奏稿，滿紙浮詞，殊可一噱。復至惠卿齋中，特留飯焉。復詣善後局，見馨山、子多，清譚良久，言及善後事宜，最要一着是擴清夷務，閩粵人不得入城居住。

十有四日（3月2日）。午後至藹堂寓齋。

十有五日己卯（3月3日）。薄暮，往潘氏小築，特留夜飯，更餘而歸。

十有六日庚辰（3月4日）。鴻山來舍，同至新閘訪蔣銓，不值。薄暮入城，至藹堂寓室，途遇姚梅伯。

十有七日辛巳（3月5日）。午後同劍人、壬叔往訪某伯，清談良久，至酒樓小飲，繼復拉至勾欄訪艷。是夕往老閘，得見許春山，導至福雲校書室。福雲頗有媚態，惜芙蓉面上多生桃花點矣。

十有八日壬午（3月6日）。同雨耕、潞齋、星垣入城。是日吉制軍大設筵宴，西國官員乘輿赴席者紛如也。繼往茶寮啜茗，蔣麗堂亦在，是時已近午刻，乃詣黄壚轟飲。午後，同星垣至潞齋旅舍，雨耕特具扁食，夜闌剪燭，清話偏長，歸已更餘。

十有九日癸未（3月7日）。前日致書正齋云：

別來半載，疊枉手翰。帶水莫杭，遠鴻未翔，裁報時疏，衷情紆軫。凌价來滬，即覆一函，想邀洞鑒。尊裘一領，已在雲霄，反覆此案，終成疑竇。德全所贖典閣之衣俱在余舍，少雲没後即轉徙他所，其中不無首尾，豈敢謂子面如吾面，未必彼心如我心，閣下默喻可已，何用言焉？

正月元旦，官軍克復滬城，流離之衆，復睹昇平。是夕也，賊蹤潛遁，官軍繼入，燒而後走，是其下策。粵首劉姓，幸即駢誅，斬馘餘黨，不可勝計，人心至是，始得一快。惜乎西園花木，已成墟莽；東里繁華，變爲瓦礫。世事滄桑，曷禁浩嘆！即閣下舊時庭榭，亦付劫灰，有心人聞之，應爲心酸淚落。迴首昔游，徒增振觸。歡場酒地，曾幾何時，不堪復問。惟是巖疆雖奠而黎庶孔艱，或家室仳離，或棟宇焚燬，破巢之下，幾無完卵。集哀鴻於澤中，驅猛虎於邑外，剿撫兼施，在在需關緊要。一切善後事宜，非大才人不能猝辦，閣下可有訏謨以蘇此困？若僕者，飄泊天涯，有同王仲宣；衰遲門户，有如任彦昇。買田之願，卜鄰之想，至今未遂，應爲閣下所笑。我家甫里，本陸天隨所隱處。僕嫌其近市，不能避世，未若荒村僻處，芟茅作檐，剞竹成屋，持玉壺以買春，駕扁舟而捉月，與漁夫樵子、耕童牧豎相往還，烟迷雲遠，林密水深，有呼予爲老農者，乎則諾。悠悠此心，未知何日可成。能偕隱者惟閣下，故敢奉告。

僕今年頗欲留意詩詞，劍人、工叔、某伯咸在此間，不憂獨唱無和。閣下東皋農事之暇，定耽筆硯，遥相贈答，亦可排悶遣愁。倘有南來之雁，幸惠好音，無寂寂也。[①]

午後入城，至西關顧氏，時惠卿已回，特設寒具，繼同詣城南訪雪山，不值。晚至潘氏小築，研耕已至吴淞，柳谷在家，剪燈沽酒。是夕食河豚，味不甚美，豈予舌本木强乎？正齋時卜居生村。

二十日甲申（3 月 8 日）。薄暮，鴻山來舍，夜留夜飲，偕其友三人俱至，三人者，朱研香、徐及錢也。彼皆攜具來酌，所破費主人者，只有一盤雞一壺酒而已。席散已更餘矣。

二十一日乙酉（3 月 9 日）。午後同程研薌入城，至輔元堂

① 參見《弢園尺牘》卷二《寄孫秋棠茂才》，文字略有異同。

中，與馨山閒話片時。後至西城顧氏，一茶即別。夜讀近人詩集。

二十二日丙戌（3月10日）。飯後接得一札，箇人心事，無限含愁，惜青鳥不得其使耳。薄暮微雨，同吴式如小飲黄壚。

二十三日丁亥（3月11日）。雨。天氣甚冷，御裘尚寒。午後入城，聽英人説法。致書正齋云：

利賓白：賓寄海壖，已歷七載，倦游之翮，凌風不翔。自遭喪亂，裹足不出，日與異類爲伍，暇惟飽食而眠。甕無濁酒，叩門而沽；篋無異書，仰屋何益？年齒日增，歲月云邁。昨已入春，餘寒猶厲。室本近郊，狂飆撼屋，枯條爲摧，林木怒號。夜半夢醒，倚枕而聽，燈寒漏静，凄戾萬狀。鄉里親懿，尺素久絶。老母無恙，差以自慰。然惡讖凶詞，一月沓至。竹筠老病，以至奄忽；端甫壯年，竟復短折。言念吾宗，既弱一個，桐枝又枯，隕其長條。惠連不來，時而入夢；阿咸長别，誰與清談？骨肉衰逝，門户零替。此一痛也。

先君殂謝，以華屋作山丘者幾越六稔。舊歲丙舍旄築，抔土始建，結槿爲籬，短不及肩，植松於旁，長纔盈寸。思欲徙家近冢，爲就耕之計，而此處瘠田，無異耕石。因念足下曾有偕隱之言，酒闌燈灺，私謂余曰：先蓄買山之錢，早遂卜鄰之約。而今東歸無日，西望徒勞，竊自悲已。

伊賓始願，志在歸耕，誰則同心，惟有足下。當復築五畝之廬，買一頃之田。鳥語怡魂，山光悦性，酒飲鄰叟，詩教牧童。蒔竹滿園，劚笋爲脯；種魚盈池，選鱗作膾。蔬果供客，可以謀醉；鷄豚養親，可以承歡。東皋農事之暇，或櫂扁舟，茶爐酒磴，載以自隨。依樹而宿，尋花而語，有得則書，倦則隱几，以此没齒，聊以云達。身後之名，安問千秋；生前之樂，惟有一醉。辱同嗜好，故以爲言，勉力加餐，毋墮宿約。利賓白。①

二十四日戊子（3月12日）。晨微雨，午後陰。是日泥潦載塗，著屐訪研耕。時硯耕從吴淞歸，特沽甘酒，炮鱉膾魚，風味殊佳。夜，致書竹安曰：

話别十閲月，未寄隻字，疏懶之狀，以此概見。臘底旋里，留家僅兩日，倉猝解維，不及一面，紆軫之情，難以言述。

弟遭家多故，骨肉淪喪，眷念吾族，涕泗滂沱。竹筠老病，纏綿已久，其死猶可測料；端甫正在壯年，尚望其克紹前業，爲先人光，何亦遽爾奄忽，從乃父於九京耶？聞信駭悼，爲位而哭，弔彼夜臺，汶汶漠漠。延頸以望，川路迴隔；拊膺而吁，幽冥異途。嗚呼！端甫媚齡廿七，竟爾殂逝。有母已老，白髮飄騷；有妻方艾，青燈黯慘。强幹已折，枯枝詎榮，王氏之衰，於斯而極。先君之墓，僻在澱村，遠客海陬，缺於祭掃。春間必增抔土，始可無患。新阡雖築，馬鬣未崩，深爲疚懷。

鹿城應試，未識可有定期？弟於桃花放後，當挐舟至家，復與故鄉戚友，一聚闊悰，兼吐私臆。弟近抱幽憂之疾，離怨填胸，遇物振觸，庾蘭成無兹哀痛，江文通遜此悲凄。慕長卿之才，守尾生之信，每念是事，輒欲忘生，非真土苴周孔，蔑棄禮法。側聞情至者聖人不禁，義重者烈士所

① 參見《弢園尺牘》卷二《寄孫茂才》，文字略有異同。

難。閣下於此中素有閲歷，自必領略於言外。如能使明月不缺，散沙再摶，不啻生死而肉骨。至於巫臣爲桑中之期，本所不可，且其害有三：小港必以舟通，彼姝必以夜出，或起篙工之疑，致爲匪人所劫，此一害也。未離虎穴，遽爲狼吞，桎梏横受，鞶帶旋褫，此二害也。掌珠已亡，必興巨波，藏嬌不密，遂來驚讖，此三害也。有三害而無一利，即愚者知其難爲，況乎鴆媒已洩，魚書又阻，奇事皆知，芳蹤易躡。雖有崑崙健奴，黄衫俠客，能善其始，不能善其終矣。嗟乎！癡念雖灰，深情未死，尚望閣下終始玉成，則身受者淪肌，感恩者顙首。二百里外不能覯止，輒寫往翰，略陳鄙意，惟垂察之。利賓[①]頓首。[②]

補元宵前所作七絶八首，偶見《疑雨集》中有《勸駕詞》，戲效其體，以示紅蕤：

藥爐茶竈已安排，西面窗櫺不許開。曉得怕風兼避客[③]，重簾不捲等卿來。

輕寒昨夜上妝臺，料得熏籠倚幾回。漫把心香焚一餅，冷灰撥盡等卿來。

蠻箋幾疊未曾裁，小研紅絲試麝煤。密字珍珠原慣寫，手鈔詩卷等卿來。

重門深鎖鬱離懷，謡諑蛾眉事可哀。寂寂江干舟未至，梅花開後等卿來。

傳訛青鳥事難諧，反惹相思兩地猜。即有尺波誰可託，

① 稿本旁注“韜”。
② 參見《弢園尺牘》卷二《寄曹竹安茂才》，文字略有異同。
③ 稿本旁注“不能遂願，悶逐於心”。

訴將離緒等卿來。

記曾相識有詩媒，雋逸豈輸咏絮才。城北清光仍不減，畫欄看月等卿來。紅蕤詩有“别後相思明月夜，城南城北共清光”。

舊時院落長蒼苔，憶着前游首重迴。滿目凄涼增感觸，滄桑細閲等卿來。紅蕤舊居已付劫灰。

無端小病瘦於梅，怕冷憎寒倚鏡臺。爲疊重衾温寶鴨，濃香淺夢等卿來。

二十五日己丑（3月13日）。天雨不能出門，兀坐無聊，展某伯駢體文讀之，藉以驅愁祛悶。夜，沽酒消寒。

二十六日庚寅（3月14日）。天陰。燈下接得吴門一札。

二十七日辛卯（3月15日）。天晴。風狂如虎，著木如吼。午後散步太平里，得晤林永貴及江伶，清談良久，繼至酒樓小酌，頗有盛饌，永貴特爲東道主。晚詣潘氏小築。夜，徐杏圃從吴淞來舍，留宿。

余於丙午冬曾作一書未成，今當宵長漏永，展幀視之，振觸舊懷，聊復忍痛濡墨以續成之：

江浙爲名勝區，山水甲天下，中多隱君子。太湖汪洋三萬六千頃，水闊連天，樹低無岸，瀕湖之村曰蒔魚港，樹色鬱然，曲折通幽，片石孤雲，皆有逸致，人家隨水比屋，依山種籬。

太史藺翀卜居於此，瀟灑有出塵想。其子芳，名諸生，痼癖山林，膏肓泉石，亦不求聞達者。芳子名纫，别篆小畹，少即穎慧，及長，負才不羈，嘗曰：“區區之富貴功名，乃爲學業累乎？爲儒生者，顯則銘勳金石，功震當時；隱則託跡林泉，名傳後世，是亦可耳。”生貧，别無長物，而室宇結構頗雅，芟茅作檐，刳竹成屋，石磴精潔，花木蕭疏，中搆茗寮，專命童子瀹茗，以供寒宵清話、長夜讀書。窗外種梅四五株，冬來著花，霏拂琴床書案。閒暇時必招友小飲，山色湖光，豁人眉宇，望雲樹之蒼茫，睹峰巒之隱現，每俯仰感慨，作不平鳴曰："世無知己，老是鄉矣！"讀文君、紅拂傳，則曰："世尚有閨閣女子物色英豪，具風塵之巨眼者乎？"時張芾督學江南，生往應試，案發，褎然居首。是歲入學，急雨飄風幾竟日，生曰："蛟龍得雲雨，非池中物也。"生性放誕，不合於時，而生亦不求合。侍史畫倩頗狡黠，善伺生意，載酒宴游，必令挈壺以隨，閒日則供掃地焚香、種花煮茗之役。

一日，紫陽書院甄别，生入城赴課，將歸，途遇蕭雨薌、蘇芙卿、秦夢琴，以久不見生，把臂歡然，共飲黄壚，雜坐於小闌干側。生曰："波滑於油，山遠若黛，睹兹景，不嫌飽看矣。"蕭曰："值此佳境，對斯良友，不可無詩。昔昌黎聯句，著爲美譚，吾輩今日，何妨效顰？"蘇曰："蘭兄詩思甚捷，何必探囊覓句。今請别張漢幟，一角優劣，如詩不成，自有金谷之故例在。"秦曰："君言良壯，然刻燭以期則太緩，擊缽以催則太捷，不如限半炷香成八叉韻，爲不疾不徐間耳。"生曰："然。友朋小集，雅近風流，斜陽話舊酒家樓，非今日韻事乎？"于時古渡雲蒼，亂流霞紫，鴉點翻紅，魚紋漾碧。蕭曰："不知誰探驪珠，壓倒元白。"生曰："惜無鞠部阿鬟來，以續畫壁佳話耳。"語未畢，猛聽遠處音嬌聲細，簫管並奏，蘇曰："是擫笛搊筝者，聊當催詩羯鼓。"生曰："何處暗香，沁入詩脾？"秦曰："想是隔院倡家，沉水甲煎，故馨欲熏衣耳。"清飈徐來，鸜哥低唤，風送餘聲偷度處，祇聞"來了"二字，諸人側耳聆之，但見垂楊疏影裏，微露紅樓半角，亞字横排，綺窗猶掩。久之，繡簾斜捲，一垂髫女子倚風凝佇，恍惚有思，忽俯見隔河諸少年，即避入碧紗幮中。旁立小婢一人，猶掩映窗前，笑指天邊雁字曰："此非傳書鴻耶?"頃亦逡巡而下。蕭曰："無意間得遇樓頭美人，想是詩意所催，且可藉以催詩。"秦曰："只恐詩被美人催去耳。"時生方低徊獨盼，若有所懷。蘇曰："環佩聲杳矣，兄何倚朱闌而神注耶?"生曰："纔遘麗人，不覺心折，我見猶憐，正使人之意也消。"秦曰："丰神宕逸，自是身有仙骨，參此禪者，誰能破之？豈止意消，真箇魂銷!"蕭曰："劉郎何恨蓬山遠，蓬山直咫尺耳，豈隔幾萬重耶?"秦曰："蓬山雖不遠，而蘭兄望眼幾穿矣!"生曰："折脚雁咄咄逼人，妄肆譏鋒，惡傳語刺。若使麗人見郤子之登，當動褰帷之笑耳。或不幸適汝，何止天壤王郎之慨也。"蘇曰："是奴嬈兒澹遠有致，半蹙春山，芙蓉如面柳如眉，秋水爲神玉爲骨，真謝家咏絮才也。"生曰："此刻一番清話，勝於拈韻撚髭者百倍，若再狂吟鐵笛，高唱銅琶，恐文通有才盡之嘆，而爲巾幗所笑。"衆人翹首仰望，見一天明月，幾點疏星，回顧樓邊，燈光透隙，檐馬微鳴，悄無人語。衆以晚近黄昏，都各别去。

生是夜乘酒興，買舟歸太湖。月彩流波，露華團草，生思日間所遇，如有所失，慨然曰："天下果尚有人乎？吾始以爲西子臂冷，合德唾殘，飛燕香消，玉環艷褪，織錦之機旋焚，迴紋之詩半逸，良史莫續，班、蔡不生，久已絶望於不櫛進士、掃眉才人，而不落深閨脂粉想，今天下乃尚有人乎？吾誤矣！操是念以往，無怪蛾眉爲之痛心，粉黛爲之減價，而欲求青眼於緑鬟，訂香奩爲相知，亦難矣！雖然，事出無意，似爲有意，惜衹見一面，未識姓氏，徒於夢寐間依稀憑闌不語時也。"生自是忽忽不樂，掩關却掃，視人世浮榮如飄風過耳，聞秋夜笛聲，則曰：“僕本恨人，奚堪振觸，追憶影塵，曷禁怊悵！”

餘杭麴苑楳，名尚，又字小野，名儒宿彥也，見生文異之，曰：“此未易才也。”詢出何人手，有答曰：“是蘭生作也。”麴曰：“是子將來所造有何限量，金馬玉堂非異人任也。”因問蘭生何如人，有與蘭生友者曰：“生系出名門，髫齡秀發，同學皆推爲畏友，然憤時嫉俗，泥塗軒冕，無意於功名矣。”麴俯首久之，頃又問，兼及里居，答曰：“今小隱太湖之湄。”麴喟然嘆曰：“僕閱人多矣，如此者百無一二，忍令其天假之才長以青衿老?”翼日麴掉舟訪生，并招致其家，謂之曰：“士子欲建不朽功，必以科名爲先。自來才人恒薄視時文爲不屑學，不知時文亦從古文出。以君才，取青紫如拾芥，願毋自棄。”生曰：“纫本杜門謝迹，無意於斯。既蒙垂盼，敢不勉旃，但恐子安命舛，李廣數奇，無以仰副期望耳。”麴出精選課藝百餘篇示生曰：“秘籙也，僕生平得力於此，不啻益智粽。”因掃綠筠軒，命生處之，朝夕論文，而生亦樂相往來云。

此第一折也，詞意膚庸，殊無足取，存之待改。

二十八日（3 月 16 日）。雨。杜門不出。顧蕙卿來舍。

二十九日（3 月 17 日）。陰。是日入城，至西關顧氏，其女週歲，特設飯麵。在座者宋雪汀、金鎔齋，歸已黄昏。夜雨。申刻，地震有聲。

二　月

二月朔甲午（3 月 18 日星期日）。是日禮拜，至五老峰，聽英人講解聖書。午刻至城西顧氏，蕙卿特留飯，設火酒。途遇蔣麗堂，拉至茶寮啜茗。繼又遇蔣劍人，因與往虹橋左側，訪艷勾欄。二寶校書，揚州人，容不甚媚。後往廟中，與宋小坡譚，同詣黄壚沽飲，陸仲瞻亦來合并。王勉齋從城中來留宿。

二日乙未（3月19日）。陰。鍵户讀書。入春一月，寒氣猶勁，柳眼未青，花事尚勒，今年芳訊想遲遲矣。

三日丙申（3月20日）。天稍放晴。孫藝珊來，不值。薄暮至潘氏小築，柳谷、蘭生皆在，留飯而歸。是日杏圃亦來合并。

四日丁酉（3月21日）。晴。潘枕書來。孫藝珊來舍。吴雪山來，留飯而去。沈松雲從三林塘至滬，特來相訪，同入城詣茶寮啜茗，吴式如、陸仲瞻、金祝齋皆來合并。暮至祝齋室中，特設寒具，沽醴酒，情意纏綿，饋予以佳壺一柄、牙塵一帚。蒙其嘉貺，愧無以謝也。歸已近黄昏矣。

五日戊戌（3月22日）。午後，金祝齋來，閒話片時即去。至西園散步，途遇松筠，同往茶壚小啜，清譚良久，枕書亦來合并。後詣虹橋訪雪山，不值。

六日己亥（3月23日）。松雲、枕書來舍，同往西園茗寮小啜，途遇唐芸閣，同之出城，往潘氏小築，柳谷在家，沽酒留飲，極盡款洽。歸家後又往壬叔寓齋閒話。壬叔夢中得詩二句，甚爲奇詭，詩云："鐵公臨鐵岸，帶血唱箜篌。"此未識是何惡讖也。

七日庚子（3月24日）。晴。午後，同陶星垣、芷卿舍弟至西園啜茗，途遇李壬叔、張藝齋，散步虹橋，繼至城西顧舍，惠卿在家，清話片時即返。

八日辛丑（3月25日星期日）。是日賦閒，至醫院聽英人講貫聖書，即同劍人至城，登酒樓小酌，繼遇蔣麗堂，同往藹堂寓齋，藹堂新遷居。後詣翼雲師家，清譚片晷即退。復至善後局中，得晤子多，繼而劍人，至茶寮小啜，夕陽在山始別去。予獨詣曉峰寓室，又訪祝齋，出城已薄暮矣。往潘氏小築，柳谷、蘭生咸在舍，秋槎亦來合并，剪燭飛觴，談笑款洽，歸已更餘。雨耕來訪，不值。黄昏微雨。

九日壬寅（3月26日）。陰。芳事未濃，嫩寒襲人，兀坐短窗，觸我前愁也。

十日癸卯（3月27日）。午後入城，閒步至宋小坡寓齋，倩其作字。詣城西顧舍，一談即別。

十有一日甲辰（3月28日）。午後，藹堂同數友來館，談移時，同至洋涇浜散步。寶盛洋行中多畜禽鳥，以鐵絲爲籠，亦一巨觀。薄暮，往城西顧氏小舍。

十有二日乙巳（3月29日）。往西園散步。晚至祝齋書舍。

十有三日丙午（3月30日）。薄暮至金祝齋室，特具小酌，沽酒勸飲，雅意殷勤，蒙其佳貺，非止一次，愧煞老饕，無以酬答。繼同至西園啜茗，瞿企雲亦來合并。夕陽在山，茗話留連，作别出城，北門已將下鍵矣。電光閃爍，似送雨來，走至興安義塚前，雷益迅急，雨粗如豆，頃刻即止。是日晨，雨耕、潞齋來舍，同至酒樓小飲。酒間雨耕自言將隨居停至倫敦，不能復留與諸故歡，當盡樂一日，藉以作别。噫！友朋雲散，聞之黯然。

十有四日丁未（3月31日）。是晨，郁泰峰來，同詣各園游玩。戴君特出奇器，盛水於杯，交相注易，頓復變色，名曰化學，想係磺强水所製。又出顯微鏡相眎，一髮之細，幾粗如拇指，皎白有光，呈巧獻能，各臻其妙，洵奇觀也！巳刻，麥公往龍華，予得賦閒，同星垣、芷卿舍弟詣城中游覽，往城西顧舍啜茗。薄暮，往潞齋旅室訪雨耕，適值他出，静坐俟之。雨耕、星垣、潞齋自黄壚歸，已更餘矣，予閒話片晷即别去，月色甚佳，步之而返。

十有五日戊申（4月1日）。至會堂受主餐。雨耕、潞齋、陶星垣來舍，同往城中，登萃秀山絶頂，城堞殘缺，民房雖經兵燹，而北城一帶閭井依然，往來者肩摩轂擊，闤闠間漸有生色。下山詣茶寮啜茗，茶罷往酒壚小飲，異饌佳肴，洵堪適口。雨耕爲東道主人，予蒙其厚惠已屢次矣。其將至倫敦，時不知將何以餞别也。薄暮往潘氏小築，柳谷在舍，特留夜飯，歸已更餘。夜雨。

十有六日己酉（4月2日）。午後詣林永貴齋中閒話，繼同林見龍往勾欄。雙喜校書特設片芥，小坐即去。予於此中，意闌情懶，春婆夢醒，禪心已作沾泥絮，肯逐東風上下狂。晚至潞齋旅舍，同雨耕劇譚，宵深而别，踏月歸來，殊有清致。

十有七日庚戌（4月3日）。薄暮往雨耕寓齋，壬叔亦來，劇譚久之。繼詣黄壚小飲，同席者潞齋、星垣、春農也。予特爲東道主，飛去青蚨壹千五百頭。夜，同壬叔訪梅伯不遇。

十有八日辛亥（4月4日）。同壬叔往訪梅伯，偕往茶寮，清譚啜茗。夜月未上，即去訪艷，着意尋芳，迄無所遇。繼同梅伯、壬叔、王仲英黄壚小飲，仲英係梅伯同鄉也。予與壬叔爲東道主，肴饌甚佳，不減韋廚食品。宵闌復詣梅伯寓齋，特出所作《苦海航》相眎，窮極情態，刻畫酷肖，不覺令人失笑。

十有九日壬子（4月5日）。是日麥牧師同艾君往游山陰，窮探禹穴。午後至城，得遇壬叔、南坪、毅齋，同詣黄壚，芷卿舍弟亦來合并，繼往茶寮啜茗。出城已是夕陽欲下，復過其閒齋劇譚。

二十日癸丑（4月6日）。午後，散步西園，得遇芸閣，同往茶寮小啜，秋槎、藝珊、望春咸在。繼至城西顧氏小舍，閒話竟晷。

二十一日甲寅（4月7日）。周立甫來，同詣西園散步，啜茗茶寮，芷卿舍弟亦來合并。午刻至城西顧氏小舍，與蕙卿閒話，特留一飯。薄暮往潘氏小築，研耕從吴淞歸，置酒小酌，極盡歡樂，蔣文陶亦在座，更餘而歸。

二十二日乙卯（4月8日星期日）。是日賦閒，至會堂聽講聖書，於老閘得遇陳養吾，同詣黄壚小飲。往訪芸閣，不值。午後入城散步，途遇雨耕、潞齋，同往茶寮啜茗。繼至馬道側，見梅伯、壬叔、小坡在酒樓對飲，特招予上。梅伯縱譚狹邪之游，謂在甬東無一日不坐擁群花，凡名姬艷姝願爲夫子妾者無數。後同壬叔往英署，與雨耕、潞齋旅窗劇談。雨耕特市鴨一盤，置酒復酌。是日甚飽，雖珍錯亦厭矣。歸已更餘，天氣微冷，單袷殊寒也。

二十三日丙辰（4月9日）。午後散步老閘，訪艷無蹤。途遇芸閣，即至其齋中劇譚，李仙根、子堂、錢吉生諸畫師俱在，煮茗對花，殊有雅趣，静坐移時，默與神會。几上有《金瓶梅》數册，展閲之，覺淫艷之態畢露紙上，雖寫生妙筆，亦無以過此。

二十四日丁巳（4月10日）。午後星垣來舍閒話，飯罷同往城中，良甫、陳大、芷卿舍弟皆來合并，茶寮小啜。西園游人頗衆，覺甚囂塵上。予至西城顧氏小舍，與慧卿手譚静坐。予不彈此調已十年矣，今偶爲之，心思殊覺窒塞。薄暮至馬路側散步，得遇閩人，招致其室，以片芥相敬，意甚殷勤，予爲吸三管，已覺微醉。晚往潘氏小築，柳谷在舍，譚數語即别。

二十五日戊午（4月11日）。周立甫來舍，同往茶壚小啜，劇譚故鄉風景，良久始散。至潘氏小築，柳谷將往泗涇，因與閒話，留飯而歸。

二十六日己未（4月12日）。薄暮往雨耕齋中，清話良久，特留一飯，繼同散步浦岸邊。暮，杏坡來留宿。

二十七日庚申（4月13日）。雨。芳事正濃，春寒尚殢，一段閒愁，何時消釋也。午後著屐過金祝齋舍，其家於是日出柩，故往弔之，以雨故，未往執紼送葬。奕芳特具小酌留飲，企雲亦來合并。出城已晚。

二十八日辛酉（4月14日）。雨。午後周立甫來，同至茗香茶寮小啜，閒話竟晷。立甫將返吴門，缺於資斧，向予籌畫。立甫居於吴之葑門長洲縣署後泗井巷中，亦係世族之式微者。是日春窗坐雨，頗無聊賴，得一絶句云："連朝小雨黯霏微，驀地輕寒上裌衣。睡起不知春已晚，落花一瓣隔簾飛。"壬叔謂是南宋人詩。夜，徐杏圃來留宿。是夕雷雨，徹曉方止。

二十九日壬戌（4月15日）。是日病痁，兼以微雨泥滑，閉户不出。午後伏枕少睡，頗得静中趣。春窗坐雨，振觸舊愁，漫哦詩句，以遣悶懷，亦短歌寫哀之意也：

閉户焚香懺綺情，花朝過了又清明。今年花事闌珊甚，二月都無十日晴。

暗盡窗櫳六扇紗，愔愔鎮日客思家。不知春睡幾時醒，但聽流鶯罵落花。

舊時情事怕重提，制淚人前不敢啼。聞説春來多小病，繡鞋一月未霑泥。

袖將香字已經年，展閲幽窗便惘然。底事近來詩更少，行間字跡異從前。

連朝小雨黯霏微，驀地輕寒上裌衣。睡起不知春已晚，落花一瓣隔簾飛。

代紅蕤作答詞云：

憎寒嫌暖退緜衣，惱煞秦嘉書札稀。花外東風真似剪，剪將花片滿園飛。

妖夢無憑不自由，十分心事到眉頭。紅鈴小字私封好，欲寄無人更覺愁。

碧紗窗外月如鈎，小閣疏簾慣貯愁。獨坐無人心更怯，黄昏屧響上空樓。

對鏡無端損故姿，傷春情緒怕題詩。繡窗無暇朝臨帖，爲報郎書夜睡遲。

多病多愁强自寬，不情不緒更無端。枕函曉起偏嫌冷，却是宵來淚未乾。

前詩意有未暢，復作問詞云：

銷魂私語立花南，情到真時死亦甘。維願與卿供役使，畫眉調黛事巃諳。

紅蕤答云：

一笑休將此語提，去年情事最酸凄。近來消息無憑準，柳外流鶯恰恰啼。

蘅華問云：

垂絲柳下小庭幽，轉緑回紅芳事休。只有海棠清影瘦，嫩寒微帶一分秋。

紅蕤答云：

垂簾一月誦《心經》，貝葉閒繙手未停。不覺病中春忽過，雨餘檐蔔送微馨。

蘅華問云：

强誦《楞嚴》欲學禪，卷中難字費搜研。從頭須倩檀郎讀，要㕆摩登第一篇。

紅蕤答云：

繡佛非同佞佛愚，誤將梵字讀南無。禪宗内典憑君熟，若較阿難定必輸。

夜微雨。

三　月

三月朔日癸亥（4月16日）。雨。夜至雨耕寓齋，剪燈共話，春農亦在。雨耕特市佳肴二簋、燒春一壺，以供雨夜清談。繼而電光閃爍，迅雷疾起，雨下如注。雨耕謂予曰："今夕恐不能歸矣。"予曰："冒雨衝泥，素所習慣，待雨止而行可也。"

二日甲子（4月17日）。微雨。晚同杏坡散步馬路側，泥滑殊不易行，往芸閣寓齋閒話。

三日乙丑（4月18日）。陰。星垣來舍，同至西園散步，至凝暉閣啜茗，兼晤沈松筠。往城西顧氏小舍，惠卿特設寒具，清談片晷即别。同金鎔齋往金祝齋舍，情意甚殷，特具麵供客。是日殊飽，歸已薄暮。

四日丙寅（4 月 19 日）。雨。薄暮，同鎔齋著屐往老閘，街衢間泥滑殊甚，至没脛也。至吴玉君女史室，特瀹佳茗，供寒具，清話久之。復往潘氏小築，別無人在，正是連朝小雨初晴，一桁疏簾常下也。歸時遇研薌、蓉春，拉往茶寮小啜。

五日丁卯（4 月 20 日）。雨。是日薄暮，母氏附褚氏舟旋里。

六日戊辰（4 月 21 日）。陰。庭前新種數株鴨脚桃，漸有生意，晚雨初歇，新緑滿庭，此景殊覺穆穆然。是日寄一札至吴門。

七日己巳（4 月 22 日）。雨。午後雨下甚狂，未曾止點。同壬叔、劍人著屐訪某伯不遇，即至西園啜茗。頃之，某伯、小坡亦來合并，相對劇譚。某伯欲往訪艷，而雨師爲惡，竟不克行，即復別去。爰同壬叔、劍人、小坡往酒壚小飲，歸家衣履沾濡，殊覺其苦。

八日庚午（4 月 23 日）。陰。薄暮，應雨耕來舍劇譚，同劍人往黄壚小飲，肴饌甚佳，雨耕特爲東道主，酒三爵後即飯。既夕，松筠、枕書從高橋來留宿。

九日辛未（4 月 24 日）。雨。天公久不肯晴，溝澮間積水已盈，麥將爛矣。是日留松筠在舍，特治六簋，置酒爲樂，同席枕書、杏圃也，劍人因病不與。傍午，雨益傾注，予曰："玉壺買春，賞雨茅屋，正今日之佳景也。"午後，同松筠、枕書、杏圃、芷卿舍弟同至西園，登凝暉閣啜茗，湯大鴻山、朱大研香皆來合并。薄暮往潘氏小築閒話，片時即别。

十日壬申（4 月 25 日）。微雲淡日，天氣嫩晴。午飯時，壬叔來閒話，言有一女郎十四歲，能詩，有"巷冷屐聲孤"五字最佳。予謂是女將來必然薄命，詩筆太尖冷矣。予近日因鳳娟女史乞詩，聊作數絶，附紀於此：

連宵疏雨又斜風，一簇野花隔水紅。何處人家絲柳下，讀書燈裏好簾櫳。

朝來無事起偏遲，聽雨房櫳暗最宜。箋乞天公晴十日，輕雲澹日養花枝。

偏因小病有餘閒，斜倚熏籠香懶添。最愛窗紗濃緑遍，鄰家楊柳已過檐。

用筆較前似不如，小窗懶作瘦筋書。琉璃研匣經年閉，纔寫《黄庭》兩頁餘。

一叢淺草上階青，嫩緑成陰護小庭。冷巷屐聲將欲斷，夜闌燈灺却愁聽。

一窗竹影自團圞，落盡桃花尚薄寒。一事近來差可慰，郎君書札報平安。

小姑倦繡把針停，相對無聊倚畫屏。欲語忽然又復止，始知人在隔簾聽。

持齋非爲乞長生，閒掐菩提念佛名。不是春來偏減膳，貓頭風味勝魚羹。

未妨清絶學孤眠，繞榻瓶花自鬥妍。昨夜挑燈眠不着，自題幽怨寫紅箋。

傷春又是落花時，懶把牙梳理鬢絲。愁殺緑陰情杜牧，懷人詩句斷腸詞。

孤夢燈寒雨一簾，迴廊獨自步纖纖。宵深强坐[①]無情思，爲卜歸期把鏡占。

曾訂歸期在月初，樓頭新月恰如梳。天公未肯有晴意，先遣燈花來報予。

濕緑如雲壓一窗，爐烟懶出暗銀釭。夜來殘夢恰初醒，

① 稿本先作“起”，後改爲“坐”。

深巷無人悄吠尨。

是日薄暮，街市稍乾燥，同壬叔散步，共飲黄鑪。小樓清寂，頗可清譚。解杖頭錢百餘，即堪謀一醉，亦娱情之法也。晚訪雨耕，不得其門而入，徘徊良久，惆悵而返。蓋雨耕新徙於沙遜行中，門徑甚多，歧中有歧，詢之粤人，無一知者。夜，壬叔來劇譚。

十有一日癸酉（4月26日）。下午微雨。是日慕牧師饋予盧橘一枚，禮意殷優。

十有二日甲戌（4月27日）。微雨，下午稍晴。顧慧卿來舍，劇談良久而去。是日同杏圃醵錢沽酒，藉以澆愁，壬叔特來合并，將予前詩略爲點竄，附紀於此：

鴛鴦怕繡把針停，閒對青衣倚畫屏。欲語無端忽中止，防他鸚䳇隔簾聽。

夢醒依然雨一簾，迴廊弓印没纖纖。鵲聲一月檐前斷，空復朝朝把鏡占。

小庭雨過晝愔愔，又展芭蕉幾尺陰。最是黄昏人静後，一燈如豆坐宵深。

偷誦楞嚴大乘禪，就中奇字費搜研。教郎細與從頭讀，麄了摩登第一篇。

近來謡諑更如何，絶代蛾眉見嫉多。鑄鐵六州成錯字，此生拚在恨中過。

汪月舫自舊歲負予錢，久不還，作札催之：

久雨不止，街衢泥濘，阮孚之屐，齒爲盡折。小价從城中來，飛到朵雲，迴環雒誦，不覺距踴三百。玉趾苟降茅廬，則金錢必盈敝篋。得季子一諾，可無憂矣，從此沽酒有錢，山荆頭上之釵，可以無庸再拔。是以昨夜燈花報喜，室人青芬，謹合掌朗聲念阿彌陀佛。燈下塗鴉，寄此以作文旆先聲。①

十有三日乙亥（4 月 28 日）。晨晴。天氣殊熱，不能容裌衣。是日麥牧師從天台山歸。薄暮微雨，往雨耕齋中閒話。

十有四日丙子（4 月 29 日）。晨晴。雨耕來舍，爲設片岕，情話竟晷。林永貴亦來，即别去。巳刻，同雨耕、芷卿舍弟至城，往西園散步，啜茗茶寮。繼登酒樓小飲，雨耕爲東道主，酒飲三爵即飯。

十有五日丁丑（4 月 30 日）。午後，雨耕來舍，同往馬道側散步，往黄壚小飲，予爲東道主，飛去青蚨六百餘頭。是日二人對酌，得遂清談，絶無俗氛擾吾胸鬲。歸家設片岕，留連竟晷而别。

十有六日戊寅（5 月 1 日）。晴。午後，顧慧卿、林永貴來舍，劇譚良久始别。是日因威君司税欲向郁氏借書，致札泰峲云：

春寒多雨，花事闌珊，三月韶光，匆匆過半。兀坐小窗，焚香習静，正不欲負此好春也。屢欲奉訪，以雨師敗興而止。昨日威君來舍，談及近從蛟川購得《二十四史》，中多脱簡，思欲讎校，而苦無别册可觀，因思閣下家素藏此書，可否借來一校，俾成全璧，想荆州亦易借，不必一瓻之饋也。②

①② 此札《弢園尺牘》未收。

薄暮，往訪雨耕，不值。夜雨。

十有七日己卯（5月2日）。晴，西北風。午後枕書、玫甫來訪。玫甫居三林塘，亦邑諸生也。薄暮，雨耕來舍，同往購物。偶過酒家，見肴饌殊佳，即携至家中，煮酒小飲，劍人、芷卿舍弟皆來合并，酒罄數壺，更闌始散。

十有八日庚辰（5月3日）。午後雨。是日星垣因雨阻不能歸，下榻予舍。薄暮，雨耕乘輿來訪，攜肴大嚼，有蒸鴨一盤，頗堪下箸。是夕睡已更深矣。

十有九日辛巳（5月4日）。壬叔來舍，持所删詩五篇還予，附紀於此：

記得歸期訂月初，樓頭新月已如梳。無聊暗把銀釭罵，連夜花開盡子虚。

宵來檐溜漸無聲，花影横窗似寫生。正恐明朝晴不得，雨餘月子太分明。

嫩緑成陰護小庭，叢叢淺草上階青。檀郎深愛弓弓響，教着蓮靴踏與聽。

連宵斜雨又斜風，零落殘花隔水紅。何處人家絲柳下，讀書燈護好簾櫳。

潑簾濃緑濕於雲，繞榻鑪烟裊篆紋。長日深閨無個事，此中清味要君分。

清晨，汪月舫來舍，許以所負一項期於二十一日定必珠還合浦。薄暮往酒家，檢佳肴六簋，復開小宴，同席雨耕、壬叔、劍人、芷卿舍弟，飲酒歡呼，醉鄉可樂，更闌客散，方始就枕。是日予爲東道主，飛去青蚨一千五百頭。

銀箋淚點字染紅，無限傷心托雁鴻。既訝扁舟滬上去，須將消息致閨中。①

附　　録

母親帶回衣物帳

藍縐紗大袖夾衫、大紅裙、黑棉綢裙、深濮綢夾緊身、藏青呢夾披風、羽毛單披風。

如意、練條、玄色縐紗棉領衣、銀帽花、銀鈎、銀小洋二、藍線縐夾裙、夾馬掛、大袖洋藍布衫一件、舊羅衫、羅夏布衫一件、川紡夾衫、青布大袖衫、白布短衫、吉慶小圈一付、白布單被一、青布大單被一、印花被面三個、布二十五疋、銀圈一付。發藍，有珠二粒。

紅羽毛一幅、單剪衣一件蘅帶、苕夾袄一件藍濮綢、紅洋布褲一条印花、藍洋布褲一条、本色洋布一丈二尺、印花洋布四尺。

吴門畫舫録②

余性不喜竿牘當事。

皋陶釣於雷澤，虞舜舉之。

正齋贈予詩云："已分甘蓑笠，伊誰羡綬簪。耦耕須早決，

① 此詩非王韜筆迹，疑爲紅蕤所書。另書一紙，附於十九日日記後。

② 稿本中《母親帶回衣物帳》《吴門畫舫録》接續於咸豐五年三月十九日日記之後，據咸豐五年（1855）正月七日辛未（2月23日）日記："是日母氏從甫里來。"三月五日丁卯（4月20日）日記："母氏附褚氏舟旋里。"或即本年事，故繫於此。

相約入山深。”

何殊李謐，坐擁百城。

程知節，一字齩金。來瑱善擊賊，賊呼爲“來嚼鐵”。見趙甌北《陔餘叢考》。

有人字鳳梧，謂其父夢鳳集梧桐而生，故以爲字。險哉！若其夢雞在芭蕉樹下而生，則將若何爲字？

地獄之説見於《梁書》，劉薩訶暴亡，有兩吏引至十八層地獄。

百孔千瘡，是俗語而出韓文。

九月四日，余自洞庭……①

閔子騫二弟，名蒙、名革。

《欽定春秋彙説》廿四本，價洋四元。

《西域同文志各國字樣》廿四卷，價洋八元。

《八旗滿洲氏族通譜》廿六本，價洋四元。俱係京板。

《廿一史》四百元。

閶門内馬大籙巷畫粉鋪施静波先生。

松江西門外里仁巷後斜橋北首墨池前婁縣左堂公館黄少愚先生便是。

欠湯鴻山眼鏡一千文。衣找四角一千二百文。

洋布一百七十文，欠一千四百文，又八百七十文。

邋遢青衫，曾無華檻酒船、圍場賭墅、佳山水、脆管絃陶寫襟靈，只落得不官不隸不農不販不英雄，儘百年疣贅人間，翻嫌後死；

① 參看咸豐四年（1854）九月四日（10月25日）日記：“順風揚帆，直抵黄浦，波浪奔越，舟甚顛側，余覺頭暈目眩，不能起立矣。巳刻至上海。”或即記本年陪同麥、慕二牧師往游雲間、洞庭事。

飄騷白髮，略有牙籤玉軸、丹竈茶爐、貯詩囊、畫眉筆安排福命，休説道如露如電如夢如塵如漚泡，閲幾劫輪迴世上，勝似今生。

韓華卿：高橋鎮唐家橋堍厲裕春槽坊内，交壽生洋貨寶號轉交。

寄角直信：吴淞西栅恒記鹽貨行，即交潘啓翁先生收下，即交孫老永兄帶至角直。

借給吴雪山一洋，又錢一千八百文，又百文。前付過八百文。

布兩疋，每疋一百二十文，付孫永定錢一百文。

蔣劍人欠二百二十文。還過。

韓華卿四百二十文。

王老大二百五十文。

蒯子琴一洋。

陸仲瞻三百文。還過。

（録自臺北“中研院”史語所傅斯年圖書館藏《蘅華館雜録·蘅華館日記》）

七　月

咸豐五年歲次乙卯秋七月朔壬戌（8 月 13 日）。日長無事，惟事讀書。偶繙筱峰《緑雪館詞》閲之，筆致蹊[1]徑，洵係作家，惜未極纖秀耳。

---

① 《新聲》雜誌原作“蹊”，疑誤。

二日癸亥（8 月 14 日）。清晨，吴星堂從甫里來，説及里中近事，同至挹清樓啜茗，因緬述菊如已行徙居，楊氏訟事已罷，馭濤師爲兑錢一款，爲粤人訛詐千金。渠亦不得志，欲於海上覓生活，而墨海館中人浮於事，無可謀食，飢鴻嗷嗷，將何處求稻粱乎？午後，同式如、鏡人、芷卿舍弟偕往茶壚小啜，兼話鹿城風景。鏡人爲式如之兄，初至滬上，亦求館者。茶罷往尋酒家，黄公壚畔，三爵而止，已覺薄醉。暮微雨。

三日甲子（8 月 15 日）。午後往潘氏小築，既暮，研耕自城中歸，因剪小鐙，欹枕共話。是夕頗有佳肴，雞肉魚蝦，不過尋常之物，而亦經會心者手調，遂覺别有風味。聞近日有禁烟之説，謂出自外國領事之意，恐此舉未必能成也。

四日乙丑（8 月 16 日）。午後入城，同式如、研香啜茗荷廳，鏡人亦來合并，清談既劇，涼風徐來，庾公興復不淺也。往訪星垣不值。

五日丙寅（8 月 17 日）。午後，同星堂茶寮啜茗，鏡人、介生俱來合并。劍人來劇談，言少時有《論詩三十首》，論袁簡齋云："香山詩派倉山壞，此病江南軟脚多"。論厲樊榭云："神仙病骨清如許，難覓人間獺髓方"。論趙甌北云："忠雅堂開首正聲，風雲八陣少縱横。亂流而渡全軍覆，紙上空談趙括兵。"後皆删去，蓋所交多其子孫，不欲毁乃祖父也。

六日丁卯（8 月 18 日）。爲研耕銘茗甌云："驅睡魔，解酒酲，清風習習，滌我襟靈。"又銘云："竦精神，盪牙齒，君子之交味如水。"予最嗜茶，更闌酒醒，進一甌苦茗，覺涼沁肺腑。憶昔年館畏人小築，春時則啜碧蘿，春食則有蓴羹，今此清福不可復得，膠膠擾擾，徒爲衣食所累，偶一念及，悵惘竟日。

七夕戊辰（8 月 19 日）。雙星渡河日，雨下如注，鵲橋波溢，想應濕透凌波襪矣。午刻至講堂聽書，是日玉峰吴式如祇受洗禮，式如絶志進取，俯首皈依，或非無見。噫！中國貧困極矣，安得廣廈千萬間大庇此寒士也！往懷迥樓訪唐芸閣，瀹茗清譚，述及意如校書致聲問候，惓彼閒花，春風一度而已情重如斯乎？出城時道經竹林禪院，與劍人閒話，特出翁樹培所書墨蹟與我觀之。

八日己巳（8 月 20 日）。薄暮，往挹清樓啜茗，見唐緒卿、張沁梅在焉，同移甌共啜。候星堂不至。是日研耕以茄餅惠予，風味殊佳，堪供老饕大嚼也。

九日庚午（8 月 21 日）。晚時潞齋來舍，奉繙譯官星公之命，以佛餅三枚歸繳。予爲報金一事，大費唇舌，蓋潞齋於此中有首尾也。夫利者，人之所趨，而非我有者，一毫不敢輕取；應爲我有者，亦不容不取。潞齋未免不知此義。噫！小人罔利行私，又何足責哉！致書孫道南云：

> 晨詣史君寓齋，知閣下已移榻公署矣。潘氏山石給價一事，乞廣長舌爲我説之。秋雨蕭疏，漸有涼意，宵來燈火，差覺可親，時於此間，得少佳趣。世間焚香静坐之樂，勝於馳逐在外者百倍，不敢獨享，用告閣下。一笑。①

十日辛未（8 月 22 日）。風甚狂，涼襲襟裾。薄暮，往潘氏小築，與研耕劇譚，剪燈煮茗，爲徵古事作解悶計。張藝珊一字涇溪，亦來合并。研耕特囑廚人沽酒，而味頗酸薄，真劣品也。同誦吾里曹雉叟《贈内》詩云“略有三分儂氣味，再遲幾日爾心腸”，其語甚有風趣。飯罷即歸，一路西風，送我至門。家中燈火團坐，老母弱女，喁喁笑語，解衣登樓，剛聽殘鐘十下也。

---

① 此札《弢園尺牘》未收。

十有一日壬申（8月23日）。午後同星垣啜茗。天生以佛餅五枚來，蓋繳報款也。是夕留星垣飯，惡草具殊不堪下箸也。

十有二日癸酉（8月24日）。薄暮，同研香散步馬路，蓉村亦來合并。登挹清樓啜茗，臨風披襟，胸膈皆暢，盧仝七碗不足爲豪也。

十有三日甲戌（8月25日）。麥牧師偕其夫人暨女公子瑆瓓從福州歸，麥君爲言福州民情澆勁，尚沿械鬥之風。狀極貧苦，現行鐵錢，民頗不便。街市間諸物踊貴，大小衙署，幾清如水。彼處肩輿擔水，皆以女子，服飾亦異江南，跣足善走，著褌至膝，而性頗喜花，鬢間插戴幾滿。噫嘻！是又一羅刹國也。午後，同程硯薌、金鎔齋至荷廳作茗戰。

十有四日乙亥（8月26日）。晨往會堂，祇受晚餐，酒味清冽，香流齒頰，真如醍醐灌頂。午後，聽麥牧師説法既畢，同研萍、香村[①]、芷卿舍弟登凝暉閣啜茗。往金祝齋舍，不值，其母特具粔籹，款留甚至。復詣城西顧氏小築，至則雙扉闔焉，乃擊扉者三，扉啓則鎔齋已先在矣，始知祇文新在家，惠卿則往張氏食祭肉，其夫人則往歸省父，予静坐無言，即别。

十有五日丙子（8月27日）。午後觀《金陵摭談》一卷，純載逆賊事，害民瀆神，真堪髮指。其待婦女，淫亂慘毒，尤爲目不忍睹，耳不忍聞。

十有六日丁丑（8月28日）。星垣來舍，清談良久始去。

十有七日戊寅（8月29日）。屠者湯鴻山來舍，同至茗樓小啜，話刺刺不休。薄暮往潘氏小築，與研耕劇談，一榻一燈，淡然相對，亦有静中趣。繼留飯，所煮菽乳一甌，覺别有風味，酒亦清聖，非復前日之劣品。飯後吸片芥一管，則肺腑通靈。予謂

---

① 疑當爲“研香、蓉村”。

片芥一物，偶食則益人，嗜此則受其害。

十有八日己卯（8 月 30 日）。薄暮，雪山從甫里來，劇譚里中近事，沽燒春一巵，與之對酌，情話娓娓，致有佳趣。知星堂已返吳門，里中人托其覓枝棲者甚夥。家食堪嗟，都有餬口四方之意，第海外咫尺地，豈真能揚眉吐氣耶？言之實爲黯然。是夕下榻於舍。

十有九日庚辰（8 月 31 日）。午後微雨，街衢泥滑。阮生殊懶，不肯一蠟屐作出游計，惟裹足不出，終日習静而已。暇時將書架上殘縑斷編，略爲整頓，亦殊足觀。惜蘆簾紙閣間，不能有擁髻人作雙聲唱和耳，每念是事，令人輒憶紅蕤也。

二十日辛巳（9 月 1 日）。是日爲杏圃五七期，予肅衣冠而往拜之。别只一月，人已千古，朝菌不知晦朔，蟪蛄不知春秋，與此將毋同耶！午後，同硯香、芷卿舍弟同往荷廳小飲，秋槎亦來合并。

二十一日壬午（9 月 2 日星期日）。是日禮拜，詣會堂祗受聖餐，入城講解聖書，聽者甚衆，爲言真葡萄樹之譬，反覆開導，頗有信者。午後，同蓉村啜茗緑蔭軒，七碗之後，習習風生。往芸閣寓齋，劇談良久而别。偶至吳老之舍，及門，被叱而出。噫！吳老絶人太甚，其心老而愈毒矣！歸家後有陣雨。

二十二日癸未（9 月 3 日）。往訪芸閣，見其有松泉所作畫殊佳，别有蹊[1]徑，清談良久始别。復遇香谷，欲拉至勾欄，往訪如意校書，予力辭不往。芸閣曰：“如意有二絶，肥如凝脂，白如截肪，令人作肉屏風想，君何棄此温柔鄉乎？”予曰：“花浮絮薄，匪我思存，況予淪落天涯，阮囊羞澀，安能以阿堵物供彼揮霍耶？”

---

① 《新聲》雜誌原作“踁”，疑誤。

二十三日甲申（9月4日）。星垣來舍，同伊入城啜茗。是日聞吴老至英署控予，噫！爲鬼爲蜮，則不可測，彼之謂矣。

二十四日乙酉（9月5日）。同硯香入城啜茗。薄暮至潘氏小築，時研耕偶患清恙，故往訊問，渠服郭東皋藥得少痊，因清談竟晷乃别。

二十五日丙戌（9月6日）。星垣來舍，劇談良久，乃始别去。因同硯香詣荷廳小啜，情話娓娓，殊足樂耳。

二十六日丁亥（9月7日）。往潘氏小築詢疾，静坐久之，研耕疾已痊可，特不能起立耳。

二十七日戊子（9月8日）。王星堂來舍，劇談良久，留飯而去。星堂居引翔港，艤舟而至，舟子亦以飯款之。午後入城，同硯香啜茗茶寮。數日心緒惡劣，不能静坐，故日事馳逐。予頗有季鷹蓴鱸之味，奈故鄉無田可耕爲可慮耳。

二十八日己丑（9月9日）。晨，以彘肩、月餅饋於研耕，自往訊疾，談數語即别。潘惺如從甫里來，相見歡然，攜莘圃手札一函，爲言惺如欲至海上謀升斗粟以奉老母。鋌而走險，急何能擇，不禁惜其才悲其遇也。午後即同至會堂，聽英人講解《聖經》，後詣黄公壚畔，煮酒轟飲。薄暮出北門，往游泉漳會館，見益扶丈，略譚數語。館中房室新構，花石布置，亦覺楚楚，清風來徐，蕩我襟靈，此樂不讓楚王也。

二十九日庚寅（9月10日）。午後，同惺如小飲酒家，三爵之後，已覺微醺，因談里中近事，聊佐酒。

八　月

八月朔日辛卯（9月11日）。偕惺如詣黄壚小飲。張隱谷從真如來，回言願入教受洗。每晨在慕君處祇讀聖書，恂如亦往讀焉。予爲惺如謀寓齋，竟不能得。隱谷曰："長生禪院，斗室頗精，尚無人居，下榻其間，亦堪容膝也"，恂如因遂徙居其中。

二日壬辰（9月12日）。吴式如從鹿城來，頗有小疾，尚未健飯。同研薌、芷卿舍弟、惺如、式如至城北茶寮小啜，因微雨廉纖，不能進城，繼往酒壚小飲。

三日癸巳（9月13日）。同研薌、蓉村進城啜茗，娓娓清譚，庾公興致，亦復不淺。

四日甲午（9月14日）。同恂如散步馬路側，往酒壚索飲，恂如曰："此間酒味醇烈，頗解老饕，他處所不逮也。"莘圃亦稱海上酒遠勝吴門，擬作十日游，爲劉伶痛飲也。

五日乙未（9月15日）。薄暮至城北禪寮，往訪恂如，即同伊啜茗荷廳，七碗之後，習習風生。茗戰既罷，復整酒兵，聞世公酒壚爲海上冠，乃往飲焉。恂如頗不以爲佳，曰純盜虚聲耳。晤錢棋園，立談片晷，出城已上燈時矣。

六日丙申（9月16日）。清晨，恂如來舍，同往啖麵，頗堪大嚼。繼入城，聽慕君説法。午後詣黄壚飲酒。予從恂如來此，靡日不游酒鄉，麯秀才風味竟如習慣，所恨者杖頭青蚨日日飛盡，呼之不來。麯生麯生，毋乃與我王戎有銜怨乎？真堪一笑。

七日丁酉（9月17日）。薄暮，同隱谷、恂如至茶寮小啜，來合并沈子，會稽人，清談良久。繼同恂如至城外酒家小飲，味薄劣，真魯酒也。

八日戊戌（9月18日）。研薌以圖章倩恂如奏刀，因同往禪寮訪之，偕至荷廳小啜。後詣黄公壚畔，飲酒三爵而散。

九日己亥（9月19日）。薄暮，同芷卿、研薌往訪恂如，同至茶寮小啜。涼風颯然，哀蟬繼響，園中樹木蕭蕭，覺觸耳無非秋聲。夕陽已下，爰詣世公酒壚痛飲，解杖頭百錢，連盡數觥，亦足爲豪也。

十日庚子（9月20日）。午後同舍弟進城，訪恂如不值，乃詣蓮舫居啜茗，得晤姚秋田，與之劇譚。繼而恂如亦來，即偕彼至山鳳酒壚小飲。著犢鼻褌者意甚殷勤，酒味亦醇厚，所煮郭索，亦堪下箸。

十有一日辛丑（9月21日）。薄暮，偕研薌往訪恂如不值，同至西園散步。恂如同芷卿舍弟忽于于而來，遂詣荷廳啜茗，七碗後胸鬲皆清，將邀酒聖，爲一洗此中塊壘。予近患目疾，不肯戒酒，亦不劇。郭東皋謂予體不宜於酒，比者日日飲酒，亦無所不適。郭又語秋分後當謹身節欲，恐將致疾，而予亦不以爲意，未識其言能驗否。恂如一罄四觥，已覺微醺。予同研香出城，人家都上燈矣。

十有二日壬寅（9月22日）。薄暮，恂如至舍，同往馬路散步，忽遇潞齋、星垣，遂偕登挹清樓啜茗，茗味亦佳。對門居者皆粵東女子，憑闌凝睇，殊有可觀。茶後即邀至酒樓小飲，同席潞齋、星垣、恂如、芷卿舍弟及予也，肴饌亦佳，頗堪大嚼。是夕恂如下榻予舍，送潞齋至英署，黃浦邊檣帆林立，皓月初升，碧天無際，水色濤聲，可悦耳目，胸襟爲之一開。恂如見之，躍然喜曰："是可爲大觀矣！"

十有三日癸卯（9月23日）。晨，潞齋來舍，偕至城中，往訪星垣不值，静坐移時乃至。星垣以冗俗事，無暇散步，乃偕潞齋至荷廳啜茗，對譚竟晷，殊有静趣。繼予至會堂，祗受晚餐。同論隱谷入教之事，竹生等以爲不可，予獨以爲可，兩不相合，頗有齟齬。午後，同研香、式如、恂如、隱谷、芷卿舍弟啜茗茶寮，座中群議紛紛，無非爲隱谷受洗一事。噫！所見如此，隘亦甚矣！隱谷固不足惜，而深爲吾華人惜也，亦爲吾黨惜也。復偕往酒家小飲，啖麵以當飯，聊作李翺之一飽。薄暮至黃壚沽飲，舍弟特解杖頭錢勸酒焉。

十有四日甲辰（9月24日）。午後，至長生禪院訪恂如不值，遂詣會堂，聽艾君說法。繼同竹生至荷廳啜茗，頃之，恂如、鎔齋、芷卿舍弟皆來，述陶春江邀至酒樓大嚼，頗解老饕。

十有五日乙巳（9月25日）。中秋佳夕，頗有暢游之意，而天氣微陰，時飄疏雨，月色沉晦，殊敗清興，負此良宵。是日恂如下榻予舍。

十有六日丙午（9月26日）。薄暮入城，遍訪恂如不值，乃惘惘而出。至潘氏小築，研耕清恙復劇，不能暢談，遂別。既夕，同恂如、芷卿舍弟、鎔齋往黃浦側散步，月色朦朧，水氣微茫，船上鐙火兩三，人語尨雜，此境恰是可喜。

十有七日丁未（9月27日）。晨，隱谷以鏡囊饋予，固却不獲，予笑曰："此梁其踁之所爲，我不敢受。"午後，同恂如、芷卿舍弟散步西園，往茗寮小啜。西風一起，即有寒意，予夾衣尚在典閣，何以禦此新寒乎？茶再瀹，即詣黃公壚小飲，三爵之後，覺有暖意。出城已上燈時候矣。

十有八日戊申（9月28日）。壬叔來劇譚，述浙闈有題詩於卷上云：

記否花蔭立月時，背人偷賦定情詩。這番親試秋風冷，冰透羅鞋君未知。

黄土無情玉骨眠，歡情回首渺秋烟。何須更作登科計，修到鴛鴦便是仙。

署尾書"吴門細孃題"。又言陸次山頗有狂名，嘗於西湖寺壁畫松，枝幹勁偉，題詩於側云：

一甌墨氣向空噴，化作西湖壁上雲。袖裏烟霞亂飛起，千秋抹殺李將軍。

曾將造物拜我師，乞惠驚人筆一枝。叮囑山僧勤護惜，不逢奇士莫題詩。

是日陸仲瞻來，忽得研田，亦屬意外事。薄暮，同恂如、研香、蓉齋、芷卿舍弟同往荷廳啜茗，陳香如亦來合并，娓娓劇談時事，後偕恂如、舍弟芷卿詣黄壚小飲。城門水溢，幾不可涉，幸得琴高負我作凌波之步耳。

十有九日己酉（9月29日）。林永貴來舍劇譚，竟晷始去。午後，同恂如登挹清樓啜茗，話里中文翰兼優者寥寥無人，吾輩又乞食他鄉，不安於室，里門人物更渺然矣！茶罷往黄壚小飲，兩人對酌，頗不嫌寂寞也。

二十日庚戌（9月30日）。清晨，張隱谷來舍，邀至酒家小飲，同飲者恂如、舍弟芷卿及予共四人，隱谷爲東道主人，酒味殊佳，已微醺矣。午後同往茶寮小啜，借七碗水洗此胸鬲間俗氛也。薄暮，往城西顧氏，惠卿、晴川皆不在家，聞往法華去矣。静坐移時，即復出城，夕陽挂樹，群烏啞啞，酒樓鐙火已有兩三家矣。是晨往潘氏小築，詢研耕疾也。

二十一日辛亥（10月1日）。薄暮，同恂如、舍弟芷卿往挹清樓啜茗，茶味清芳，心舌俱香。繼往酒家小飲，三爵之後，恂如即别去。

二十二日壬子（10月2日）。晨，香谷同周蔭南來舍，蔭南，宜興諸生，以其父《介存齋誌古文詞稿》四册贈予，邀至挹清樓啜茗，娓娓劇譚，頗傾肝鬲。爲言其婿久困金陵圍城中，今秋得間逸出，一家十餘口，無所依歸，咸仰給於蔭南，故蔭南不得已出外作稻粱謀，托予爲之介紹。茶罷往酒樓沽飲，肴饌亦頗佳，略可供老饕一嚼耳，頃芝卿亦來合并。午後同恂如至東門，與林永貴劇談，林爲催逋一事，殊費唇舌，欲予代爲之謀，予亦無以應也。進城適值吴雪山，方與閒話，則傅海已從甫里鼓櫂至矣。接得竹安一札，乃與恂如及舟子同詣世公酒壚小飲，三爵而散。

二十三日癸丑（10 月 3 日）。晨，江韻樓從吴門來訪，予尚未起，聞其至，乃披衣靸鞋而下，一見如舊相識。韻樓散浪江湖，足跡半天下，善丹青，工詩詞，爲人亦頗灑落自喜。同至挹清樓啜茗，見樓中所懸扁額聯對，曰："嘻！是梅伯所書者也。"予問曰："足下與梅伯相稔否？"韻樓曰："予與梅伯爲生平第一知己，今彼在此，可無憂囊罄矣。"午後，同恂如、研香至長生禪院，見韻樓方踞床吸片岕，立談片時，即同訪劍人，數語即別。乃往西園，至荷廳啜茗，作盧仝七碗飲，茶罷，張隱谷亦來，偕往酒壚，三爵而散。是日，母親同舍弟芷卿旋里。

二十四日甲寅（10 月 4 日）。晨，韻樓、恂如來，同詣挹清樓啜茗，劇談吴門風景迥非昔比，研田生涯者頗有歉歲之嘆。午後，同恂如、韻樓登茶寮啜茗。後至緑蔭軒，爲韻樓覓得一寓室，窗明几净，紙閣蘆簾，夜凉人静，燈火青熒，畫興詩情，棋筒烟管，可於此間得少佳趣也。繼詣茶寮啜茗，又至黄壚小飲。茶神酒星，日與周旋，殊覺寡味矣。

二十五日乙卯（10 月 5 日）。晨，同惺如、韻樓至挹清樓啜茗。韻樓嗜片岕，頗有瓶罄之憂，倩予謀之。午後，同隱谷、仲瞻、韻樓、恂如至茶寮啜茗，繼詣黄壚小飲。予因戲改杜集一聯："酒債尋常行處有，人生三十事無成"，與予今日之境恰合。

二十六日丙辰（10 月 6 日）。是日韻樓移寓緑蔭軒。予偕恂如、仲瞻入城，途遇吴老，揮拳欲毆，予急走避之。噫！此老死期將至而又所爲如是，愈速其辜耳。往韻樓寓室，見書篋行囊，已整理楚楚。繼同恂如詣黄公壚側，飲三爵而別。出城後至天生家赴宴，因伊生子彌月也。是日鑼鼓喧闐，賓朋畢集，同席徐蘆仙、曹潞齋、陶星垣、邱兆三也，肴饌豐盛，足供大嚼。他席皆閩粤人，所操者皆英國土語，蠻音鴃舌，臭味差池，不與之談，吾飲吾酒而已。歸家已二更餘。

二十七日丁巳（10月7日）。晨，林永貴來舍。至會堂，祇受晚餐，酒味清洌，齒頰俱香。午後，同林君往酒樓小飲，林君特爲東道主，佳肴異饌，聯絡而至，幾作侏儒飽欲死矣。又同詣益扶丈家，庭中桂花大開，香滿一室。午後獨自入城，於途間得遇韻樓、恂如、隱谷，至茶寮啜茗，壬叔、棣香、子湘皆來合并。棣香出《秋夜讀書圖》，倩韻樓作書，各劇譚良久而散。復偕恂如登酒樓小飲，三爵之後，乃始言别，出城遇微雨。韻樓在寓齋同惺如聯句云：

> 烽火曾經在眼中，亂離身世思無窮。暫違鄉里成游子，來就林泉作寓公。好夢不成今夜雨，寒衣未授已秋風。聯床最是傷心語，霜鬢高堂兩處同。

予栖栖海濱，七年不歸，無非欲謀升斗粟以奉老母耳，讀此詩，欷歔欲絶矣。

二十八日戊午（10月8日）。薄暮入城，同恂如詣酒壚小飲。韻樓爲棣香題《秋燈讀書圖》云：

> 鈎寒殘月，林葉蕭蕭脱。山遠雲低銀漢闊，譙鼓沈沈敲徹。　　夜長坐對孤檠，凄涼空憶前盟。可惜霜天人遠，短窗愁聽書聲。

恂如有酒癖，予無日不與之沽飲，醉鄉日月，亦有真樂，能常與二三知己盤桓其間，可以忘世，可以解愁。

二十九日己未（10月9日）。晨，吴老岸然來舍，以索舊逋爲辭，予漫應之，即覆一札曰：

僕與君游，七年於兹矣。曩者居同室，作杞菊比鄰；出與偕，爲詩酒逸侣。嗣後風流雲散，蹤跡闊絶，以萋菲之譖，遂來餘耳之嫌，交情中替，藥石成仇，良可嘆也。惟君之報復，亦太甚矣！控僕於英署者二，窘僕於道途者一，僕法顔子犯而不校之意，置之不問，非有所畏而不敢也，以君老矣，僕又非鬱鬱久居此者，人生百年，等歸於盡，如水花泡影，露電塵夢，千古英豪，同作一丘之貉，又何苦與人争此閒氣？僕負不羈才，非終身丐食海濱者，今日之栖栖不已，徒以有老母在耳。行將買半頃之田於淞水之側，爲歸耕計，故鄉可樂，蔬食亦甘，未始非吾人之退步也。如君者，滬瀆羈棲，有王仲宣之感慨；鄉關迢遞，有庾子山之悲哀，苟一念及，能勿傷心？又何苦與人争雄競勝哉！

僕比來栖心静謐，留意詞章，暇惟偕二三友人，啜茗東園，作盧仝、陸羽之飲，以漱滌塵襟，齗齗然與人角口舌，非雅人所爲，僕不屑也。君如得暇，可在荷廳作茗戰，若欲揮老拳，則敢謝不敏，惟有走避而已。君家所寄儲箱篋，遣价來取，無不立與。僕所居在廉、讓之間，嚴一介不取之義，所負阿堵物，亦當漸次清償，僕豈九成臺上逃債者耶？詩逋酒券，乃爲韻事，此種錢物，斷弗久假不歸，使藉口者罵我王戎爲齷齪也。

更有啓者：君揚言於外，云將上控道憲，俾僕授首北城。此甚無妨，吾載吾頭，刀鋸斧鉞，僕請受之。僕頸固甚癢，嘗攬鏡自照，笑謂："好頭顱，誰斫我？"不意乃得君利斧以劈之也。噫！國家鋤奸誅暴，自有常刑，非爲小民快其私忿也。君姑已矣，無擾我慮。西風已起，珍重裝棉，飲食起居，尤宜自玉。處心積慮，徒自損壽，戒之慎之！①

薄暮，偕恂如、仲瞻入城，往緑蔭軒小憩，恂如、棣薌俱在。棣薌出其《微波閣詞》相示，略閲一過，未能知其妙也。頃之，吴子湘來，久坐不去，語言無味，面目可憎，對之殊有齷齪氣。將晚，同恂如登酒樓小飲，香谷亦來，三爵而散，即同研香出城。

三十日庚申（10 月 10 日）。是日聞英人入洋捕盜，獲得盜船一，槍砲皆具，泊於新關，左右欲往觀之未果。蔭南偕香如來，予薦之往四明校書，握手言歡，席尚未温，臨歧感慨，不禁何如耶。薄暮，研耕以熏鴨奉贈。屢食嘉惠，殊自愧也。

（録自《新聲》雜誌 1921 年第 1—3 期所載《蘅華館日記》）

九　月

咸豐五年歲次乙卯九月十有四日甲戌（10 月 24 日）。晨，同韻樓至某伯寓齋，饋以洋畫及紙，而以尺幅倩渠作梅花，以作屏間清玩。繼同韻樓至挹清茶寮小啜，劇談竟晷。是時韻樓將有茸城之行，蓋錢氏祝壽之時，名士咸集，或有所遇，亦未可定。午後入城，往恂如寓樓，樓前梧桐一株，頗有蕭瑟之意，落葉打窗，淒冷如雨，夜半聞之，亦足動旅愁也。

十有五日乙亥（10 月 25 日）。恂如小病，久不能愈，予亦

① 此札《弢園尺牘》未收。

久不與之痛飲黄壚矣。午後，同韻樓小啜茶寮，韻樓嘆曰："舉世寂寂，鄧禹笑人。予來將一月，奈此間絶少知音何!"

十有六日丙子（10 月 26 日）。舍弟芝卿從里中來，知老母康健無恙，差慰旅愁。韻樓亦厭鈔胥，喜得代人，可謂事不相左矣。午後同入城，至韻樓寓齋，劇談片晷。至城西顧氏小築，詢惠卿疾也。

十有七日丁丑（10 月 27 日）。同韻樓入城，秋風蕭索，頗有涼意。韻樓性畏冷，欲作裝綿之計，予謂居近北窗，本非禦寒之策，必以紙封窗隙乃可。

十有八日戊寅（10 月 28 日）。晨入西園，得遇麗堂，因共啜茗。渠言久無生理，欲作歸計，淪落海涯，鬱鬱不歡，非善策也。繼至韻樓寓室，同往小東門外剪得片岕。午後，詣五峰會堂中，祗受晚餐。繼蒙金馥山招往酒家，小宴即開，同席曹潞齋、陶星垣、蔣劍人、陸仲瞻、徐子卿及予幷主人凡七，珍饌錯陳，酒味殊佳，可稱公瑾醇醪，酒酣拇戰，各角勝負。招而不至者，壬叔也。

十有九日己卯（10 月 29 日）。麥牧師將往游黄山，因詢黄山佳勝以及道里遠近，予爲作《黄山小記》一篇：

黄山本名黟山，好事者附會黄帝仙蹤，改稱今名。山高四千仞，廣五百里，屬宣歙境。山南百里爲歙郡，北三十里爲太平縣，山西爲焦村，蓮峰在焉，石甚奇異。

由焦村南二十五里至湯嶺，懸泉如瀑布。行十里，爲祥符寺。靈泉出自朱砂峰，有小池二，水潔而甘，可浴，試之微温。寺中南唐碑尚在。距池左三里有龍池，俗傳龍所居也。寺旁數峰，尤高者曰天都，上有藥，採者三日始達，游人則絶跡矣。自焦村南行三十里爲翠微寺，有石澗二，橋梁翼然。寺庭有井，昔高僧麻衣所居，泉亦清美。一峰卓然，即翠微峰是也。行十五里，過白沙嶺，有小木貼巖，若棧而度。又七里至絶頂，頂平廣倍尋。

焦村北十里爲仙源觀，行十日至興嶺，三十六峰駢列於此。復有横嶺，涉小丘而上，曲折以行，抵白龍潭，巨石嶙峋，水深不測。從興嶺抵此，計四十五里。度板橋，有小庵可宿。凡自歙郡詣黄山者，其道則由潛口經楊干寺抵湯口，即可及山。或過青陽，度箬嶺，自黑溪陟嶺東南，行數里至皇思蕩，又數里至烏嶺。計黑溪達湯口，路約四十五里，有溪樓可少憩焉，有錢者可肩輿入山。

自祥符寺四里許，有峭壁參天，鑿坎以托足，曰天梯。人作木梯以倚崖，歲久而朽，懸絙可登。登山半里許，有澗甚大，飛泉灑灑，曰水簾洞，深三丈，别有小洞，亦可容人，然甚暗。洞石黑白相雜，瑩潔可愛。出洞循崖而左十餘步，有斜開二小洞，曰餐霞洞。上有丁公庵，已圮矣。若湯嶺諸勝，亦可探焉。

由祥符寺出觀音殿，折而東下，巨石蹲澗若門。由石徑而上，群峰夾澗，中多花木。南行里許，有一潭，廣可十尋，曰白龍潭。潭北半里許，爲藥銚坑，有石杵、藥臼，相傳黄帝燒丹處。出谷里許，有石如虎，巖有隙，可容數十人，曰虎頭巖。又半里許，有石如人酣醉，曰醉石，昔李白嘗游於此。旁有洗杯泉，有石陽白陰黝，曰停雪石。過雪石，入谷行半里，有泉曰落星泉，又有劍石。又五里，陟湯嶺巔，其煉丹峰則童童赤崖，無大草木。行三里許，至一峰，仰視諸峰，尚在霄漢。又行八里，始躡煉丹峰。過仙人石橋、酌丹泉，徘徊瞻眺，仰視天都，卓絶雲際。自煉丹峰而下，行八里至湯口，天色若暮，可至楊干寺留宿焉。

原夫山脈，發於三天子障，以雲門峰爲中幹。雲門者，兩山如門，雲通其中，俗名翦刀峰。諸峰惟天都最高，登鉢盂峰者，僅及其麓，鳥道如線，無客敢登。次煉丹峰，雙峰如丫，屹立天表，離海子峰爲最近。其間有五六草庵，可以問途。東徑通丞相原，西徑通湯嶺，至白雲庵，徑最陡削。由庵行十餘里，至海子，升九降一，難於天門九重，其次有文臣峰、煉丹臺諸勝。自飛來石循徑而北，爲石筍崗、翠微寺、松谷庵、海門，凡五六峰，離立如巨靈斧擘龍窟。在其下游者，戲投以石，立致雨雹。自煉丹峰歷海門，直見九華，大江一望千里，産矮松甚奇。

丞相原者，兩山豁開，中饒林木，附近數里，山花紅白如繡。又登山之別徑，則由佛子嶺行五里至楊干寺，又十里至容溪，爲容成子仙處，有容成臺在焉。自容臺五里外，傍溪皆竹，青翠一色。越平碪嶺而上，則見諸峰皆出，繞峭壁以行，則至湯口，里許抵祥符寺，軒轅氏之宫在矣。寺前爲湯池，離數武有香溪觀，伏于亂石間者爲丹井。由虎巖最高石崖遞而下，有石如横琴，泉聲淙淙，曰鳴絃泉。

自白雲庵而上，有石屏迴出，松偃其上，過此爲三天門，最上則石壁相夾，立僅容一身，是爲海子，稱黄山最勝處。循徑而北，爲石筍矼。自澗行二十里，爲松谷庵，再上登光明頂，望三海門，寥絶萬仞，過此則登所謂雲梯者。梯緣峻壁上，嶄然入雲，可千級。更下則蓮花溝，無級可循，足不任立，可募壯夫，懸布而下。

若躡虎嶺，行數里，陟芙蓉嶺，過青龍潭，潭有魚，四足能升木，自此即抵松谷庵，有張真人遺蜕尚存。過白龍潭，則見五峔峰矣。自石筍右折，至獅子峰，得梵宇曰獅子林。從獅峰至飛來峰，五六里而遥，皆密箐。比到煉丹臺，則眼界漸豁，出谷則憩於指月庵。穿雲下南嶺，則詣慈光寺。由寺而至湯院，不過二里，此登山下山之大略也。

芷卿舍弟從甫里攜齗蟹一簍來，足供老饕大嚼，因沽燒春一壺，與壬叔、鎔齋持螯爲樂。

二十日庚辰（10 月 30 日）。薄暮，同韻樓、仲瞻、研香至挹清茶寮小啜。韻樓最喜洋糖，特購一瓶贈之，飛去青蚨九百頭。韻樓亦喜西人畫，乃檢吟篋中，得數幅，悉舉以贈之。予謂韻樓有四難：家累重也，烟癮深也，嗜好多也，形體弱也。予竭力周旋韻樓如此，迨己未應試鹿城，見之淡漠如不相識，此等人殊不足交。

二十一日辛巳（10 月 31 日）。晨，同壬叔至挹清樓茗戰，同詣某伯寓齋，劇談良久。壬叔以鼎卿壽對倩某伯捉筆，聯云：饋史寢經，與古爲徒；心人腹物，見壽者相。句甚古奥。午後往韻樓寓齋，劇譚娓娓，言至雲間無錢，將奈何不？其索我於枯魚之肆耶？予曰："有壬叔在，可以無虞。況張歗山、篠峰、丁步洲皆吾黨中人，必能相諒，何慮爲？"薄暮，同研香、壬叔、恂如啜茗茶寮，昏鴉集樹，乃始言別。

二十二日壬午（11 月 1 日）。薄暮至韻樓寓齋，贈以洋紙，見所畫竹菊梅蘭四幅，頗有淡遠之致，乃向彼乞之，以付裝池。

二十三日癸未（11 月 2 日）。晨訪韻樓，同往取畫。途遇唐芸閣，招往懷迴樓，清談片時即别。芸閣爲言湯雲樵久無所就，乞爲説項，予漫應之。

二十四日甲申（11 月 3 日）。晨同韻樓、壬叔往訪某伯，劇譚竟晷，於座得晤唐銕耕，知舒塘已來，遷寓於篗笠橋側。《文三橋印譜》一册，意甚欲之，而又吝阿堵物，真可哂也！午後，壬叔、韻樓解纜之茸城，從兹小别十日，詩壇酒國中又少兩人矣！薄暮，秋陰忽起，陡覺森寒，頃之，瓦上漸聞淅瀝聲，知天公欲作寒矣！

二十五日乙酉（11月4日）。滿城風雨，不能出門，静坐繙書，殊得幽趣。晨詣會堂受晚餐，布施大錢三枚。人生享静福，自覺身心恬逸，俗子不能知也。

二十六日丙戌（11月5日）。天放嫩晴，特街衢泥濘，非攜阮生之屐不能舉步，因此劬書不出。

二十七日丁亥（11月6日）。晨至秋田齋中，同往肆中啖麵。午後詣城西顧氏，知惠卿之疾已愈，渠女又出痘，疾病纏綿，不知其何時已也。是夜丹成下榻余舍，夜闌剪燭，同吸片芥。一室中相對惟兩人，殊覺穆穆然，乃自撥爐灰，稍焱檀旃，烟篆繚繞，襟袂皆香。頻伽詩云：一春生恐匆匆過，政要焚香與閉門。予惜此良夕，不欲其速往，故静坐以遣之，世有知者，不以我爲癡也。

二十八日戊子（11月7日）。午後散步西園，得晤恂如暨芷卿舍弟，同往酒樓小飲，舉杯相屬，情話娓娓，解杖頭百錢，已足爲豪。歸後展卷獨坐，覺睡思雜然。是日天氣殊熱，仍衣單袷。夜，隱谷來劇談，言及曩昔寶山名宿頗多，如蔣丹臺、毛海客，盛有詩名，稱爲吴中二子，沈夢堂、陸蘭莊亦名噪一時。夢塘應試，其文爲同號者勦襲，以致不售，乃作《無題》詩云：

> 坐不横肱立並肩，十行一目讓人先。敢將鴿字猜成謎，也識鶴聲飛上天。失馬未妨重出塞，牽牛何苦許[①]蹊田。君如有益吾伊惜，頗得浮名下水船。

夢塘作《秋柳》詩，爲一時絶唱，可以繼響漁洋：

① 稿本先作“戲”，後改爲“許”。

疏烟漠漠淡江干，青眼飄零不耐看。驛路馬嘶人影瘦，陽關酒散笛聲寒。可憐張緒風流客，已罷陶潛冷落官。□□□□□□□，殘條剩葉送征鞍。

嘉定人唐墨莊《述懷》詩云：

瓦鐺土竈屋三間，風雨柴扉夜不關。逋積更多詩裏債，家園尚有畫中山。鹽齏淡飯生涯薄，白髮青燈事業閒。欲裕後人傳不得，一鈎①新月照彎彎。

蔡月臺《春柳》詩云“纔有黄金便拂人”，意亦尖刻。

夢塘作《南部烟花詩四首》云：

《咏李香君》云：

難把黄金買妾心，琵琶一曲覓知音。美人俠骨黨人膽，不識侯門海樣深。

《咏柳如是》云：

扁舟歸去大江東，枉把傾城托鉅公。山上蘼蕪臺下柳，獨將摇落付秋風。

《咏顧横波》云：

第一②人間艷福修，眉樓畢竟勝迷樓。板橋春色都非

---

① 稿本先作“彎”，後改爲“鈎”。

② 稿本先作“難得”，後改爲“第一”。

舊，容易美人到白頭。

《咏卞玉京》云：

十五娉婷解畫蘭，瑶琴往日爲誰彈。大公坊畔青青草，愁[1]煞黄花漲瓦官。

夢塘一日爲人所慢，作詩云：醉尉目中無李廣，少年胯下有淮陰。應試白門云：水連鐵甕無邊白，山到金陵不斷青。皆佳句也。

二十九日己丑（11 月 8 日）。竟日微雨，閉户不出，作詩自遣。夜，剪燈寄書於韻樓曰：

解纜之夕，風雨黯然，獨坐挑燈，已有别離況味。想閣下與壬叔蓬窗相對，反不寂寞也。研香處一項，竟成畫餅，恂如飛尊札去催，僅得百錢。弟知渠食言而肥，有王戎阿堵之癖，慳吝不與，是其本色。閣下以此佳畫付於鄉里小兒之手，竊爲不取。棣香以銅臭之故，求詩求畫，尚且吝之，然以彼較此，其得失爲何如耶？旅齋近況如何，想乞筆墨者户外屨滿。何時返櫂滬城，復與持螯賞菊也。[2]

晦日庚寅（11 月 9 日）。薄暮，同秋田買醉黄壚，見倩影亭亭，隔窗凝睇，頗有豐度，不知何家女子也。天涯芳草，何處無之耶？

① 稿本先作“羞”，後改爲“愁”。
② 此札《弢園尺牘》未收。

十　月

十月朔日辛卯（11月10日）。暮至城西顧氏，詢惠卿疾也，匆匆而别，已昏黄矣。

二日壬辰（11月11日）。晨，同隱谷至緑蔭軒訪恂如，同往茶寮作茗戰。繼見雪山，劇譚竟晷。見舟子孫永于于而來，亟詢家中事，知老母有小疾，乃匆匆寫一書并佛銀一餅付之。繼詣會堂，目擊隱谷受洗。午後同仲瞻往章臺訪艷，迄無佳者，窮形醜態，真一香粉地獄也。予淪落天涯，囊無一錢可供若輩揮霍，自悔多此一往矣！

三日癸巳（11月12日）。麥牧師同慕君買舟游黄山，予得賦閒。韻樓自松江返櫂，相見歡然，同往挹清樓小啜。自言至松，一無所遇，子安命舛，李廣數奇，非由人也，其中自有主之者，言下愁悒之容可掬。後同至寓齋，恂如、研香皆來，各相劇譚而散。夜夢至雲間，登錢氏堂祝壽，時賓朋畢集，主人倩予作同人題名小録，最奇者西人十餘輩亦廁其中，所作之文，洋洋灑灑，不啻數千言，醒後僅記二句云：追風流於千載，通聲氣於萬里。

四日甲午（11月13日）。微雨溟濛。予於是日生，身到紅塵已二十八年矣，一事無成，飄零若此，真可傷也！晨，接得唫秋一札，外云："放膽文章驚海内，嘔心著作滿人間。"亦有狂逸氣。蔣劍人來，言及夜間挑燈不寐，作一詩云：

已涼天氣[1]未寒時，翠袖輕扶强護持。玉骨不知烟共瘦，銀河愁見月如絲。蘆葦風起人千里，水閣秋深笛一枝。

① 稿本先作"寒"，後改爲"氣"。

解道吴兒心木石，不應重唱《懊儂詞》。

午後稍置魯酒，與同人小飲，兼以自壽也。

五日乙未（11月14日）。下雨廉纖，頗有寒意。午後，韻樓代予購菊十盆，列置庭中，頗覺意致蕭疏，不減東籬。薄暮，韻樓匆匆來，笑問菊花佳否，予曰頗佳，何日得閒，當買蟹一簍，賞此黄花，無使淵明笑我也。予庭前尚有餘地，思結個籬笆，裁菊數十本，此外只植梧桐兩株、芭蕉一本，借人池館，飽聽秋聲，亦復不俗。計償此愿，不過青蚨二千足矣，而蹉跎未果，真可惜也。

六日丙申（11月15日）。清晨即起，至城訪恂如，見其在茗寮中，已作盧仝七碗飲矣。同至三牌樓酒家小飲，聊謀一飽，韻樓亦來合并，繼同韻樓至祝齋室中，略譚即别。予嗜好甚多，且到處皆爲情累。隨園詩云："無情何必生斯世，有好多能累此身。"予何日能屏棄塵緣，寄跡空山，無思無慮，爲一老衲何？

七日丁酉（11月16日）。天氣煩熱如首夏，著裌衣猶嫌熱也。午後至緑蔭軒訪韻樓不值，同養吾啜茗茶寮，繼詣酒壚小飲，京都胡振清亦來合并。頃之，黑雲如墨，知將作雨。薄暮，隱隱有雷聲。是夕雨聲達旦，空階點滴，觸我鄉愁也。

八日戊戌（11月17日）。曉起見庭中菊花，經雨後顔色愈淡，對之可以滌慮忘飢。予欲購蟹一簍，與淵明相飲，奈此雨師作惡何！

九日己亥（11月18日）。晨，同金鎔齋、芷卿舍弟往酒家小飲，蟹羹風味，差可適口。午時詣會堂受主餐，葡萄美酒，得以飽飲一杯。頃之，同蓉村、隱谷、舍弟芝卿復詣黄壚，酒國中頗可酣游。酒後進以苦茗，快哉！足以滌塵襟、解宿酲矣。午後至城西顧氏小舍，晴川之疾已愈，與之清談，抵暮而别。是日飽賡虞從吴門來，與之茶寮啜茗。渠持楊小舲書一函，欲至申江作謀食計，狹哉此城，能容其托足乎？

十日庚子（11 月 19 日）。久雨，性情更懶，不欲出門。午後惟至潘氏小築，與研耕劇談，頃之，�簾垂地，微雨廉纖，相對無言，惟事静坐。遇無可言者，則以不言言之，更覺翛然意遠矣。至上燈時乃别，獨行曠野中，雨黯烟凄，幾疑鬼境。纔離燈火深閨，忽至凄涼境界，令人别有感懷。

十有一日辛丑（11 月 20 日）。微雨不止，殊增人悶。頭脹如劈，幾如阿瞞。午後韻樓來舍，劇譚竟晷。予處申江，筆耕爲食，未嘗一事求人，而吾黨中來此地者，頗有所求。噫！阮郎錢罄矣，安得遂其願耶？

十有二日（11 月 21 日）。天雨而冷，漸如初冬氣候。予生平於情之一字，未能灑脱。其餘則於人無所忤，於物無所競，再能臻淡然漠然之境，則更有味。

十有三日癸卯（11 月 22 日）。稍有晴意。潘樹香來，同至金祝齋家中賀喜，時親朋畢集，鑼鼓喧闐。午時，彩輿至門，氍毹貼地，交拜合巹，一如俗禮，惟微與吴門有不同。午後詣韻樓寓舍，從熱鬧場中復至清涼境界，情致自覺淡遠。世間極樂濃歡皆不能長，惟淡則耐久，交友亦然。同韻樓啜茗後仍至金家，暮始坐席，同席朱薇卿、閔晴巖、龔少亭、黄良甫、程雅山，酒酣拇戰，飲無算爵。席散已更闌矣，予即宿於齋中。

十有四日甲辰（11 月 23 日）。仲瞻來舍，言及勾欄訪艷，興致亹亹，謂日從友人看花飲酒，頗不寂寞。噫！仲瞻貧甚，且研田漂泊，無所進益，而乃日游花國，不費一錢，何其所交多富人耶！計予至滬上，七年於兹，惟餞夙葆初南歸，同吴淡人、汪月舫至清桂堂中開筵小飲，繼與同人徵逐，藉柳眠花，半非上品，有所謂盆東者，會飲三次，然皆不償其值，逋負而逃。予費纏頭處不過兩家，張阿男、廖寶兒而已，亦僅用去佛銀十五六枚，其餘皆以逋欠爲事，故改杜少陵詩自嘲云：嫖債尋常行處有，人生二十苦中過。今日思之，輒自悔也，孽海茫茫，回頭是岸，願津津樂道者勿自沉其寶筏也可已。予非不喜艷游，實因無錢，不足供我揮霍，况一入此中，則心不能不動，故寧以不去爲高，亦制心之法也。予今見鄉里小兒三五成群，言談終日，無非此中語，世風日下，以此可見。

十有五日乙巳（11 月 24 日）。天已放晴，然泥濘難行，閉户不出，頗有静趣。張隱谷來，自言能扶乩，於范氏家中設壇請仙，降乩者爲費長房，能爲詩，爲壇弟子者數十人。予生平未嘗一入壇，奇其所言，將往觀焉。

十有六日丙午（11 月 25 日星期日）。逢英人禮拜日，頗得閒。同舍弟芷卿及隱谷散步西園，繼至幽谷天香處訪韻樓，劇譚良久。韻樓有歸志，而絶少阿堵物，西風已涼，敝裘未寄，言之輒爲愁眉淚眼也。午後，同隱谷入酒家小酌，聊以果腹。至會堂聽慕君説法。後詣城西顧氏小舍，晴川已外出，乃與惠卿譚。伊妹文新亦在，共話家常，差足解愁。伊爲予購得菜百莖，冬裏寒齏，不憂或缺矣。

十有七日丁未（11 月 26 日）。天氣漸冷，墐户不出，西人已向火矣。茅柴活火，暖烘之地，永夜圍爐，煮酒相對，亦一樂也。壬叔從檇李來，同往西樓訪韻翁不值，乃與香谷啜茗。壬叔謂雲間捐米局中新開捐例，阿堵若富，守錢虜銅臭兒不難立置通顯，於此見軍餉之急、國帑之竭矣。

十有八日戊申（11 月 27 日）。午後獨自散步籬落間，頗得安閒之趣。數日爲俗士所擾，心鬲頗覺不舒，繼思我逐臭海濱，尚可温飽，得過且過，何必多求乎？予所居後有屋一楹，甚低仄，計易榱桷增廣之，須得十餘金，殘冬已近，阿堵不來，欲償此願，又待明年矣。貧士作事，掣肘如此，真可嘆也！

十有九日己酉（11 月 28 日）。晨，韻樓來，同至挹清樓啜茗，絮談衷曲，韻樓欲歸不得，欲留不可，有進退維谷之勢。予謂之曰："君姑止於此，片氼及日用所需，予當竭力以供。君堂上雞豚之奉，君自圖之。"午後，壬叔邀予至醉月樓，顧尚之爲客，蔣劍人、江韻樓及予爲介。尚之名觀光，精算法，樸學媚古，有古君子風，居金山，所著有《戰國策釋地》七卷、《戒烟始末》二十卷，其餘著作甚夥，且明醫理，年五十七矣。酣醉縱譚，頗見性情；猜枚拇戰，各極其樂。席散出城，魚鑰已鎖，乃復至韻翁寓樓，汲水煮茶，聊解酒渴，復同金松泉清談良久，吸片氼二管，肺腑通靈，覺此非烟火中物。繼訪陸仲瞻，同往勾欄。有一校書，行二，容不甚佳，而房中陳設楚楚，頗有可觀。問鳳仙校書，則已嫁郭三矣。若果能從良而去，自拔於火坑中，亦一烟花小劫中之善果也。往蘭語樓，訪愛卿及瑞璘、琅琊三姬，某伯所屬愛者也。劫火之餘，重圓舊夢，真爲幸事。是夕城柝三轉，乃始就枕。

二十日庚戌（11 月 29 日）。晨，同顧尚之、李壬叔至館中啖麵。壬叔喜食羊尾，予謂昔曾晳嗜羊棗，或即此與？夜，隱谷攜《桂留山房詩》四册來，即沈夢塘所著者。夢塘爲寶山名宿，所作詩沈鬱頓挫，渾脱瀏灕，不讓劍人也。

二十一日辛亥（11 月 30 日）。大某山人來，攜梅花四帙、對二幅贈予，梅花殊有疏俊之致，對句壬叔所集："短衣匹馬隨李廣，紙閣蘆簾對孟光。"

二十二日壬子（12 月 1 日）。晨起無事，掃地焚香。予家客來甚多，無閒静之樂，每至午前日晚，群至劇談，喧雜可厭，何時謝絶人事，獨處一室乎？

二十三日癸丑（12 月 2 日）。晨往潘氏小築，研耕剛起梳洸，因共劇譚，日近午，特治肴核留飯焉。午後同入城，訪韻樓不值。薄暮出城，昏鴉集樹。

二十四日甲寅（12 月 3 日）。胡小樵從雲間來，言賃屋東關，板輿奉母。因同往挹清樓啜茗，壬叔亦來合并，劇談竟晷始散。

二十五日乙卯（12 月 4 日）。凌大從生村來，作伊人之青鳥，滿幅愁懷，讀之欲涕，所作詩十數絶，頗有悽愴之音。

寂院秋涼，孤窗坐月，振觸舊懷，輒成二絶

薄寒時節晚涼天，月上闌干尚①未眠。記得春宵花影底，比肩並立話纏綿。

夜半鐘聲夢忽驚，深秋容易感離情。黄花開後人同瘦，往事思量恨不成。

涼宵兀坐，愁逐心生，重起挑燈，復成二絶

殘秋景物最凄涼，滿目蕭疏欲斷腸。最是黄昏人寂後，憑闌獨自數更長。

心酸往事莫重論，錯約扁舟已斷魂。願守盟言無别計，繡針笥管度晨昏。

書蘅華手札後

銀箋淚點濕猶紅，無限傷心托雁鴻。此去扁舟烟水闊，微波誰肯達伊儂。

① 稿本先作“猶”，後改爲“尚”。

繡餘無事，兀坐幽窗，觸景言情，凄涼滿目，知音已渺，青鳥不來。前見《蘅華日記》中有《等卿來》詩八絶句，知兩地相思，洵非虛語，因亦效顰，戲成四章，不足爲詩也

消愁詩句幾時裁，池内蓮花並蒂開。識得才人情最重，秋江風雨等卿來。

幽蘭空谷爲誰開，獨理瑶琴調最哀。見嫉遭鋤心不變，含愁斂怨等卿來。

空將畫篋早安排，記約扁舟梅正開。數月蹉跎如夢裏，梅花重放等卿來。

瑣窗筆研總須排，刻燭聯吟詩共裁。莫道無情兩相棄，夢魂夜夜等卿來。

夜坐中庭，有懷蘅華二絶

秋來百感正茫茫，珠淚輕彈心暗傷。百折千回心弗變，此生已許嫁王昌。

昨宵疏雨又斜風，階下秋花數點紅。舊日闌干同倚處，分明雙影在庭中。

寄書蘅華，即書牘尾

一紙書成萬斛愁，叮嚀往事話從頭。燈昏漏斷琅琅讀，一片離聲迸入秋。

墨瀋淋浪淚點盈，多言生恐不分明。今時睽隔何時見，寄語蕭郎心莫更。

閲日復得五絶一首

別淚傾江海，何時得再逢。寸心言未盡，烟雨滿簾封。

蘅華久不寄書，作此問之

江天渺渺阻烟波，自惜年年病裏過。春去秋來真一瞥，含愁鎮日蹙雙蛾。

西風落葉戰迴廊，長念離人未肯忘。那有心情拈繡線，停針閒看日過墻。

無端瘦損舊時姿，只爲相思苦獨支。病起西風人又遠，拾得桐葉寫新詞。

二十六日丙辰（12 月 5 日）。同韻樓往東關，訪華卿不值，繼同賡虞散步談心，知伊之此來，乃楊小舲誤之也，寶山雖入，垂橐而歸，吾將代爲危之。

二十七日丁巳（12 月 6 日）。韻樓來舍，以片岕十兩饋之。時劍人贈予烟管一枝，呼吸通靈，夜闌漏永，聊復試之。人謂是或有癮，予笑曰："姑以消愁，豈能爲害。"予乞片岕於星垣，久未蒙賜，作札催之云：

舊雨久闊，故人不來，酒醆茶甌，無可與談，殊爲悵悵。前索片岕，久不賜我，寄語彭澤先生，白衣童子，久候東籬，延頸爲勞矣！①

① 此札《弢園尺牘》未收。

二十八日戊午（12月7日）。凌大回里，藉托微波，得傳芳訊，不知辛酸一札，何時能達妝前，料得紅鐙影裏，玉手開來，定有幾點痛淚。夜不成寐，覺有人影亭亭，立於帳側，唤之不應，視之忽滅，噫！亦異矣。

二十九日己未（12月8日）。薄暮，研耕來訪，不值而去。數日天氣殊暖，恰似小陽春時候。庭中月季，一花嫣然競媚，如小家女子，好自修飾，有楚楚可憐之態。夜，挑鐙展卷，凄然不寐。

十一月

十有一月朔日庚申（12月9日）。晨起掃地焚香，悠然静坐，幾無一毫世俗慮。日將午，散步西園，往訪韻樓，時韻樓正作烟雲供養計，欹坐相對，作晉人清譚，興復不淺。於案頭見韻樓所作楷書，殊覺秀勁，是效顧根石一路而得其神髓者。繼偕恂如至英人會堂，聆慕牧師誦經説法，苦口婆心，費盡許多閒氣，曾未見中夏一人恪信也。復往茗寮小啜，舍弟芝卿暨金鎔齋、張蓉村、胡振清皆來合并，清話娓娓，竟晷不去，可稱茗戰。後詣酒家，雞魚雜篕，錯陳左右，堪供大嚼，幸五人皆老饕，果腹而歸。將晚，往城西顧氏，惠卿在床未起，無可與談，廢然而返。

二日辛酉（12月10日）。夜，蘅芳自其父家歸。挑燈讀湯卿謀《湘中草》，見有荒荒齋一記，頗有所觸，安得早賦歸田，筑室松下，嘯傲風月，散浪江湖，與世齷齪之士長絶乎？

三日壬戌（12月11日）。顧氏文新女史來。夜，與壬叔、蓉村往馬路側訪艷，迄無所遇，惟三官差可人意，第裙下蓮船盈尺。蓉村爲花所迷，不能出此愛河，安得渡人寶筏一指其迷也？

噫嘻！

四日癸亥（12 月 12 日）。至幽谷天香室訪韻琴主人，與之清談，陳紀堂亦來合并。夜往潘氏小築，適值研耕俗務倥傯，親朋畢集，一飯後即別，不能清話也。夜，作書與興民。

五日甲子（12 月 13 日）。與韻琴劇談，乞片芥半盒歸，夜闌酒渴，剪燈試之，亦復佳也。人生所最難得者，静中幽趣，予碌碌終日，心無寧晷，夜間欹枕獨坐，一燈自怡，神情殊覺穆穆然也。

六日乙丑（12 月 14 日）。韻樓來，留飯而去。渠於某伯處所索殊奢，所得殊少，甚爲鬱鬱不樂也。夜往壬叔齋中飲酒，酒味清洌，勝於黄壚所沽者多矣。繼同壬叔、舍弟芝卿偕往温泉浴焉，浴後尋花，不遇而返。

七日丙寅（12 月 15 日）。晨起甚閒，取菖蒲露洗眼，覺肺腑皆涼。前録紅蕤所寄之詩，尚缺一絶，今補成之：

近來消息斷聞知，隔斷山河苦獨思。莫是異鄉新結侶，何爲忘却等卿詩。

夜，同隱谷、良甫散步馬路側，見輕車駿馬，姹女嬌娃，歷亂香塵中，令人目不給賞。繼登挹清樓啜茗，樓中有彈絲吹筑者，甚囂塵上，不可久處。隔樓見有二女子，風韻嫣然，殊可人意。後隱谷拉余訪艷，迄無所遇。此中皆香粉地獄中人，見之令人作數日惡，奚必往哉？

八日丁卯（12 月 16 日）。清晨，仲瞻偕法華數友來，清譚數語即别。入城往韻樓、恂如寓齋，與之閒話。韻樓有腹疾，尚高枕未起。午時往詣會堂，敬受主餐，會中行此禮，以追念耶穌死難之事也。午後，同恂如、舍弟芷卿往陶氏酒壚小飲，魚膾甚佳，頗堪大嚼，解杖頭百文錢，亦足爲豪矣！繼偕鮑賡虞小啜茗寮，欲挪佛銀數枚，予囊橐屢空，安得酬其請耶？出城至閩人公墅，小憩片時。日月跳空如彈丸，此日又虛過矣！安得魯陽戈一揮，使之退舍也乎？予寂處此間，未嘗一日忘歸，徒以母老家貧，門户維艱，難以脱身，有田不歸，如此江水，願與河伯，共鑒此心。

九日戊辰（12 月 17 日）。晨，錢蓮溪自雲間來訪，出改七香畫與我觀之，畫甚工緻，名下洵無虛士。改君名琦，晚年不輕動筆，故人爭寶之，不啻拱璧也。午後，顧晴川偕其友聶耳三、葉唫棠來，清談片晷即别。潘研耕來舍，與之劇譚，即往挹清樓茗寮小啜。後往其家，剪燈對坐，談興甚濃，留飯而歸。聞鎔齋於外頗有所眷，乃一十四齡許小女子也。楊枝甚小，已解憐春，而沉淪其中者，殊可惜已。及早回頭，覺岸未遠，是予所望。

十日己巳（12 月 18 日）。薄暮入城，往訪韻樓，劇談竟晷，韻樓將有去志，而缺於阿堵，殊有蘇季子金盡之嘆也。周蔭南從四明回，同陳香谷來訪，不值。隱谷喜作狹邪游，顧城外妓家，都無一可。壬叔作打油腔詩嘲之曰：夜夜去匆匆，丁棚興太濃。壓肩雙足大，出手百錢鬆。破絮圍行雨，蘆簾不障風。茗壺賒得好，馬褂剥來兇。隱谷因賒壺贈妓，致受褫衣之辱，故云。

十有一日庚午（12 月 19 日）。蔭南、香谷來舍，同至茗寮小啜。蔭南論四明風景頗爲清幽，惟市廛泠落，不逮申江之繁盛。寓齋臨城堞，明月入窗，清朗開曠，所著雜詩甚夥。以嘉善餑餑及宣鑪爲贈，鑪甚古雅，頗可摩挲。夜，月色甚佳，壬叔來劇談，言隱谷藉柳眠花，其興方熾，安能一斛冷水直澆其背。噫！登徒子固見嫫母而亦喜者乎？

十有二日辛未（12 月 20 日）。晚往潘氏小築，研耕猶未歸，静坐俟之。既歸，乃剪燈煮烟，欹枕同吸。頃留飯，設醴酒，飯罷即歸。月上屋角，霜華滿地，人行枯樹敗籜中，頗有凄涼況味也。

十有三日壬申（12 月 21 日）。薄暮，周蔭南來，劇譚片時即别。散步至林氏齋中，見莫爾嘉，與之閒話。歸後月色皎潔，汲水灌花，殊有幽趣。一人獨居，孤燈相對，覺岑寂之樂勝於喧闐萬倍。

十有四日癸酉（12 月 22 日）。韻樓來，劇談竟晷。午後至其寓齋，言將旋返吴門，缺於資斧，欲往訪研耕，冀有所遇，而與予索潤筆費殊奢。韻樓自視其畫如拱璧，而視貧士之錢如長物。予待韻樓一片苦心至此，非特不見美，反見憾焉。

十有五日甲戌（12 月 23 日）。晨，陶星垣來舍，清談娓娓，許以片芥相贈，且言近頗作尋春計，爲看花之約何如。午後詣會堂，聽慕君説法。繼飯於韻樓寓舍，飯後同恂如、芝卿舍弟至茗寮小啜，得遇蔭南，同訪芸閣，時芸閣被沈韻生剔嬲不已，鬱鬱不歡。噫嘻！世人結交須黄金，黄金不盡交不深，濫交多累，往往如此，爲之喟然。

十有六日乙亥（12 月 24 日）。薄暮，至英署訪潞齋，剪燭清談，重訴别悰，呼酒煮茗，情意殊渥，星垣亦來合并。夜深踏月訪艷，校書名采荇，頗有風致，盤桓良久始别。步月歸家，見黄埔邊水氣迷濛，一派荒涼景象，能豁眼界。

十有七日丙子（12 月 25 日）。蔭南來舍，同往茶寮啜茗，劇譚久之。蔭南與湯雨生都督爲父執，言雨生近得謚法，稱貞愍將軍，可爲三代完人。薄暮至韻樓寓齋，劇譚竟晷。

十有八日丁丑（12 月 26 日）。蔭南來舍，爲作一札致曾君，托其推薦，未知有遇合否也。薄暮往訪芸閣，見其所作牡丹，殊覺嫵媚。芸閣輟筆謂予曰："我來此十餘年，於土著人，不取一錢。粵人咸賞予牡丹，出錢甚夥，賴此自給。若遇寒士，雖畫亦不索錢。"其品勝於韻樓多矣！

十有九日戊寅（12月27日）。韻樓來舍，同訪研耕不值，韻樓悵然而返。予復往潘氏小築，静坐移時乃始散。步至閩人公墅，益扶丈特呼肴核四簋，剪燈小酌，時文新、蘅芳皆在，燈下兒女喁喁，殊不寂寞。予初至滬上，聊作一枝之借，而今日竟作深根固蒂之計，真非始意之所及料已。

二十日己卯（12月28日）。西風大作，殊覺森寒，雖披重裘，尚嫌其冷。午後散步至西園，與韻樓閒話。韻樓致書壬叔，作乞醯之感，書中頗含諷刺，以越石父自比，而謂我輩庸俗人不如。噫！是亦異矣。

二十一日庚辰（12月29日）。夜，正挑燈書字，隱谷忽來，慫恿作狹邪游，漫與之往，則皆泥壁蘆簾、蓬髻大足，如羅刹國中，無一佳者。予急催之歸，隱谷方自矜奇，謂某則娟秀，某則幽靚，漫加品評，直堪噴飯。蓋隱谷生長窮鄉，目不識脂粉，口不言羅綺，今入此中，如行山陰道上，目眩心迷，不能自主。後復至一家，則皆土妓。有馬三姬者容貌差可，雙趺八寸，自言家在馬鞍山下，癸丑春曾避亂至甫里，居紅橋陳氏，談里中事甚悉，予喜之，爲之少留，許其再往而别。

二十二日辛巳（12月30日）。同壬叔、芷卿至會堂，聽慕君説法。午後往黄公壚畔，小飲三爵，聊堪果腹。壬叔謂得一粲者於東關，盍往訪之。至其家，則室甚狹隘，不過一垂髫女子耳，容華清麗，宛轉依人，其時正學琵琶，展撥一聲，脆如裂帛。予問何時梳攏，房老曰非四百金不辦也。噫！非遇大腹賈，安肯如此揮霍耶？復至春山寓齋，閒話片時而别。薄暮至韻樓寓室，蔭南亦來合并，劇談竟晷，出城已是上燈時矣。

二十三日壬午（12月31日）。以青蚨三千頭贈韻樓作饋贐。前夕同隱谷至勾欄，踐三姬之約，三姬方調片芥、剪銀燈、拂枕簟以待，言“歲底將歸鹿城，不復作此生活，家中人多不知斯事，歸幸秘諸。”予問：“爾從母氏來此耶？”三姬曰：“然。重九後始來此，遇人不淑，遂至墜溷。”言罷凄然。薄暮至韻樓寓齋，談片時即返。研耕遣价來招，以無暇，故未往。

二十四日癸未（1856年1月1日）。是日英國元旦，往各牧師家賀歲，至秦氏家，特以醴酒佳餅勸食，勝於他家多矣！嚴縞園從西鄉來，呼肴沽酒，留與共飲，來合并者，惺如、春江、仲瞻、壬叔、芷卿也，酒味甚佳，爲罄數觥，縞園頗不善飲，真三蕉量窄也。飯罷同往茗寮小啜，繼偕訪陳少逸，蓋其令戚也。少逸喜作訟師，亦諸生中之不羈者。繼至韻樓寓齋，劇談而散。

二十五日甲申（1月2日）。午後，雪山從甫里來，接得母氏手書，少抒縈念。同至酒壚小飲，當壚女子，亦頗不惡，狂哉阮生，將眠其側矣。

二十六日乙酉（1月3日）。午後，同恂如詣酒家小飲，欲訪韻樓不果，因時已晚也。

二十七日丙戌（1月4日）。韻樓返吴門，韻樓所作畫，頗有娟秀之致，工力尚未足。爲紅蕤作册頁，筆致綺麗，精神活潑，如現紙上，差爲可取。

二十八日丁亥（1月5日）。薄暮，同研香散步西園，往温泉浴焉。是日天氣稍暖。夜，林懋堂來，言將回四明，作一月之别，乃具肴核，沽魯酒，薄言餞之。懋堂四年未歸，天涯游子，漂泊可悲。世間衣食二字最易累人，予苟稍得温飽，定作歸耕之計，決不戀戀於棧豆也。

二十九日戊子（1月6日）。晨，同恂如、舍弟芷卿往黄壚對酌，復詣會堂，受主餐。午後得晤蔭南，同香谷往世公酒壚小飲，予解杖頭百錢，以供一醉。遇麗堂，同至荷廳啜茗，茶味堪悦，須於静中領之。

晦日己丑（1月7日）。微雨溟濛，街頭泥滑。薄暮，散步馬路。往潘氏小築，時研耕在家，與客對談，詢其姓氏，知即沈仲貽也。仲詒爲夢塘先生令子，辛亥捷南闈，今將赴都會試，往硯耕家辭行耳。閒話移時，仲詒乃去。研耕復剪燈沽酒，留予小飲，飯罷手調片岕，欹枕相對，絮話家常，情殊娓娓，歸家夜已深矣。

十二月

十二月朔日庚寅（1月8日）。晨至東關外訪林産蘭，與取片岕，時産蘭高枕未起，乃與其夥劇談，竟晷而别。午刻晤隱谷，言數日頗有技癢之虞，何法可治？予笑曰：恐應滅鼻之占。隱谷乃愀然而去。飯後，閩人祝桐君、陽湖劉咏如來館中，與麥君劇談，激昂慷慨論當世之事，桐君謂予：當用夏變夷，無使華風浸染夷習也。至西城顧氏，蕙卿外出，與其妻、妹絮話家常，縷談愁況。出城已昏暮矣，泥塗甚濘，殊覺彳亍難行也。

二日辛卯（1月9日）。天放嫩晴，稍有暖意。至暮，彤雲四布，知將釀雪。吴雪山來舍，與之劇談，知賡虞錢罄典衣，甚爲狼狽，明晨將返櫂矣。噫！賡虞之出也，有刦要之求而無撒豆之術，乃相約潛遁，竟作狐綏野合，黄金既盡，彷徨海上，亦其宜也，何足惜哉！

三日壬辰（1月10日）。偶檢舊簏，得紅蕤所作詩十餘首，和淚濡墨，爲之忍痛補録於左：

獨坐無聊，口占二絶

燈殘香燼不成眠，竟夕相思暗自憐。瞥見庭前花又發，那禁迴首憶前年。

桃李芳菲照眼明，愁人心事未能成。花開花落尋常事，堪恨流光幾轉更。

送蘅華之海上

微風細雨濕簾旌，帆影漫漫又幾程。此去滬城音問阻，他年願共話深更。

初見蘅華，戲占一絶

榴花牆角紅於火，同倚闌干話正長。笑指呢喃雙燕子，今宵可得宿雕梁。

贈　蘅　華

追憶他鄉裏，何時重得游。苟能同室語，消盡去年愁。密誓三生訂，盟詞一卷留。共將離恨釋，此願自然酬。

蘅華將去生村，作此送之

握别臨歧萬斛愁，絲絲弱柳綰行舟。凄凉往事休重説，花自無言淚自流。

獨坐有懷

無端一見忽相離，何日重來訴苦思。刺繡無聊臨鏡懶，强拈筠管學爲詩。

寒燈如星雨如絲，自別伊儂又幾時。夜夜生魂飛不去，關山遠近恨難知。

別後相思只寄詩，迴腸往事不勝悲。無情最是江天樹，遮斷行程不見伊。

月夜感懷

淡月疏星夜正長，思君倍覺景凄涼。花前偷把盟詞寫，欲寄無從暗自傷。

纖纖月影上闌干，愁緒無端集百端。漏永燈殘渾不寐，枕函淚點幾曾乾。

秋來更覺動離愁，盼斷飛鴻倚畫樓。天上月圓經幾度，天涯猶未放歸舟。

村中輕薄子投詩見挑，作此絶之

不受塵埃半點侵，狂蜂浪蝶漫相尋。儂情惟有姮娥曉，自抱冰壺一片心。

幽蘭娟秀爲誰栽，空谷無人亦自開。偷嫁東風桃李樹，可能隨伴到琴臺？

已把閒情付水流，焚香獨坐懶凝眸。請君試向溪邊照，可似當年潘岳不？

夏夜納凉，寄懷蘅華

流螢點點墮羅襟，攜扇迎風夜未深。枕簟臨窗眠不穩，一鈎殘月挂疏林。

宵闌獨坐觸離愁，那得人來解我憂。天籟無聲花影亂，露涼先覺一分秋。

今生恨未繫紅絲，最苦情多握别時。玉骨比花還更瘦，何心拈筆畫雙眉。

秋雨秋風送别離，那堪睽隔最凄其。臨行曾許秋來會，未識秋來可有期。

夜坐聞雨，作此寄悶

窗裏燈光漏一絲，簾前風雨攪愁思。宵深不寐憑叙卜，聚首天涯知幾時。

秋日有感，寄示蘅華

西風葉落正堪悲，曉起臨妝懶畫眉。淚點暗從懷裏落，詩篇半作恨中詞。

愁深偏向人前諱，情重都從月下思。聽得隔牆兒女語，傷心正在那些時。

四日癸巳（1月11日）。薄暮，往潘氏小築，静坐移時。頃之，芷卿舍弟來，招同往酒壚小飲，合并者壬叔、恂如，烹魚甚佳，正可作魚頭參政也，酒罄四壺，微有醺意。予於股際陡生痞塊，殊覺其行趑趄。

五日甲午（1月12日）。小病不出，蹇卧寒齋。壬叔來劇談，言新眷一妓，小字愛珠，色藝冠一時，爲作楹聯云："萬方儀態俱堪愛，一串歌聲渾是珠"。關合亦佳。壬叔暱於新歡，迷津不出，時正隆寒，身未衣裘，恐不爲范叔之寒不止也。

六日乙未（1月13日）。清晨，雨聲淅瀝，紙窗甚暗，及起，則檐溜不止。乃著屐入城，聆艾君説法，來聽者甚稀。午後，同恂如、舍弟芝卿登酒樓小酌，頗得一飽。風雨更狂，街衢水溢，至琴莊寓齋，小憩片時出城，衫袖皆濕。

七日丙申（1月14日）。稍放嫩晴。薄暮，同恂如、壬叔散步馬路側，偕往酒壚小飲，酒味甚烈，頗能禦寒。予常有句云"風寒酒力不上面"，隆冬下雪時，每有此景。夜理舊時帖括，與恂如談文場之樂，頗有馮婦攘臂下車之狀也。

八日丁酉（1月15日）。薄暮，獨往温泉，作去垢之想。予臀瘡作楚，步履維艱。

九日（戊申）〔戊戌〕（1月16日）。日將西下，同研香往温泉浴體。

十日（己酉）〔己亥〕（1月17日）。薄暮，同恂如……

十有四日（癸丑）〔癸卯〕（1月21日）。是日風甚狂，吼地有力。午後，張筱峰從雲間來訪，與之劇譚。三載不見，欣慰殊深，第容色清羸，非復昔時，而詞鋒鍔鍔，亦稍挫矣。薄暮，即偕壬叔、劍人同彼小酌茗寮。筱峰爲述月坡所刊之《絶妙近詞》，多所遺漏，如雷約軒、□□□都不入選，未免缺憾，而吴門近日詞家如宋志沂，亦可屈一指。筱峰頗愛才，惜以波路迢隔，往還殊難耳。

十有五日（甲寅）〔甲辰〕（1月22日）。午後，同壬叔、劍人往訪筱峰，時筱峰在棣香家飲酒未歸，予三人亦興盡而返，乃行未數武，即遇諸塗，拉至寓齋，剪燈同話。予意欲留與筱峰聯榻共談，見筱峰躊躇滿志，頗有廣文苜蓿氣，因即匆遽言别。步月至東關，城鑰已下，窘不得出。有守者告予曰："姑俟之，有官將出外勾當公事，君隨之出可也。"頃之，吏胥執……

（録自國家圖書館藏稿本《蘅華館雜著・蘅華館日記》）

附　　録

蘅華館印譜（一）[①]

眉珠小盦華曼居士印

此印乃甫里曹氏舊物，余售之於泖人師。手紐刻一獅，極爲細巧，字乃許錦父所鐫。壬子仲秋燈下志[②]。

蘅華溪館

是石體質潤澤，乃壽山之最佳者，亦曹氏物也。字爲吴門老人陳拙生所刻。辛亥仲冬下浣志。

子文

甲寅年饋於蔣劍人，以"顛倒夢想"一顆來易去。

子文父

此二印乃先君子所藏，不知刻於何人手，牙色明潤。

護封

此印乃購之於市中，筆力既弱，石亦不佳，聊以適用而已。辛亥孟秋下旬志。

① 印譜有二，以序號區别之。以諸印有最晚鐫於咸豐五年者，故繫年於咸豐五年日記之後。

② 參看道光二十九年四月四日日記。

此印饋於黄碩甫。

王氏利賓　蘭卿

是印乃許錦父鐫，石亦是其所饋。壬子九月朔志。

緑水青山夜春風明月時與君相别後無日不懷思

是印乃市儈所刊，戊申秋杪購之於玉峰，因其字多，故仍存諸櫃。壬子秋日志。

此印於乙卯秋中送於金子鎔齋。

濂溪

是印乃咏莪所贈，不知係何人手筆。石瑩澈如玉，真堪寶也。甲寅秋，將字磨去，另鐫。

戊子生

此余故人陳子仙所刻，筆力殊勁。壬子重陽後三日志。

平安家信

是印乃葉文照所刻，余以百文得之，印諸書札上，使老親見之，喜動顏色也。亦饋於黄碩甫。

紅豆詞人

是印乃周淵如所鐫。淵如與余同研六年，今睹此章，如見其面。此印送於金鎔齋。

清風明月寄①相思

此是咏莪所鐫。壬子冬，約軒見之，甚愛其潤澤，因即舉以贈之。

護封

此是陳子仙所刻。

行素園居　王印利賓　蘭卿

此三印俱子仙所鐫，見之者以爲何如？

---

① 稿本誤釋爲“是”。

遠離顛倒夢想

緑杉埜屋

此印送於程子研香。

此二印俱係蔣劍人所贈，刻工甚佳，石無可取。乙卯春仲蘅華志。

蘅華館印譜（二）

蘅華館藏書　蘅華珍賞

二印皆鹿城陳友梅刻。甲寅冬日於骨董鋪購得二石，甚瑩滑，適友梅來滬，即倩其捉刀。

琴月樓

是印仲瞻陸氏得於骨董鋪，因以贈予。

稾封

得於吴門。

王子九印

甫里許錦父刊。

蘭卿

是印宋小坡得於闉城中，以爲適合予字，詫爲前緣，即舉以相贈，是亦一奇也。

蘅華翰墨

亦係錦父所鐫。

蘭卿

仲瞻之弟所刻，是印送於金子鎔齋。

利賓

陸氏所刊，送於金鎔齋。

寫意

上鐫“楳庵上人大畫師屬。乙巳八月紫眉”。是印劍人所贈。石既工緻，字亦古媚，深得刀筆三昧。

但願生生世世爲夫婦

是印陸氏所鐫。私札往來，用以示信，亦佳讖也。

半榻琴書

是印芸閣售予者。

王子不癡　懺癡盦主　蘅華館主　林氏泠泠　泠泠私印倒鈐　蘅香女史　紅蕤閣女史　願作鴛鴦不羡仙

上八石皆潘慳如所刊。以此頑石，殊難奏刀，故印邊多殘缺，慳如以爲甚不愜意。

修竹居　行雲流水

杏林

此印亦磨去。

家住吴淞第六泉

乙卯中秋恂如寓滬所刊。

蘭卿手筆

雲麓山房

此心聊與此山盟倒鈐

蘭卿詩古文詞之印

蘭卿手筆

臣利賓印

海棠香窟

此印已磨去，改作“家住吴淞第六泉”。

申江居士

此印已磨去，改作“蘭卿詩古文詞之印”。

紅杏成林

紅豆詞人
小梅花庵
研蘭館
書詩半榻
大雅

（録自臺北“中研院”史語所傅斯年圖書館藏稿本《蘅華館雜録》）

咸豐七年丁巳（1857）

是記所采弢叔詩甚夥，且皆卓卓可傳，附録盛艮山詩，亦清朗可誦，饒有唐音，他若時舫、景江諸子，雖係零章斷句，而風致自佳。惟吾里則絶少詩人，醒逋差可，而頭巾氣太重。友石所作，多未入彀，記中摘取數詩，可存者罕，宜吾滌盦師巋然爲魯靈光矣。丁巳仲冬甫里王瀚識[①]。

閏五月

咸豐七年歲次丁巳閏五月一日（1857 年 6 月 22 日）。予養疴里門，悉心學道，澄思澹慮，頗有所得。午後作一札致唫甫，并附一詩云：

衡宇相去僅二里，岸巾枉過祇一回。徒因疾病我難往，倘無風雨子可來？文字不奇豈作祟，科名無分竟爲災。南鄰

① 此爲王韜在其《蘅華館日記》手稿上的題識。

若遇顧夫子，好把新詩特地催。

滌盦師來札云：

近日目疾復發，心緒惡劣，所以不克奉過。拙稿並無足觀，現付手民，俟秋間刷印送覽。詅癡一卷，一錢不值，徒向人間喚賣，殊復可笑！擬附家譜後，俾子孫略見我之面目耳。

范秀石上樓劇談，言陳兆春女史致陸小淵夫人一札①，清婉可誦：

袂判河干，情分水驛。草淥盈盈，與愁緒以俱長；水流去去，紓須臾而莫策。契闊芝顔，一日三秋，每依庭宇，長天咫尺。爾乃韶光如許，禁烟尤近，景物並呈，撩然無適。簾捲高樓，何待月以遲來；花辭故枝，覺方條而漸碧。蝶戀窗櫺，非失侶而何傷；燕窺户牖，覓故主而落魄。憶論文於子夜，一旬又過；屆修禊之良辰，兩懷情脈。雖城鄉兮未遠，恨路途兮迢隔。至瀟瀟夜雨，一枕獨聽檐溜之聲；故故宵長，不寐惟思他鄉之客。欣奉聆音，尺素時親君誨；姑負良時，寸心終覺未愜。恨多吟誦閑情，又復新詩塵積。追想起居，幽閨清寂。馳視庭幃，承歡旦夕。春寒料峭身怯，統希珍重，修書反覆，紙尾不留空隙。吟窗逸興，聲凄五夜燈

① 稿本天頭有孫文川評語云："女史之札，宜爲改而存之，似此音調蹇澀，通篇押韻，未免不古不今。古人尺牘，間有用韻者，然不如此。又六朝四六，多三仄一平，愈見其古，此則兩平兩仄連用矣。《中酒賦》偶一爲之，不可學也。澄之。"以下凡天頭爲孫文川字跡者，録之而不名。

火；遠道有懷，夢繞一江風月。

兆春女史因避難至里，僦居予舍，居二月而去。里中人聞其能詩，嘖嘖艷羨。輕薄子登門窺視，舉止若狂，多爲其所嗤，謂吾里中無一詩人。秀石出《養目十圖》令評優劣，獨取滌盦師及予詩，咿唔數四，是亦閨閣一知己也。

致朱癯卿表兄一札云：

> 鹿城話别，睽隔經年，春樹暮雲，輒勞慨想。比維文祉清嘉，起居曼福，適符鄙人遥祝。去歲足疾劇發，經久未瘳，遍謁名醫，皆窮於技。江南之人，固多軟脚病，然不應如此延擾爲累。方疾劇時，屏人獨處，藥鑪茗碗，經案繩牀，耿耿良宵，誰爲伴侣？此中况味，有不堪領略者耳。
>
> 前五月上旬，家母舍弟，都來申江，特遣一舸，以逆予歸，故鄉風景，又得於病中領取。敝門養疴，鬱伊寡歡，日則啓北牖繙書，夜則就東牀高卧，米鹽瑣屑，概置不問，真如頻伽詩云："坐卧欠伸無一可，只消攤飯與攤書"，殊屬悶絶。現將匝月，尚未克痊，曹友石丈許以用藥有喜，苟如斯語，尚不作廢人，他日青鞋布襪，逍遥山水間，亦生平之大幸也。
>
> 委題《焚香讀易圖》，海上諸君子皆已題就，以拙作廁其間，猶佛頭著糞耳。久病之後，頗思逃禪，《易》理淵微，最難會悟，總之懺綺情、歸空寂，旨則同也。炎暑方張，小年正永，紙窗明凈，圖史縱横，時於此間，得少佳趣。聊因便羽，謹附尺書，諸維珍重，强飯爲佳。①

① 參見《弢園尺牘》卷三《與朱癯卿茂才》，文字頗有異同。

友蘭從常熟來，留宿，翦燈話舊，重拾墜歡，言俞大芬與雪泉三舅父同舉孝廉方正，今將列名達部，特招同籌議，故有此行。

友石丈作悼亡詩十八首，未竟其意，追念疇昔，時有惻怛，情往會悲，文來引泣，不自知其一往而深也，因復作四律云：

俗塵未了事如麻，灑脱無由且戀家。孤雁失群傷影隻①，斜陽將墜感年華。風鈴怕聽郎當語綸行三，雨樹愁看零落花。常説生平存厚道，不須衲子誦《楞迦》。

長宵魚目對銀釭，更鼓遥聞别有腔。夢裏芳魂同隔世，枕邊珠淚似春江。人來慰籍偏添恨，自放襟懷亦未降。觸目傷心言不盡，韓童②願化鳥雙雙。

明識將離果不留，淚珠洗面過殘秋。酒邊花裏人何在，鏡冷釵寒月亦愁。老矣更添薪水累，悲哉時抱利名憂。孝章困苦莊生達，欲永天年且自休。

太上忘情恐未然，打開羅網又重牽。返魂豈是人間術，不死惟推天上緣。舊篋怕開重復鎖，寒衣曾囑要裝綿。十分體恤今誰在，腰瘦新來祗自憐。

其十八絶已付剞劂，兹摘録三首於左：

不愧如賓四十年，白頭相對更相憐。明知離别無多子，偏讓卿家一著先。

瘦骨支離漸次枯，牀中亦要倩人扶。伶仃獨自泉臺去，昔日亡兒見也無？

---

① 稿本天頭有：“‘影隻’字宜顛倒之”。
② 稿本天頭有：“何如韓憑”。

病苦交加集一身，連朝水米未沾唇。尋思尚少埋香地，留此微軀作恨人。

閱此亦足見其情之深矣。

友石丈作《秋海棠》一闋，調寄《邁陂塘》，詞云：

立亭亭、墻陰孤另，輕紅瘦影如許。含愁積恨涼風裏，幻出懷人倩女。交密葉。□□□□[1]似，紈扇班姬侶。花容嫵媚。看一點檀心，千嬌粉面，都是斷腸作。　啼妝態，怕見凄涼零雨。清淚揮又頻俛。鮫綃誰揾春風臉，修竹笑他何苦。儂和汝。算顧影、悲秋薄命平分取。良宵天與。有半規嫩月，一庭冷露，銀燭高燒護。

予代綠雪詞人筱峰張鴻卓題《焚香讀易圖》云：

乍捲湘簾，意蕭然、閒中自繙經笥。寡過時光，習靜年華，已是懺除文字。羲天一畫參來透，澹無言、晝沈沈地。看發篋，陳書誰索，箇中玄秘。　兀坐鑪香寂歷叶去。任卍篆、成紋念凝神志。馬帳高譚，鹿洞微言，參注總嫌詞費。傳經家學由來久，喜更有、驕兒旁侍。琅琅讀、韻協平檀旃滋味。

右闋調寄《花心動》。

又代宋小坡題十絕云：

① 此處當是漏抄四字。

昔年曾寫無聲句，今日披圖一惘然。尚憶聯牀風雨夜，翦燈手自校陳編。亡弟叔京邃於經學，尤嗜羲《易》，予爲寫《焚香校經圖》，遍徵諸名士題咏，今袖手黄壚者三十年矣，旅窗無俚，展閲此圖，振觸前塵，輒爲酸鼻。

如水簾紋小坐時，藥罏烟裏鬢成絲。繩牀經案年來慣，豈獨傷心哭柳枝。亡姬綠蘋，嫻静能詩，詮疏《易》義，妙解人頤，每一念及，憮然累日。

紅袖添香倚畫屏，粲花妙舌善窮經。看君讀到枯楊句，清韻琅琅不忍聽。綠蘋來歸，時年十七，予已六十四矣，偶繫《易》至"枯楊生稊"句，相與囅然。今讀此句，猶腹痛也。

此是鴻荒最古文，漢唐立説盡騰紜。若探秘笈參真諦，願把諸家筆研焚。

揚子狂詞徒覆瓿，王通高論聽鋤窗。微言已悟廢群議，一畫先參息衆哤。

竹垞之後此傳人，抉奥搜奇迥絶倫。静對罏香有真味，避人學道幾經旬。

心字紋成篆影微，胸中幻悟入非非。静參要在無言契，不蹈空疏寡學譏。

濃熏柏子意蕭閒，點露研朱子細看。愧我行滕今老矣，假年學此也應難。

逐臭海涯近卌年，傳經心事付雲烟。已增李嶠無兒嘆，羨煞蘇家令子賢。犬子無慧，不辨菽麥，《十三經》雖麄能成誦，而多病廢學，已亡其半。今觀圖中孺子，皎如玉雪，定非凡品。

藏拙丘園憂患餘，窮年俛首注蟲魚。烽烟滿地江湖老，何日閉門歸讀書①。上海失事，困居圍城中十有八月，所著有《詩説闡義》三十四卷，郁君泰峙許爲刊入《宜稼堂叢書》中。此書一

① 稿本天頭有："拗韻如此首，末句便不錯"。

出，定當騰笑於儒林也。

丙辰六月上旬，逭暑雲麓山房，爛卿王君特招同姚某伯燮、張春水澹、于辛伯源、蔣劍人敦復、張筱峰鴻卓、李壬叔善蘭宴於西園，爲銷夏第弌集。酒酣出是圖屬題，壬叔、劍人即席有詩，明日亦成十絶，垂老悲來，語多感慨，幸勿哂之。小坡宋希軾。

逃禪學道都求静，長日無人門晝扃。儂亦年來思懺過，棗花簾底誦《黄庭》。

茗碗鑪香書有味，禪心儒理道無言。攷亭之後竹坨繼，一卷羲經此溯源。

六月二日韻卿内史同蘅華外子觀於紅蕤閣并附題二絶[①]。

雖是贋鼎，光怪陸離，殊眩人目，亦可寶也[②]。

江弢叔見予所題，亦作一律云：

不見又五載，秋風江上生。羡君能讀《易》，閉户罷求名。士尚攻文字，時方動甲兵。相期幾同學，歲晚話歸耕[③]。

秀石以江弢叔詩見眎，爲録數首：

去福州留别吴氏二生棊、校

戎馬半天下，吁哉今何時。腐儒非健卒，乃欲縱横馳。

① 稿本天頭有："可兒可兒！恐是床頭英雄爲之。澄之。""爛今書此詩獨爲小楷，與通卷筆墨不同，亦復可取。"

② 稿本旁注："我亦云然。滌盦讀"。

③ 稿本天頭有："卓乎方家，激昂頓挫。"

念我此留滯，瞥見三寒曦。邊方隔時事，百慮消人肌。有生踐王土，蹈海非所期。誠無濟時分，尚取投身宜。飄揚東去雲，過嶺夫何遲。人情重離别，方與知交辭。

二子從我學，已共三年居。頗知古儒業，不在空讀書。此别誰可料，路有三千餘。兵戈或阻塞，書訊猶將虚。殷勤幾晨夕，惜别愁須臾。會難鑒篤誠，亦欲留區區。男兒未三十，精氣耐久劬。競時植學本，適用爲世須。臨分空語盡，用世還愁予。

憶雪翁①

可惜才人老，重經世患侵。一官難吐氣，衆口絶傷心。酒合從今醉，詩休對客吟。前途因敘别，爲爾説山林。

雨後溪水暴漲，逆流行二十里得詩②

一天雲挾衆峰浮，雲際風生雨却收。溪面漲餘三丈水，船頭高並半山樓。不知吾道欲安濟，但見漁翁來順流。没盡前灘無復石，篙聲方打石之頭。

舟中贈阿福

小女生福州，名之曰阿福。阿福在娠時，震動母左腹。占之得乾象，成男盼嗣續。不知五月姤，卦氣一陰復。忽吹

① 稿本天頭有："此首微嫌空滑"。
② 稿本天頭有："此亦未佳"。

雌風來，啼聲出茵褥。稍喜母不驚，孕久氣血足。脱下紫胞衣，正如雛出殼。我命母食之，負以一女僕。非男謝矜寵，慰情聊撫育。彌月哺來肥，肌雪面如玉。試以一聲笑，啞然妙知覺①。是時群盜熾，郡縣幾傾覆。驛遞得家書，江鄉戰鋒衄。永念雙白頭，避兵混農牧。當暑取速行，及秋訪茅屋。遂抱阿福歸，篾篷轉溪曲。朝經竹崎關，暮抵囦溪宿。囦溪水鳴咽，雜我小兒哭。月落篷窗昏，照眠接短燭。渠母亦解事，藉兒裙半幅。卧護燥濕間，偪仄手恐觸。頃之復驚啼，索乳至天旭。舟中絶人事，俗物不到目。時置懷中嬉，摩弄日親熟。四十明年來，我生尚隱伏。呱呱予弗子，用世此難卜。風雲氣何如，兒女情方篤。聊贈阿福詩，他時婿能讀。

霽　宵

江南盜爲宅，兵氣猶上干。霽宵看乾象，金星如彈丸。書生爾何狂，不自謀飢寒。憂時搔旅鬢，烈氣衝儒冠。欲獻十二策，平賊消兵端。不能去遼東，便作管幼安。青天詄蕩蕩，秋夜長漫漫。毋將白露下，涼我心與肝②。

晤雪翁談次有作

大江左右兩詩人，傲物非真懶是真。出處都難容我輩，文章各已累終身。分從亂後相看老，不博閒中自在貧。他日更爲南北限，相思浩蕩寄烟春。

① 稿本天頭有："瑣屑得妙，是有熱淚。此首近少陵。"
② 稿本天頭有："收二句微欠含蓄"。

建陽旅夜

兵塵千里客蹤孤，建水留人緩去吴。尚幸賊邊存老友，不知詩外總窮途。涼宵秋霽三更月，古堞寒啼一夜烏。便道先生壯心在，明朝青鏡笑頭顱。

予養病里門，已將二月，仍不少瘳，北窗悶坐，嗒焉若喪，因得句云："讀史正逢鑿齒傳，求醫難遇折肱人①。"

（閏五月）十有六日（7月7日）。友石丈來，煮茗劇譚，言詞學失傳久矣，元薩天錫工詞，明音律，懼後人探其閫奥，不能獨擅千古，遂將各家所著詞譜盡付焚如，迨本朝朱竹垞搜得秘本，撰詞學入門，填詞家知所宗法。予和渠《秋海棠》一闋，調寄《一萼紅》云：

態酸辛。作去傷心秋色，一簇淺紅匀。墻角涼烟，檐牙冷雨，消受幾箇黄昏。暈數點、零花病萼，種凄涼、一半是愁根。生小多愁，髫年薄命，幻此閒身。　　認取當時血淚，想臨風傾灑，無限懷人。泣露寒蛩，悲秋怨蝶，替他妝點啼痕。問誰爲、攜鐙照影，寂無人、永日閉閒門。莫向玉階下立，多恐銷魂。

江弢叔從京師來，與秀石劇譚，言近得一官，將爲禄仕，因吟近作，有"賤難藏我拙，貧易盡人歡"之句。爲秀石寫扇，仿黄山谷體，秀勁入骨。咏物四詩，乃甲寅年在福州所作，出門十餘年，意況略可見矣！

---

① 稿本天頭有："憶予友人曾有《病齒》詩：易牙愁鮮術，鑿齒嘆無功。句雖不佳，而對仗自工。澄之。"

《書簏》云：

學術短長我自知，客中書簏是我師。隨身幸有三千卷，暇日愁無十二時。憶昔家居搜史籍，曾編政論洞機宜。到今心老甘無用，鐵鎖藤槭任所之。

《舊研》云：

珍重傳家硯一方，吾身合與共行藏。壓裝現擬浮滄海，起草誰當夢玉堂。正使平生磨志氣，猶爲[①]造化寫文章。石君若解人心事，不願重登貢士場。

《斗帳》云：

寓齋挂起一鈎金，斗帳何如複帳深。製就巧供人下榻，睡餘閒許晝眠琴。此中豈着同衾夢，到處長懸獨客心。久在殊方消白日，并消清夜感難禁。

《破履》云：

客裝耐久是羔裘，他物隨時敝不留。應爲百程走山脚，又看雙履破雲頭。人情棄舊誰能免，世路多勞我欲愁。猶記去年新製得，故園繞步一欄秋。

予喜焚香，友石丈傳一鑪金方，足供山齋幽賞。其法用杉木

① 稿本天頭有："此'爲'字似當讀去聲。"

炭一兩、鉛粉五錢，欲速加輕粉三錢，共研細末，每用一小匙置鑪中，點以火紙即着，滿鑪皆成黄色。

春伯潘綺頗工詩詞，今應北闈入都，滌盦師作詩送之，有"要攀丹桂迎仙娥"之句。今從都中寄書至，純用駢體，句法甚工，自愧弗如，頓有老大無成之感。

予托許壬釜畫花卉二幅，經年未至，作札催之。壬甫筆致秀媚，是瓣香南田者，惜工力尚未到家耳。

春間雲間韓菉卿應陛作《用强説》，意在抑英國之强也①。長日無聊，戲反其意作《反用强説》一篇，寄往墨海，俾刊入《六合叢談》中：

> 雲間韓子作《用强説》一篇，大旨謂剛必缺，亢必悔，强與弱互相消長，弓用則敝，刀用則鈍，不可徒恃强也。然此猶以用言用，而未嘗知用猶不用，有神於用之先者而用乃無傷矣。庖丁之解牛也，十九年而刃新發於硎。蒲盧之射也，以虚弦驚之而鳥已落，然則强亦觀其所用何如耳。當用而用，不得謂之黷武。極言之，即秦始之築長城，後世卒蒙其利；漢武之通四裔，至今猶震其名，何則三代而下不能以仁道治天下？柔天下以弱，不如威天下以强也。苟寬和失中，委靡自域，未有不底於亡者。唐從段文昌消兵之議而兩河不復，宋措兵革而不用而子孫終受制於金元②，强安可一日不用哉？甲冑久藏則朽，戈矛久頓則壞，文治修則武備弛，在朝諸臣，粉飾太平，草野士夫，厭談兵事，而禍遂發於不可制矣。所貴乎用强者，不示天下以可犯之機，不與四

---

① 稿本天頭有："有心哉。"

② 稿本天頭有："至言。南宋能延百餘年者，亦幸而值金之厭兵耳，否則小朝廷能久支乎？然金自此弱矣滅矣，亦不用武之弊也。"

鄰以可乘之隙，靜可自守，動可制人，苟如弓與刀之卷而不用，而曰保強之道在是，吾立見其蹶也。

潘恂如寄青蚨四千頭至，言係益扶丈所貸者，得此又可支持半月矣。

滁龕師來，見予足久不痊，亦苦無策，但言當頤性養真，或可銷夏祛疾，且謂歷觀古來以惡疾而得神仙者，不可勝數，況閉户不出，正堪著書，如車若水之有《脚氣集》是也。予甚感其言，但無養病之貲、登仙之術何？

醒逋嘗觀劇有感，得句云："閱世原非真面目，登場猶見古衣冠"。

正義翁上舍竹汀閒澹自安，不趨名利，工畫山水，亦超然高潔。嘗夢有人示以一詩，醒後尚能記其句云：

好友何難到處逢，阿儂曾過白雲峰。山高不礙功名路，海闊應知磊落胸。酒勸千杯三徑菊，夢回一榻五更鐘。英雄有眼君休訝，尺幅能容萬丈松。

詩極高闊，不知何指，其或遇仙乎？

葉時舫題江南友人《柳塘春燕圖》云：

一泓新水緑初酣，楊柳枝頭三月三。燕子不歸深巷裏，東風飛絮夢江南。

嘉禾李魯望布衣璠幕游於蜀，與醒逋倡和頗多，其斷句如："孤峰青了了，寒漲緑沈沈。""風聲行水面，塔影落船頭。"皆可誦也。又《咏西湖岳墳》云："三字玉成忠武節，千秋鐵鑄佞臣身。”屬對亦新。

郭景江刺史名正誼，江西人，外舅莛汀先生少時曾課其子，賓主頗相得，殘編零墨，時有存於外舅行篋中。其《買菊》詩末句云：“多錢易種人間孽，擲向花叢計最良。”又《悼姬人嚴氏》云：

> 九年短夢付東風，泡影瓶花轉眼空。千里關津雙槳緑，五更風雨一鐙紅。舞裙歌板緣無分，春草楊枝調不同。底事曾經憂患侶，不隨煨芋向山中。
>
> 春光難買一宵停，欲别鶯聲不忍聽。海上有山空貯恨，人間無藥可延齡。憐伊萍梗生原寄，觸我槐安夢欲醒。歸骨章江言必踐，碑頭爲爾記青青。

雲塍晚年宦況蕭然，鬱鬱不得志，嘗作《鬱賦》以自遣，及病革，自作楹聯云：“山高月小何妨止，雲白天青可以行”。可見其胸次灑然。

劉士棻字心香，景江之友也，有《梨嶺道中》六絶句，頗有宋人風味，詩云：

> 參差石磴護烟蘿，滑滑新泥雨乍過。便拂征鞭催去馬，不知踏破白雲多。
>
> 小雨疏疏點麥斜，香風十頃水田花。數聲犬吠炊烟裏，又見前村三兩家。
>
> 麂眼籬圍白板扉，桃花源裏景依稀。幾家桑柘斜陽外，扶杖人酣社酒歸。
>
> 竹枝詞裏欲魂銷，山市風和一笛飄。不及司勛明月夜，簫聲十里小紅橋。

松濤春睡不生寒，峻嶺如弓曲曲盤。何處曇花香不斷，一龕鐙火出雲端。

亂山如帶束千村，烟雨春寒小院門。無數歸鴉官道晚，一肩琴劍又黄昏。

有人夜坐得句云："嫦娥也有憐才意，親送花陰到草堂"。友石丈云：不如改"親送光華照讀書"爲妙①。

成語對偶之佳者：

平生能著幾緉屐，長日惟消一局棋。

勸君更盡一杯酒，與爾同銷萬古愁。

公獨未知其趣耳，臣今時復一中之。

予足疾久不瘳，歷試諸方，皆不對症。恂甫三侄來，云昔年亦患此疾，經十月始愈，所用不過紫金散一方，卒以此收功。予索其方觀之，皆係寒涼之品，與陰疽不甚相宜，未敢遽用。其方録於左：

熟石羔五錢、黑山梔三錢、淡黄芩三錢、飛青黛一錢五分、連翹殼三錢、甘草三錢、黄柏三錢，共研細末，麻油調敷，不用膏掩。

馬醴園言：足疾初起時，用防風、荆芥、斑貓、稀薟草、金銀花、土貝母等分，燒酒浸，揩洗，能消腫解毒。又方：木瓜切片、杉木鋸屑等分，黄酒浸，揩洗，亦可。友石丈云宜用陽和膏，方用紫荆皮、石菖蒲、赤芍、獨活、白芷，此方予未之試。

滬上乏良醫，女科尤少。嘗見調經一方，皆用猛劑，亦録於

① 稿本天頭有："總未愜"。

左，未識高明以爲何如也：

西黨參三錢、炙黄芪二錢、製茅术錢半、緑升麻六分、軟柴胡八分、當歸身三錢、新會皮錢半、炙甘草六分、厚杜仲三錢、粉丹皮錢半、補骨脂錢半、炒香附三錢，加淡蔞薑三片。

右方係金媪所傳，云滬上女子服此有妊者如操券，予究不知其妙也。

（閏五月）二十二日（7月13日）。友石丈來舍劇譚，予言僕行年三十，未嘗作小照乞人題咏，留爲話柄。友翁亦言生平衹自繪一圖，秘不示人，而自題一詩於上云：

約略鬚眉似我無，鏡中寫影究模糊。芭蕉葉上攤書坐，一幅從前廢學圖。

醒逋十九歲入蜀，泊舟巫山下，推篷出視，覺山色葱秀，蕩人心目，夕陽未沈，亂山横亘，有若眉列，有若髻墮。神女廟踞山頂，城郭人家，分明如畫，令人意遠。

蜀盧憶卿上舍謂醒逋曰："巫山之中有異境，萬山攢聳，不與世通，惟春夏之交，蜀水大發，山坳皆滿，始可浮輕舟而出。去塵市數百里，田廬雞犬，一如桃源，是真可以避亂。"後醒逋忘其處，再往訪盧，則盧已没矣！

有題畫詩云："急澗無停留，行雲那得定。不息奔競心，山林亦非静。"頗有禪機①。

醒逋有句云："從前錯已六州鐵，此後陰如一寸金。"② 意極懇切，已往難追，未來宜惜，如讀張茂先《勵志詩》。

嚴規生云："我念起處，即我身生處。"真如楊玉環所云："從此一念，又不得久居天上矣！"所以禪門全貴定力，無論役心華膴，即墮轉輪，苟此念一差，積歲蒲團工夫盡廢。

---

① 稿本天頭有："極力翻案，以避平熟。"
② 稿本天頭有："沈着。"

余舊思修《甫里志》，嘗致書莘圃，令其裒集所聞以寄，兹閏生攜《太古山房偶筆》三册至，中有涉甫里近事者，録以備他日采輯：

甫里之西楓莊村，有沈四山人，名謹學，號秋卿，家世農業，而山人獨好爲詩，晚年貧困，有“禦寒無被已三年”之句，潘功甫舍人見其詩而賞之，以爲陶、韋復出，而山人旋卒。有洪髯顛梓其詩，而郡中紳士莫不知有秋卿其人矣。同里顧朮民每稱其“離離花影濛濛月，只隔虚窗紙一層”[①] 及“自嘆自憐還自恨，當時何苦種芭蕉”之句。山人從子柳裳亦工詩，早夭。《咏秋海棠》云：“憐他五百年前事，還向西風一斷腸”。又《咏落花》云：“拾來細想無藏處，夾在《楞嚴》一卷中。”[②]

有朱雅三者，教授於村塾，殷蕚生上舍得其詩一册，有《過故家》一律云[③]：

聞説豪家事，興衰五十年。主貧輸僕富，子駿望孫賢。
鍋垢饞貓舐，廳苔瘦犬眠。白頭捫蝨嫗，往事話綿綿。

真切不讓古人。“鍋垢”句似俚，然唐人所謂得力於貓兒狗子者，正以本色爲佳。又有《秋柳》句云：“寒潭空照影，斜照忍依樓。”可謂離影取神。又有句“蛛絲心緒兜”，亦妙。

甫里海藏禪院，前明許元祐中翰梅花别墅也，後乃捨宅爲寺。《梅花墅圖》有數本，並名人手筆，予所見一本，顧元昭臨莊平叔筆也，工妙絶倫，後有七言長歌一篇，亦絶佳，惜未署名，後知作詩者名王儼，字孝酌，中翰長孫也，詩云：

---

① 稿本天頭有：“妙語欲仙。澄之。”
② 稿本天頭有：“纖巧。”
③ 稿本天頭有：“詩似晚唐”。

神皇御宇致太平，四十餘年罷用兵。政簡刑清五穀熟，父老不知官長名。嗚呼吾祖性純孝，堂下書聲堂上笑。奉親何事吝金錢，點綴池亭恣憑眺。親安子順一家和，大地薰風此地多。卜築聊代斑斕戲，花枝能舞鳥能歌。高陽孝友如張仲，曾玄繞膝含飴弄。娱老爲開介壽觴①，承歡卻勝三公俸。秋水亭前秋水深，樗齋簾卷月華侵。檀板銀箏次第發，唱徹嗚嗚孝子心。引泉疊石還奇絶，幻出飛橋迷曲折。碧窗朱檻競繁華，四望漫漫滿圃雪。雪吹滿圃梅花天，胸羅萬卷樂陶然。搜奇每結珊瑚網，好客常開玳瑁筵。吾鄉向是名人里，鬥鴨高風孰堪擬。昔有杞菊今梅花，不信梅花輸菊杞。一朝忽廢《蓼莪》詩，灑淚難忘反哺慈。那堪病質餘哀慟，衣表俄驚骨立時。芙蓉城裏仙游處，匆匆長别嗟何遽。十二瓊樓蛛網牽，三千珠履空歸去。兩輪烏兔如弄丸，催人憔悴不成歡。鸚父籠中覓故主，梨園子弟别人看。燕子樓空憐舊巃，冰心早殉麒麟冢。霏玉争傳潑墨鮮，拜墓先悲木已拱。瘦到池魚水漸消，門掩人蹤鼠雀驕。楊柳春寒風翦翦，梧桐秋老雨瀟瀟。豪華轉瞬恒如此，世事浮雲安足齒。不見漁陽鼙鼓來，地裂天崩日月死。禾黍離離南北宫，一炬江山錦繡空。吾儕莫怨家仝破，烟鎖樓臺落照中。園是主人人是客，贊皇欲保徒嘆息。輞川世世右丞庵，虎阜年年短簿宅。一枝珍重贈空王，無數天龍下講堂。幢幡縹渺層巖内，梅花化作蓮花香。一泓倒浸蓮花影，蓮社初開昭瑞景。大開海藏集蛟龍，六時梵籟心俱冷。我祖曾留西域書，淵含妙理自如如。波寒夜静談經處，惆悵西風欲化魚。選佛場開多及第，禪客何人參五味。暗香林裏戒香飄，孤山染得靈山氣。回思燈市

① 稿本先作"萬壽觴"，後改爲"介壽觴"。

鬧群兒，猶記元宵盛水嬉。象管鸞笙聞度曲，金屏珠箔看彈棋。屈指未踰二十載，忽忽桑田又滄海。堂延天竺古先生，月榭雲房面目改。開落三生幾樹花，廢興千劫一杯茶。天迎佛住高人院，我似僧來施主家。我來信信還宿宿，陰符願換《楞伽》讀。魚聲敲醒夢中愁，徑愛三三峰六六。玻瓈龕火祝長存，多難逾知君父恩。一椽一瓦前王澤，一花一石祖宗魂。花石無情不可訴，予懷渺渺傷遲暮。阮生欲哭將無同，覆傾況復艱天步。人間古佛即慈親，布地相看堂構新。白蓮正放淵明社，奚必桃花好避秦①。

圖今歸嚴氏，乞人題咏，有韋君繡先生題詩最佳，詩云②：

絹海膠山跡尚存，傷心家國不堪論。梅開古雪春無主，鐘度寒霜月有痕。土地祠留王主簿，伽藍神奉顧黄門。祇園香火消塵劫，能報平泉祖父恩。

欂齋隱跡感滄田，回首香雲湧白蓮。易代誰知丁卯宅，長歌忍溯甲申年。輞川畫手師前輩，甫里高風替後賢。六直至今南下水，暮潮嗚咽繞禪天。

謝徽字玄懿，長洲甫里人，洪武初與修《元史》，授翰林編修，未幾擢吏部郎中，辭歸復起助教國子，卒於官，有《蘭庭集》，見錢牧齋《列朝詩選》，所選止三絶句，《禪窩》云：

陰壑寒猶閟，空山響已沉。白雲無路入，禪向定中深。

① 稿本天頭有："此詩當是國初時作。"
② 稿本天頭有："如泣如訴，韋君必勝朝遺老而能詩者。澄之。"

《卧雲室》云：

朝卧白雲東，暮卧白雲西。白雲長共我，此地結幽棲。

《雲林竹》云：

風葉響秋林，烟梢帶夕陰。美人離思遠，湘水夜未深。

此蓋《師子林十二咏》之三也，當補入《甫里志》。

以上四則皆於甫里有關涉者。秋卿，予弱冠時常見之，間與先君子相過從。滌盦師謂其詩雖窮而後工，而不免有貧賤驕人之態，然能安於貧，傲骨嶙峋，亦自可取。嘗詣秀石齋中，因與秋卿山人談詩，予謂嚴芝田丈詩麄率寡味，秋卿曰："芝翁詩落袁派，不能見自己真面目，此其病也。"山人遺詩有《貧況》一首云：

遮窮諱苦亦徒然，欲訴還休更可憐。昨夜舉家聊啜粥，今朝過午未炊烟。强顔且去賒升米，默計都無值一錢。誰信先生誰不信，禦寒無被已三年。

詞意凄惻，令人讀之不歡。

《梅花墅圖》昔在嚴憶蓀處，云以五百金得於許氏，今憶蓀貧甚，鬻物以食，是圖想歸其兄馭濤師處矣。予幼時舊居已撤爲廢薪，故題圖末句云：回首故園今寂寞，夕陽一抹下平蕪。

葉雲塍太守宦蜀時，買小婢供使令，婢居鄉曲，不知有官府，一日公穿蟒服，婢竊詢人曰："主人其唱戲者乎？"家人大笑，醒逋時爲贅婿，作詩曰：

傀儡功名説短長，幾人回首細思量。垂髫婢子心偏慧，識得官場是戲場①。

金盟石茂才，一號鐵鋒，正義人，詩文俱超脱，《咏蓮蓬人》云：

紅衣楚楚憶前緣，脱解依然掌上蓮。本性雖空絲未斷，脚跟無著線難牽。生來自具玲瓏竅，老去仍歸游戲禪。獨嘆飄蓬儷作客，中懷的歷②少人憐。

閔試堂明經，黔人也，嘗過固安縣旅店，有題詞於壁上者，詞云：

歌絃脂粉儘娉婷。愛煞多情，惱煞多情。異鄉風味試參評，意似浮萍，迹似浮萍。　凄迷五夜又雞聲。癡也難成，夢也難成。輪蹄書劍共飄零，今日行程，明日行程。

又詞云：

柳陰陰下雕輪駐，雪色羅衫，恐被征塵污。醉眼看花渾似霧，重簾不下休教妒。　相如不賜金莖露，欲乞瓊漿，難覓雲英處。溝水東西人自去，人生總被多情誤。

詞意皆浮蕩③。

① 稿本天頭有："記事如有神，雲塍之高致，自在言外，詩亦可存。澄之。"
② 稿本旁有三字"心苦煞。"
③ 稿本此句旁有："第二詞不浮蕩。"

試堂工丹青，嘗畫蛺蝶紈扇，送張菊簾公子歸黔，題《鷓鴣天》詞云：

惱人天氣緑初肥，況是他鄉送客歸。無限春愁難訴與，拈毫幻想入非非。　魚去少，雁來稀，怕看堤上柳依依。何時偷得莊生訣，夢入家園夜夜飛。

予弟芝卿喜嗜片芥，屢戒不改，因録《戒烟新樂府》以示之，或能稍知悔悟也①。

學時路

學時路，有喫有着無事作去。一筒兩筒不害過，今日三筒，明日四筒，五筒六筒七八筒，裝烟發烟已成功。買烟具，買水果，賣盡田園賣家伙。喫烟喫烟真及時，兩肩聳起如餓鴟。床頭烟鬼哈哈笑，時路朋友又來到。

搶帽子

搶帽子，三隻手，不搶帽子便翦綹，原是當年喫烟友。烟烟烟，家私化作火上烟。喫喫喫，冷粥冷飯無處喫。告他三年懶做官，一切生意做不得。不得已，搶帽子，押得幾文錢，便向烟燈發利市。君不見，昨日搶帽子，今日金剛脚下死。

① 稿本天頭有："宜載作樂府者之名氏。"

開烟盤

開烟盤，做闊老，烟墩小娘顔色好。問娘何處人，答言昔日家道贏，家道贏，到阿父，阿父生來喜嫖賭。嫖賭喫着四字全，大傷元氣鴉片烟。儂在閨中亦染指，家道零落阿父死。阿父死，不自由，紅樓作青樓。阿父當年亦風流，開烟盤，一洋頭。

札火囤

札火囤，做圈套，光棍及烏龜，本來是一黨。床頭一燈摇黄昏，鋃鐺鐵索聲在門，吾家並不開烟墩。直入房闥子何因，銀錢到手放出門。有錢且向烟墩行，外面猶自裝斯文。君不見，札火囤。

予閲《醫方類證》，見一方治足疾良便，因録之：

葳靈仙，採之陰乾月餘，擣末，酒和服二錢匕，利空心服。如人本性殺藥，可加及六七錢匕，利過兩行則減之，病除乃停服。其性惡茶及麵湯，以甘草、梔子代飲可也。

友石丈得一少陵洗傷方，云極神效，必洗至五六次，膚癢，藥性方到：

骨碎補切片一兩、鮮生地打爛一兩、五茄皮三錢、地骨皮五錢、真紅花一錢、廣木香一錢，加黄酒四兩、水一大碗煎濃，温洗之時，加鹽一撮。

二十三日（7月14日）。友石丈來論詞，因辨陰陽清濁、高下疾徐，皆有一定之律，不可移易，其節奏和諧者全在人心自然之聲。按毛先舒《七聲略》曰：陽平、陰平、上聲最低，無陰陽、陰去、陽去、陰入、陽入，凡七聲，其音易曉，《中州全韻》兼分去入，而作者不甚承用，今略舉其例，諧聲循序，連類可通，初涉之士庶無迷謬。

陰平聲：种、該、箋、腰　　陽平聲：篷、陪、全、潮

陰去聲：貢、玠、霰、釣　　陽去聲：鳳、賣、電、廟

陰入聲：穀、七、妾、鴨　　陽入聲：熟、亦、爇、蠟

大抵音有抑揚，韻有響啞，低下者爲陰，高亮者爲陽，作詞之道，第一在辨音，辨之不難，在口鼻舌齒喉輔之間而已。毛先舒《聲音統論》：一曰穿鼻口中，得字後，其音必穿鼻而出，東、冬、江、陽、庚、青、蒸是也。二曰展輔字，出口後，必展兩輔如笑狀，支、微、齊、佳、灰是也。三曰斂脣，口半開半閉，聚斂其脣作收韻，魚、虞、蕭、豪、尤是也。四曰抵齶，字將終，以舌抵齶，真、文、元、寒、删、先是也。五曰直喉，真如本音，歌、麻二韻是也。六曰閉口，却閉其口，侵、覃、鹽、咸是也。三十韻平聲已盡於此，上、去即可類推，惟入聲異，别有《唐人四聲表》以鈎稽之，斯理盡矣。

詞中聲不能盡遵《字典》《説文》者，蓋詞照管絃，必須聲韻和諧，歌不至滯喉，聽者方能傾耳，如四紙之是、士、視、市、恃、雉，三講之項，六語之序，七麌之户、柱、部、杜，十賄之在、待、怠、倍，十一軫之盡、隕，十四旱之但、悍，十九皓之道、燥、抱、鮑，二十二養之象、像、丈、仗，二十三梗之静、靖、幸、杏，二十五有之舅、臼，二十六寢之甚、恁，二十八琰之簟、玷，二十九豏之犯、范，皆上聲字而歌者多唱去聲，所填工尺亦照去聲，勿以不識字譏之。

古譜之法，一均七聲，宫商角徵羽及半宫半徵也，分爲六宫十一調：仙吕宫清新綿渺，南吕宫感嘆悲傷，中吕宫高下閃賺，黄鐘宫富貴纏綿，正宫惆悵雄壯，道宫飄逸清幽，大石調風流蘊

藉，小石調旖旎嫵媚，高平調條窈滉漾窈或作拗，般涉調拾掇坑塹，歇指調急併虛歇，商角調悲傷宛轉，雙調健捷急裊，商調悽愴怨慕，越調陶寫冷笑。

白石道人《詞譜》、張叔夏《詞源》，其法以合爲黄鐘，下四爲大吕，四爲太簇，下一爲夾鐘，一爲姑洗，上爲仲吕，勾爲蕤賓勾即乙，今譜無勾有乙，大約勾即乙之訛也，尺爲林鐘，下工爲夷則，工爲南吕，下凡爲無射，凡爲應鐘，六爲黄鐘清，下五爲大吕清，五爲太簇清，一五爲夾鐘清，仍是合、四、一、上、乙、尺、工、凡、六、五等十字，惟增下四、下五、下一、下工、下凡、一五等，以配十二律及黄、大、太、夾四清聲，共爲十六聲，其詳在葉廣明《納書楹譜》内。

昔年予作鏡囊，友石丈爲題一絶句云：

近邀顧盼覺多餘，遠視饃黏已滌除。兩字關心忘不得，美人顔色古人書。

雖近戲謔，却有風趣。

友石丈言昔時送其子入塾，偶作四句云：

小兒初入學，不識字顛倒。静坐便思睡，師怒反成笑。

善描小兒情態，不減玉溪生《驕兒詩》，惜未成篇。

蔣劍人少時，醉後踏佛肩，思竊頂珠，爲寺僧所訶。又出門窮甚，幾至乞食，人呼爲老名士，因自作一聯云：

大才人佛頂偷珠，山高月小；老名士街頭乞食，海闊天空。

此亦足以解嘲。

醒逋館中課徒之暇，手抄書成帙，積有《兩宋詩選》、《歷朝古文正宗》，裒然徑尺，斜行細字，不肯一筆潦草，且皆從全集中手自選校，耆好之專，精契斯在，正自樂之不覺其疲。若予則謝未遑焉，每有異書，閱過輒忘，輒以諸葛武侯讀書但觀大義、陶靖節讀書不求甚解爲藉口，一生悠忽無成，學書學劍，無一遂者，正坐此病，嗣後當痛懲之耳。

予家伯姑年八十有一，龍鍾日甚，表兄竹安不能色養，近因新娶姬人，夫婦之間時有勃谿，伯姑未免袒大婦，觸竹安之忌。昨東里人來，言竟有毆母之説，至伯姑潛訴於友石丈，友翁以昆弟之誼，不忍坐視，特作《心説》一篇以警之，亦冀其稍有悔悟也，説云：

> 心者人身之主，約之在方寸，放之彌六合，其體同天地，可以生人而成物，其用通幽冥，可以泣鬼而感神，湛然不動，萬物皆備者，心而已。慨自世道衰薄，人情日險，或猛如虎豹，或貪如豺狼，或毒如蛇蝎，不叩其中，徒觀其外，儼然人也，而不知其心死之久矣！此《心説》所由作也。夫有生即有心，赤子之心即大人聖賢之心，及其長，知識開而本源離，嗜好深而天良汩，詐僞百出，造孽萬端，棄絶君親，戕賊同類，鑄大禹之鼎，有莫能窮其魍魎魑魅之胸襟者。試以心論，心之體一而心之用有萬，爲正爲邪，皆從心出，故釋氏冥心，不如以禮義廉耻養心也；道家鍊心，不如以孝悌忠信範心也，惟毋失乎赤子之心，斯即大人聖賢之心，即造物滋長蓄育之仁心。勿謂隱微之地，人不能知；幽獨之中，人不及見，坐令侈肆淫蕩、詭譎殘忍之無已也。譬如鏡焉，先昏而後晦，晦而後黑；譬如水焉，先濁而後污，污而後淖，既黑且淖，即其人嘗聞《春秋》之訓，嘗聆父兄

之教，瞀然自儕於禽獸之倫，而以禽獸之心爲心，且有禽獸所不爲而爲之者，吾恐戾氣所召，非有天災，必有官刑，禍患之至，毫髮不爽，蓋其心先已自死而從而殛之者，不啻自殛之矣。況乎十目十手之交加，屋漏中有明明如見其心者在也。吁，危哉！吁，危哉！

因與友石丈論“非有天災”句，謂冥漠中自有默相感召之理。適曹簡齋先生至，言竹安方毆母時，流電繞屋，因投杖籲天，得以不擊，流傳外間，竟有燃眉之説。今此文大聲疾呼，亦足褫其魄矣。

江弢叔湜，長洲茂才，世居吴門，後卜築甫里，所著有《伏敔堂詩》，兀奡略似韓體，而清空夭矯，筆底不著一物，在吾里詩人中可謂傑出，顧性蹇傲，風骨冷峭，於人少所許可，所如亦落落寡合。今聞其納粟爲縣尉，將赴浙就選，亦家貧親老爲禄仕之意，然以如此之人，竟肯尻高首下作叩頭蟲，真在人意料之外，想可屈可伸，亦是英雄作用。弢叔受業於先君子門下者三年，時補松丈失館乏食，弢叔隨母依於外家，束脩艱難，先君子廉其取，絶不與較，見其質敏可造，訓迪罔倦，出塾後授徒村落，彌自刻苦，學以日進。其詩探討韓蘇，得其神髓，後復參以杜，久則化鬱則通，然後自見一家真面目。況又得江山之助，友朋之益，其進何可量耶！欽佩之餘，謹録如干首於左：

咏　　懷戊戌

清風動帷幕，月白夜疑曙。愁思從何來，投入静中慮。候蟲何感激，驚秋泣涼露。小人乘化遷，君子安貞固。孰是業修名，而乃信運數。虚室無盡情，所思爲誰訴。

夜半更惆悵，擊柱長太息。失却千里夢，一鐙耿虛壁。飛霜下嚴更，庭户氣凝白。已秋不復夏，坐中歲時積。曉起星斗曙，暮歸牛羊夕。蹉跼一世間，篏鳥翦雙翼。十二通詩書，十三弄筆墨。飢寒固自取，悲與世無益。

哭從兄練飛六首之一。己亥

聚散十年中，死生一朝決。彌留欠一面，撫棺重嗚咽。繐帳颯凄風，秋蟾弔清絶。幻想病時容，魂靈倘凝結。目瞪不成鼾，斷夢如刀截。空聽敝篋書，盡爲飢鼠嚙。支牀折脚鐺，猶是爲君設。耳目滿餘痛，五情慮將竭。所爲吾兄悲，身名兩銷滅。

六　言八首之四。庚子

遲日叉温岐手，寒宵聳賈島肩。枯魚誰煦流沫，餓犬自喫饞涎。

短才既如韉線，笑臉强作靴紋。骨節自憐不媚，戲嬉聊復成文。

奇窮何如庸福，才鬼終勝頑仙。笑盡癡人説夢，焉知慧業生天。

風卷空庭簾幕，雨生破甃莓苔。叩户聽逋酒券，探囊試典琴材。

九日城外同顧潔確君

日隱詐將雨，屢頓客游興。相與出闉闍，天色見駹龍。

平壤多蔽虧，山現一角剩。夕陽弄蒼翠，明滅半不定。悠然與目謀，偶得無可贈。野路有劇旁，辨誤要指正。頹垣覆脱葉，野鞠花初孕。不記誰家園，踏草白成徑。嗟我二三子，脱略頗相稱。相挈行且譚，路盡言未罄。誰與逐佳游，吾游亦差勝。

晚登馬鞍山

塔鈴不語風，林寂鳥聲暢。覓徑下山時，却見山僧上。

離　思

夢短夜苦長，燈死月光顯。墮牀一片秋，愁與相深淺。嘹嘹羈鶴鳴，惻愴思雲巘。霜高托影寒，叫侶知難免。物情孤則形，名理何能遣。

商意入肝腑，驫壯愁相尋。冷卧秋聲中，漸能秋蟲吟。静中本無物，但未空其心。得遣既恬昔，入感猶萌今。循環不可詰，詎足勞砭鍼。故知秋士腸，河海難言深。

同楊元潔白自姚家渡取道柴莊嶺，行米堆山下，至西灣田家宿，是夜仍乘月上長奇嶺，得詩四首録其三。壬寅

山光揖我舟，相引意了了。登塗轉蒙密，漸近愈深窅。同行失前侶，蔽虧在叢篠。人語辨何處，前林迸驚鳥。黄桑矮似人，梅實青而小。幽尋路忘紆，所貪日猶早。横嶺亘我前，人影忽然杳。一徑入松風，衣稜轉輕矯。

嶺盡一亭闢，客勞此休止。所歷既漸高，群峰亦隨起。左右惟深松，接翠遠無已。蒼蒼米堆山，空烟蕩湖水。夕陽與之光，微白顯遥紫。吾生抱幽懷，愜適在尺咫。不知旦日來，山態更何似。却羡此山僧，日夕此隱几。

山家意淳樸，客至走相驚。村犬吠衣冠，亦覺非世情。遮舍十稜田，桑竹縱横生。人行緑陰中，幽鳥時一鳴。蒼然暮色來，嵐光忽先冥。山深得月遲，夜景自虚明。居人望昏至，比舍門先扃。隔林一鐙出，知有行人行。

和劉彦沖咏〔之〕**七首**録其四

庭梧葉已墮，木犀正揚芳。天地無異秋，隨質爲青黄。物性有莫奪，詎復憂炎涼。緬古得數人，常若未可忘。人生要自重，不與時低昂。

櫚庭多落葉，淵明自夷沖。賦詩不悲秋，中有道氣濃。吾生亦求道，顧增戚戚容。心傷日月逝，有愧生於中。既殊古曠懷，恐襲騷人風。

自信苟未真，聞譽色然喜。既喜旋生憂，更恐有毁訾。此心本自逸，苦爲好名使。吾今略解脱，仍欲規諸子。過耳如飄風，則庶乎可矣。

文人困仕途，憂患咎識字。不識豈便佳，愈將不快意。當初既見榮，厥后亦何避。吾儕宜自廣，雖困不書廢。讀此蓋有由，志本非規利。

秋感七首録其三

抱愁適修夜，共彼秋蟲寒。單衾尚孤醒，燈謝膏力乾。

昔人感哀樂，舒慘殊所干。詎予情毗陰，煎憂少自寬。唯憂真如環，循之欲無端。獨應下弦月，深夕相尋看。

葉委意欲息，風更挾之走。墮圊與貼璺，既零焉辭醜。哀哉淪誤人，勢與蕆惡偶。去去無通塗，入室愧升斗。所恃魂夢中，尚締古人友。飄轉應自此，若何庶無咎。

物我隨化流，唯愁止如山。誠恐明日鏡，不朱秋後顔。商飈忽奄至，聲落庭樹間。寒巢有醒羽，獨鳴驚我孱。歲寒詎無懷，脈脈不得攀。仰望匏瓜明，我那如爾頑。

無錫道中癸卯

斜陽與水色，揺漾客舟晴。坐覺半窗爽，還堪十里行[1]。對山心慮愜，出市語音清。即此一瀟散，渾忘問去程。

吕　城

奔牛已過吕城見，斜日烘窗晚一凭。鸕鷀點樹黑可數，辛夷過墻紅幾層。出村犬吠客尋寺，倒影人窺魚在罾。歷歷水程成獨往，浮家泊宅嘆無能。

春　盡

捩舵開頭路轉賒，郵籤計日正無涯。敦敦隻堠幾程遠，漠漠征帆向晚斜。野外寒多天欲雨，舟中春盡客思家。别離

① 稿本天頭有：“佳肴自將，不吮餘雋。”

心緒江湖上，一任瞢騰送歲華。

嶧縣有作

道經嶧縣五月初，大麥既穫小麥枯。誰家腰鐮千指俱，載以牛車童爲驅。偶隨之行至村墟，有場百步新滌除。一翁先在掃麥鬚，碌碡倒卧閒有餘。打麥連枷懸屋隅，睠之且復立斯須。愕然而顧翁見予，客從何來經我廬？知爲士人見待殊，延坐入室罄區區。不嫌其真我亦迂，有口能言聊與娱。翁家多田連郭郛，食有魚麥出有驢。築室聚族居不孤，入門怡然對妻孥。萬事麄足何所圖，但欲其子成士夫①。更瀿脯糒延里儒，穴牖納明兒讀書。此②兒客至能拜趨，蔚然儒雅充其軀。云此最弱難勝鋤，願因學仕其可乎？心愧其言生嘆吁，以耕資讀吾不如。人生無田行次且，代耕非分苦覬覦。游宦不成飢可虞，曷若翁家善菑畬。日曛别翁情不舒，何由却作農家居。

悠忽

悠忽真慚以往年，江湖憔悴豈時賢。孤舟夢落荒村外，半夜風生淺水邊。蘆葉蕭疏如作雨，沙禽格磔共無眠。劇憐老大催人易，不似初三月未弦。

① 稿本先作"欲其子之士大夫"，後改爲"但欲其子成士夫"。
② 稿本先作"大"，後改爲"此"。

舟中雜詩十首録一

日覺心緒孤，經歷變耳目。阻風泊墟市，登岸覽土俗。居人看客子，行色在衣服。客子看居人，依依皆自足[①]。有情還自媚，知我爲誰孰。日脚下高原，比户晚炊熟。居人静掩關，客子上舟宿。一夜念鄉閭，夢墮荒江曲。明晨又東風，吹我征颿速。

寓齋重夢先兄練飛

淮陰雨夜驚魂乍，忽復書堂並讀書。當日未曾爲遠别[②]，至今猶是夢同居。却看燕月家何在，更念吴墳痛有餘。今歲已知歸不得，霜風吹淚客窗虚。

簡彦沖、元潔録一首

彦沖元潔平安否，亦見秋風念我無？此别與君從未有，不歸于道更爲孤。吴門誰復聯詩侶，燕市今難尋酒徒。重被殘年迫相憶，新燒杕火待圍鑪。

寄顧潔

門外白日飛黄塵，羌獨奚爲丹鉛親。書生自合蠹文字，馳車終日淵明嗔。咨予稟氣寡諧合，王微本是不詣人。眷耩

① 稿本天頭有："胎息浣花草堂。"
② 稿本天頭有："第五字既必不能平，則第三字必不可仄，南宋以後不講此矣。然范、陸、楊諸家無不知之。"

鞠跽向俗物，何如屋底自欠伸。庭花寂歷秋色新，座有積書居不貧，但憐索莫無與鄰。胸中耿耿念吾子，昨夢忽到楓江濱。江濱有樓子所居，昔日與子同讀書。兩人意氣既無間，登高賦詩時有諸。沿江市盡遠山列，寒翠如屏雨洗出。秋深晚稻初著花，記曾與子作九日。當時自適一時情，豈意今年爲此别。人生流落真可憐，嗟我如今百慮遷。高譚豈無忤俗懼，古貌不合時人前。倒冠落珮從賓戲，絃琴哦詩空自賢。便欲歸傭十稜田，蓄書千卷支卅年。傲窮耐冷及吾子，且息荒江古驛邊。

題旅舍壁甲辰

行店門前楊柳青，入門春酒惱人醒。兩丫之伎解人意，三絃之箏摻不停①。

土牀如竈風動壁，逆旅主人爲拂席。静聞卧馬嚙②殘芻，月夜獨爲不眠客。

泛舟大明湖，登歷下亭，遥望華不注

連山蜿蜒如游龍，背城不見尋亦慵。忽看湧出萬瓦上，勢若矯首窺城墉。濼源潛發未出郭，湖光如鏡初磨鎔。斜陽欲下山影落，倒浸十丈青芙蓉。是時正月氣已變，鵝黄水柳揺春容。亂流直泝歷下亭，坐看對面嵐光濃。華不注色何青葱，憶昔李白登其峰。自云曾遇赤松子，托輿願得長相從。我來獨游少儔侶，濟南名士多未逢。單椒秀澤久寂寞，況求塵

① 稿本天頭有："近體用三字，難好。"
② 稿本旁有："蹈山谷。"

外仙人蹤。唯餘山水自清絶，勝情猶入羈人胸。船偎曲碕受行客，風度絶壑聞疏鐘。寓齋不遠晚始去，早撾衙鼓聲鼕鼕。

泰安試院即事

沈沈春困聊閒步，卷牘叢中日已長。寒緑上衣松院静，一聲山鳥下斜陽。

山　郡

用世才難逮，栖栖亦未閒。空庭見花落，山郡覺春還。家入鐙前夢，塵生鏡裏顔。誰言懷尺素，猶在古人間。

蘭　山

薄雪猶看點翠微，輕寒惻惻落花飛。清明時節蘭山縣，一路山風吹客衣。

由江山至浦城，雪後度越諸嶺，輿中得絶句十四首録其一。丙午

連宵雨霰苦紛紛，且上籃輿盼夕曛。萬竹無聲方受雪，四山如夢不離雲。

困溪舟中

客倡持襆作毛遂，海上逐臭吾不能。未必洗心歸佛祖，

先將戒體避摩登。

聾俗愛聽絲竹肉，鄙人只解畫書詩。心兵一夜排筆陣，白到東方也不知。

旅夜不憀，用孟郊體四首録二

百愁如百矢，無絃以心控。一發還射心，愁矢妙百中。噫嘻孤畸人，將燈與影共。有輪轉離腸，無膠續斷夢。飢鼠動承塵，詎解答短諷。

治生無鎡基，諧世失要領。宦學費五年，凡百啗畫餅。苦勞阿嬃慈，凋鬢念谿嶺。績鐙浪自光，面壁無兒影。焉能摘船坐，不日叩廳屏。

天　南

意與年光兩見磨，天南零落竟如何。黄蕉丹荔番番喫，榕社篁村蹋蹋過。鄉夢苦如殘燭短，亂山寧比客愁多。明朝游子逢初度，目極烟巒自咏歌。

道中偶題

青蘿挂壁石崩落，流水綿綿出深壑。空山朝來致足佳，彼何人斯倚草閣。

山谷觴字韻詩有曰：天教兄弟各異方，不使新年對舉觴，歲暮客中甚念兩弟，和韻寄與各一首

作客遠拋左右手，澆愁全仗淺深觴。飢寒豈在生年了，血性不隨天氣涼。父嘆母嗟書一寸，雨昏鐙灺淚千行。更憐吾弟支門户，荒學多緣食蓼腸①。

今年想似阿兄長，能械新詩勸把觴。旅食感深吾不寐，家衣寄盡汝應涼。短檠鐙可支三尺，小板書宜誦萬行。求友尊師皆要著，却防俗物置中腸。

將去福州，徹夜大雨

約擔須雞唱，浪浪夜雨零。愁深明日路，憶在故鄉聽。起起呼洮水，匆匆撤枕屏。山程吾欲畏，滑澾況輿丁。

福　寧

亂雲合沓水驚廻，閩浙之交一郡開。地盡客浮溟渤去，天晴山自永嘉來。浪游道里隨時遠，獨學年光復我催。今日士風成歇絶，海隅翻恐有奇才。

舟中即事

舟次響琵琶，殘妝倚碧紗。雙翹金齒屐，一箭玉簪花。

① 稿本天頭有："詩亦似黄。"

蠻語能撩客，吴儂苦憶家①。爾生漂泊者，亦在此天涯。

去延平

滿城曉夢客初去，小飯驛亭雞始鳴。一鉢一囊如衲子，三年三次過延平②。

驛旁楓樹一株，霜葉紅艷，在蒼山碧樹間，如著色畫本，賞玩不足，系以二詩

霜凇染出夕陽烘，三月春花早避紅。猶恐孤生難入畫，托根官緑帝青中。

我有《秋山行旅圖》，巖腰紅樹偶然無。欲粉丹砂添畫此，故人袖手下黄壚。

道中雜題絶句十一首録其四

溪水夜明山月大，離亭燭盡客懷孤③。布衾向我有餘暖，契分年來若此無。

新稻既升孫稻在，牧人乃夢母豬行。村民氣静溪逾響，聽作松濤著耳鳴。

水空橋下沙爲路，烟起雲邊山有人。卧樹隔溪知半死，奔牛入草見全神。

荒荒驛壁月斜臨，山鳥夢中穿過林。一枕灘聲猶在耳，

---

① 稿本天頭有："於此不凡。"
② 稿本天頭有："山谷。"
③ 稿本天頭有："起二句極佳。"

不眠更著曉寒侵。

寓齋冬夜

歲闌仍客夜，睡熟只鄰房。短燭親孤鬢，殘書共一床。無名錢不用，陳簡齋詩：從來有名士，不用無名錢。爲己學何荒。因作他年計，漁燈夢水莊。

寧化旅館有池閣之勝，留題一詩而去

可憐池閣暮寒中，昏黑來投行旅蹤。星月燈花皆入水，芰荷菱角早經冬。亦知客慮不能遣，可奈清宵現在逢。倚遍闌干驚睡晚，上輿只待五更鐘。

登　輿[1]

夢邊門有僕來敲，曉燭光中促酒肴。草草登輿離驛舍，遲遲出日到林坳。濃霜如雪印人履，禿樹當風摇鵲巢。幸是敝裘能出力，免同寒夜走燕郊。

自上杭至龍巖道中賦四詩録其二

石　灰　嶺

疊山如波濤，起伏分高低。巉巉破天色，青壁愁無梯。

① 稿本天頭有："應亦不減劉曉行。"

兹惟一片障，面郭臨長溪。百里亦形勢，時平屬耕犁。側開千塍田，中鑿行人蹊。連岡俯蒙密，下有巢禽啼。土高益木壽，巖峭留雲棲。人行山自圍，來去蹤皆迷。獨明對面峰，知日傾於西。擔薪者誰子，看客窮攀躋。前山豈不高，忽與吾身齊。

小　　池

有地名小池，望而知土沃。山中少平田，獨此千畝足。環巒作城墉，四顧匝寒緑。聚之以人民，宅之以廬屋。畜之以雞犬，樹之以林木。我行偶借塗，阡陌轉紆曲。時維日卓午，暖風戛篠竹。炊烟散如雲，粳飯想已熟。田多人自勤，城遠俗還樸。酒胡擁寒壚，村童散冬塾。土風愜羈心，目願暫留宿。淵明記桃源，退之説盤谷。此地將無同，嘆息居難卜。

龍巖州除夕醉後賦長句三首，時將赴漳泉諸郡

亂山環合龍巖州，鎖門十日不出游，今朝獨上城南樓。一望萬峰起立入胸次，化爲突兀磊落之羈愁。歸來對燭更凄絶，苦念明朝是元日。城頭鼓角雄且哀，更聞一片舂聲來。千家爆竹如驚雷，火樹焰焰燒成灰。此時主人醉我酒百杯，蒼頭行炙紛相催。羊腔魚尾滿案堆，衆賓開口歡追陪。座前蘭蕙庭前梅，燈燭照耀花争開。不知此中樂事爲誰有，客淚多於主人酒①。

① 稿本天頭有："奇句。"

昨夜家書來自驛，母氏之言父手跡。鐙前一讀一嘆息，淚與空檐雨同滴。男兒不能忍窮守家巷，乃使風霜雨雪飢渴凍。勞傯憂愁疾病痛，一一盡入老親夢。家有榆樹藏烏鴉，烏鴉之鳴聲呀呀。音書此時不到家，老親聽之思天涯，擲珓問卜愁轉加。又況今日除夕明日元辰，四時佳節更番新。天機自動諸弟妹，膝前頗解思行人。牽衣挽問兄在閩，屈指六年南北他鄉春。吁嗟我生七尺身，不如牛醫之兒能奉親。

吾悲夫閩山之竹，何不大者爲屋椽，細者爲篙爲釣竿。而乃編排架結成竹轎，載客兀兀攀巖巒。使我身如鷹與鶚，摩雲一日千迴盤。盤盤嶺路走不盡，龍巖南去滄瀛近。火維地荒土俗惡，颶風蜑雨早晚作，山有魈魅水蛟鱷。土人以島嶼爲安居格鬥爲笑樂，嗟我何爲去棲托。況聞蠱蟲群飛金蠶長，瘴風吹作蘭花香，使人中此愁肝腸。吁嗟乎！人間豈無吾故鄉，曷不遄歸盤與閶。

雨後抵同安驛舍己酉

雨意在山微乎微，當空濕雲如黑衣。行人在下避不及，風吹急雨成斜飛①。霎時云散驛亭出，東面人家受西月。頗憶江村書讀時，門外雨過常不知。

將歸過候楊雪叔先生，承作詩送別，詞意殷拳，翌日發舟至洪山橋，賦此寄答

我游閩國周西東，山川窮處舟輿通。烏龍之江白鶴嶺，

① 稿本天頭有：“‘斜飛’易爲，‘成斜飛’較健骨。”

庶幾奇勝開心胸。將歸乃懷歉然意，獨未得見名賢容。主人愛我有奇抱，謂我盍謁弘農公。公時在里謝時事，自提詩律追宗工。門前熱客亦何有，但有踽踽寒儒蹤。欣然揖我屈行輩，見許詞筆森才鋒。是時先立夏旬日，甘蕉葉緑櫻桃紅。福州春事尚可賞，而我已掛浮江篷。公因送春兼送我，新篇妙墨争清雄。藏之巾笥壯行色，惜違杖履殊匆匆。洪山橋影如晴虹，千溪漲水輸其中。維舟三日不得渡，知是奇句驚蛟龍。開緘重讀感公意，此心如水深無窮。念公政績在齊魯，却金暮夜完家風。昨年餘事達天聽，江湖雖遠名逾隆。我生窮旅少交際，若公交際尤難逢。相聞知仰幸相見，更服憂士多深衷。歸吴不日勞遠憶，與瞻南極將毋同。

雨中感事

道光己酉夏五月，我歸自閶城東居。時方雨水漫東郭，臨流終日如寒漁。出門一望更驚倒，街衢半以舟爲輿。眼看城内受水厄，城外豈不漂田廬？傳聞列郡失種莳，無復臺笠行新畬。洪波在野農在邑，告災請賑愁官胥。三吴粳稻走天下，玉粒況是供國儲。今兹望歲歲大歉，民生國計宜何如？人言此鄉失水利，徵我目見良有諸。江心生洲種蘆葦，湖口插稻填泥淤。此皆與水争土地，坐令水溢無歸墟。不然震澤一大浸，方五百里衆派瀦。播爲三江入於海，輸泄淫潦奚難與。吾聞行水亦官責，所貴出手開沮洳。郟亶單鍔有成説，奈不措意求諸書。嗚呼水利之不講，吴其爲沼吴爲魚。

病中三詩録其一

有鼠有鼠奏口技，聲如河間奼女之數錢。自從二五成一十，以至十百累一千，清音歷歷來榻前。語鼠莫數錢，吾家積貧垂百年，竈神見慣廚無烟。自吾之出走南北，流離仍傍窮途邊。不見千里歸來客裝濕，裝内惟多一雨笠。明朝卧聽打門聲，已是索子錢者雁行立。面醜詞窮對之揖，賸欲鬻書倒書簏。噫嘻！進錢以左手，出之以右手。左手不如右手順，錢如流水豈吾有？況鼠數出不數進，準備飢寒啼八口。

顧亭林畫像庚戌

十三陵在銷佳氣，三百年終挺異人。故國河山餘涕淚，通儒學業老風塵。看今野服留圖畫，想昔悲歌動鬼神。京邑祠堂史宬傳，豈知生是一遺民。

横山謁祖墓二首録其一

新墳三尺封，故墳封尺五。同是吴城人，聚作吴山土。傷心叢墓間，披榛謁吾祖。七年始一來，奠酒傾堂廡。猶記作客時，寒食思歸苦。夾冢龍鱗松，夢魂時一撫。男兒壯志銷，永念親農圃。何日傍兹山，買田作村户。

彦沖畫兩雁爲稺萍所藏，邀予題詩

彦沖畫雁常取多，往往蘆根一群宿。不然寫影入遥天，乙字横排十五六。此圖兩雁静欲鳴，不孤不群殊有情。有如窮士得一友，不能更逐儔人行。昔與彦沖同里邑，志合形骸尤狎習。亦如兩雁在圖中，一片圓沙走相及。吁嗟乎！彦沖往矣吾獨立，卷畫還君淚霑濕。

彦沖畫柳燕

柳枝西出葉向東，此非畫柳實畫風。風本無質不上筆，巧借柳葉相形容。筆端造化有如此，真宰應嗔被驅使。君不見昔年二月春風時，楊柳方榮彦沖死，壽不若圖中雙燕子。

題畫菊辛亥

重陽節後雨如麻，小巷疏門冷不遮。醒逋欲易以楇字。笑我無裘能换酒，更從紙上看黄化。

寓齋雜詩録其二

小齋六尺闊，卧榻據其半。喫飯與讀書，兩用榻前案。案旁餘一几，堆書便抽看。客來須命坐，撤書書帙亂。客曰此舍窄，盍以他舍换？平生南北游，行蹤如流竄。或月一遷地，傳舍歷無算。因是易安居，美惡不區判。是身如虚舟，舟行那問岸。方當借此齋，文史稍編貫。君看今日晴，紙窗尚明焕。

邇年多新交，死者真石友。有如劉彦翁，結契尤不苟。遺詩在客囊，發讀忘夜久。人佳詩自佳，豈得論美醜。强爲方便删，俾殿古人後。念昔喜談詩，緒論亦時有。君言吾印之，想來猶在口。哀哉生死别，五寒消九九。一語續不得，遺編鎮相守。颼颼雪夜風，撲窗凍兩手。何堪信手翻，連番寄江某。

青浦舟次壬子

斜陽惟自照，與水以天光。澤國晴如畫，平湖晚可航。游非爲謁客，心亦愧空囊。夢裏歸來路，今知過此塘。

松郡城南，地甚閒曠，可散步

吾蘇古城誰所築？十萬人家一城束。溢郭填郛獨有屋，户户排櫓接椽桷。海日朝臨脚爲縮，三尺天光墜井谷。中間衢術畫棋局，路有三叉巷九曲。行人循墻往爲復，肩背相挨足相蹴。闤門中市地尤蹙，構木爲樓櫓宇複。以梯接人木上宿，木氣作災召回禄。又改爲兮俄簇簇，嘗升高處試高矚。屋勢連雲掩坤軸，僅見南園豁一角。曠哉此城敞平陸，千步毬場散馬足。細草雨餘上城緑，人家何處翳雲木。隔水迢迢塔孤卓，一抹斜陽看畫幅。豈若蘇城地如玉，尺土借人百金贖。無隙能栽半竿竹，平生放眼攬海嶽。雖則倦游厭喧瀆，此地聊堪送遠目。

六月七日同古劍過元絜，雨後留宿，聽《平沙落雁》之操，因憶庚子秋夕屢宿此齋，有《聽彈塞鴻操》一詩，忽忽已十年矣，輒次韻

聞琴十年前，猶此絃上聲。今夕獨何感，其聲凄以清。暑雨夜來過，涼天人息營。萬族正酣夢，囂氣空全城。主人

却琴坐，看我繞室行。男兒無田宅，舟車事孤征。此齋凡幾宿，離别驚友生。願爲琴裏雁，雌伏忘飛鳴。兹懷焉能果，悢悢中年情。顧子亦奚概，兀坐窺天明。

夏夜兩絶録其一

夜坐自鈎簾，飛入一蝙蝠。方便殺明鐙，攤書不能讀。

將有當塗之行，作示弟輩

豈有他哉只是貧，有門關不住閒身。方當十月五風汛，去作長江短客人。買船以半塗附載者爲短客人。十月五風汛，亦吴諺也。僂指歸期將盡歲，關心天氣到明晨。平生不受人憐意，詎爲鐙前骨肉親。

歸過高淳作兩絶

來日江牌子，船名。今朝泊何處？偏是高淳船，載我還家去。

我坐高淳船，還過高淳湖。却恨高淳水，西流不向吴。

岸旁即目

岸旁何人家，黄牛繫門衡。倚門一嫗立，手約秤上星。旁有數錢者，放下都籃輕。籃中有何物，鰟鰟魚尾赬。狗來欲舐舌，眼向籃邊偵。有翁會狗意，打狗群兒驚。哀哀啼不止，適來人賣餳。持餳與作食，餳少兒還争。須臾復兒戲，騎狗循墻行。却作騎馬勢，以口傳鞭聲。斯時失翁嫗，寂寂門初扃。黄牛亦不見，却聞黄牛鳴。燈火忽出户，閃若流電明。群兒得唤入，知是魚烹成。我方倚灘爨，向晚心孤清。寫得此景歸，不用言吾情。

人　去

猶聽砧敲約臂金，浣衣人去水深深。且看背後何所見，只在村中不可尋。客路有情元浪擲，詩人無賴且偷吟。豈知家裏縞綦在，方憶征夫此夜心。

重至華亭作

當塗至華亭，水路一千里。歲晚役車休，而我行不已。問我何爲忙，欲答豈有以。曰爲鱸魚來，此言亦無理。有窮不可諱，乞食而已矣。

丁步洲瀛招集張歗山、張篠峰、金樸甫、松友芝及篠峰之侄梅生并予爲六人，席間乞詩爲紀

歗山博覽賅絶學，浩浩江湖吞百瀆，供我取資無不足。篠峰和氣如陽春，胸中所有非詞人，乃其猶子亦絶倫。樸甫挺異書生中，良驥不與凡馬仝，一鳴驚衆才何雄。松生少年業舉子，能薄浮榮嗜文史，期爾他年作佳士。主人丁君齋舍幽，選此佳客飛觥籌，乞詩於座傳風流。而我自是悠悠者，十年獨學成能寡，徒能醉倒詩壇下。

客夜不寐

縣齋僧寺共一①城，寒夜聞鐘百八聲。一杵一聲無誤打，是誰聽得最分明。

重入閩至江山縣述懷八百字癸丑

我生大江南，仰維幾前哲。又逢隆平時，讀書富暇日。學成抱微才，志欲爲時出。時當宣宗世，仕路通不塞。聖代無遺賢，干時自形拙。徒看公孫弘，對策夸第一。蹉跎成廢棄，侘傺盛年失。始爲惰游士，南北敝車轍。終抱平生心，不忍學干謁。時危奮意氣，撫事仍激烈。羞以濟時懷，草間事偷活。四海況瘡痍，吾身敢暇佚。有志丹微軀，此生憑造物。閩惟舊游地，歷郡遍七八。民俗在胸中，山川可圖説。多勞李翰林小湖侍讀，邀往共紙筆。將行却瞻顧，憂來不可絶。維時長江上，舉烽達吴越。蕩蕩江寧城，賊來作宫闕。昔是帝王都，今爲豺虎窟。復有沿江州，兩城共流血。大帥詧門開，擁兵事式遏。軍需半年久，民膏痛如割。哀我三城人，陷賊成白骨。全吴失業徒，入冬盡無褐。吾頭著儒冠，許國志先決。願提師一旅，先登墉屹屹。側聞從軍士，氣爲驕帥奪。養重作軍威，坐使群力屈。用是廢初念，入閩送歲月。迢迢水驛長，櫓聲日鴉軋。有舟載客子，寒程催早發。乍過嘉興塘，桑野見平闊。軍書寂不至，扁舟坐超忽。終繫故鄉憂，賊氛未全脱。前經杭州城，廛肆見殷實。隱然一都會，舊與吾蘇埒。民物未凋殘，猶足鎮全浙。留連西湖步，

① 稿本先作“偶同”，後改爲“共一”。

水木見明瑟。山光蕩晴波，映我眉宇潔。天地闢此境，似爲畫圖設。兹地古臨安，偏安弔宋室。錢鏐彼何人，保疆等草竊。乃上江山船，舵樓抱吟膝。富春石磊嵬，桐廬水清澈。寒籟作松聲，水性得山悦。隔岸野人舍，墻頭粲朱橘。此游非昔游，無心慕巖穴。前望衢州遥，路逢撤防卒。詢知南昌事，守城尚軍律。賊退脅良民，沿江復豕突。憂無賢司牧，民心失團結。賊來客兵散，棄城在倉猝。衢州首山程，兩日寒凜慄。塗長歲且盡，行行達閩粤。江寧知未收，望斷捷書疾。吾鄉鄰賊藪，念念客心折。苦憶離家時，城居欠安謐。汎舟吴淞水，移家混蓬蓽。病妻爲我行，宵紉巾與襪。弱妹爲我行，盈箱置棗栗。舊友爲我行，規以訪賢達。有弟各恭兄，送我不能别。明知客途險，但勸慎風雪。願攜與俱去，正恐奉養缺。吾親亦有誡，意與恒情别。世亂治吾心，大旨謂名節。其餘瑣俗事，脱略不暇悉。悠悠涉長道，賫此寸心熱。奚以我爲哉，蒼蒼不可詰。終期天心回，在位奮豪傑。出手撥衰運，元兇就誅滅。彼盗實飢寒，窮民急收恤。況我列聖來，深仁澤難竭。疆吏果廉敏，富强自有術。自古聖明世，振振興焉勃。前政縱難追，新猷諒可必。重見皇風淳，永嗤宋元末。老我太平民，田間甘湮没。

峽口題壁

猶昔人也非昔賢，五年重踏此州山。仙霞關吏如相識，應訝先生往復還。

道中雜題四首各有序

出廿八都驛舍，聞溪聲潺潺，循行百數十步，右折得小橋，見溪水落處，隔岸石壁下，有機舂正喧。坐憩久之，約可舂一斗米時，四望山烟漸合，日且曛黑，橋上方有來者，不遠人境而得静趣，余之愚，以是爲樂。

兹溪若有德，能於人處清。灌灑山田餘，巧發機杵聲。
静心寓於物，有得難强名。白雲游晴空，疑從山烟生。

肩輿循嶺腹右行，凡三折乃躋高處，望殿角翼出叢緑中，有一僧迎客下，衣袂皆染竹色。又折而上，盡磴道爲五顯嶺，停輿廟前，輿夫買蒸餅方食，不催客行，憑欄而立，身在樹杪，四山圍合時，若無去路，并來徑亦不可識。

置身衆山巔，不知衆山路。但記轉崇岡，一輿樹邊度。
松交篁竹陰，廟依巖廊固。過嶺非佳游，吾猶從緩步。

夕陽嶺濃秀如黛，離冶城縣治十餘里見之。又行十餘里，輿前萬松離立，高下跨數峰不斷。山童於別峰松下，持竹器掃落葉，望之如畫中遠人，不施眉目。踏松陰徑，帶折而上。時日亭午，而陽崖黝如陰壑。山頂夕陽寺有今相國祁公大書門扁，蓋以嶺故得名也。下嶺仍入松際，憩半山亭。余此行與常熟吴儒欽偕，在亭中回望前寺，舉昔人“身行萬里半天下，僧卧一庵初白頭”之句，爲儒欽一笑。

觀山不在高，松深足山意。黛色浩如雲，陽崖日猶蔽。
瀹茗得巖泉，掃葉有竹器。應羡種松僧，老眠夕陽寺。

道甌寧西行數十里，入建陽界，道旁流水，爲磵爲峽爲泉瀑，匯而爲長溪百折，於亂山迴互時，或隱或見，而溪聲常在耳①。至建陽郭外，山忽開列，溪亦彌暢，環繞若城之外濠然。因待渡，上石壁眺望，置身既高，溪山之勝，靡不呈獻。余窮於世，而客游富攬山水，又能鐫琢文字以自娱弄，殆亦造物之厚我也。

溪聲從東來，送我登山岡。山窮路迴複，復見溪蒼茫。面山建陽城，樓角明斜陽。溪船渡我處，渾欲身世忘。

登于山二首録其一

獨行涼涼儒衣巾，市兒知我爲何人。我亦欲與木石親，掉臂走上于山垠，坐與于山成主賓。

醒　處

烽烟不梗夢中途，了了歸心夜入吴。醒處忽驚身是客，家書三月一行無。

福寧寓齋感興甲寅

屋頭山色青更濃，啼晴山鳥來城中。門外日日吹春風，隔墻飛入桃花紅。桃花開時我不出，鎖院晝閉門重重。坐知春去不可挽，落英滿地長條空。客中逢春已可感，而況不與春相逢。今春已去足惆悵，更恐來日仍匆匆。我游到處留羈蹤，身如野鳥投樊籠。年光消盡鄙事裏，中抱微尚誰爲同？

①　稿本天頭有：“文章不群，真得江山之助。”

有酒莫入羈人胸，一酌那敵千憂攻。要當斷臂發悲願，洗滌萬事參禪宗。年將四十不適志，一生長恨知何窮。

連江道中

遠處春陰濕翠微，山泥滑滑客來稀。泉聲高似因風墜，雲氣輕還觸石飛。如此見聞空世事，得從虛静發天機。猶將行色爲人看，帶得羅源雨在衣。

烏石山石上有朱子淳熙癸卯題名，時朱子年五十四，《論孟集注》成七年矣

城中人死復人生，城亦頻經築復傾。閱世無如山石壽，留題猶見昔賢情。此身易老須聞道，在俗何心更要名。五十四年吾且近，直愁獨學坐無成。

少　年

少年往事兩難追，天與輕狂作散材。筆墨爲人料理罷，武夷山輒上心來。

省　緣

省緣猶以詩爲累，習静多蒙客見原。所要有情無世慮，不憎不俗老鄉園。

得鄉書知屠元歈下世并追懷小浮先生

故鄉回首知交寡，每有良朋在地下。春風吹得草青青，别來又葬屠君者。記得倉皇去歲春，與君會哭潘山人。我時有淚共君瀉，不分今春并哭君。哭君續下前年淚，空灑蠻天遠難寄。地下相知君合逢，天涯久客我何意。百歲心期死别休，有情能不愴前游。夢中歸踏吴門路，一步也生一步愁。

繫纜二首

繫纜長橋溪石根，小姑舊住岸旁村。出墻兩樹荔支緑，前度劉[1]郎來叩門。

花落輕羅扇影邊，曾看趁蝶在風前。憐渠少小夭邪處，夢境低徊六七年。

雨　　餘

好游心自喜山程，復此前山放午晴。溪水緑時真是酒，野花香得不知名。雨餘一笠行還佩，風處單衫著更輕。便算爲僧行脚去，何須歸籍老諸生。

雨中感事一首，在建寧作

誰言雨欲洗天戈，賊勢駸駸北渡河。世合有人争報國，客將怪我獨悲歌。一年佳節晴時少，千古中原亂日多。便向

① 稿本先作“江”，後改爲“劉”。

武夷君默禱，爲生薇蕨在巖阿。

以上皆弢叔詩，小樓頗涼，紙窗尚明，企脚弄筆，隨意鈔綴，詩味甚永，餘閒藉消。倘足疾得痊，天猶未死我，當網羅近人詩詞，編爲詩話，并附己作其中，千秋之後，得掛驥尾而傳，亦吾所大幸也。

二十五日（7 月 16 日）。午後，鹿城張竹安來，言近授徒華翔，鄉居甚苦，思重爲海上之游。竹安工畫，筆致秀逸，尤擅山水。將暮，大雨挾風而至，紙窗盡破，節近大暑①，而天氣有如涼秋，長雨闌風，喧豗竟夜，因思海上定作風潮，幸粳稻、木棉皆新種，不至大壞。

吴門盛樹基，字艮山，能詩早夭。醒逋於弢叔處鈔得數首示予，因摘録之：

朝　雨

朝雨洗庭緑，無人風幔張。欄楹灑初日，書卷静匡牀。鳥答茶鐺沸，花飛研席香。所思正東作，簦笠綺山光。

諒卿丈所蓄鶴，樹基嘗爲題句，近復以素册爲寫此詩

隱几蕭然野興長，忘機聊得鶴迴翔。主人點筆雲山罷，露下一庭幽草香。

① 咸豐七年閏五月廿五日，即西曆 7 月 16 日，大暑爲六月初三日（7 月 23 日）。

衡　門

衡門殘暑退，宛爾似村墟。蟬噪何喧寂，蛛絲自卷舒。眼前人不識，物外理無餘。欲問梁谿叟，寥寥有素書。

八月十五夜董氏齋中小集，賦得良時不易得一首

良時不易得，俯仰意如何。茅堂今夜月，復此清光多。主人置尊酒，滿酌浮金波。列座各素心，弄影還婆娑。芳草紛可掇，涼陰散庭柯。既愛塵境絶，復感非巖阿。簌簌叢桂華，依依招隱歌。白雲怨孤往，黄鵠驚蔚羅。此意亦奚有，命酒難爲酡。不如求真歸，願外良蹉跎。

二十五日夜，得一夢甚奇。夢一緇流，容貌古偉，導至一蘭若，殿宇宏壯，不下數十院，前殿經版陳列，僧寮百餘，如欲刷印狀，云苦無紙，將待君來施捨。予覺足指微痛，默祈佛佑。頃之，大和尚至，群起呼爲大佛。予乃稽首達其意，渠即向韋陀前膜拜，爲予懺悔。噫！足疾苦我久矣，想半爲情孽所累，苟我佛慈悲，尚肯度我，則當壹志皈依，不敢再萌妄念也。猶記殿額爲崇安寺。

翁竹汀工畫山水，家有薄田數頃，差足自給，邇年困於催科，家日以落。嘗寄詩醒逋，嗟貧嘆老，憂從中來，醒逋以净土之説告之，且和其詩云：四首録二。

戚戚何爲者，平生只問心。艱難知己少，憂患損人深。畫裏情原逸，書中樂可尋。隨緣真妙諦，得意且高吟。

欲求安樂法，萬事不關心。眷屬緣皆幻，禪門道最深。

果然空是主，安有苦相尋。余亦皈依佛，憐君更一吟。

金盟石茂才喜古文，其作《正義里重建三元大殿兼葺三世佛伽藍記》，整中却有疏宕之致，記云：

蓋夫溪墜星精，同恒星應乎佛降；殿營水曲，儼翠水環厥仙居。平田繡错，靈脈綺交，洵爲卓錫之寶林，堪作焚修之玉局也。况乃鎮從縣改，秀韞玉山；地以人傳，名高金粟，魏莊渠講學之區，蔡忠恪讀書之里，流風未墜，餘韻猶存。然當年界浦堂開，曾説仙來句曲；即異日曹溪缽毁，更聞與賸達摩。知三教之同源，實並行而不悖，故訪遺跡於東林，是即武陵手澤，而葺精廬於故里，仍由恭簡聞孫。獨是草蔓烟荒，殘碑已蝕，風微人往，野乘難詳。惟幸像完三燹之餘，顯迹曾彰；自昔殿閲兩朝之久，靈光獨巋於今耳。蓋是院也，正殿中開，南離作鎮；精藍旁啓，西竺同龕。宅幽自遠，紅塵境静，堪修白業。特素乏養真之士，未作丹邱；遂永爲選佛之場，並歸衲子。然前無性杲之經營，詎留雲構；後少古曇之繼續，誰認鴻泥，此踵事所由重也。顧自兹以來，歲又百廿，紺金剥落，久嗟上雨旁風；丹碧飄零，空設晨鐘暮鼓。不闢名藍之勝，難綿香火之緣。住持月泉上人矢誓振興，瀝忱哀化，無如歲多荒歉，户鮮阜殷。托缽廿年，已沿門而遍叩；鳴魚五夜，終有志而未成。圓寂後，徒立茂繼之，廣宗風，承師志，始則立闢，繼焉出募，暑寒罔懈，幾經足繭心劬，飢渴屢嘗，不憚風饕雪虐，故能感動十方，趺錢畢輳，勸緣三載，鹿苑重新。凡捐貲一千六百餘緡，而丹漆裝金之費不與焉。於是檀施之協力如雲，匠石之奏功不日，基承舊貫，木易新材。山門殿脊，增高二尺有奇；香積禪棲，式廓數弓以外。經始甲辰之歲，告成丁未之年。由是琳宫宏敞，廟貌生輝；寶座莊嚴，慈光普照。彩焕雕甍，共仰凌雲之概；神開瑞相，同瞻滿月之容。奉三元而頂禮，此間即是靈臺；持五戒以皈依，何處更求净域。蓋住持之苦心既慰，而長老之善果斯圓矣。工既訖，功遂具，書顛末而繫以頌曰：巍巍寶殿，三元宅之。官天地水，降鑒在兹。調元贊化，翊衛三清。弭災降福，靈應群生。恭維法王，菩提救度。普濟慈航，宏開覺路。智慧光明，一心印可。朗朗傳燈，長明萬古。猗歟大士，道契能仁。心兹水月，證是前身。瞻言雲溯，昭布森森。有感斯應，是質是臨。

江弢叔自題其小象詩云：

天下關心事，山中袖手看。了知成棄物，何得尚儒冠。讀史今猶昔，當歌慘不歡。西風開晚菊，又作客邊寒。

又作七絶一首云：

再滯蠻方再見秋，天將催白客中頭。殘生惡夢兵戈側，便作文人亦且休。

里中近多烟館，有粤人二至此，消售片岕，頗獲利，然粤人肥則里人必瘠矣，世風日下，爲之三嘆。

二十五日，在枕上偶得一詞，以輓殷子怡卿，調寄《花心動》，詞云：

眠玉摧蘭，太凄然、伊人恨難相見。墻角榴花，點點星星，暈出愁紅深淺。看花海上春如夢，約重來、已成仙眷。嘆地下，天涯一樣，飄零悲泫。　寂寂空幃乍捲，看骨立、形銷冷魂誰喚。子晉吹笙，長吉修文，同作千秋幽怨。已嗟病裏年華老，更使我、離腸催斷。人去也、宵深暗廊月轉。

怡卿於壬子春杪，弭櫂春申浦上，同游曲院，載酒看花，殆無虚日。有瑞齡較書者，頗與相眷。今劉郎已入天台，而弱絮零花，不知漂泊何所，揆之于命，有同悲焉。

周侶梅丈從吴村來，顔色如舊，精神尚爲矍鑠。渠患穿踝疽，三年始愈，猶須扶杖而行，言予所患爲敦疽，亦屬濕毒下注，非至秋冬不能瘳也。予回家將五十日矣，篋中敝衣，典質一空，已有岌岌難下之勢，若再遷延日月，必將索我於枯魚之肆矣！僻處窮鄉，無可借貸，徒唤奈何而已。

友石丈來，出新詞見示，清新俊逸，悲感纏綿，真深於情者也。

題秋海棠蛺蝶，調寄搗練子

沉睡醒，替花愁，道是濃春是素秋。金粉零星消息斷，憶人無語慣低頭。

憶人人六月二日先室生辰，黯然作此

憶生辰，今初二剛周甲，子怎平先去。歲龍蛇，嗟陽九，厄人難聚。暮年形影相倚，瞥眼分鴛侶。當此際，想攜手同歸，忍心輕負。　且了俗緣萬緒。慰重泉，同埋黄土。朝和夜，鬱陶幾曾輕吐。肆筵尊酒，魚脯祇，寸誠如縷，定能憐取。痛添籌何處？

又《一半兒詞》：

珊珊何處可歸來。如許深情撇得開，一日思卿千萬回。寄泉臺，一半兒傷心一半兒淚[①]。

江弢叔與范秀石爲莫逆交，除夕相訪，劇談竟日，贈以一詩云：

寒梅初破臘，盡日户庭閒。時與故人對，渾忘世路艱。歲華新日月，爾我舊容顔。詩句堪乘興，無爲空往還。

薄暮，陣雨將作，偶得一詩未成，姑録於此：

片雲飛來天如墨，壓我南窗窗盡黑。筆研生涼書籍翻，雨勢未來先作力。群鳥側翅欲就巢，萬樹當風齊落葉。

詩止有六句，而足痛殊甚，與催租敗興者無異。

六　月

六月上旬，壬釜過舍，言近得《納涼詩》四首，限以叉字

① 稿本天頭有："'淚'字不在此韻"。

韻，滌盦師亦和四章，予不禁見獵技癢，亦如數和之，以呈吾師有序：

壬釜見眎倡和之作，即索繼聲，欲遣茗兵，以作瓜戰，壁壘整暇，意將壓晉軍而陳。予多病廢詩，已無攘臂態，作壁上觀可已。因念吾師悼亡哭子，頻有所悲，平原嘆逝，子山傷心，兼而有之，哀感實深，不能無詩，用呈四章，非以慰之，更益愁矣。

海上颿歸暮雨斜，經年病足等匏瓜。只因妨藥勸除酒，那得支笻行看花。三十頭顱遲著錦，尋常詩句敢籠紗。平生無限傷懷事，背倚闌干手獨叉。

撾門叔重日初斜，謂壬釜攜詩見過。解暑慚無一片瓜。奇字行間微帶草，新詩筆底欲生花。壬釜書學米襄陽，詩則追步靈芬。纏綿情比同功繭，宛轉心如方空紗。嘆逝傷離更癡絶，虎頭垂老哭途叉。

玉人舊住玉鈎斜，待聘年華正及瓜。誰料同心空有結，生憐短命始爲花。神仙小劫埋黄土，風雨無情守碧紗。我亦遣愁苦無策，聊拈險韻鬥尖叉。

哭子傷心淚點斜，黄臺四摘已無瓜。囊中自配君臣藥，庭畔還餘姊妹花。缺月雲邊依舊樣。所殤九弟，面目酷肖蟬叔。西風扇底冷秋紗。九弟生時，吾師夢人贈以紈扇，未秋而捐，其兆已見。嗟予更抱無錢嘆，錢盡空藏玉局叉。予三十無子，更患足疾，歸家六十日，牀頭錢盡，病卒未瘳，安得殺鬼方，醫此惡殤也。

翌日復得四首，仍用前韻：

看月西樓圓復斜，棕筳已過又嘗瓜。予五月歸里。砌苔滑屐乍經雨，鄰樹當窗初著花。銷夏詞隨填赤牘，招凉障更撤青紗。年來自懺緣多病，老母持齋禮木叉。母氏爲予足久不瘳，茹素誦經，以祈佛佑。

午凉冰簟笏紋斜，睡起家人供藕瓜。辟暑誰能心似水，看書自幸眼無花。濕雲壓屋作微雨，凉月入窗透薄紗。欲賦閒情擬潘岳，豆棚小坐展丫叉。

棱棱野田一徑斜，思量學種廢侯瓜。閒中書卷愁邊酒，門外桑麻屋後花。從此閉關編《赤雅》，予與西人游者八年，於西學稍有所聞，暇當識其緒餘，爲天算諸學別創一解。何須側帽羡烏紗。不知此願幾時遂，慟哭窮途路更叉。“窮途”二字擬易“佯狂”。

寂寞門庭蛛網斜，誰歟憐我肯投瓜。依人好似社前燕，閱世真同鏡裏花。酒債未償書藥券，春衣已盡典秋紗。南鄰堪羡蹩和尚，揞步還能攜一叉。

滬城感舊有序

春申浦上，浪跡八年，問柳尋花，間有所屬。自患足疾，絶不復至。今歸里門，鬱伊寡歡，追念綺遊，真如夢幻。宵闌月黑，觸緒紛來，玉溪錦瑟，樊川緑陰，悲感竊深，用寫之詩，所謂斷腸人遠，傷心事多也。同許壬釜元均。

藥鑪烟裏鬢絲斜，禦濕還宜製木瓜。《本草》云：木瓜善能祛濕。久已冥心思學佛，安能抱疾再尋花。滌盦師書來，中有“海濱風月，别有人天。綺羅絃琯，雅足娛情。雖患足瘍，定能抱疾追歡”之語。新詩索署裙邊字，醉墨留題壁上紗。昔日綺游今始悔，迴腸百折念千叉。

此是銷金舊狹斜，餽金愧乏一瓶瓜。參來梵唄筵前笛，散著天魔袂上花。水國嬌娃屯畫艦，浦中妓船頗多，每與舟賈往來。蠻方中婦障輕紗。蠻婦每出，必以輕紗障面。篃才已分江湖老，輿從看渠手版叉。

朱樓曲院道旁斜，碧玉髫年初破瓜。辛亥春正，以張鴻爲介，得識廖氏寶兒，年止十八，豐神絶世，是夕遂繫紅絲。願作小星比桃葉，自憐薄命怨楊花。二分月上三層閣，一寸心通六幅紗。沙叱飛來人面改，重來見已髻雙叉。寶兒後適粤人。癸丑秋初，得遇張鴻，招予再往，則已生一子，皎如玉雪。

移居城曲板扉斜，亂後音如斷蔓瓜。已不再圓今世月，可能重見此鄉花。荒凉殘照昏頹壁，冷落流螢點畫紗。一度經過一惆悵，小橋欹側老藤叉。

今歲穀貴，農民稍受其益，吾輩日作升斗計者，已坐困矣。若歲或不豐，穀不減價，研田生涯者，不將餓死也耶？

吴村周侣某丈來，劇譚往事，言及時政，輒爲欷歔欲絶。國家苦無其人耳，苟措置得宜，理財有道，安見中興之盛不可復，蔓延之黨不可除耶？亂者類皆貧民脅從，剿撫兼施，務得其心，何難立爲解散？予韙其言，書之牘尾。

足疾擾人，殊敗清興，里中咫尺地，皆難往還，恨極悶極！倘久不瘳，不止爲習鑿齒，或將隨首陽子於地下矣！吾固不足惜，奈如老母何？言之堪淚下。

舍弟芷卿，溺於片芥，屢戒不悛，與妻夏氏，頗不相睦。今年授館於東村，村童三五，得米四石。作村夫子，例自爨，故與妻偕去。館室狹小，地甚卑濕，夏間煩熱異常，抵暮蚊已成市。每午後，農人擔糞灌田，臭不可忍。弟娣體本脆弱，不耐此苦，至館僅匝月，即得病歸，歸三日而卒，惜哉！

予抱病至家，囊無餘蓄，坐食兩月餘，篋中棉衣，盡歸典閣。忽逢弟娣之喪，棺槨衣衾，並無所着，拊手自嗟，徒唤奈何！不得已，母氏親艤小舟至錦溪，假諸舅氏雪泉朱君，得青蚨二萬頭，得以舉事。然自病中醫藥，至死後回省、五七，及延尼誦《血湖經懺》，已費錢五六十千矣。

予舊有田四畝，每歲得米二石餘，去年臘底被芷卿押於王英夫，僅得青蚨五千頭，今將屆期而無力贖還，且喪中事事需錢，不得已鬻於忍之，割肉醫瘡，亦無可如何者也。所惜者，先人舊業不克承紹，自愧不肖耳！

鬻田之貲，僅得萬錢，五期所用，尚屬不敷，頃刻飛去殆盡。又與滌盦師措得五金，涸轍之魚，得此一勺，真甘泉不啻矣！滌盦師於今年麄了嫁娶之願，篋中所蓄一空，猥以余有造就文字之雅，慨然相貸，待予可謂不薄，枕上静思，殊感甚也。

予昔年已割半宅與范君漱石，後堂僅得一椽，且鄰其卧室，弟娣喪輴，決不能停，因即淺葬於龍潭村，與夢蘅之柩相并。從此寂處荒郊，不憂無伴，想風清月白，必當共訴夜臺愁苦也。

弟娣性頗嫻婉，雖時與其夫有訴誶聲，而待姑巽順，有時予母袒弟，微詰責之，亦不敢反唇也。不謂遽遭短折，香銷玉碎，負此華年，不獨惜其薄命，深爲芷卿嘆無福耳！

予足疾久不愈，延瞽者卜之，云太歲爲祟，禳之則吉，乃延金法師及羽士四衆，作法事一日，擊鼓敲鉦，喧闐竟晷。予自書《悔罪懺過疏》一通，焚乞諸大神前及東廚司命處。金法師者，披鶴氅，執寶劍，指揮四畫，手舞足蹈，口喃喃作詞，逾時乃已。夜薄具酒饌，與之大嚼，予與恂甫三侄送之出門，見月色皎潔，胸次豁然，覺法師仗劍時所言，直夢囈耳，書此以發一笑。

里中尼僧，亦至人家作道場，拜懺誦經，書榜撰疏，一如僧衆。吾家至四七期，亦延其繳《血湖經懺》，鉦鼓聒耳，竟日始散。聞近來庵中頗有不守清行者，有一尼，色頗可人，及將落髮時，忽從吴氏子逸去。尼之少艾者間侍飲，所烹蔬饌甚佳，輕薄子弟多有私飲其室，游詞褻語，無所不至。此風一開，將何底止？噫！

嚴馭濤師於後河搆樓數楹，高三層，窗皆嵌以玻瓈，外圍以百葉窗，制度略仿西人，惜造作未精，并不及其鞏固耳。予以足疾，不能遠行，故未至其室。滌盦師贈以詩，有"吴淞烟水幸無恙，一窩安樂堪栖遲"，蓋以赭寇搆亂，烽火遍地，江南夏屋，半成灰燼，而吾里僻在淞水，得以無恙，其寄慨也深矣。

江弢叔從京師回里，時過予舍，近將至浙就選，而苦無貲，亦患足疾，不能行遠。其室至余家，不過隔一墻，往還殊便，閒時必來談詩，亦一樂也。

弢叔詩裒然盈數寸，皆其諸弟手鈔，字亦工秀，不作一行草。予曰："何不亟付手民，垂諸千載？"弢叔以力未逮爲辭，且曰："予四十歲前爲名士，四十歲後爲俗吏，從此當截然爲兩橛人矣！"

弢叔偶談古人詩，謂各有一家真面目，若擬古之作，必其工力相敵，始肯下筆，非徒襲其貌也。如韓愈《石鼓歌》，純用單句法；蘇子瞻《石鼓歌》，純用偶句法，其實蘇勝於韓。杜工部《北征》詩，純叙實事；韓文公《南山詩》，純是虚寫，而韓較難於杜。讀詩知此，則思過半矣！

弢叔來，言吾人得天地之靈氣以生，詩情自在肺腑中流出，苟小時不識一字，作牧牛販豎，則其隨口所唱田歌俚語，必極自然，有三百篇遺意。夫風雲月露皆文章也，惟人能以神明入乎其中，默默與造化消息相通，所謂萬物静觀皆自得也，然後有所感觸，則發爲詩歌，至性至情，自然流露，大之可以動天地、泣鬼神，小之亦能鏦錚金石、陶寫性靈，若無開拓萬古之胸臆，强爲執筆，尋題覓句，模宋範唐，欲以誇炫於人，則必無好詩，即能工，亦皮毛耳。

弢叔至浙無貲，欲出借貸，求漱石范君卜之，謂東南方吉，予曰："非至雲間錢氏不可。"既歸，頗有所獲，家中米鹽可以無虞。漱石之卜《易》固有驗，而予爲決其行止，亦神矣。故曰人莫靈於心，以理揆事，無有不中者，卜亦憑乎一心而已矣。

嚴棉生來舍清談，并以膏藥見惠，兼賜黑虎散，言此藥係其姊倩江蓉初所製。蓉初吴門富族，曾患惡瘍，百藥不治，乃延名醫，出奇方試之。其法於竹園中覓錢大黿鼉十數枚，蓄籠中，每日飼以犀黄，候其體色皆變，乃納入竹筒中，繫於人身，令其熱悶自斃，然後合諸藥研細，以治諸瘡，無不愈者。予試之，毫不見效，惡鬼爲禍，黑虎無功，爲之一笑。

趙星泉渭基，予舊徒也，近日致功時文，頗有進境，而性已蹇傲，俯視流輩矣。星泉從予時，秉質頗鈍，讀書亦無慧性，後從陳康甫時頗自刻苦，然所能者僅時文片長耳，況又不甚工，傲何爲？

魯峰魏君來劇談，言今春陡患發背，命幾危，賴滌盦師朝夕診視，爲之去腐散毒，得以不死。當病劇時，神志頗昏，見城隍神隸卒拘之去，城隍神厲聲責之，歷數其隱惡，魯峰哀祈良久，謂子幼無成，後事難托，身猶未可以死。城隍神俯思不語，令釋之還。蓋昏瞶已一晝夜矣。

魯峰又言：於夜間目中常見鬼，營營擾擾，無一息停，見人亦不甚畏。噫！爲人過勞，則願作鬼以求逸，爲鬼而忙，將奈何？

曹簡齋丈來，言不安家食，將作海上之游，命予作札致惺如。簡翁年逾六十，老眼已花，恐其授西人館不能如願耳。況至滬後，授餐適館，未必即有其人，旅居不易，米貴堪憂，資斧一罄，往返徒勞，則將奈何？予雖不阻之，亦未敢爲之勸駕也。

有　題仍用壬釜元韻

一曲清溪略彴斜，自芟窗樹引棚瓜。悲凉身世嗟空谷，骯髒年華怨落花。“怨”字擬易“感”字。秋後新愁多似葉，宵深好夢薄于紗。斷腸詩賦傷心句，何必閒吟手待叉。

天涯海曲片颿斜，珍重傳書並饋瓜。禳病替郎鈔貝葉，遣愁教婢供楊花。思裁春勝搜紅帖，愛貯名香繫絳紗。窗列峰巒眉黛緑，冥冥殘照亂山叉。

偶賦閒情點筆斜，石闌小坐供茶瓜。團欒怕見窗西月，歡喜空開堂北花。今世緣難重合鏡，此生事誤已裁紗。紅鈐小字私封好，夜起呼鐙自畫叉。

土牆茅屋竹籬斜，蔬食登盤慣食瓜。小住悔教留絮果，重尋幸未失桃花。秋霜著樹紅于茜，香霧濛窗黑到紗。昨夕分明郎入夢，私拈鞋卜得雙叉。

詩成綴以一絶句，即呈滌盦師：

虎頭一字皆珠玉，滌盦師四詩，久未得見。雞肋千篇總蔓支。昨夜欲眠眠不得，急呼鐙起寫新詩。

予寄某女士詩有“慧心解字詞成鍔，妙舌談禪語粲花。舊夢不圓雙墜玦，女士夢人贈以玉玦二枚，疑爲不祥，以玦與訣相近，形如缺月故也。新涼只隔一層紗”之句，又有“烘愁窗外晨開日，種恨庭前夜合花”之句。

黑字予初不敢用，前女士贈詩中有“亂鴉啼黑一窗紗”之句，想從李易安詞中得來，亦見慧心。

江弢叔攜《丙辰詩録》一卷來，摘其近體數首於左：

酬陳子鶴先生，即送入都二首録一

直節當年動漢庭，兩全忠孝遂陳情。乍離案上三千牘，別試胸中十萬兵。身退尚關天下計，道難惟與古人盟。今看破浪朝天去，還爲蒼生翊聖明。

弔王叔蘭二首

我此未歸日，須君話客愁。貧交常少合，委巷獨相求。乍病夫何劇，奇窮忽自休。羈身餘涕淚，一看殮黔婁。

死去真埋滅，生猶人弗知。孤心長閉户，樸學少逢時。便永中年壽，難營八口貲。他方更兵革，吾道復何之。

酬蔣英亭

州里聞名雅見知，更蒙賞我少年詩。卻從亂後他鄉遇，相對愁中夜雨時。貧賤謀身同計拙，文章報國恨生遲。平居懷抱休相説，明日薰風熟荔支。弢叔稿中本作“休休説”，張文虎嘯山以爲出自杜撰。

秀石猶記弢叔少時斷句云：髮不奈愁拋我去，眉能分恨與人知。

《題江弢叔小象》四詩云：

四十年華過，詞章愈斬新。抗心希古哲，俯首爲衰親。亂世多奇士，窮鄉見此人。平生飛動意，相對各沾巾。

海内頻聞警，羽書數驛傳。馳驅憐遠道，哀樂逼中年。伐叛紆籌策，饟軍急税錢。吾謀已不用，終讓祖生先。

長策今誰畫，偏才世亦奇。文名動江左，末契託群兒。空著憂時論，且芟憤俗詩。家貧親老矣，薄宦急營貲。

相期爲小隱，所幸是卑官。閱世心知少，論文眼界寬。罪言誰我諒，痛哭更無端。復作臨歧别，詩成把劍看。時弢叔將就官浙江。

莘圃以《入秋》詩見眎，即録於後：

入秋十日甫天涼，書卷叢中自笑忙。猶戀科名知計短，偶吟詩句引愁長。飢蚊已老鬫蜂毒，晚飯無聊思酒香。欲下簾櫳閒待暝，不知墻角尚斜陽。

復贈予一律云：

浪游十載嗟王子，骨相終窮奈爾何。屈己惟求升斗水，半人更受病愁魔。匆匆殘夏炎涼换，戚戚中年憂患多。憑仗聰明須學道，先將綺語懺維摩。

弢叔於丙辰年作《到家》六首，亦録於後：

舟到蘇州了，偏從郭外盤。近家心事迫，催櫂水程寬。落日栖遑嶺，栖遑嶺在浦城縣境，俗名西陽嶺，蓋土音之誤。秋陰黯淡灘。老親愁客路，急去報平安。

富有新詩卷，貧無舊屋椽。江鄉尋賃宅，漁市泊歸船。兵火驚心後，親鄰聚首緣。三年遊子至，雞狗亦欣然。

家事何須問，端憂賊未平。饟軍凋物力，祈雨歉秋成。孰謂江南局，所關天下輕。乘時思報國，寂寞笑書生。

夙有歸耕計，如今亦不能。士原爲志苦，我豈以才稱？壯節憑時命，危身託友朋。到家愁更出，骨肉意難勝。

滿屋拋書册，歸裝紫菊前。弟兄皆故我，風日又凋年。有蟹能消酒，無衣罷質錢。家中終是好，寄謝八閩天。

忽自放聲哭，知己盛艮山。斯文方有幸，造物特爲慳。寄我言猶在，經年客始還。此生無此友，獨學晦人間。

嚴規生德焌來訪，清談竟晷，兼索西書數種去。規生雖生於華膴，而性情篤棐，能周恤貧友，近頗學道，而時虞家累，未能底於成也。

規生家藏奇楠香屏一架，云是和珅家故物，高五尺許，廣三尺，當時以萬金得之，誠希世寶也。今托予售於海上郁氏，予謂郁氏自經赭寇之亂，貲耗其半，未必能購此物矣。聞其侄於南翔築園亭，極鉅麗，或欲得此，以炫外觀，則未可知耳。

規生體肥而耆烟，屢欲戒之而未能。予問規生云："足下何時始嗜此？"規生云："前年夏間患痢，久不愈，服藥百裹終無效。有人云吸此可治，試之良然，顧痢雖治而癮已成矣。偶戒之，則痢疾劇發，今竟成長命債矣！思閉户不出，供養烟雲，終非良策。欲在上海謀一牟利法，不知何者爲可？"予曰："海上貿易雖佳，而近因各處亂離，亦稍減色。西人本出重價售絲茶，獲利頗夥，現半爲通事所壞，設立絲茶專棧者，亦無利可射，反不若酒肆茶寮，頗有微息也。以此知世風日薄，市道日貧矣，豈不可勝嘆哉！"

余將至海上，苦無阿堵，規生以贐儀相饋，并售予洋匣、遠鏡等物，聊助束裝之費，甚可感也！

七　月

七月下旬，風雨殊横，著裌衣猶有寒色，杜甫詩云："床床屋漏無乾處，雨脚如麻未斷絶"，真有此景況。況聞海上風潮沓至，木棉晚花者皆壞，平地積水至一二尺許，數日始退，濱海之患如此。

陳嶺某紹箕來舍，劇談竟晷。嶺某年止弱冠，而志願頗奢，所作時文亦翩翩有致，爲近時里中後輩之翹舉者。予見今人每負小聰明，遂狂放自大，不知九州廣矣，人才衆矣，書籍夥矣，僅能幾句詩文，略知幾則典故，即侈然矜詡，藐視一切，多見其不知量也！

余侄恂甫，從兄竹筠之第三子，人頗能幹而喜局戲，至褫衣以酬債，然於世俗酬應事頗優，予弟娣喪事，頗賴其經紀。予微詞以勸其勿博，亦稍知悔，似肯受言，不知果能戒否也？

七月晦日爲地藏王生日，里中例有龍舟競渡，士女如雲，今惟北港有如意龍一艘，而破壞不可收拾，然遠近村人集觀者殊衆，肩相摩也。予負痛往觀，同醒逋至地藏庵中小憩片時，見來焚香者甚稀，因廢然而返。過友石丈門首，即入往訪之，見其齋中陳設，略如舊時。其似景卿，特出雞頭、月餅相餉，雅意殷拳，殊可感也。是日因行路過多，病足陡覺腫痛，不復能履地，終夜欠伸不安，自悔多此一游矣！俗呼芡實爲雞頭，見《三國志·高貴鄉公本紀》裴世期注。

陳嶺某來，言當悉心讀書，苦無静室，現虹橋北有范氏别墅，結搆頗爲幽雅，内有小室三楹，疊置山石，庭中叢桂已花，聞之頗發禪悦意，若能結伴讀書其中，不憂岑寂矣。予亦有此志，奈無阿堵何？家居四月，炊烟將斷，今將抱病束裝，復作飢驅，歸耕讀書，徒成虚願耳，傷已！

里中舊有收埋會及義塾，曹竹安及沈蘋洲主其事。收埋本宜歸入同仁堂，而蘋洲利其每歲田租所入，强司之。義塾久無人來讀書矣，衆生童欲取其經費作玫貲，齗齗争議，久之始許。嚴棉生、陳琢甫屢欲奪之，而蘋洲恃老不與，嚴、陳二君又將設奇計，以期必得，觸鬥蠻争，誠屬何苦？噫！

予鬻田與壬芝，醒逋、醴園爲介，即以中金，薄具肴饌，招之小飲。

孫文川有《讀雪山房詩集》[①]。

趙烈文有《能静居士日記》。

（録自上海圖書館藏稿本《蘅華館日記》）

附　　録

致紅蕤閣女史札[②]

四月十有六日，弭櫂鹿城，小憩茗寮。忽見蕙亭于于而

① 此爲浮簽文字，附稿本中。

② 此札有“四月十有六日，弭櫂鹿城……予矢花前之約，乃在今秋”。對照《甲寅剛午後六日致紅蕤第一札》：“予於三載之後，定欲旋歸，不復作出山之想矣。”則知咸豐四年（1854）五月，王韜與孫韻卿（紅蕤）訂三載之約，則“今秋”正在咸豐七年。據咸豐八年（1858）八月二十四日日記有王韜致應龍田信：“丁巳四月，養疴返里”，咸豐七年（1857）四月王韜因足疾返回甫里，途中至生村拜訪孫啓榘，與孫韻卿一見，即此札所謂“前日下榻高齋，僅能獲覩芳姿，不得一親薌澤”，則《致紅蕤閣女史札》當作於咸豐七年四月十六日之後數日。

來，留之坐不肯，頃之，持手翰至，臨風展讀，情傷意慘，淚痕浪浪，下墮襟袖，何我兩人情之深而緣之薄耶？前日下榻高齋，僅能獲覿芳姿，不得一親薌澤。慈母在前，悍姬在後，無從看月私盟，背燈密誓，抑鬱無聊，憂愁孰語？相思百里，空懸海上之帆；不見經年，莫訴心中之怨。

書中云，志在一死，以報知己，此大不可。吾兩人情長意重，相契實深，不在形跡而在文字也。妹聯杜氏之姻，乃在夙昔；予矢花前之約，乃在今秋。即登香車而遠適，要非棄鈿盒而負盟也。且身在而事尚可圖，身死而情難復遂。妹有死之心，則予無生之望，請隨地下，永結同心，敢在人間，猶偷餘息？維願我妹，稍解愁懷，自有良策。但求志固如金，自必事圓於月。況予與賢妹，年齡相若，初非少長之懸殊；門第相同，初非貴賤之迥別。妹居生村，予住甫里，初非雲樹千重，烟波萬叠。桃花人面，定容崔護重尋；楊柳樓臺，已許阮劉再宿。設使此願難諧，飛來沙吒，前盟難棄，竟適杜郎，則侯門雖入，終非海樣深沉；而驛使可通，豈慮信音迢遞。或間關無阻，得聽卓女之琴；草舸可登，竟上范蠡之艇，則青山偕隱，白首同歸，避人逃世，匿彩韜光，豈無不可？將見蘆簾紙閣，惟對孟光；鬥酒聯詩，乃有道藴。苟懷此心，定償所願，請以斯言，以爲他日佳券也。

（録自臺北“中研院”史語所傅斯年圖書館藏稿本《蘅華館雜録》）

咸豐八年戊午（1858）

正　月

咸豐八年歲次戊午正月朔日（1858年2月14日）。雨。敞門不出，與壬叔及家人輩拈骰子爲戲。青蘿館主所製《紅樓夢》籌，真爲雅俗共賞，略仿會籌而小變其法，謂骰子自唐宫賜緋以後，以紅爲貴，故四合巧即可得寶玉也，且寶玉正宜奪也。其間位尊齒高者不與，故賈母、元妃，概不攔入。俟俗事稍暇，當作《紅樓夢籌譜》，以供騷人韻士、名姝閨秀之清玩也。

二日己卯（2月15日）。天放嫩晴，街衢尚滑。□□□□□□□□梅一枝，盆内則水仙怒放，青白石子□□□□□□□□人意，詩人比之寒女神仙謝自然，想亦因其□□□□[①]遠俗耳。夜，擲骰子爲戲。

三日庚辰（2月16日）。閉門習静，與壬叔譚詩。壬叔喜學北宋，予則取法晚唐，顧久不作詩，心思拙塞，今年思重理舊

① 稿本此節三處殘損。

業，出與名人角逐，頭顱三十，未能成名，殊自愧爾。

四日辛巳（2月17日）。同壬叔往游南園，士女如雲，肩摩踵接，鬥雞走狗，百戲坌集，茶寮中幾無隙地。噫！赭寇方熾，南顧堪虞，金陵殘破，尚未恢復，而此處繁華勝昔，恐盛極則衰，天道有循環耳。啜茗後訪芸閣，不值。

五日壬午（2月18日）。飯罷入城，至裹迴樓訪芸閣，見鐵耕之外舅及其夫人、女公子皆在，對門有搊箏擫笛者，殊清婉可聽，静坐移時而别。

二十二日（3月7日）。午後，金祝齋招飲，同席邵子馨名珪，吴門人，唤歌者侑酒，明珠、素雲兩校書頗艷麗，翠袖殷勤，捧杯相勸，爲之罄三大醻。明珠爲邵君子馨所眷，尤爲明慧寡儔，曾倩畫工繪影，遍徵名士題咏，酒後亦乞詩相贈，爲作七律五章，並撰楹聯云："明眸皓齒清如玉，珠箔銀屏望若仙。"是夕下榻祝翁齋中，剪燈劇話，殊有友朋之樂。

二十五日（3月10日）。梁閬齋來，同往勾欄訪艶。見有小憨校書，□□人意，顧年纔十四，尚未梳攏，而一種嬌憨之態，真覺我見猶憐也。

二　月

二月朔日（3月15日）。閬齋、芸閣同來相訪，往酒壚小飲。近因捐役繁興，酒亦陡貴，解杖頭錢不足以謀一醉矣。薄暮，同壬叔往訪胡公壽，公壽名遠，雲間華亭人，工書畫，在某伯之上，人亦瀟灑倜儻，誠雋才也。乙卯春間，公壽許爲予畫《海天三友圖》，久未擲與，今將作札催之，使其了此畫債。

四日（3月18日）。同小異茶寮啜茗，劇譚賊中情事，并以所著殉難諸君小記相眎，且言賊至時，倉猝辦團練事者共有十人，今九人皆從容引決，或顛連遘病而歿，惟小翁獨存，深以爲愧。予謂天之不與小翁死者，亦使其爲諸君發潛德之幽光耳。殉難諸記，附録别册，他日當采輯成書，爲《寇氛小志》，俾近時事實不至湮没無聞也。

十一日（3月25日）。午後，同鄧子明及其弟子衡往南園啜茗。二鄧皆金陵人，逃難來此，得西士慕君力，暫借一枝，藉以餬口。子明名文欽，江浦諸生。子衡名文銓，讀書未成，棄而學賈，暇時與談賊中被陷苦況，慘不忍聞，堪爲墮淚。

十有二日（3月26日）。金陵董瞻雲來訪，言南門外新出鐙謎，頗有心思[1]。如“月鈎”，猜唐詩一句：“此曲祇應天上有”。“楊妃瘦損舊腰圍”，猜《四書》人名一個：“瘠環”。“夜半無人私語時”，猜官名一個：“玉環同知”。“馬上相逢無紙筆，憑君傳語報平安”，猜《四書》三句：“子路行以告”、“求其放心而已矣”、“吾不信也”。“挑鐙閒看《牡丹亭》”，猜古文一句：“光照臨川之筆”。

二十五日（4月8日）。老母從甫里來，祉卿舍弟、苕仙女兒俱至，剪燈相對，絮話家常。知曹友石近得一孫，徵詩屬和。滌盦師於正月十日間已飛進佛頭數百枚，何艱於嗣而易於財也！莘圃别來半載，音信頗稀，老母自里中來，又無一字相寄，筆墨疏懶，以此可見，因作二十八字寄之：“花開不見楊汝士，憶著家園興味孤。病裏去年强作别，今年書札一行無。”是夕雨聲甚惡，耿不成寐，三更始乃熟睡。

二十七日（4月10日）。薄暮，散步馬道側，見怒馬輕車，飄忽如電，西人女子，便服麗娟，仿佛霓裳羽衣，别有逸趣。壬叔酒渴欲死，乃同往黄壚小飲，所煮江瑶柱，味頗鮮美，是夕下

① 稿本天頭有“此數謎曾於△書見之”。

箸幾青蚨二千頭。忽有英署内閣陳錫者闖然來，相揖就座，罄爵無算。各以巨觴，拇戰争勝，解彼杖頭，供我大嚼，亦可謂李翺之一知己也。

二十九日（4月12日）。同壬叔、小異黄壚沽飲，特出僻令相謔，小異雅不嗜酒而頗知酒味。有友人以所畫仕女見眎，頗有豐神，爲題一絶句："淪謫紅塵幾歲年，心腸冰雪貌神仙。孤寒人影凄涼夕，訴與梅花也惘然。"

余近來筆墨疏懶，日記一役，屢作屢止，自丙辰春正以來，無竟一月者。詩古文詞久束高閣，花場酒國，意興迥非。昔時所交，亦無浮薄少年。世味漸淡，心計轉拙，於勢利齷齪，絶不縈念，顧尚未能忘者名耳，何時能自拔於泥塗，遍游天下，嘯嗷風月，爲宇宙間一閒人乎？

近得新知數人，樂數晨夕，旅窗得此，聊以破除煩懣，一江寧管小異，一吴門梁閬齋，一姚江周雙庚。小異名嗣復，江寧茂才，家鄉殘破，避難鄧尉。西士艾約瑟至吴遇之，與之談禪，極相契合，載之俱來，同合信君繙譯醫書，一載之間，著有《西醫略論》、《婦嬰新説》二種，俱已鋟版。合信自謂二百年後，此書可不脛而走矣。

梁清字閬齋，工篆刻，爲人倜儻負意氣，少時曾習拳勇，固武世家也。現寓城中，而旅食殊艱，岌岌乎難以復下。嗟乎！窮途落魄，誰爲哀王孫而進之食者？

雙庚名白山，賣文來滬，迄無所遇，乃作君平賣卜，謂撤簾沽名而亦無問津者。與予初不相識，至墨海與偉烈君索書，始見一面，繼以所著時藝相眎，光怪陸離，沉鬱頓挫，别創一格。所作古詩，直抉韓孟之精，亦雋才也，顧有奇窮。予與壬叔供其旅食，爲之謀安硯地，乃與慕君傭書，僅月餘即分手，不得已贈以資斧，令作歸計，從此一别，不識何時相遇，可謂萍蓬之暫合也。

予至海上，所交接人士亦頗不少，顧十年之間，未得一真知己。或面譽背誹，或相輕相侮，邇室周旋，僅同世故，暫時睽隔，已昧生平，追思既往，直如已逋，殆不可追，其姓名居里，皆茫昧不能記憶。交道之衰，人心之薄，至今日已不堪問，而我身亦從俗浮沈，良可慨已！嗣後當效戴弘正故事，作《金蘭譜》，庶可按譜而求之耳。

自戊午二月後，事跡有可記者，略載别録。今以八月十有三日爲始，期以自後不復間斷，誓以管城盟諸即墨，有食此言，詩名不昌。

八　月

八月十有三日乙卯（9 月 19 日星期日）。爲西人安息日。晨起無事，繙讀《歸田詩話》一卷。鄧子明來，欲同入城閒步，予尚未食雙弓米，故不及待而先往矣。子明之弟子衡，人頗誠實，惜於夏間染痧症而死。不過數時之病，人命脆弱如是，可爲浩嘆！粥後同壬叔、小異入城，往訪周弢甫不值，人云已至武林，應曾君之聘矣。弢甫負經濟奇才，有澄清天下之志，皇上因御史宗稷辰之薦，下詔徵之，卒不就。今同山東鹿春如至滬，猥蒙見訪，抵掌劇談，言國政人心俱當丕然一變，若赭寇擾亂，猶小患也。

午刻往講堂，聽慕君説法。慕君以“上帝”二字出自儒書，與西國方言不合，且各教進中國，其所以稱天之主宰，各有不同，猶太古教爲“耶和華”，景教爲“訶羅訶”，挑筋教稱爲“天”，天方教爲“真主”，明時利瑪竇等入中國，則爲“天主”而間稱“上帝”，然當時國王頗不謂然，以“上帝”之名與儒家相混也。及本朝嘉慶時，英人馬禮遜至粵，所譯之書稱爲《神天聖書》，合衆國教士於道光末年又稱“真神”，是一主而有數名也。今華民最佞佛，寺刹香火遍天下，欲稱“天主”爲“真佛”，以挽其頹波而教可廣行矣，然道之興廢，其間自有數存，不繫乎名，慕君猶未見及乎此耳。

午後至閬齋寓樓，壬叔、小異亦來合并。閬齋出《玉臺秘册》十二頁相眎，摹寫極工。繼同往茗寮小啜，劇話至晚而散。

十有四日丙辰（9 月 20 日）。午後雷雨。晚至小異處閒話。偶閱宋姚寬《西溪叢話》，言祆神即波斯火祆，在佛經即摩醯首羅。又引《左傳》“次睢之社”杜預注：“睢水受汴，水次有祆神，民社祠之”，然按杜注，系妖字，恐姚寬誤視之耳。近時桂未谷著《札樸》，代爲之辨。然祆字不載《説文》，不入《詩韻》，僅見於《玉篇》及徐鍇《説文繫傳》，則祆教自六朝後進中國明矣，春秋時安得有祆神哉？况用人以祭，尤與波斯祭火之例不符。摩醯首羅譯爲色界究竟天，有謂祆神即天主摩醯首羅，即西國至尊之神。考玄奘《西域記》、法顯《佛國記》所云天祠天神者，即屬祆神而皆稱爲外道，共有九十六種，即婆羅門派，則耶穌教亦天竺之支流也。其説有近乎佛，惜其大旨已昧，所譯書都不雅馴，苟加以潤色，或可與釋老比肩耳。

十有五日丁巳（9 月 21 日）。晨陰午晴。是日母氏六十一歲生日，薄具雞豚蔬果，折簡招閬齋、小異、壬叔、黄吉甫，夜集蘅華行館，猜枚射覆，備極其樂，繼擊鼓飛花，限以僻字，夜闌始散。復至黄浦邊踏月，見一葡萄牙人，言夜半有彗星見。壬叔復舉燈謎以解嘲：“八隻眼，九個面，七個陽物，十九隻脚，除是神仙猜不著”，猜一用物：八仙桌。“兩眼開着，兩眼閉着，兩脚縮起，兩脚緊跑”，猜《四書》一句：竊父而逃。“看去有節，撫去無節，兩頭冰冷，當中百熱”，猜一用物：曆本。“八只眼晴，十二□□”，猜《四書》一句：牛羊父母。是夕至吉甫齋中啜茗，兩碗後猶未解渴也。

十有六日戊午（9 月 22 日）。薄暮，同閬齋散步馬路側，忽遇微雨，襟袖沾濕。吉甫來招夜宴，同席鄧子明、顧芃園、黄碩甫。芃園，雲間人，名棫，業儒。三爵始罄，即與拇戰，窗外雨聲甚惡，暗無月光，深覺敗興。

十有七日己未（9 月 23 日）。小異來，爲言天下非無經濟才，患人主不能搜羅耳。道光六年始行海運之説，時有旗丁康濟，以爲漕運良便，繪圖立議，確鑿可據，謂河南有一處可以通濬，爲糧艘入運河之捷徑。以其議上之河臺，河臺不從，特詣京師獻之。宣宗成皇帝特命督臣柏齡按其事，且諭之曰：“如河督剛愎自用，可據實參奏。”康濟入見菊溪，長揖不跪，柏君怒訶之，即對曰：“小民此來，非犯罪干法也，所言乃軍國大事耳。今大人不平心以察，徒厲聲色，責以拜跪，草野布衣，不知禮節，未嘗謁見官長，大人先以威惕之，將何以措辭?”柏君乃改容禮之，遽延之上座。後以濬河工鉅，仍用海運。康濟著《漕河駁辨》，以明其説決可行。夫以一旗丁而懷才如此，安可謂天下無才耶? 昔一士人謂今昔異治，未可執一而論，作《鼠捕鼠説》一篇，洋洋數千言，切中時弊，謂“善爲宰者，竊賊不必擒治，訟師不必鋤抑。古時地甲給口糧，足以自養，今地甲並無公食，不過恃竊賊、訟師以牟利耳，而竊賊實爲地甲耳目。試觀有賊之處，大盜不至，以賊先爲之告也。鄉里小民，是非茫昧，任宰官之顛倒而莫知，有訟師以持清議，則宰官不能妄爲，是養竊賊者藉以備大盜也，容訟師者藉以肅官箴也，此雖非純王之政，亦救時之一策”。陸閬夫已采入《切問齋文集》中。然予謂“竊賊易爲土匪，訟師易欺良善，土匪聚則足以召外寇，良善滅則不可爲政矣，是在爲上者鋤奸去暴，化莠爲良，使一物無不得其所，庶可無憾。執是以論，淺之乎爲治矣”。

十有八日庚申（9 月 24 日）。陰雨竟日。夜往小異處劇譚。余言近時爲政之難，官小而任繁劇者尤不易爲。小異曰：非也，亦視其人何如耳。苟其才能幹練，學識充裕，措之亦易易，請即以二事徵之：安徽涇縣翟維善楚珍，進士，由翰林出爲江西新喻知縣。其俗刁悍健訟，累歲抗糧，逋負紛積，所控之訟，誣捏株連，毫無端緒，令聽訟者不能剖決。至徵糧時，空室他徙，無可蹤跡，稍緩其徵，又至訟庭催訊矣，一若訟不結案，則納糧亦無日，藉以挾制官長。公下車後，凡有訴牒，皆收而概置不理，日惟步游閭巷，與父老縱談，問其年齒居里、家常瑣屑事。或遇老誠者，則招之入署，所言亦衹及其親戚交游、執業嗜好而已，未嘗一詢及政事，如是者半載。一日升堂，見有投狀者即縶之，謂之曰：“汝非良善者。前日汝與某酒後爭毆，有之乎？汝訛索某錢，有之乎？汝親串非即某乎？汝與某非朋比爲奸乎？汝某歲欠糧若干，今歲又虧負若干，有之乎？且先納汝糧，後聽汝訟。”歷歷指其隱事若見，群驚以爲神而不知其何術也。嗣後凡遇訟者，悉施以是法，無不慴服，而宿欠爲之一清。蓋公於平日所詢某某事實，悉録於簿，即其姓類分四部，曰：“江山一統，以人姓總不離乎點畫撇竪也，遇人至，只消對簿誦一過耳。”此亦革刁息訟之一法。震澤張履淵甫①先生爲句容教諭，句容士習素稱窳惰，先生至，嚴飭月課，諸生有不赴者，面加訓督，無敢視爲具文者。暇至街巷，輒令門斗攜鐵短鍊從，見有婦詈姑、子忤父、卑幼逆尊長者，即以鍊縶之。每祠宇間賽神演劇，或涉淫褻之戲，立拘班首，桁楊警衆。先生曰：“朝廷設立是官，本以整飭風化，文章其末爾。”始而邑宰、紳官憚其嚴正，皆側目，而

① 原作“張淵履甫”，按，稿本天頭“張名履，字淵甫”，故改。

民間有爲不善者，唯恐爲先生聞。後邑宰以折糧增價，幾激民變，賴先生一言而定。夫教諭在今日真爲閒曹末秩，無足重輕者耳，而先生爲上官欽企、下民仰望如此，豈非在自爲哉？

十有九日辛酉（9月25日）。薄暮天晴，同壬叔放步馬道側，見嶺南人以屬對之佳者粘於墻上，所取冠軍句未妥愜，以“月高塼影記花移”對“夜半潮聲隨月落”，雖無疵，亦庸手耳。其餘蕪雜俚淺，真堪噴飯。聞屬對者於交卷時先付青蚨二十二枚，是粵人明藉此以射利矣，風雅掃地，爲之一嘆。

二十日壬戌（9月26日）。晨，與壬叔、閬齋至城，時廟中演劇，人頗叢雜。閬齋匆匆即回寓中，予與壬叔往緑波廊啜茗，得晤宋小坡，因言粵人又出一聯，爲“中秋風雨雲遮月”，未得的對。又言“六木森森，松柏梧桐楊柳”一聯，對者率不佳，近得下聯云：“一竹個個，笛箏簫管笙篁”，頗以爲可。小坡名希軾，太倉人，賣字爲活。頃之，陳香谷、顧曉侯皆至，劇談竟晷而散。午後，至閬翁寓齋閒話，閬翁習静不出。繼散步西園，偕宦秋蘋、陳香谷啜茗，壬叔、小異亦來合并，香谷剌剌不休，殊覺可厭，因避往萍香榭小憩。見天色殊早，復詣茶寮，是日可稱茗戰。小坡言少時爲厲駭谷賞識，呼爲小友，有“射鴨堂開識正聲，黄梅花下拜先生”句，今日思之，如夢寐也。

二十一日癸亥（9月27日）。同壬叔散步馬道側，忽遇朱筠伯，拉往勾欄，惡俗不可耐，匆匆遂别。是晨，慕君謂予曰：“吾人事天爲己之學，修身立命之功，獨聖教得其大全，餘皆僅得一偏耳。儒、釋、老三教，流行中土已二千餘年，幾於家喻户曉，然儒者猶闢釋老爲異端，甚者目爲民心之蟊賊，無他，以其各立門户，趨尚殊異也。其有通人達士，則謂三教實殊塗同歸，大旨總要於明心見性而已，不厚彼而薄此，最爲通論。而吾謂西天聖教亦有與三教相爲表裏者，同源合流，本歸一致。儒者所重，三綱五倫，以人治人。五倫之中，首重君父，而鄉里小民有終身無事君之責者，獨家庭之間，人各有父，故聖王以孝治天下，孔子教孝之言，别爲一經也。大哉父乎，比之於天，《羲易》繫辭以乾爲天爲父，兩者並立，誠重之也。然彼言乎人事而未及天道，未免有缺略之憾，吾聖教爲補其失，則曰：天父非舍而求諸遠也，蓋感生成之恩於罔外耳。由是觀之，儒者之言孝厥父，與吾教之言崇事天父，其大旨同。近世羽流，專事符籙咒術、醮壇法事及燒丹煉汞、怪誕不經之談，大非老氏初旨。老子著《道德經》五千言，發明道之閫奥，首言'道可道，非常道'，是於無可名之中，强而名之曰道。道也者，手不能指其端倪，目不能窮其向往，散之於物而載之於人，其體清凈無爲，其用神化莫名。道不可見，見之於人，則微而顯。《聖經》曰：'元始有道，道與上帝共在'，道即上帝，此道之不可見者也。耶穌曰：我即真理，此道之有可見者也，蓋基督即肩承古今之道統而爲載道之器也。凡老氏之所謂道，與吾教之所謂基督，皆共此渾渾沕沕之真原，則其大旨同。佛固西極之化人也，言乎化則變化不測，神化不可方物，故析其字體，則爲弗人，不由乎人而出神之至靈之極也。譯其梵義，爲覺悟群生，神靈之感，無所不在也，是以人言曰：即心即佛，又曰：佛在方寸。擴而言之，推而大之，其即吾教之聖神乎？聖神之爲物也，無形無象，無遠無近，觸而即應，感而遂通，與佛之於一刹那、一瞬息間遍覽閻浮提者無異，則其大旨亦同。蓋此三教，分之則爲一偏，合之則爲大全，乃吾教中三位一體之真詮妙諦也。"慕君爲此説，雖屬附會而頗有精義，與詆毁儒理、攘斥佛老者迥異。

二十二日甲子（9月28日）。晴。天氣爽朗，頗豁游覽。薄暮，同壬叔、小異往馬路側散步，酒興陡發，往酒樓小飲，折簡招閬齋俱至，酒酣射覆爲樂。所煮肴饌無真味，遠不逮前矣，惟炮鱉一味，差堪下煮耳。酒後同閬齋詣吴氏小室，調吸片岕，兩管之後，骨節通靈。此物多嗜，則耗精血，結爲癥痼，偶一爲之，亦可驅睡魔，消宿食，利氣解悶，未始不益人也。更闌而歸，頗患腹疾。沽酒市脯，聖人不食，養生之旨微矣哉！

二十三日乙丑（9月29日）。下午天陰，往小異齋中劇談。小異言近欲作《洋涇浜海市緣始考》及《各國教門進中國表》，二者皆苦無徵佐，安得博雅好學之西人而問之？

予曰：西人來此通商者，雖不一國，要皆僂指可數。其設立領事衙署與華官文移往還者，如英吉利、法蘭西、米利堅三國，其最著者也。其雖設有領事而徒擁虛名，但查核商務者，有若葡萄牙、荷蘭、西班牙、小吕宋、瑙威、瑞顛、大黄旗、日耳曼、盧卑各諸國是也。其並無領事、船税事務兼爲英轄者，如印度、包社、葛羅巴諸處是也。但其至之先後，即西人亦無從核究。初至時皆賃民屋棲止，查和約中北關外地皆得任其與民間租賃，惟當時道憲申畫疆界，準於何處起、何處止，則當校核官簿，不能臆斷矣。予於戊申春正省先君子至滬，洋行寥寥無幾，至明年己酉秋杪復來，則漸增構，然民間舊屋猶櫛比而居，所構僅在浦濱。逮癸丑八月，會匪滋事，滬城失守，城外民屋陡增，木土之工無虚日。英、法、米援和約條例，謂西商地界中華民不得再建房屋，與撫軍吉爾杭阿商酌，必盡毁除。撫軍亦慮附城民居，或有匪類與賊接濟也，亦利其毁。於是自北至東，民屋數千萬間，無論新舊，撤棄靡遺，違令者西兵以長繩曳之，稍近賊巢者火之，乃與英、法、米三國謀築長圍以困之，城賴以破，而城外之地，尺寸土非民有矣[①]！西商之射利者，多畫地營建，略仿華制，以賃於民，昂其租息，今新街及馬路側連甍接棟者皆是也。

① 稿本天頭“史才史筆”。

西人之謀亦狡矣！所設洋行，亦數倍昔時。顧近時呢布等貨，消售頗滯，價減税重，其利亦微，茶、絲、大黄，購往外洋者亦少，極盛即衰之機乎？每月貨船進滬者，英爲最多，米利堅次之，法國尤次之，他國僅一二艘而已。所開設洋行，英國亦居其大半。

英人於諸國中最桀黠工心計，貿遷有無，靡處不至。自壬寅議和設埠後，頗自居功有德色，諸國實陽和而陰忌之。法國因伐俄之役，締好已密，舊隙漸忘，惟米利堅人日思以英爲事，上下議院籌畫無虚晷，然未敢驟發也。而英自印度攜貳，帑餉糜費，東粤義憤，未有已時，乃復勤遠略，毋亦外彊而中槁耶？今新議章程中，又增設牛莊、登州、海南、臺灣、汕頭五口，内地通商則自鎮江溯流至漢口爲止，西人足跡，幾半中原。然而中原之利，衹有此數，彼之貨物利於吾民者，不過呢布、羽毛、嗶吱、鉛、鐵、錫而已，鐘表、遠鏡等巧捷之器，非盡人能購者也。而況中國之民自有木棉、絲枲以供用，中國商賈皆已捆載洋貨，遠販北地，又加以售貨者非一國，争利者非一處，英人雖設多埠，決不能邀厚利也明矣。

近聞英國公使將去廣州、汕頭二埠，而於浦口、九江兩處設埠通商，特令李泰國請於桂中堂，中堂執不可，以爲浦口係江南之門户，浦口一去，則蘇、皖二省無險可守；九江係北數省之腹地，去之則雄視之勢爲其所據，若必欲通商，則寧背城借一。又聞葡萄牙亦欲通商，星使不得專主，已上達天聽矣。葡人與中國互市，惟在澳門一處，自明以來將三百年，其沐我皇恩可謂厚矣。前定壬寅和約時，葡萄牙亦與焉，兹之上請者，蓋欲援舊例也。從此中原疆土，夷夏雜揉，侏儷遍市，形勝之地，與我共之，真心腹之大患也①。

---

① 稿本天頭“漆室之患，非杞人之憂，夢夢者殊不覺耳。”

藍鹿洲言，澳門一島，實爲海疆門户，明季與荷蘭、葡萄牙爲通商互市之所，甚爲失策。荷蘭與葡人最工心計，習於舟楫，不憚行遠，在歐洲中貨物運行，市舶往來，實自荷蘭創始。葡於明時爲歐洲一雄國，國王遣舟四出，盡歷阿非利加東西兩境，後歷印度及麻喇甲，遍閲東南洋諸島國，所至輒留葡人營立埔頭。隆慶時抵粤之澳門，請地建屋，歲納租餉，疆臣爲之代請，許之，葡人遂立埔頭於香山縣之濠鏡，是爲諸國通市中國之始。後西班牙、荷蘭東來，佛、英繼之，而禍害蔓延，遂不可制矣。夫海口雄峙之島，所以爲中國屏蔽，亦天以嚴華彝之辨也，豈可以尺寸與人，吾不解明之疆臣何以必爲之請，而在廷諸臣何以竟許之也？足見明之中葉政務寬弛，紀綱不振，文恬武嬉，而絶無一深謀遠慮者。其後利瑪竇入中國，播煽邪教，蠹賊民心，一時無識者流俱從之游，尊之曰西儒，流毒以至今日，靡有底止，即碎作俑者之首，猶不足以謝天下也。

天主教、耶穌教外，其久入中國者，有挑筋教、回教、景教。挑筋教於西國爲最古，即猶太舊教，尚在耶穌之前。猶太始祖爲以色列，曾夜與天神搏，不勝，擊傷其髀之巨筋，故猶太人食肉必挑去其筋，挑筋教由是而名，其入中國，約在漢時。今在河南開封府藏有羊皮《舊約經》十餘卷，道光庚戌，英教士麥都思遣人至彼，取經六卷歸，將二千年而羊革不少損壞，想神物自有呵護之者也。顧其人雖聚族而居，而世代久遠，儀法漸忘，浸染華俗，七日禮拜，徒有其名，教中之言語文字，已久廢不講。其姓趙者，係宋太祖所賜之姓，其餘以俺、金、石、高四族爲最繁，讀書應試，無異華人。景教入自唐時，以《大唐景教流行中國碑》爲證。回教之祖爲穆哈默德，起自天方，即曰天方教，亦曰清真教。

二十四日丙寅（9 月 30 日）。晨，同小異、吉甫往嶺南估樓食魚肉粥，别有風味。雙弓米本取清淡，以養胃氣，而粵人偏取濃厚，真爲嗜好不同。

薄暮，雨即止。夜見彗星甚朗，其行甚疾。閬齋來閒話，對坐無事，因以射覆爲戲。射覆中名目甚多，兩本字在上者謂並頭花，在下者謂並蒂花，在中者謂開口玉合子，止有一本字而首尾各加一字，謂之閉口玉合子，雖席間賭戲，頗見心思。

前致應雨耕書一函，今爲録出，聊以志往來鴻爪：

一别三年，素心人遠，思念鬱陶，無時或釋。以途遼勢阻，覿面末由，胸中千萬慮，非寸楮尺幅所能盡，是以並不寄書，非屬唐棣寡情，木瓜闕饋也。臨風懷想，良用喟然，墜歡天末，渺焉莫拾，不知何日重與閣下開北海之尊，剪西窗之燭，前席談心，聯床話雨，而一罄别來積愫耶？

猶憶乙卯夏五，閣下行有日矣，凄然謂予曰："我此行不知作何地人。"言之極爲沈痛。當送行時，臨歧執手，依依有不忍之色，相見恨晚，相離恨遽，豈僅江文通所謂黯然魂銷爲足盡此時别況哉？噫！瀚來海上，以文字交者，固不乏人，以意氣交者，閣下一人耳。十載瀛壖，愧無知己，自得閣下，竊謂無憾，不料又舍我去矣，何命之窮而緣之慳耶！自君别後，益復無聊，酒闌夢醒，燈灺更殘，忽忽若有所失，三千里外，胸鬲間物不能掏以相眎，言念及此，輒爲汍瀾弗止。

丙辰秋間，以檇李人張君之便，附呈一札，不識可作殷洪喬故事否？嗣後瀚即患足疾，斂門不出，遍謁良醫，罔能奏效，藥餌所費，箱篋一空。跬步之地，不能自主，幾無復有生人之樂。丁巳四月，養疴返里，不遇折肱之良技，將爲鑿齒之半人，自分槁餓窮鄉，淪落朽壤，九死餘生，無所冀望。然白髮高堂、紅顔弱婦，皆今生未了之緣也，況復米珠薪桂，家食殊艱，不得已重來滬上作舊生活。幸而西人猶思往誼，加意體恤。粤東施醫之合信先生，特出良劑，治此頑疴，數月之後，霍然若失，殆天猶未欲死我也。

敝居停麥牧師於丙辰八月中旬返國，冬盡得抵倫敦，至僅三日，溘焉西逝。聞信駭悼，潸然出涕。此瀚海外一知己也，悲真刻骨，痛欲剜心，精契所在，存没無間，人琴之感，幽顯迥殊。

粤氛不靖，時切殷憂，烽烟滿地，砲火殷天，我良友出入其間，能勿心悸。想時與章君、區君磨盾賦詩，下馬草檄。蹴劉琨之舞，徒奮雄心；著祖逖之鞭，難抒壯志。時事至此，尚復何言！蓋此雖義憤，徒啓釁端，既損國威，無裨實效，不待智者而知之也。

惟閣下在滬時，眷屬久無消息。聞經大水，郵筒不通，閣下至時，想俱無恙。現必遷往香港，得家庭團聚之歡，敦琴瑟雍和之好，其樂何如，定符私卜。瀚近況無善可述，依人作計，學道無成，嵇叔夜疏懶依然，阮嗣宗窮愁如昔。僻處海陬，欲歸未得，家有八口之累，室無半年之餘。種橘武林，難償素志；買田陽羡，徒托空言。即欲舍此他適，而此間無可謀者，鬱鬱久居，殊爲寡味，倀倀何往，誰則多情？想知我者必能爲我圖也。

此番公使至滬，滿擬閣下同來，乃使節雖臨而玉音竟杳，欣喜盼望，付諸東流。因嘆良朋聚散因緣，冥冥之中，皆有定數，不可强也。三月中旬，途遇貴居停，翌日往謁，已從公使北行。聞有手翰在章君東耘處，亦未之得。噫嘻！一見之緣既不可致，而一紙音書又難得如此，真令想煞人、悶煞人也。現在和局大定，新議已成，想粤東不日可以撤兵。公務稍閒，幸賜回示，諸維珍重。[①]

雨耕名龍田，祖籍浙江蘭溪人，固武世家，其父謁選至京，遂家焉，後爲廣東副將，又徙於粵。爲人慷慨，以膽略自負，待友誠至悱惻，意氣激昂，亦奇男子也。

二十五日丁卯（10月1日）。陰。薄暮，同吉甫、小異往嶺南估樓啖魚肉粥，頗足供老饕一嚼也。頃之，壬叔亦來，因話魚生之妙，謂皖中葉翰池最嗜此味，勝於粥百倍，惜侏儒已飽，不能再往試之矣。

二十六日戊辰（10月2日）。同壬叔、小異、吉甫往吃魚生，活剥生吞，幾難下箸。嶺南瀕海，以漁爲業，每啖生魚果腹，魚生一味，尚沿此風。薄暮，偕小異散步東關外，寄家書。浦濱一望空闊，頗豁眼界，襟懷爲之曠遠。吾人於天地間風雨晦明、陰晴變態、蟲魚生死、草木榮落，皆有一種芬芳悱惻、纏綿凄戾之致，死後恐墮情劫中。回至吉甫齋中小飲。

二十七日己巳（10月3日）。晨，同小異、閬齋往吃魚肉粥，即同入城購書，得戴東原《考工記圖》、仲圃徐文范《東晉南北朝輿地表》、吴郡李瑶《南疆繹史》、白石姜夔詩詞、《花鏡》、《醫宗必讀》、《詞律》及梁章鉅《浪跡叢談》、吴楚材《綱鑑易知録》，共九種。午後，偕小異、壬叔、吉甫往會仙樓啖面，所煮蟹羹，殊有風味，是日小異爲東道主人。薄暮出城，復食魚粥，可謂得李翱之一飽矣。聞星使桂良、花沙納已抵漁姬墩，明晨將入城。

二十八日庚午（10月4日）。晨購魚生一盤、雙弓米一鍋，同小異、壬叔、春甫據案大嚼，頗饜老饕。暮往小異齋中閒話。

---

① 參見《弢園尺牘》卷三《寄應雨耕》，文字略有異同。

二十九日辛未（10 月 5 日）。下午，邱伯深來舍劇譚，即約安甫、壬叔同往嶺南估樓啖粥。入城訪閬齋於寓舍，時已上燈，街市間人頗叢雜，肩轂摩擊，詢之，知何制軍已泊舟東門外矣。出城後，閬齋拉予同壬叔往酒家小飲，三爵之後，已微醺矣。是日購宋刻叢書十種。

晦日壬申（10 月 6 日）。夕與壬叔觀天，見彗尾光熊熊然，直掃天市垣，熒惑星將入北斗。聞捻匪勢極披猖，已陷廬州、六合，將順流渡江，維揚戒嚴，金陵賊巢倏又蟻聚，一時又難克復。天象見於上，人事應於下，真爲憤悶。又論晦朔弦望之理，壬叔謂古人多望月以定日，故《尚書》多稱哉生明、再生魄、旁死魄而不稱朔，蓋其時曆法未密，而以目見爲準，泰西古猶太國亦然。猶太人常登山巔望月，見月初生，即爲月之首日，乃吹角或舉烽告衆，每月或二十九或三十日，三年置一閏，與中法同，可知古時中外曆法亦有不異者。予近作《中西通書序》①，即暢衍其説，置之卷首，序云：

泰西文史之邦，夙稱猶太，自開闢至今五千餘年，歷歷可稽。其最古之書曰《舊約全書》，所用曆與今曆大異。古時猶太人定年月，以太陰爲準，於曆法疏而於目驗密，常居山候月，以初見月爲月第一日。余謂古猶太曆與中國夏商之初不甚相遠，特彼有《舊約》書可證，而中國載籍自燬於秦火後，幾無完書。古史之可信者，莫如《尚書》所紀之日，或曰哉生魄，或曰旁死魄，或曰既望，或曰朏，蓋亦從目測驗而罕用朔日者，如《大禹謨》之“正月朔日”，《胤

① 即《中西通書》之《己未中西通書序》，咸豐九年（1859）上海墨海書館印，文字有異同。

征》[①] 之“季秋月朔”，皆係僞書，乃東晉梅賾所撰。班固《漢書》所引《伊訓》“十二月朔乙丑”，或係固所私增，亦未可爲據。其有書日食者，則繫以朔，如周幽王時乙丑冬十月朔日食，《詩經》云“十月之交，朔日辛卯”是也。且猶太古時，分日爲朝、午、暮三時，又分爲十二時，分夜爲三更，略與中國古法相同。三代以上，分晝夜各爲十時，晝多辨晷以測時，夜多望星以驗候，如《書》所云“日中昃”、《春秋傳》所云“日旰”、《詩》之“三星在隅”、《傳》之“降婁中而旦”是也。後世曆法漸密，於是在朔言朔，在晦言晦。漢魏以來，漸以十二支紀時，始見於《南齊書·天文志》“夜則自甲至戊爲五”，《顏氏家訓》謂“斗柄所指，凡歷五辰，故曰五更”是也。

猶太三年一置閏，所置閏月，有一定之時，皆在亞筆月後，與《春秋傳》所云“歸餘於終”漢以前多置閏月於歲終者，其法簡易相同。由是觀之，中外算術，古時皆未造其精，而至於今，中法每不如西法之密，何哉？蓋用心不專，率皆墨守成法，未能推陳出新。今西士航海東來，與海内疇人家講明新法，紬繹各書，明古今曆算之源流，代有沿革，嘉惠後學不淺。艾迪謹先生所著《中西曆》已閲七年，今歲暫返英國，繼其事偉烈亞力先生也，見予所説有足與猶太古曆相發明者，將刊《己未曆》，即命以是説爲序。

中西曆法俱以太陽所行之橢圓道爲準，朔望弦晦，西法推算亦密，但不似中法之必以初一、十六等日耳。中法以太陰之朔望定月，而以地球繞太陽一周之日分爲二十四氣，每年氣朔相較，

---

① 稿本避諱作“允征”。

約多十一日强，故每十九年有閏七月，此歷來曆家不廢之法也。古法以平定立三差，推日月經度遲速以定朔望，自崇禎時另立新法，以橢圓動時動面積以定日月遲速，本朝曆官亦準此以推，以古法多疏而新法密也。若泰西近日曆法，亦與猶太古曆異。

九　月

九月朔日癸酉（10月7日）。夜午無事，讀《晉紀》一册。王衍等脱略儀節，清談誤國，後遷江左，浸成習尚，遂置氣節綱常於不顧。沿至五代，視君如奕棋，靦顔事讎，恬不爲耻，如長樂老輩真堪痛詈。今天下競尚勢利，金氣薰灼，諂詐百出，幾不可問，安得有豪傑起一振頓之？

二日甲戌（10月8日）。午後蔣劍人來訪，攜《古詩源》、《唐詩珍》數帙去，云英公使繙譯官威君琛瑪倩渠選歷代詩，將流傳西土，俾知中夏詩學之盛，是亦可謂風雅主人也，特劍人不求專集，而僅就選本撮取，真屬模糊了事矣。

三日乙亥（10月9日）。星使桂良、花沙納張示於城闉，謂兩國永敦和好，共享樂利。其意因外邊人言藉藉，謂和議未達宸聽，必將更張，星使之來，蓋將用兵於海疆耳，故特出此示，以釋群疑。威琛瑪來，以聖上特賜耆英自盡一諭見眎。耆英本屬僨事之員，皇上以爲或明夷務，特加簡用，乃大局未定，潛自逃回，褻國體而負寵命，真屬自速其辜矣！所諭幾千餘言而尚未定其罪案，軍機處票擬者真屬詞費。案耆英前於壬寅年所議條約及往來文移，皆蒙蔽聖聰，匿而不告，今西人據粤城時，盡得舊時案牘，乃知其詐。耆英至天津，西人特舉此問之，耆英即懼而去，故罹於罪。

四日丙子（10月10日）。晨雨。静坐不出，繙書遣悶。午後，同小巽、壬叔往嶺南估樓啖魚粥。街衢泥濘，不能遠行，廢然遽返。

五日丁丑（10 月 11 日）。下午，小巽來，邀往食粥，吉甫、壬叔亦來合并。薄暮，閬齋來訪，同往景陽館啖面，酒味頗佳，醺然薄醉矣。

六日戊寅（10 月 12 日）。下午，孫君正齋從雲間來訪，三載不見，容色如舊，鬚髮略蒼而丰采勝前矣，相見歡然，各道闊悰，因知此來爲其戚趙氏子執柯，將聯姻於王竹侯家，泊舟於西門外。茶罷，即同往環馬場館中小飲，佳饌數簋，咄嗟而辦。酒後訪艷勾欄，至一家，車馬寂然，謂昨宵有無賴子痛打鴛鴦，以致盡行飛去，敗興而返。一路劇談，送至舟中，天已薄暮，珍重而別。

七日（10 月 13 日）。晨，梁閬齋臨舍劇談，以新鐫圖章相饋，筆法直逼漢人，殊可寶也。午後，邱伯深折簡約予於十一日午後小宴，且謂春秋佳日不可多得，人生行樂正在斯時。伯深名希濬，閩人，人頗風雅，道光二十八年曾客此間，與先君子相識，先君子謂其人醇謹，頗與深交。三十年春，於兆三席上一見之，即投縞紵，秋間渠即回故里。今歲夏五，同其鄉人章君來此，一別九年，相見歡然。其鬚髮漸蒼矣，老大催人，殊可浩嘆。附記於此，以見其締交之始。

八日（戊辰）〔庚辰〕（10 月 14 日）。小巽邀予往景陽館啖面，壬叔、春甫亦來合并。午夜，剪鐙讀梁茝林所著《浪跡叢談》。

九日辛巳（10 月 15 日）。重陽。晴。是日購螯一簍，小如蟛蜞，夜間沽燒春一巵，特邀壬叔、小巽持螯爲樂，聊應佳節。

十日壬午（10 月 16 日）。昨日重陽已空過矣，閩人黃莘田先生詩云："誰能令節都無負"，讀之可爲一嘆。是夕，在壬叔處借得俞仲華《結水滸》來閲，聊以銷閒。仲華本自名《蕩寇記》，暗指今楊秀清而言，而吴門陳奂碩甫先生謂之《結水滸》，失其本旨。奂《記》中謂：羅貫中續《水滸》，大昧施耐翁之初意，是直獎盜，烏可示後？所以傳中一百八人或誅或禽，無一漏網者，以見渠魁劇盜之終歸於盡也。然觀宋正史，宋江三十六人實爲張叔夜所招降，《侯蒙傳》："宋江寇京東，蒙上書言：宋江以三十六人横行齊魏，官軍數萬，無敢抗者，其才必過人。今青溪盜起，不若赦江，使討方臘以自贖。"則宋之受江降也可知矣。特使討方臘之語，事無可考，而據《徽宗本紀》及童貫、韓世忠《傳》，皆所述異詞。特宋江以二月降，方臘以四月禽，或藉其力，未可知也。貫中所記，非盡誣耳。

十有一日癸未（10月17日）。晨，同小異往四牌樓書坊檢閲書籍，繼往緑茗軒啜茗，邱伯深已先在矣，吉甫、春甫亦來合并。茗罷同詣叶萃館小酌，烹飪頗佳，聚飲極歡。是日購得《宋元通鑑紀事本末》一部，價止一金。

十有二日甲申（10月18日）。午後同小異入城取書，鄰有新設餅餌鋪，因共登樓食饅首。晚往環馬場散步。

十有三日乙酉（10月19日）。晨，同小異、閬齋、吉甫往景陽館小飲，春甫爲東道主，佳肴異饌，紛沓而至，足供老饕一飽。午後伯深來訪，同往環馬場閒步，小異亦來合并。繼詣青樓訪艷，鴇母特設片岕，情意優渥，顧所見之妓無一佳者，如入羅刹國中，二家之後不敢問津矣。

十有四日丙戌（10月20日）。海防署内閣胡雅堂來，購泰西醫書數種去。閬齋來，言檇李有楊某在此，與欽差隨員頗稔，且知江南人朱鎮、潘霨皆在此，若有泰西奇聞異書，可投其所好。欽差處關防嚴密，議税之事，無可緝聽，惟知新加烟税，每箱需四十金，公使僅許三十，議尚未妥。另議牛莊、登州通商之處，僅可攜帶洋貨，若油、豆等物，自有華商販運，西商不得專其利，若干此例，貨物一併入官。抽烟税之論，道光末年已有奏之者，以格於部議，不行，今日征取此税，亦可以稍貲軍餉，乃理財之末策也。鴉片之害，近日愈烈，勢不能禁，一征其税，則其價必昂，小民之吸食或寡耳。

十有五日丁亥（10 月 21 日）。晨，同小異、春甫至景陽館小飲。聞儀徵失守，捻匪勢極披猖，揚州、六合被圍甚急，鎮江戒嚴。捻匪慘酷無人性，所至屠戮，春間陷浦城，老弱皆膏白刃，壯强者盡裹脅以去，收復後，一城僅存二十七人。至婦女則老者殺少者淫，將去，盡驅入房屋，付諸一炬，奇慘異禍，目不忍睹，耳不忍聞。每擄壯者，則以朱漆髹其眉髮。吾於此知天心猶未厭亂，實斯民殺運之未終也。今月有三咎徵：長庚晝現，彗星經天，熒惑侵帝座。準西法，言衆星之行皆有軌道，無關乎休咎，然天象雖遠而其應如響，彗星之現，在中國已屢驗，殊爲抱杞人之憂也。

十有六日戊子（10 月 22 日）。晨，同小異、春甫往景陽館啖蟹羹面，别有風味。薄暮至環馬場側閒步，見西人怒馬馳騁，有夫婦乘一車，飄忽而過，馬場一片空闊，暢目娱情，被渠占盡矣。

十有七日己丑（11 月 23 日）。晨，同小異、春甫往萬福樓小飲，有爛煮羊肉一甌，甚佳，烹飪之手獨步城外。

十有八日庚寅（10 月 24 日）。梁閬齋招予午飯，設旨酒，飯罷往樂茗軒小啜，春甫亦來合并，在茶寮中候邱伯深不至。三牌樓有片芥小室，甚爲精雅，閬齋與予往吸三管，骨節通靈矣。

十有九日辛卯（10 月 25 日）。楊君雅涵來舍，言將與予同至餘杭，約作半月之行，予亦得藉此以覽湖山之勝，欣然從之。午時，封書三來，言將附舟返里。陳萃亭、劉益齋從槜李至，來訪。萃亭予故友也，渠於咸豐二年冬間至滬，在偉烈君處鈔胥，與予有數月之聚，此别已苒苒六年矣。因同往法人李閣郎舍。閣郎善照影，每人需五金，頃刻可成。益齋照得一影，眉目畢肖。其法以圓鏡極厚者嵌於方匣上，人坐於日光中，將影攝入圓鏡，而另以藥制玻璃合上，即成一影。其藥有百餘種，味極酸烈，大約爲磺强水之類。薄暮往小異齋中，得見陳子瑨，人極謙厚，精於天算，善圓光，江寧人。惜渠將往浦東諸鄉，爲臬使湯公畫地圖，予亦有武林之役，匆匆遽别，殊爲悵惘。上燈時閬齋來，同往吴氏小室吸片芥二管，欹枕對談，其趣殊永。

偉烈君得明命通寶銀錢一枚，云來自臺灣，詢鑄於何代。予按：明命係僞造之品，歷代錢幣中無可稽考。今所有明命錢俱係鉛質，或謂是安南國年號，而何王時所鑄，亦不可知，姑闕疑以備考。偉又得漳州官鑄銀餅，係道光年間頒發軍餉者，上鏨壽星像，幕文則印一鼎，不知何義，想飾外觀取佳讖耳，亦無甚深意也。

小異言昔年陷賊中情形及出虎穴事，不禁爲之動心蕩魄，而嘆其得邀天佑也。初賊陷金陵，壯者皆隸爲兵，列之前茅，以衝鋒鏑；文弱者則令司筆札、會計；老病者另設一館，專拾街衢字紙。小異亦夤緣入館中，後賊緝知其非廢病者，强令掌書記，數日而逸，獲之，杖幾殆，自此防詰益嚴。一日其渠出擾安徽，與小異偕行，日夜閉置舟中。小異自念：若此首爲官軍所斷，則無以自明，何面見祖宗於地下。逃，死也，留，亦死也，計不如爲賊所殺爲愈。時泊舟江邊，天寒夜黑，小異僞爲私焉，潛遁匿叢蘆中，賊竟夜蹤跡不得，乃開颿而去。有鄉人見其蒲伏泥中，異而詢之，小異實告以故，乃引之家中，與之食，與以百錢，小異乃得渡江而南。小異自言此時已置死生於度外，但求薙髮而死，得洗賊名則幸矣。至妻孥團聚，室家完好，真夢不到此者也。小巽有一子，名鷂保，亦在賊中隨母逸出者。賊擄婦女，以二十五人爲一館，令作重役，力不勝者撲之，疲瘠怨抑，死者道相屬。小巽如君亦在役中。一日衆婦力作時，忽有老嫗攜飯筐至，遍餉役者，顧取食甚衆而筐不空，群婦奇之，詢以何時得出，老嫗曰："但看地上黄、墻上紅時，即爾全家相見日也。"倏忽不見。後城外稻熟，賊驅群婦往刈，小巽如君因得乘間逸出。既至官軍營，則見墻上遍粘紅紙，乃城中脱難之民告眷屬以居址，使易於尋覓也。回憶老嫗所言，適相暗合，或言老嫗係觀音化身，救度苦厄，亦未可知。

二十日（辛卯）〔壬辰〕（10 月 26 日）。晨，梁閬齋來，攜致王安伯書一函，小巽、春甫、壬叔都來送行。午刻，同楊雅涵先生放舟啓行。舟艙甚迫窄，殊爲局促。附載者有東甌人封書三，頗稔於杭城道里風景，舟中與談，亦不寂寞。薄暮抵閔港鎮，同書三登岸啖餛飩。街市蕭索，食物麄惡，乃一小集也。夕寐甚早。

二十一日（壬辰）〔癸巳〕（10 月 27 日）。三更解纜，重霧迷濛，不能前進，至明乃行。辰刻抵松江西門外，泊舟金沙灘畔，同楊君往錢蓮溪家，見諸友欲進教者群集其舍，楊君爲之講書解道。散後同濂溪往鴻椿樓啜茗，茶味殊烈，且價甚廉，遠勝申江。蓮溪市雞相贈。雞係回民所煮，别有風味，遠近著名，午飯得此，稍解老饕。夜泊顧家村口，距平湖四十里。是日同楊君往游超果寺，額爲"茸城第一山"，支持方丈者係明慧大師。同寺僧登觀音閣，見石刻像，甚細緻，俗謂潑水觀音。

二十二日甲午（10 月 28 日）。晨抵平湖，同書三往覓許、尤二子住址，遍問城中人，無知之者。乃出小南門，詣丁舍見主人湛樓，初云不知，繼其妹云龭鬅聞在西關外。予即迂道往彼，數問路人，始得至。其屋雖不寬敞，而窗明几净，庭前修竹數株，蕭疏有致。乃命許、尤往詣楊君，而予同晝三至城中博寺東昇樓啜茗。寺中磁器鋪十餘處，索價殊賤，以匆促未及購也。午刻至舟，以李仁齋托寄青蚨五百頭付尤子。平湖人信教者殊少，來與楊君盤桓者，惟賈瑞卿一人而已。夕泊舟十八里橋，距嘉興二十四里。

二十三日乙未（10 月 29 日）。清晨，舟過嘉興城外，烟火萬家，鱗次櫛比，誠一大集也，惜以楊君急欲至杭，未得一登。辰刻過郭外，登岸閒步，見茶禪寺前有三浮圖，不甚高聳，離數武有岳鄂王廟，殊壯麗。夕泊石門灣鎮，同晝三往茗春軒啜茗，茶味清淳，頗堪解渴。自嘉興一路至此，沿河皆種桑樹，養蠶取絲，其利百倍，誠東南生民衣食之源也。

二十四日丙申（10 月 30 日）。清晨，舟過石門縣城外，短堞周遭，民居不過數家，甚覺僻陋。晝三謂予曰："此間多盜，夜劫客船，以爲常事，故石門邑宰殊不易爲。其故因近行海運，山東糧艘人丁多致失業無歸，晝則群聚賭博，夜則相率爲盜，捕之則黨羽甚多，每易滋生事變。"予聞之憮然。行十餘里，果見河中有一盜屍，兩手交縛，尚未朽壞。劫財未獲，反喪其身，亦其自取而已。夜抵杭州關上，關柵已閉，遂泊舟於外。同晝三登岸，至橋側小茶寮啜茗，見關前街道亦開廣，民氣淳静，無猥薄澆勁之習，食物亦不甚賤，而小民得錢殊難。宵深歸舟而寢。

二十五日丁酉（10 月 31 日）。清晨移舟至松毛場，人來聚觀者如市。飯罷，同楊君及封晝三往游昭慶寺，寺左右設肆鬻物者皆僧也。大雄殿後有戒壇，規模宏大，係是新葺，聞明崇禎時寺已被災，壇基側青草茸生，野牧縱横，牛羊不敢上寺。寺僧築壇，發土得碑，題曰"然燈古佛誕生處"，宜乎此地之靈，歷久不替也，是説見陸雲士《湖壖雜記》。

從昭慶寺出，即見西湖，烟波浩渺，彌望空闊，層嵐疊嶂，變態萬狀，誠一大觀也。沿堤曲折而行，至大佛寺，佛祇半身，而大已塞殿，相傳是秦始皇繫纜石，謂始皇東游泛海，艤舟於此。西湖舊通江海，故可艤舟。語殊荒誕，殊堪噴飯。宋時有喻彌陀者，兒時指多寶山大石發願云：異時當鐫此石爲佛。及長出家，精於畫佛，垂老鑿石爲大彌勒頭，以償宿願。或曰："彌勒在天，何用鑿此頑石？"師曰："咄哉！頑石頭全憑巧匠修，只今彌勒佛，莫待下生求。"師一名思凈。復上彌勒院啜茗，屋宇精潔，花木蕭疏，疑爲仙境。從十三間樓眺望，湖光山色，盡在目中，静坐久之，殊覺身非我有。惜楊君不知領略此景，匆遽催行。至橋畔，見"斷橋殘雪"碑，有乾隆御製詩在上。行里許至照膽臺，瞻仰聖像，想見當日英雄猶在，惟本朝祭典躋於中祀，與孔子並列，殊覺過分耳。寺僧出漢壽亭侯玉印相示，光采黝潤，的係古物，把玩不忍釋手。按是印由來，《湖壖雜識》中已載之而未甚詳核，寺僧另有《玉章攷正》一紙，係廖文源所刊，頗悉本末，因録之：

按《蜀史》：東漢建安己亥，川人獻玉一顆，中有井環，漢中王命上下鐫文，篆曰"漢壽亭侯關羽之印"，遣益州司馬費詩齎至荆州，賜前將軍爲佩章，假節鉞，督九郡。及帝歸神，吴將徐盛得之。《吴志》曰："黄龍己酉，盛過鄱陽，舟覆失之。"相沿千四百年，迄明之萬曆丁巳，鄱湖晝夜放光，漁人獲得是寶，有司觀篆文，乃帝生前名爵姓諱，進於朝。越二歲己未，帝顯照膽臺三字之兆，神宗命翰林董其昌齎送照膽臺崇奉，一時靈應昭著。爰攷史志，以備爲之正。

瀹茗後，即至聖因寺，觀石刻十六尊者像並乾隆御製碑，棟宇崇宏，非凡境也。午後同楊君進錢塘門，見滿人頗不少，男子皆有糾糾武夫之象，而婦女所塗脂粉多不勾净，如戲場小丑，真堪一笑。遇張桂山於途，立談良久而别。出城後至昭慶寺側茶寮啜茗，閒步湖壖，領取夕陽光景，更覺其佳。何日能擺脱俗緣，結廬此間，優游終老乎？思之慨然。

二十六日戊戌（11月1日）。晨，飯罷即往湖邊，唤一總宜船，同楊、李二君及其夫人往游西湖。先登孤山，覽放鶴亭諸勝，壁間有石刻林和靖小像。此山宛在中央，一葦可杭，昔有梅花三百樹，今存無幾矣，然樹木森秀，眼界空闊，登之覺心曠神怡，别有所會。山上雖無居人而修葺頗整，祠中楹聯都未及觀，而楊君已敦催下山，因其夫人感風而病，將返櫂矣，予遂廢然而回。

下舟即問舟子："蘇小小墓在何處？"答曰："繞孤山行數百步即是。"見墓在山麓，建亭其上，遠望不甚了了。聞墳近爲特鑑堂將軍所修治，題曰"慕才"，好事者競歌咏之。按蘇小小爲南齊名倡，見何蘧《春渚紀聞》。墓在錢唐縣廨舍後，考舊縣治在錢唐門邊，距西泠橋不遠，似即今之蘇小小墓。另有郎仁寶《七修類稿》所載於潛官絹一事，則宋之蘇小小也。朱竹垞據元人張光弼詩注"墳在嘉興縣前"一語，遂力辨蘇小小墓在秀州，而以錢唐之墓爲附會，是尚不知錢唐名倡原有兩蘇小小也。經蘇小小墓下，即向昭慶寺而回，尚有岳墳、雷峰、净慈、靈隱諸處，皆未得游。從此一别，不知何日再來，而楊君徒以妻孥小病，匆促返舟，置諸名勝於不顧，不甚可惜哉！予見西人，每登名山、游古刹，皆不能静心體會，領略閒趣，亦不知披蘿尋幽，捫石攬勝，徒有騰踔向前，如猿玃玃，一往而已，噫嘻，何其俗耶！

午後，同晝三往湖壖賃屋。有施姓福隱莊，臨湖一樓，寬敞明潔，瑶天閣中，陳設精雅，開窗一望，全湖在目，幾不知身在塵世，索價僅十千之數，因聞西人欲賃，皆有懼色，説遂中止。惜予囊中不名一錢，不能卜居此樓，坐享湖山之福也。看屋後即入錢唐門，往游貢院，見多士雲集，購書鬻物者肩摩踵接。因時已薄暮，匆匆出武林門，過普濟堂，訪王安伯不值，即以閬齋書一函托其閽人轉達，並饋以西書二種。登狀元樓，同晝三小飲，肴饌都不甚佳。是日約行三十餘里。

二十七日己亥（11 月 2 日）。清晨，同楊君往觀賃屋，都不能成。有朗緣上人不懼浮議，頗有肯意，後見楊君不甚置懷，亦不願爲戎首矣。飯後喚船往游城隍山，進湧金門，觀者塞途。楊君奮足捷走，頃刻數里，予與晝三，流汗相屬，終不能及。繼同登山，予僅及半，以足力疲軟，不欲復上。山雖不甚高，而雉堞民廬，朗如眉列，錢唐江如帶，西湖若盂，江天空闊，頓豁吟眸，覽此亦足爲豪矣！回顧楊君，已迅涉山頂，倏忽不見矣。予見山腰有茶寮，甚整潔，棐几明窗，堪稱精舍，啜茗小坐，塵慮頓消。待楊君良久始至，徐行下山，至清河坊購書數種。出湧金門，日已西斜，往湖壖茶寮小啜，臨窗閒眺，山氣葱鬱，波光淡蕩，觸目無非詩料，惜俗腸未洗，枯吻不生，有辜此當前佳景耳。於隔座得晤江弢叔，劇譚别後景況，知渠因秋間小病回里，近亦初來，宦興不佳，不及作幕下賓，尚有餘蓄也。寮中一對，係“欲把西湖比西子，由來佳茗似佳人”二語，久已膾炙人口。時已夕矣，弢叔偕其同侣入城，予亦作别下舟。疏星淡河，漁火兩三，微風不波，舟去如駛。

予此游以未至岳墳爲憾，舟子遥指其處，約略不可細辨，乃吟明人所作《滿江紅》詞一闋，以弔王之忠烈，聲情激楚，扣舷而歌，當令湖山答響也。夜叩昭慶寺門，與寺僧售玩物數事。繼同晝三飯於黄壚，所烹醋魚，甚爲鮮潔，頓令廉頗作健飯將軍矣。晝三曰：“此味不讓五柳居也。”予此行雖未至其地，然得食此，歸時亦得誇於小異矣。惟壬叔於予臨行謂予曰："韜光占西湖絶勝處，不可不一游。"而予因楊君敦迫再三，不能遍覽，俗物敗興，殊不可耐，惟有屢呼負負而已。予夜行湖濱，見湖中隱隱有光，倏現倏没，因念蘇東坡"湖光非鬼亦非仙"之句，深爲驚訝，畫三曰："此漁火返照入湖故耳。"予拱手謂山靈曰："從兹一别，相見不知何時，如能遂重游之願，當以清酒一盛，酹於孤山梅花之下，與逋仙澆一抔土也。"遂怏怏回舟。

二十八日庚子（11 月 3 日）。清晨解纜出關，遥望半山，蒽倩撲人。予於武林風景，宛似舊游，想前身係此間寺僧，亦未可知。是日畫三已辭别登岸而去，予獨坐舟中，更覺悵惘。午後過塘栖鎮，夜泊斗門。三更得一夢甚奇，夢予前生係姓賈，亦士人，築屋西泠橋畔，娶妻美而慧，能歌咏，伉儷甚相得。後妻卒再娶，容亦麗而才不逮，因此鬱鬱寡歡。詣雲棲大師處祈夢，以卜終身，夢雲棲授以一錢，上鐫"雲階萬里"四字，賈受錢而寤，旋應省試獲第。予醒後歷歷不忘，心甚異之，不知何解也。

二十九日辛丑（11 月 4 日）。晨抵石門縣。予同楊君入南門散步，繼出北門，僅里許耳，真偏僻小治也。夜泊雙林橋。是日舟中無事，閱《紅樓夢補》，將"苦絳珠魂歸離恨天"以下盡行删去，謂黛玉重得返魂後，林氏遣人接歸維揚。寶玉獲第後遁跡空門，有一老僧試以幻術，知其於情字尚未勘破，未能證道，即令放歸。途遇柳湘蓮，贈以鴛鴦寶劍，同至揚州，舍於甄氏，倩甄寶玉求婚於林，且曰：婚不許，不復還家矣。寶釵因寶玉出亡，憂鬱以死。襲人嫁於蔣琪官，琪官得知係寶玉姬妾，即復退婚。晴雯出櫬至郊，氣回復活。其後寶、黛卒合，伉儷和洽，寶釵借張氏女郎體而重甦。委婉斡旋，無非欲寶玉之情十分圓滿而已。噫!《石頭記》一書，本屬子虚烏有，而曲曲寫來，自能使有情人閲之墮淚，實由於筆妙意妙也。後來續者，如畫蛇添足，均無可觀，如《後紅樓夢》、《紅樓夢復夢》、《綺樓重夢》、《紅樓圓夢》、《紅樓夢補》，皆浪費筆墨，適爲多事而已。

晦日壬寅（11 月 5 日）。晨至嘉興東門外，予登岸爲楊君購張爐二具，價殊廉也。午後至嘉善，雉堞周整，民屋櫛比，不亞於檇李，惜未及登覽耳。夜泊張涇灣，距松江八十里。

十　月

十月一日癸卯（11 月 6 日）。辰刻，舟抵松江，泊於金沙灘畔。往訪錢蓮溪，既至，則知於前日往申江矣。蓋偉君將乘兵船至揚子江，特倩慕公作札致彼，令其往爲通事，書中語意甚急，不知何事。予遂同江秋泉往鴻椿樓下啜茗，時集於蓮溪家聽楊君講道者共有九人：唐九翁覃春、張藕汀東庭、王杏香東海、祝春泉志祥、陳嘯園肇基，及孫静庵、楊研山、屠俊卿、陸君如。是夕飯於錢氏小舍，有盛饌，研山、嘯園爲介，禮意殷勤，更深而歸。

聞孫正齋已在雲間，將於明日訪予，予特留一札轉致之云：

> 春申浦上，重拾墜歡，煮酒劇談，稍抒闊悰，旋奉手翰，感承綺注，知故人相念之忱，不以形骸而間也。所索和議五十六款，已行鈔竟，因弟適有武林之游，故未及寄呈耳。今弟返櫂過此，途遇嘯園，知閣下亦在此間，極欲維舟奉謁，暫爲一日之留，奈西儒楊君急不及待，殊覺敗興。人生聚散因緣，跡如萍蓬，真不可定，爲之悵惘而已。相見有日，諸維珍重。①

① 參見《弢園尺牘》卷三《寄孫秋棠茂才》，文字略有異同。

夜泊舟於泖河口，中宵潮至，如萬馬奔沓，喧豗枕角，側耳聽之，凄然不寐。

二日甲辰（11 月 7 日）。四更趁潮落放舟，蒲颿風急，其去如駛，辰刻已過閔行鎮，午後忽轉西北風，濁浪排空，阻不得進，乃移舟泊石砿守風。飯罷登岸散步，以道路詢其鄉人，云至申江尚有五十四里。悶坐舟中，無可排遣，繙繹《金剛經説論》，頗有會悟，語雖淺近，實有精義，苟能遵此，即可爲超凡入聖之基矣。薄暮，風小潮平，解纜放舟，行至周浦塘，泊焉。

三日乙巳（11 月 8 日）。清晨至黄浦，登岸歸家。晤西士慕君，知偉烈君於昨晨已隨公使北行，將至漢口申畫通商界址。薄暮，梁閬齋來舍，同往萬福樓小飲，爲予洗塵，殊可感也。又往勾欄訪艷，鴇母芷芳特設片岕，所見之妓，無一可者。因話杭州城隍山游女頗盛，容貌裝束皆雅而不俗。晝三謂夜合之資不過二金，惜予匆促返舟，不及一往，有負此游耳。酒罷歸來，已上燈後矣。

四日丙午（11 月 9 日）。晨，邱伯深從雲間回，來訪，閒話久之而去。暮同壬叔往小異齋中，繼偕至環馬場散步，春甫亦來合并。小異酒思忽發，共詣萬福樓小飲，所烹羊羔，味殊鮮美，得以飽啖，真不負黨太尉之腹矣！是日予生日，家人爲烹肉煮麵，聊以解嘲。墮地以來，寒暑三十易，精神漸耗，志氣漸頹，而學問無所成，事業無所就，徒跼天蹐地於西人之舍，仰其鼻息，真堪愧死，思之可爲一大哭。

五日丁未（11 月 10 日）。館中校對畢後，甚閒無事。飯罷後，邱伯深同其友諶香谷來舍。香谷係金陵人，諶姓甚罕見，都中衹此一家。詢其始祖支派，殊屬茫昧，真溯典而忘其祖矣。同伯深往環馬場散步，特詣洋鋪中，爲温明叔購靉靆鏡。明叔名葆淳，固金陵名下士，少年科第，名重一時，博學多聞，近日館閣當屈一指，與伯深頗交契。伯深寄贈合信醫書數種，明叔以爲見所未見，聞所未聞，於《靈》《素》書外，别創一法。是日清晨，春甫來招予小飲，小異亦來合并，烹羊頗佳。

六日戊申（11月11日）。梁閬齋同楊見山來訪，壬叔約往環馬場觀西人馳馬，楊、梁先往，予飯罷始去。見妓女乘輿往觀者群集一處，天氣和暖，粉汗蒸淫，游人都嘖嘖評騭妍醜，追逐後塵，幾忘爲觀賽馬來矣。塗間得晤董曉庵、唐芸閣、張倜卿，並立閒話，殊不寂寞，繼拉往酒樓小酌。予在環馬場側遍覓壬叔三君不得，而忽與芸閣煮酒話舊，真屬意外之遭，亦可不負游興矣。

薄暮，往東關訪邱伯深、諶香谷，伯深將有吴門之行，故往送之，剪燈話别，意殊凄然。伯深氣誼極篤，温文爾雅，盎然有詩書之味，繩墨自檢而不蹈拘墟陋習，爲人悱惻誠至，爲近時交友所難得。握手言歡，席尚未温，而又欲遠别，令人能不悵惘？寓齋主人邱謙六，係粤人，亦頗知風雅，留予夜飯，特設旨酒肴饌，多以粤法烹煮，别有風味。甘苦異趣，棘舌膏脣，真覺嗜好不同也。飯後吸片岕殊佳，閒話至更深始歸。伯深以吴門朱酉生《知止堂詩文集》六册相贈，更與香谷持鐙送至洋涇橋畔而别，意致殷拳，甚可感也。人生最難得者知己耳，若友朋待我之厚，亦不可忘，瑣屑志之，他日請念。

七日己酉（11月12日）。晨訪西儒好君，小坐閒話，知美魏茶舊疾未愈，且貧甚，知渠此生不能復至中土矣，追念曩時情好，爲之悵惋。午後，同壬叔去訪秦次游、李静宣。適值次游他出，静宣獨在，出近作相眎，七絶有漁洋風致，孤芳自賞，神韻獨絶。清譚竟晷而别。伯深來舍辭行，不值。

八日庚戌（11月13日）。晨，壬叔邀往景陽樓啖麵，特解杖頭百錢供予一飽，真難得事。繼同訪次游，剛值初起櫛髮，几上鑪香乍爇，對之覺俗慮俱没，因出所著《悟微堂筆記》相眎，上記黄均珊《海上蜃樓詞》十餘首，皆述洋涇浜風景。予記其《咏墨海館》一絶云："榜題墨海起高樓，供奉神仙李鄴侯謂壬叔。多恐秘書人未見，文昌光焰借牽牛。謂印書車以牛曳。"次游名光第，工書，直逼晉唐，名噪浙東，詩詞皆擅長，以孝廉官中翰。静宣名涵，工詩，明醫理，爲人頗自負。

午後往南門曹西生家，訪孫子正齋，至則已解維往雲間矣，西生亦同去。數里遠候，艱於一面，殊爲悵快。因迂道出東關，往訪伯深、香谷，同至西樓啜茗。樓中菊花百十盆，疊如陵阜，黄紫奪目。對名花，瀹佳茗，接良友，亦大快事。留連情話，薄暮始散。

昨日晨，予爲東道主，同小異、春甫往黄壚小飲，烹羊煮蟹，其味殊佳。小異頗有蟹癖，予因近患腹疾，不敢多食。

九日辛亥（11 月 14 日）。晨，同小異、壬叔往東關外訪邱伯深，寓齋主人謙六特設片岕。伯深已買舟將行，待潮至即發矣，閒話久之始别。小異、壬叔往候祝桐君，而予欲往五老峰，遂與分道。午後訪閬齋不值，復遇壬、小二君，同詣西園郡悦樓啜茗。薄暮偕閬齋訪艷平康，有瑞福校書者，肥白如瓠，豐碩穠粹，真大體雙也。閬齋特慫恿再三，爲撮合山，遂與定情。閬齋甚譽其潔白，撫摩久之，瑞福意頗坦然，毫無抵攔羞澀之態，真所謂"儘人調戲，嚲著香肩"者也。上燈時匆匆而别。

十日壬子（11 月 15 日）。清晨，小管子攜《駢體正宗》四册來，謂其友人許鶴巢願以《李義山詩箋注》、《汪容甫集》相易，予久覓此集，得之甚喜。鶴巢致筱異書云："窮鄉聞見日罕，接誦手教，如獲秘書。閣下寄身滬城，目擊華彝近事，比事屬辭，寓情興比，何不效《秋興》八首，一寫纏綿之思。《駢體正宗》在子琴處，可往取之。"

辰刻，諶香谷來，與之同往西人包君舍，聞已延師，敗興而返。薄暮，静宣來訪，同壬叔往挹清樓啜茗，静宣座中娓娓談詩，殊有别趣。因述檇李有一女子，甚才而貧，有《自悼》句云："似弓新月初三夜，如剪春風廿八年。"可想其哀婉矣。又有歸安女郎談步生字印蓮者，亦能詩，其《寄外》詩云："趨庭難慰北堂違，去住知君計總非。兩度羽書勞問訊，十年烟雨難分飛。團欒猶記燈前話，寬約難裁别後衣。一幅花箋和淚□，抵他蘇蕙錦璇機。"愛姑勖夫，隱然言外，不獨爲才女，兼可謂賢婦矣。静宣本隸軍籍，嘗從糧艘北行，游歷之地頗廣，曾記鎮江陳東祠中楹聯云："青史流光，誅六賊鋤七奸，遺疏猶存，遠過秋霜烈日；丹忱抱憾，陷兩宫遷九廟，中原未復，空餘剩水殘山。"語亦卓然可傳。

十有一日癸丑（11月16日）。午後，次游、静宣來訪，不值。入城同潘恂如、黄吉甫啜茗。晚鴉集樹，疏星漸明，暮景極佳。夜飯罷，偕壬叔往訪次游，並答其見枉之惠。茶餘出《行軍法戒録》相眎，有識有筆，真爲名世之言，其論時事，婉而多諷，不爲灌夫駡座之概，亦爲有見。

静宣出《西湖遇雨詩》云：

潑墨誰臨好畫圖，數聲沙鳥冷相呼。秋來十日閒風雨，湖上山光淡欲無。

堤邊可許住年年，雨笠烟蓑泛釣船。祇恐被他猿鶴笑，先生未辦買山錢。

又《京口夜泊》云：

寄奴宫外雨冥冥，一葉扁舟此度經。鐵甕城荒秋草碧，大江潮落遠山青。中流擊楫人何在，岸幘臨風酒未醒。慚愧年來成底事，書生琴劍悵飄零。

《題散花圖》云：

返魂無術駐殘春，一笑相逢恐未真。枉向妙蓮猜密諦，難從泥絮證芳因。幻來龍女生前劫，悟澈維摩病後身。底是至今忘不得，畫羅紈扇亦成塵。

其五古如《題放鶴洲》云：

郊原霽春雨，幽興林泉好。步屧向前溪，言尋裴公島。一徑斷人行，深林何窈窕。昔賢狎胎仙，遺跡猶堪攷。苔蘚蝕殘碑，落花聚芳沼。緬懷著書人，高風惜已渺。不見鶴飛還，夕陽淡林杪。

蒼雅淡遠，可入王孟韋柳之室，即此略見一斑。敦泰棧主徐聽香來談良久，聽香爲君青先生族弟，旅此已一載矣。

十有二日甲寅（11 月 17 日）。孫次公從檇李來，至舍枉訪，一別經年，極道闊悰，言近得假舍於席華峰，可作數月之聚。同訪次游、静宣，偕至挹清樓啜茗，壬叔亦來合并。静宣爲吟七律一首，頗有感慨無聊、侘傺不平之概，詩云：

何時江上息干戈，空向秋風喚奈何。綺歲自傷爲客早，窮途轉覺受恩多。飄零身世哀鴻似，迅速光陰野馬過。來日大難愁不寐，挑燈試咏《五噫歌》。

壬叔極讚其妙，謂昔年亦有一作，與此仿佛，因朗吟云：

海上干戈感乍停，當筵重話淚星星。酒杯欲吸寒潮盡，詩句猶餘戰血腥。合座名山誇著述，有人浪跡嘆飄零。明朝風順揚帆去，回首雲山幾點青。

格律雄渾，不減静宣作也。

十有三日乙卯（11 月 18 日）。孫次公、李儀庭來訪。次公名瀜，檇李詩人執騷壇牛耳者。儀庭名祥鸞，金陵人，前爲朱述之司馬記室，近家鄉殘破，旅居檇李。次公患目赤，同詣春甫處診治。夕同壬叔往次公寓齋閒話，室頗静僻，非如次游寓之甚囂塵上也。徐古春同其友張夢龍、湯子静來訪。

十有四日丙辰（11 月 19 日）。次公來訪，清談竟晷。午刻往環馬場散步，同壬叔詣萬福樓小飲，三爵而止，不及醺也。酒罷入城，往竹林庵訪劍人不值。復詣古春藥室，則古春已往南翔，夢龍亦同去。夢龍爲乍浦詩人，沈浪仙之後一人而已，年止二十五，而詩稿已裒然盈尺，今年不欲赴秋試，故游滬以避之，亦瀟灑自喜、别有胸襟者也。藥室中惟子静在，因同往凝暉閣啜茗，閣中游女頗多，然皆不堪注目。子静生長東粤，游幕北方，近日研田不耕，南來依戚，頗有貧無聊賴之概。予問曰：“足下生平有所好乎?”曰：“好酒，可飲一石，生平凡醉三次，幾爲劉伶荷鍤之埋，以後則不敢如長鯨之吸百川矣。”

既夕，月色甚佳，同小異、壬叔往環馬場步月，一派森寒之氣，逼人毫髪，當頭團圞如鏡，朗如白晝，想瓊樓玉宇益高不勝寒矣！因順道往訪次游，劇談良久，剖析醫理，次公亦來，偕至挹清樓啜茗。静宣技癢，屢欲談詩，爲次公所抑而止，其實詩味茗味本相得也。

十有五日丁巳（11 月 20 日）。静宣來訪，同至東關，訪其鄉人程醴泉、陸雲臺。同至茶寮小啜，静宣抵掌談詩，如山瀉瀑，滔滔不絶，其得意句云："陰廊蟲咒月，壞壁鼠窺燈"，頗極冷峭，置之《西青散記》中，殆不可辨。又言其同里有朱紫仙女史名薇，工詩，斷句如《銅陵道中》云："亂山藏小苑，險浪坐歸漚。"《偶得》云："入秋燕似無家客，過雨花如墮淚人。"讀之覺心脾悽測，其薄命可知矣。《游湖堤有感》云："衹餘一隊紅心草，蘇小墳前尚作春。"《同姊荇仙聯句》云："月仍去年月，人異去年人。遠别已千里，清輝共一輪。慈雲江上隱，芳草夢中春。此夕難成寐，蕭然獨愴神。"紫仙已賦寡鵠，家無一人，從事於詩，未嘗輟業，對客揮毫，無有怍色，真巾幗而有鬚眉氣者。

午刻，同静宣往桂仙樓啖麵，聊充飢腸，蟹羹味亦不惡。麵罷往竹林庵中訪劍人，劇談良久。劍人近著《詞話》，已得二卷，頗講宫調，予於此實門外漢，不敢妄贊一辭。薄暮，至小異齋中閒話，壬叔亦來合并，因話近日稻蟹頗肥，團臍者更妙，壬叔酒興忽發，偕至萬福樓食蒸蟹，擂薑潑醋，風味殊勝，覺魚肉腥膻，皆可擯斥不御矣！共食十六枚，俱覺果然，真足屬饜老饕也！酒後步月，興復不淺。噫！今日中原，豺虎縱横，干戈擾攘，得享清福、領略閒趣者，能有幾人？能有幾處？思至此，不禁慨然有澄清天下之志。

十有六日戊午（11 月 21 日）。晨同春甫入城，聽慕君説法，講席將半，忽有款關至者，則一絶妙女郎也，秀骨珊珊，天然嫵媚，從有二婢，倏然而來，翩然而去，此何人哉？午後，同吉甫、春甫至茶寮小啜，寮中有菊花百十盆，皆帶憔悴可憐之色，亦猶士之懷才不遇而偃蹇於名場利藪中也。茶罷出寮，得遇閬齋及其友吴仙舟、衛文行，皆在啜茗，復入座縱談。忽見小異同其弟鶴巢亦來，偶然合并，亦有因緣。小異言："取友之道，人品爲先，學問文章，其末事爾。顧交友最難於知人，其有熏灼名利、馳騖勢要者，雖才不後人，學可名世，羅織風雅，交接賢流，亦不脱於俗，無他，以其妍皮裹媸骨耳。"予謂："知人有數端，或以深交而見；或以一見而知；或渾渾不能窺其涯涘，而時露棱角；或城府深密，機詐百出，久交則受其害而知之者。究之，淺者易見，深者難窺，暫則莫辨，久則自露。'知人則哲，惟帝其難'，此大禹之所以興嘆也。今之交友者，意氣僞也，學問謬也。廣通聲氣者以喧寂爲軒輊，趨慕勢要者以榮悴爲親疏。花月談笑之場，則知心莫逆；風露飄零之地，則覿面皆嗔。失勢相淩，加呵斥焉，等諸僕隸，求所爲褫袍而贈者，已無有矣。見色忘義，佯殷勤焉，涎其妻孥，求所爲閉門以拒者，安可得哉？噫！如此之人，豈非人頭而畜鳴者耶？恨不得鱄諸匕首，手剚其腹也。故以勢交者，勢敗則散；以利交者，利盡則疏。品高行直者既已罕覯，則惟有取其氣誼融洽、性情投合者，斯可耳。《羲易》有曰：'同聲相應，同氣相求。'《禮》曰：'營道同術，合志同方。'皆可爲取友之法也。嗚呼！論交在今日，抑亦末矣！揆其本原，朋友居五倫之一，固與君臣、父子、夫婦、昆弟並重，故士得一知己，可以無憾。推而上之，堯以不得舜爲己憂，舜以不得禹、皋陶爲己憂，成湯之于伊尹，文武之于太公，皆有心心相印、念念相通者也。三代而下，如漢昭烈之於諸葛，秦苻堅之於王猛，皆可謂推心置腹、淪髓浹肌者也。古今來帝王之興，類皆有出類拔萃之士、撥亂應變之才以爲之先後輔佐，或於閭巷中貧賤交知，或在兵戎間意氣相識，蓋其人有芬芳悱惻之懷，然後有懇至篤忱之誼，原非可以尋常庸俗中求之也。苟其獨學無聞，則遁世無悶。蓋儒者所學，本當盡其在我，原非汲汲焉求聞於人，世不我知，亦無所憾，顯則爲伊、傅，風雲霖雨即文章也；

隱則爲巢、許，泉石山林皆經濟也。若在己無特出衆人之操，則舉世誰施以國士之知，故予於今日，惟有嫶阿澳涊，深自斂抑，而不敢仰首伸眉，論列天下人才矣。至於鄉黨周旋，詩酒酬酢，大抵於流品別其雅俗，於性情區其厚薄，其略可得而言焉：俗多而雅少者則臭味殊，外雅而内俗者則談吐僞。其托業卑賤而神志清灑者則可交，在古則如長卿之沽酒、伯鸞之賃舂、嵇康之鍛竈，近則如周青士之隱於米肆，皆是也。此其人或有托而然，或迫於貧窶，欲爲身謀，而其胸襟曠逸、牢騷闊達之意時見於言外，雖於紛華囂擾之際，亦不失其淡泊之素志也。其於風雨陰晴、山川游歷，别有神明入乎其中。予雖不敏，旨趣弗遠。天資刻者蹊徑狹，庸行虧者交誼疏，富貴而多窮友，豈狷性者所能？身後而念遺孤，覺古風之未遠。若其猝逢顯士，則首下尻高；偶遇寒丁，則顔驕色變，此乃名利之奴，豈是人天所尚？或有矯情以博譽，飾僞以欺人，則舉動之間，總可微窺而得之，厚薄之故，以此曉然矣。若夫擇交貴慎，濫交多累，濁交喪譽，清交怡情，則在乎由衷獨斷已。”偶與小異論及交友，放談如此，小異亦以爲然。茶罷，同往四牌樓啖饅首。於書肆中覓得《李義山詩集》，係江都程夢星午橋所注，首卷附《詩話》、《年譜》，見之如獲異寶，足以報許鶴巢矣。出城已是上鐙時候。

夜飯後見月色皎潔，同壬叔往訪次游、静宣談詩，孫次公亦來合并。次游案上有沈伯虞《冗餘筆記》一册，筆墨庸俗，薄弱無味，唯所記慎芙卿毓林在京師日贈小香録事楹聯，巧儁可取，聯云：“門前柳色藏蘇小，扇底桃花識李香。”静宣亦以爲妙。次公曰：“未若予贈壽福校書一聯，尤爲因難見巧，句云：‘壽陽春色梅花額，福邸新聲燕子箋。’”次游曰：“近日作章臺聯句者多以妓名嵌入，以爲工巧，其實刻畫有之，跳脱未也。”因憶昔年贈韻卿女史句云：“瘦影自臨春小照，好詩誦與落花聽。”静宣亦有贈妓句云："人比黃花應更瘦，情同明月願長圓。"皆遺貌取神，别有神韻者也。他如贈素芳云："素心不易得，芳草偶然生。"又云："卿如素月剛三五，我有芳心滿大千。"贈梅仙云："梅是幾生修得到，仙從何處謫將來。"贈鳳珍集梅村句云："鳳鳥自歌鸞自舞，珍珠無價玉無瑕。"皆不脱不粘，自然佳妙。

十有七日己未（11 月 22 日）。飯後往訪次公不值，悵怏而返。薄暮，同小異、春甫往環馬場閒步，小異曰："月色甚佳，何以遣此良宵?"因往酒樓酤飲，仍作持螯大嚼。酒間小異偶述金陵舊事云："昔蔡世松作山長時，性鄙酷，頗招士怨，有撰聯扁以嘲之曰：臧文仲居蔡，夏后氏以松，其間必有名世者。"雖涉詼諧，而亦尖刻。又述一廣文殉節事頗壯：上元校官夏觀寶①，揚州人，見賊已陷城，乃服朝衣冠，端立學宫外，墻上大書一詩云："苜蓿何堪繼采薇，坦然全受復全歸。半生養就淩雲志，化作貞魂一片飛。"賊至，呵之，不屈，乃交刃之而死。其死光明磊落，兀然不懼，更難於自經仰藥者。

十有八日庚申（11 月 23 日）。晨至小異寓齋，見其案頭有寄葉調生札，述紀通商新章十款，其略云：商船日用所需，如米粉、麵包、西國米、肥皂、筆墨紙張、衣服行李等，向例征税，今皆免税，但報船鈔。硝磺、軍器違禁各物，今皆弛禁收税，但准洋商在各港口售賣，既入内地以後，聽華商販往各處，洋商不得護送干預。鴉片改名洋藥，亦照此辦理。米穀准在通商各口流通，兩口監管，互相知照，出口時報税，進口時仍報船鈔，不准販往外國。銅錢出口報船鈔，進口免税。豆餅、豆石，除牛莊、登州兩口，不准洋商販出，亦不准代華商運販。此外悉聽販運，一經納税，不問所之。其餘各款，不過增減税餉舊章而已。

---

① 稿本天頭"夏公名慶保，字履祥，儀徵人。"

孫次公來訪，劇談竟晷。飯罷，同次公、壬叔往詣新關，訪孫澄之，見其室中古畫頗多，皆自加題跋。澂之名文川，金陵上元諸生，避難來此，趙静山觀察延至新關司會計，爲人倜儻，工詩詞。别後入東門，往輔元堂中，見江翼雲師與經芳洲，詢問彗星休咎，答以："天道遠，人道邇，雖以占驗望氣之學，亦有所不明。《傳》云：彗者，所以除舊布新也。蓋否極則泰，治極則亂，其驗或遠或近，不可得而預知，在爲上者修德以禳之耳。道光壬寅年秋間之彗中華，衹見其尾光熊熊，殆將竟天，而其星體則在地球下，以理測之，咎在西國。其後英、法、土與俄攻戰，死傷如積，雖卒成和議，而已勞兵三載，國幾疲矣。繼以波斯背盟，印度叛亂，英國兵端，至今未弭，則其應在十年之後。今者赭寇未殲，捻匪又熾，皖豫淮浙之間，罹鋒鏑而死者不可勝紀，上天垂象，或將厚其毒而殲之，未可知也。善人爲邦，百年可以勝殘去殺，此蓋殘殺之末運、生民之大劫也。"翼雲師亦以爲然。復至西門訪賈雲堦，不值，聞邑令黄荷汀欲修邑志，故招賈雲堦、江馨山往集蕊珠書院議之。繼訪楊見山，亦不值。見山名峴，湖州歸安孝廉，寓程味蘭家，所居爲小桃花源室，極幽静，小憩片刻，幾忘塵市之囂。是日訪友多不遇，乃迂道往清桂堂，忽晤〔壬叔、次公〕①，邱謙六亦來，同登樓上，見金珠校書，頗可人意。既出北關，次公腹頗枵，乃往酒家小飲，繼啖麵，麄得一飽。復往雙慶堂訪艷，有愛卿校書，容雖中人而談吐詼諧，妙解人頤，亦頗不俗，壬叔遂與定情，纏綿久之而别。歸時步月而回，霜華滿地，頗有寒意。

十九日辛酉（11 月 24 日）。晨詣小異齋中閒話，言近日新例，附生、增、廪均不得捐教，因不得爲士子表率也。因憶舊有

① 稿本原作"忽晤邱謙六亦來"，據上下文補足之。

諧語一聯，譏切時事，云："附生捐教，增生捐教，廩生亦捐教，天下從兹皆苟不；白鬼通商，黑鬼通商，紅鬼也通商，人間自此盡非其。"頗可解頤。

二十日壬戌（11月25日）。午後，爲孫次公致書賈雲堦云：

王瀚頓首雲堦兄丈執事：自我旅此，於今十年，出入城市，初無相識，竊揆行詣，遠遜今賢，不敢與之敷衽接席，抗手論心。自悦野性，尚友古人，百里之長，不通筆札；再命之士，久絶苞苴。雖處氛雜之場，不損淡泊之志。天寒夜永，時復一燈自怡，稍理舊策。奈年月遞增，心緒愈亂，境遇堙塞，才華零腐，犬馬之齒，僅少潘岳三歲，雖二毛未見，而引鏡自照，精不澤膚，氣不充骨，銷鑠之驗，殆已見端。況復傭書西舍，賤等賃春，閉置終日，動遇桎梏，學蒙莊之牛呼，爲史遷之馬走，因此瞢瞢自甘，惘惘不樂，每一念及，行坐都忘。猶幸海内名流，不加擯棄，昌黎之車，枉道及門，子猷之舟，冒雪維岸，詩酒流連，譚諧間作。惟此二三朋好，相爲性命，聊以自慰，差勝羈孤。

孫君次公，固檇李之詩人執騷壇牛耳者也。兹從浙西來，道過三泖九峰間，見其友張嘯山先生，詢以海陬物望，特舉執事，以爲古之風流、今之謹飭士也。其詣則詩文峻絜，其人則肝膽輪囷，蓋海上之首領，早爲雲間所心折矣。然次公方且以李膺之門，有願莫攀，孺悲之見，無介堪虞。苟貿貿投刺，或將訝其何來；僕僕求知，甚者詆其自貶，而視若今之所謂名士者矣。瀚與李君壬叔獨曰否否，以爲松柏具相悦之性，苔岑有結契之緣，氣如磁引，言同蘭臭。昔孫崧方覓於邴原，休源見訪於顧雲，類皆素蓄欽遲，深其欣矚，是以叔向之於鬷蔑，能知其心；季札之於子美，如識其面。兩賢之合，異地之知，可操券而必者也。次公聞言，奮然晉謁，先睹爲快。豈知室邇人遠，望衡徒歎；雲白山深，迴車靡樂。徒切心期，猶虛手握。

夫次公爲學，固非今之名士也，所爲幽拙，大與時闊，顣首頳面，不虧貞素。近欲刊《同人百家詩選》，仿南宋《江湖群賢集》之例，立體必純，摭言必高，不分朋甲，貴集衆長，搜牢殫其深心，遐訪虛其雅尚，極[1]知執事稿未斷手，書已等身，欲乞所作，以爲弁冕。深憾昭明所選，不登《蘭亭》，豈有有唐一代，竟遺李杜？復著《申江采舫録》，志惟法古，事異獵名，豈僅揚絶學於丹青，務必擯虛聲於朱紫，一材一技，有聞必書，某地某人，按譜可索，是亦詩家表彰之微旨也。此間禺筴駢羅，華彝互市，車轂摩擊，金氣熏灼，有心者方且興極盛之思、過盈之懼。瀚曾撰《瀛壖雜誌》一書，略道其意，僅得二卷，會赭寇構亂，業遂中輟，然於滬城掌故，略稔一二矣。大抵乾嘉之間，人才蔚起，學問文章，抗衡宇内。近則鷺洲學博、子冶明經，亦一時之雋也，左映鼎彝，右陳書畫，契賞必古，精鑒入神，四方都士，停車其門，踵趾相錯，而二君者皆虛懷若谷，延納拂拭，惟恐弗及，閉門投轄，殆無虛日，是以學盛當時，譽流衆口。今繼起者，舍執事其誰哉？因次公相托之雅，聊布所懷，詞不宣意，伏惟起居萬福。[2]

午後，孫次公來訪，清譚竟晷。薄暮，同次公、壬叔往訪澄之，不值。澂之所居小樓爲船舫式，極爲精雅，陳設頗不俗，其戚王君，特設片岕。晤慈溪人桂鑑湖，略談數語而别。往馨美酒

① 稿本先作“深”，後改爲“極”。
② 參見《弢園尺牘》卷三《與賈雲堦明經》，文字略有異同。

壚小飲，酒味殊不惡。次公於是日無所遇，怏怏而返。

二十一日癸亥（11 月 26 日）。午後，次公偕李儀庭來訪，同入城覓一枝棲，聊以托足，顧西園苦無隙地，莫肯爲徐穉子者，因詣福泉啜茗，復往懷迴樓訪唐芸閣，劇談片晷，董曉庵、錢雲門皆在。次公因夕陽已下，匆匆出城。夜，挑鐙作書呈江翼雲師云：

一昨偕孫君次公、李君壬叔竭誠晉謁，道經梅巷，知夫子在輔元堂中，公事旁午，不揣冒昧，毅然入見，豈意化雨所潤，尚及枯井；春風所嘘，弗遺朽木，獲聆訓言，頓發淵悟，彗星之見，所以除舊布新，蓋否極則泰，理或有然。今者狂寇未梟，捻匪又肆，所過之地，血肉膏於原野，性命等於蟲沙，殘殺之慘，耳目不忍睹。聞上天垂象，或將厚其毒而殲之，未可知也。

邑志之修，誠爲盛舉，然立體必純，務去駁雜；叙事必絜，毋取冗複；措詞必當，弗尚浮濫。孫可之云“文章如面，史才最難”，故所貴有三長之手、如椽之筆也。瀚前著《瀛壖雜志》二卷，曾經夫子訓正，許爲有裨於世道人心，後以會匪構亂，奔命俗役，心緒堙塞，筆墨遂廢。今館務之暇，稍加編綴，間有增損，倘得續成，當繕寫定本，藉呈清誨。不材之木，必待大匠而裁成；躍冶之金，尚賴洪爐之鼓鑄。以夫子掉鞅詞壇，領袖瀛海，問字之車，突過揚子；及門之士，不少劉叉。四方名彦，噬肯來游，皆願獲見顔色，以爲光寵。是以懷才抱能之士，仲宣、公幹之儔，皆親炙左右，翔集庭宇，或且有望塵仰沫、攀鱗附翼而惟恐後者，今之次公即其一也。次公道不偶今，學惟媚古，遠擬逋翁，近方竹垞，凡有群書，靡不溯覽，出其餘緒，乃爲詞章，所著

《始有廬詩》十卷，謹塵几席，欲以就繩削、親指授，非如妄擊布鼓、自珍敝帚。然詩雖小伎，亦見一斑，性情之用真而學問寓其中焉。

次公在滬，所交如王叔彝、李小瀛，皆詩酒友也，已采其所作入《同人詞選》中，而獨以未識夫子爲憾。昔者子由入都，急謁廬陵；居易作詩，先投顧況，豈僅欲通聲氣、廣名譽哉？蓋以桃李之門，雅流所萃；蘭臭之言，欣賞必真耳。外呈《詞選》四册，意欲鬻去，寄存夫子甕中，定當發篋而售，自可不脛以走矣。次公近將刻《同人百家詩選》，欲集剞劂之貲以付手民，鬻此佐之，亦不得已耳。捻書徙宅，未可笑杜老之窮；冒雪求詩，或不愧灞橋之雅，惟望夫子玉成終始，不摽諸門外，所深感也。入冬煦暖，節候殊乖，崇護維時，詞不宣備。①

二十二日甲子（11月27日）。天氣晴暖，殊無冬意，著棉衣猶覺其熱。午後，孫次公、李儀庭來訪，劇譚竟晷。予以滌盦師詩一册贈次公，蓋渠意欲採入《同人詩選》也。薄暮，壬叔招小異、次公及予往萬福樓小飲，肴核數簋，頗堪下酒。次公酒量甚窄，僅得三斝，予亦不及暢飲。酒罷往訪愛卿校書，吸片芥三管，覺肺腑通暢，流連久之而別。次公言是日觀印書房中印書車，嘆其機輪巧妙。又至秦氏室，見其縫衣之器，輪軸圓轉，運針若飛，得二絶句以紀之云：

車翻墨海轉輪圓，百種奇編宇内傳。忙煞老牛渾不解，不耕禾隴種書田。

① 參見《弢園尺牘》卷三《呈江翼雲明經師》，文字略有異同。

鵲口銜絲雙穗開，銅盤乍轉鐵輪回。攕攕頃刻成千縷，親見針神手製來。

二十三日乙丑（11 月 28 日）。晨至小異齋中閒話，錢雲門來訪。雲門，檇李畫家，工繪花鳥，旅滬一月矣，同入城啜茗。下午陡發大風，寒甚，覺敝裘不暖。蔣劍人題丁小農《蕉山夢隱圖》，同孫三澂之均，辭旨激昂，急爲録出云：

淮南招隱生桂樹，終南充隱山靈怒。君今吏隱夢焦山，便與白雲商出處。白雲未必慳宿緣，幾朵芙蓉青入船。如此一幅好山水，可憐四海多風烟。不横馬槊非英雄，指揮玉帳看元戎。男兒作健且快意，殺賊那復爭奇功。林曦朝起聽禽哢，客游古洞呼猿送。夕陽疏磬度松寥，夜半老梅清入夢。夢中恍遇古丈夫，異境寫入名山圖。似聞浮玉蕩兵燹，兹山何幸逃於虚。隱居今日非君事，百里他時民命寄。出山心似在山泉，應有江漚知此意。登高懷古情所忻，題詩我憶蕉隱君。幽人幾輩尚高卧，還向山中問白雲。

孫次公亦題七古一首云：

焦山山頂墮殘月，一色涼凝兵氣白。樓船照耀横江來，有客枕戈眠不得。菰城一士氣如虹，翻然投筆起從戎。殺賊已邀天子賞，夢魂猶戀山之中。潮聲洶湧撼林屋，屋角青青浮片玉。願結茅庵住此間，游仙莫問黄粱熟。餘生虎口險曾經，烽火還從夢外驚。指點仙人埋鶴處，他年左券證山靈。

次公又題錢鱸香《十三間樓校書圖》云：

層樓幽敞枕山巔，約客同游手舊編。時與張君嘯山同游。一研松風依古佛，半床蘿月夢詩仙。爪猶昔日鴻泥印，心恐他年亥豕傳。點竄丹黄攤卷坐，絲絲落葉下庭前。

《題西安將軍就園焚香讀畫》云：

將軍好武不用武，古鼎烟雲耽静坐。將軍好武兼好文，愛從翰墨收奇勳。西安將軍古儒將，偶學騎驢到湖上。竺雨涼拖鷲嶺雲，天開畫景留新樣。對景流連信手摹，空濛寫入米顛圖。五日一山十日水，篆烟消得幾工夫。剡藤幅幅惟神領，巨董荆關誰與並。留付他年畫史傳，請歌杜老《丹青引》。

次公於近日題圖之作多信手塗抹，殊少精心結撰也。

二十四日丙寅（11月29日）。午後，李静仙來訪，誦其所題丁小瀛《焦山夢隱圖》云：

何年江上熄烽烟，依舊嵐光掃碧天。倘向山中賦招隱，有人曾作枕戈眠。金碧樓臺慘欲無，劫灰紅處半模糊。中流浮玉仍無恙，付與詞人作畫圖。

閒話久之，同静宣至環馬場散步。往次游寓齋，偕詣茗寮小啜。次游近日書興大佳，求書者接踵於門，予笑曰："齋中户限恐將踏破矣！"啜茗後往訪李儀庭，儀庭新遷寓於泰來，室頗雅静，剛畫《歲朝圖》未畢，筆致工細，仿北宋正派。薄暮，孫次公來訪，天寒稍飲杯酒，夜飯罷，同作北里之游，所見無一佳者，令人作數日惡。予曰："此真香粉地獄也。"次公他日回里，可以告人曰："歸家誇與諸君説，曾向阿鼻無間來。鼻讀作皮。"次公短視，辨色不甚了了，見齲齒蓬髮者，皆以爲可。余嘲之曰："有妓皆從海外至，此花只好霧中看。"次公不禁拊掌狂笑。

二十五日丁卯（11月30日）。飯罷次公來訪，將還寓至東關外矣，約作北里之游，爲竟日歡，遂同壬叔至四牌樓雙福小舍。有巧珠録事，容色頗可，宛轉隨人，爲此中翹楚，予遂與之定情，擬贈一聯云："慧心自具千般巧，媚骨能消百琲珠。"頃之，寶玲校書亦至，歡宴竟晷。抵暮乃出東關，送次公至釐捐局中，李小瀛已往南翔，其倩周君在焉，寒暄數語即别。

二十六日戊辰（12月1日）。薄暮往小異齋中，見其從弟子英自金陵營務中回，初相識面，即復劇談，同往環馬場散步，塗遇儀庭，偕詣茶寮小啜。儀庭話昔日亂離之況，心目慘傷，讀庾子山《哀江南賦》，真堪淚下。因上鐙已久，匆匆别去。小異同其從弟及予登萬福樓小飲，稻蟹殊肥，得以飽啖。子英不善飲酒，僅罄一壺。是日小異爲東道主，予以無錢，不能與子英一洗塵，殊堪愧也。

二十七日己巳（12月2日）。午後，徐古春來，以《桂林從軍圖》乞題。孫次公來訪，言《海上蜃樓詞》已得三十八絶矣。

二十八日庚午（12月3日）。飯罷入城，至竹林禪院訪蔣劍人，贈以滌盦師詩集一册、泰西醫書二種，求其題《無我相圖》，閒話久之而别。往東關售洋布，得晤吴雪山，知孫榮貨船從甫里來，寄至醒逋手書，藉稔故鄉近況。同往世公酒壚小飲，罄無算爵。出東關，已昏黑如墨矣。夜至小異齋中，見其弟子英，劇談片晷即返。

二十九日辛未（12月4日）。晨，作書覆醒逋云：

瀚再拜：辱惠手書，殊深欣慰，比維履祉康和，眷屬安聚，定多勝也。前月曾有武林之游，得覽西泠勝境，湖光山色，蕩豁胸目，惜以竟無一詩，負此佳景，匆促解維，未免爲山靈所笑耳。舍弟子卿，供養烟雲，已成痼癖。邇來爲之賃屋一椽，聚徒三五，修脯所入，僅供租金，然放心未肯遽收，猶且典研鬻書，質衣賣物，以作片芥之費，勸之不可，徒唤奈何而已。

中外和議已成，永敦輯睦。星使至此，惟增減税餉章程，申畫通商界址，非有他意。比者英酋乘兵舶五艘，溯江而上，將至漢口，行抵蕪湖，爲賊所阻，始則運銅砲以輕舟，繼則入賊巢而轟擊。狂寇狃於數勝，愍不畏死，亦一勁敵也。據英酋額爾金之意，必當助我國殲除此賊，共享昇平。以長江之寇一日不滅，則通商之局一日不行，審如是，則彼禦於江，我剿於陸，彼抗其下，我攻其上，滅之誠易易耳。

夏間雖甚煩熱，瀚體尚屬平善，足已健步，遠行可二十里許。作客春申，將及十載，里中諸友，日漸疏遜，老輩故交，凋傷殆半，每一念及，涕墮垂膺，悲從中來，拔劍斫地，四顧茫然。嗟乎！年華骯髒，身世飄零，既悲逝者，行自傷也。滌盦業師雖不得意，頻年喪子，伊鬱寡歡，然賣藥餘貲，堪娱晚景，詩壇酒國中巋然一魯靈光矣。

春間歲試，當至鹿城，與諸故好作平原十日之飲，非欲炫技於名場也。帖括一道，久庋高閣。阿婆老矣，豈復能作時世妝，與三五少年争妍鬥色哉？求名之心，久如死灰，不可復燃。瀚視片時浮榮，如秋風之吹焉耳，所争者千秋耳。梅厂朱君，與予同入泮，今渠蜚聲雲霄，升沈迥異，此其間蓋有數在，不可倖而求也。

忍之奪我研田，假我餅金，已失朋友通財之雅，當贖而緩期，非得已也。醴園書來，乃以虚詞恫喝，抑何鄙哉！臘底家慈意將旋里，當先爲料理，即不然，瀚應試歸來，亦可了此一段公案。如云意在炫售，藉償逋項，則直有挾而求，要人以必得矣。雖昔王戎傾身障簏，亦無此齷齪也。此研雖非至寶，乃泰峰先生從圍城中寄贈者，方當傳諸世世子孫，用誌其惠，豈肯以青蚨五千頭而輕於一擲哉？翠釵一股，乃夢蘅奩中舊物，玉碎香消，僅僅存此，以爲記憶，雖與我萬金，不易也。寄語忍之，且體此念，毋使儒林騰笑也。

規生已矣！思之寢食俱廢，行坐都忘。去年瀚僻處窮鄉，進退維谷，賴渠十金，得以束裝，不謂布颿開後，凶讖遽來。既爲伯道無兒，又嘆惠開短命，玉樹長埋，芳齡竟促，天道無知，豈猶可問。俗役稍息，當作一傳誄，附刻集中，瀚文雖不足以傳，亦聊盡區區衷鬲爾。規生夫人既有還書之命，而不索其償，其落落大方，爲近時閨秀中所難得。夫既能結窮交之知，妻又不望豪士之報，此豈守錢虜輩所能同日語哉！

秋間西成大稔而米貴如故，研田仍有惡歲，謀食愈難，其故蓋由師道日壞，世情漸澆，纔識數字，僅誦一經，即復謬主臯比，希取廩餼，而具真實本領者反無啖飯處。此輩筋骨脆弱，不能力役；心思笨拙，不通會計；好爲人師，貽誤非淺。聖王在上，當與惰民同其罰也。

邇來意興，迥非昔時，一切俗學，謝絶殆盡，日耽於酒，或偕二三倫好，買醉黄壚。秦次游、孫次公，賣字賣賦，皆來此間，是固檇李詩人而一時之雋也，友朋之樂，頗不寂寞，旅中消遣，賴有此耳。猥承詢問，謹布所懷。瀚白。①

① 參見《弢園尺牘》卷三《與醒逋》，文字略有異同。

午後，許伴梅從雲間來訪，言前歲科試倖得冠軍，雲間太守雅重其名，延課二子，今渠二子北歸，館中無事，欲另覓安研所，托予謀之，所説剌剌不休，令人聽之欲倦。夜至小異齋中閒話。

十一月

十一月朔日壬申（12 月 5 日）。晨同小異入城，先往東關寄家書，知孫榮貨船尚未開也。往訪祝桐君，劇談竟晷。繼偕小異、春甫、封晝三詣樂茗軒小啜，茶味甚佳，足以洗滌塵襟矣。午後得遇壬叔、次公、閬齋於茶寮中，抵掌雄談，及暮而别。予與壬叔、小異送次公出東關外，路滑殊覺難行。既至環馬場，知馨美酒樓所煮牛脯初熟，同往大嚼。予素不食牛，此第一次破戒，不知五臟神讚嘆其妙否，抑如食羊者之踏破菜園否也？

二日癸酉（12 月 6 日）。秦次游、李静宣來訪，劇話良久。壬叔特爲東道主人，邀往景陽館小飲，肴饌殊佳，頗堪下箸，三爵既罄，已覺微醺。次游言在檇李設有放生會，月朔一舉，樂善者捐貲不少，易以集事。昨過萬福樓，見籠中鴿子十數頭，交頸鼓翼，情狀可憐，憫其將就湯火，特購而蓄之。即此一端，已足見仁人之用心矣。午後，同小異入城訪次公，宋小坡亦來合并，同往山鳳酒樓小酌，聊謀一醉。繼同次公出東關，訪邱謙六，特調片芥相款，意殊殷勤也。歸時小異頗患腹枵，特於小肆啖飯，以充飢腸。所煮之饌，味亦不惡。

三日甲戌（12 月 7 日）。午後，江翼雲師從瞿子仁處寄一札來，言："讀次公詩詞，真爲名士。托售《詞選》，必須言價。海上多俗人，非强之不肯受也。《瀛壖雜誌》他日續成，速借一觀。以弟慧根夙具，加以博覽群書，其所著當必有大過人者。"夜同小異往泰來棧訪儀庭，以扇頭乞畫，贈以西書二種。是日筆客李馥齋來，購筆一千三百頭，濡墨試之，甚佳，毛齊穎尖，誠兼有四德者也。

四日乙亥（12月8日）。午後次公來訪，同至小異齋中，則黄子慎在焉，坐談片晷，即同小異出東關，往訪邱謙六。謙六粤東人，售片岕爲生，次公兩訪之者，冀其攀附風雅，以財賄交結也。既夜，匆匆而歸。

五日丙子（12月9日）。陰，午後微雨，天氣煦暖，有似春時。晨，試李馥齋羊毫筆。徐芹泉、張子和來訪。芹泉工書法，篆、隸結體尤精，舊爲張叔未代筆。子和久在滬上，明金石學，爲近時鐫刻名手，常主王叔彝家。

夜同壬叔往小異齋中閒話，小異言金陵多古磚，臺城遺址尚存，磚甚堅緻，皆六朝時所築，今惜爲狂寇所毁。前時有人偶掘地，稍深輒得古器。今聞賊困城中，多耕田自給，舊時遺跡，蕩無復存。予問："賊至金陵，何陷之甚易且速？民之罹難而死者，爲數幾何？"小異云："城中糧餉，足支三月，可恃無恐。雉堞高峻，土厚水深，原屬猝未可下，奈賊偷掘地道，轟破城垣，蟻附而進，守城兵寡，力不能禦，所有團練鄉勇，一時未集。賊槍砲迅利，城缺處旋築旋塌，以至失守，是由天意，豈係人爲？總計金陵一城之民，約一百有二十萬，城陷後，捐軀殉難、闔室自焚及陣亡被殺者，不下二萬人。滿城中死尤慘烈，五萬人僅存四百數十人而已。咸豐二年，藩署瓊花盛放，遠近聚觀，藩司以爲祥異，繪圖令諸名士題咏，數月後即遭此大變，是直花妖耳。當賊初至，守土官吏，倉猝集事，撤兵退保城中，而城外不設一營，以至得行地道之謀。按魏默深《海國圖誌》中載：教匪守滑縣時，附城之處，掘地數丈，以甕倒埋，其中甕底鑿一小孔，立一瞽者於内，上用板遮蔽，令其於甕孔邊傾耳細聽，雖數里之外，鑿掘聲歷歷可辨。候其所掘垂成，則以水灌之，無有不傾壓死者。當時雖有人獻此議，奈行之具文，終不濟事。向榮援兵遲至者，以沿江一帶無舟可渡，此皆氣運使然，不得爲向公咎也。”又言：“近時事局愈出愈奇，爲千古所未有。官軍與賊接仗時，並不開放槍砲，每遥相痛詈。領兵員弁，相離數丈，以旂指揮，喧片時許，各鳥獸散。若不戰時，於茶肆酒壚，互相交結，歡如兄弟。軍中多有婦人，時出焚掠，亦置不問。所爲法令嚴肅、韜略精深、謀畫優裕者，皆無所用之。非惟有心人不欲見，并不欲聞也。狂寇之興，首尾九年，踞竊金陵，已越六載，今官軍攻圍得手，漸附城垣，毒焰稍熸，勢將瓦解。奈捻匪張樂形結連滋擾，上游復通，賊糧得以接濟，而恢復又無時矣。天乎！何斯民之重不幸也！”

六日丁丑（12 月 10 日）。聞英酋之舟已抵漢口，賊人在岸虚放槍砲，英舟已稍損壞。賊已於江口嚴設重兵，以備堵截，未知英舟回時能出險否？若能藉此驅除，亦一機會也。薄暮，同小異、壬叔入城，街衢泥滑，步履殊艱。小異購紈扇二柄，將以貽合信也。出城後往黄壚小飲，食牛脯殊美。

七日戊寅（12 月 11 日）。飯罷，李儀庭來訪，所倩畫之扇已就，仿甌香館法，亦殊不俗。頃之，徐芹泉、孫次公來，余即以儀庭所畫扇求其作書。薄暮，偕芹泉、次公、壬叔往世公酒壚小飲，三爵微醺，聊以解渴。夜，小異來，拉予及壬叔往環馬場踏月，一彎眉子，分外有致。往挹清樓啜茗，閒話片時，殊有晉人風味。

八日己卯（12 月 12 日）。清晨，往小異齋中不值，因獨自入城，往茶寮小啜。遇一浙東人，與之閒話，聊以破寂。午後往福泉樓，得見次公、近泉，小異、壬叔皆在，縱譚一切。寮中女士如雲，流目送盼，妖態百出，惜到眼差可者卒無一人。啜茗後同往會仙館，孫君澄之亦來合并。宋小坡闖然而至，沽酒轟飲，飲興殊豪。小坡自吟其詩云："痛飲孱軀或有妨。"言酒爲大户，一舉十觴，不能節飲也。是日，壬叔特解杖頭錢爲東道主。酒罷往東關杏雨樓啜茗，作盧仝七碗之飲。茗罷往訪祝桐君，清坐移時而别。夜，微雨。

九日庚辰（12 月 13 日）。飯罷往訪秦次游，見其獨坐寓齋，神情灑然。頃之，蔣劍人、陳同叔至，閒話片時即别。予同次游往挹清啜茗，得見静宣、儀庭，遂與合并，清談良久。次游言前以鴿十八隻寄養壬叔處，囑其善爲護持，不意一夕爲鼠狼食盡，静宣作詩懺之曰："朝與雞同棲，暮爲狼所食。流浪生死中，哀哉十八鴿。"孫澄之聞曰："君仁矣而術未精，不得爲李僕咎也，壬叔其爲鄭子産哉!"薄暮往小異齋中閒話，繼同小異、春甫散步環馬場，詣萬福樓小飲，封晝三亦來合并。晝三至此覓食，而西人處人浮於事，無可爲謀，近日幾有吴市吹簫之慮。天下多窮民，安得十萬貫人布施之。

十日辛巳（12 月 14 日）。静宣、儀庭來訪，言將束裝歸去，令人聞之黯然。夜飯後往訪次游，則次游他出，而静宣亦不在，惟儀庭據案看書，因與清譚久之。次游、静宣偕澄之至，謂自黄壚沽醉而歸。澄之袖出古文一篇，記田玉梅三入賊巢事，讀之覺忠義之氣鬱勃紙上，人爲千古足傳之人，文亦千古不朽之文也。余謂此等文字有益於世道人心，況記載實事，他日可爲正史考證，當仿《虞初新志》之例，萃刻十餘册，附於野史稗官之末，亦表彰忠孝之一端也。

十有一日壬午（12 月 15 日）。錢壽同來訪，劇譚竟晷。壽同能畫，工篆刻，前年曾客王江涇，所交亦多名士。薄暮，同壬叔、小異往酒樓小飲，烹魚甚佳，但味稍鹹耳。酒罷往訪秦次游，閒話片時，儀庭亦來，知船尚未有，歸期又緩一日矣。静宣出眎吴少海《陳山春集圖》，渠題二絶句，頗覺淡遠有致。

十有二日癸未（12 月 16 日）。祝桐君來，立譚數語即去。沈松雲、施竹琴來訪。薄暮，塗遇小異，同往酒樓酤飲。是日遲次游不至。既夕，偕小異詣挹清樓啜茗。

十有三日甲申（12 月 17 日）。西醫合信將行，以書數種相贈。聞英船行至蕪湖之雞窠，與賊接仗，互有勝負，船已壞其一，將駛至漢口修理。薄暮，同小異至酒樓酤飲。

十有四日乙酉（12 月 18 日）。午後，送合信至黄浦邊，珍重攜手而别，從此開颿遠去，不知何日再相見矣！合君精於醫理，爲人渾厚樸誠，亦泰西醫士中之矯矯者，所著有《博物新編》、《全體新論》、《西醫略論》、《婦嬰新説》、《内科新説》五種，筆墨簡潔，講論精核，真傳作也。

十有五日丙戌（12 月 19 日）。微雨不能出門，静坐觀書，清福不淺。安得有人饋予千金，俾可遂歸耕之願，當買田一頃，每歲所收，納太平租税外，足以自給。釀二石酒，爲冬日禦寒、賓客酬酢之用。長夏則閉户不出，臨池自樂，亦可終老是鄉矣。

十有六日丁亥（12 月 20 日）。午後，同小異入城購物，繼至緑蔭軒啜茗，閒話良久。

十有七日戊子（12 月 21 日）。天欲作冷，陰霾不開。壬叔言昨得一夢甚奇，乞我記之。夢一羽士，容貌清古，鬚髯疏秀，謂壬叔曰："君來此土已二百年矣，一世爲高僧，再世爲功臣，尚憶之否？再三百年，候君於涼碧館也！"袖中出一詩云："小謫塵寰二百秋，偶抛瓢鉢夢封侯。而今托跡侏儺館，翻盡奇書又白頭。"閲詩後蘧然而醒。午後雨。夜檢舊篋，得鄱陽陳松秋麓題金陵管異之《寒燈課讀圖》一闋，調寄《賀新郎》，音節蒼涼哀婉，爲録出之：

丙夜雞聲早。閒看取、西風堂户，執經人小。朗朗都如瓶瀉水，座上端嚴一媪。那畔又、剪刀聲悄。兩世煢煢藐孤在，算當時、止有燈花笑。梧桐樹，此枝好。　泉魚籬粟都休道。廿年來、頻傷風木，露零萱草。君有文章驚海内，堪作春暉之報。便人鏡、芙蓉相照。爲問床頭短檠子，比三條、畫炬光多少？收不住，淚雙掉。

巽之先生爲小巽之父，文章學問，海内宗仰，所著書籍等身，自經兵燹，靡有存焉。小巽現將遍處訪求，俾一腔心血不致隨劫灰泯滅，而身後之名藉以不替，是亦可見孝思不匱也。

十有八日己丑（12 月 22 日）。微雨初晴，街間尚濕。徐近泉、孫次公來訪，同往新關見孫君瀓之，見其案頭每日劄記，真如束筍，留心世事及用筆之勤，令人嘆未曾有。聞安徽頗失利，鄧紹良、戴文英皆臨陣捐軀，没於王事，此二人皆宿將也，身經百戰，懋著勛勞，今日臨難不避，見危授命，大節凜然。得斯消息，不禁爲之扼腕。同瀓之三君往挹清樓啜茗，娓娓劇談，覺晉人風流猶未遠也。茶罷往訪次游，知儀庭、静宣已去。静宣有書至，言全家在糧艘中，俱陷賊巢，其妹已爲所殺。文人奇禍抑至此耶！既夕，同壬叔、次公、近泉往萬福酒樓小飲。近泉人極肫篤恂謹，爲近時文士中所難得，工詩書畫，居新篁里，名榮宙，里距平湖二十里，隸嘉興府屬。酒間極道企慕之私，愧予無才，有負所知耳。

十有九日庚寅（12 月 23 日）。雨。聞北行之舟留滯淤沙中，或言爲賊所困，道路紛紛，究無確耗也。濂溪從偉烈君行時，天氣尚暖，未置棉衣，此時想在砲火聲中忍凍受飢，百倍凄楚，視予安坐家中，飽飯弄筆，隱几看書，何啻天壤！

二十日辛卯（12 月 24 日）。許伴某復從雲間來訪，急謀一枝之栖，且願貶節以求合，屢嬲不休，真惡客也！

二十一日壬辰（12 月 25 日）。有合衆教士欲售合信醫書數册，寄至日本。此書流傳甚廣，真可不脛而走矣。午後，許伴某又至，偕往鄧子明處，令其同謁慕君，未知有所遇否也。夜，子明來舍，言伴某在雲間頗有美館，以喜嗜片岕，故淪落至此。噫！小有才者苟犯此疾，必至爲人白眼，伴某何亦墮此魔障，不早悛必爲廢人矣！

二十二日癸巳（12 月 26 日）。晨同小異入城，詣茗寮小啜。午後玉塘、吉甫亦來，同詣黄壚轟飲。雨急風狂，不得歸家，避往五老峰小坐，殊覺悶絶。

二十三日甲午（12 月 27 日）。雨，静坐短窗，真覺奇悶。壬叔言昔年同艾約瑟至杭，乘輿往游天竺，爲將軍所見。時西人無至杭者，閭閻皆爲驚詫，將軍特諭仁和縣往詢。縣令希上意，立逐艾君回滬，而將壬叔發回本州。壬叔因獻詩州守曰："游山不合約波臣，奉譴還鄉判牘新。刺史風流公案雅，遞回湖上一詩人。"州守見之大喜，立贈以金遣之。

二十四日乙未（12 月 28 日）。雨。合信君所有之物盡將售去，西人謂之拍賣，還價最高者可得。予得橱架、肩輿各一事，吉甫昆仲因肩輿之價甚賤，欲攘爲己有，齗齗與争，鄙夫之鄙，一何可笑，余亦不屑與之較也。

二十五日丙申（12 月 29 日）。雨。時小異將返鄧尉，而霪雨不止，弗能放櫂。旅窗悶坐，殊覺岑寂。午後往彼劇譚，聊以消遣。小異言往來於洋涇浜者，大抵皆利徒耳，貪、争、詐，三者無一不備，目中所見言端行信之人，卒未一遇。蓋賢愚雜揉，品類不一，天資稍厚者日變澆薄，利之所在，則不知有友誼矣，其風視衙署尤壞，生生世世不願與此輩伍。

二十六日丁酉（12 月 30 日）。雨。以金箋求芹泉書畫。予昔第求芹泉作隸篆，次公曰："芹泉畫亦甚佳，何不并倩爲之。"午後，江西谷來訪壬叔，西谷名開泰，杭之仁和人，善鐵筆。前祝桐君謂予曰："錢耐青在此間，何不求渠刻石?"耐青人甚冷峭，予與之未識一面，不敢冒昧請之也。西谷爲趙次閒後起之雋。

二十七日戊戌（12月31日）。柴伯廉從沙溪來訪，劇譚竟晷。伯廉，予舊年相識錦溪柴曉岩之同族也，名文杰，壬子舉人，時年僅十八耳，年少科名，令人欣羡，所著有《伯廉詩稿》十一卷、《咏明史》百首，諸體畢備，光怪陸離，令人不可逼視。充其識養，何難躪古人堂奧哉!

二十八日己亥（1859年1月1日）。天氣晴朗。是日爲西國元旦，同壬叔往琴娘處賀歲，此風盛行於米利堅，不殊中土也。自十五日至此，寒雨浹旬，街衢泥濘，不能出門户，至此始得放晴，真覺黄棉襖子出矣。陽光乍燠，病體皆蘇，令人心鬲皆爽。聞漢口之舟已回吴淞口，與長髮交仗僅二次，於觀音門外毁其一砲臺，群賊盡竄，匿跡不出，此真烏合之衆也!

二十九日庚子（1月2日）。天晴凍解，著屐入城，往訪柴伯廉，清話良久，偕詣叶萃酒樓小酌，酒味甚醇，肴核頗堪下箸，價亦殊廉，解杖頭數百錢，足謀一醉矣。酒罷同訪金祝齋不值，乃往凝暉閣啜茗，抵暮乃别。

晦日辛丑（1月3日）。晨起入城，往訪伯廉。在渠寓齋得見徐近泉，劇譚良久，邀往凝暉閣啜茗，茶味清淳，勝於他家。茶罷堅邀至叶萃樓小飲。近泉爲東道主人，殊可感也。繼至茶寮，得晤次公，握手歡然，知渠於出月初旬將返櫂矣，愴然賦别，情況依依。次公欲購醫書八種，以半價付予，其餘價即作刻詞費，他日或能附驥以傳，未可知也。復同次公往酒樓沽飲，藉以餞行。

酒罷匆匆出城，則偉烈已從漢口回矣，登樓相見，略話别緒。薄暮，錢君濂溪來，言在兵船目擊攻戰情形，賊匪死者不少，西兵亦有殺傷，於儀鳳門外毁其三砲臺，賊盡遁去，西舶徑過。至蕪湖，又與接仗。行抵安徽舊縣，爲沙所膠，不得進，公使及羅領事、威瑤瑪、李泰國併作一舟而去，留偉烈君於彼署繙譯事。舊縣督兵者李姓，頗有紀律，一切軍需，皆係百姓供億。蓮溪謂民窮兵衆，慮其不能持久，李君曰："已五年於此，兵民相安，毋相擾也。"營中司案牘者爲蕭勛，字小丹，金陵茂才，與小異素相識。回時舟過蕪湖賊境，偉烈君同蓮溪入城，賊人設肆射利者甚衆。首上裹各色花布，短衣赤足，賊目則以繡花綾緞，時天氣殊寒，皆著單褌，形容俱如魑魅。城外流離婦女，轉徙無（鄉）〔聊〕，欲求隨人而去，亦不可得，聞之傷心酸鼻。繼抵金陵，賊首僞太平王遣僞指揮晉天燕朱雄邦奉僞詔到舟，稱英公使曰"西洋番弟"，詞甚倨傲，公使亦不怒也。賊官名目，愈出愈奇，有曰晉天燕及蔡天燕、祥天燕、益天福等名號，不知作何解，適成其爲賊而已矣。既夕，同蓮溪、壬叔、晝三至馨美酒樓啖牛脯，高譚雄辯，四座皆驚。蓮溪親從賊中來，又擴一分眼界矣。酒後飯於余舍，復往抱清樓啜茗。

十二月

十二月朔日壬寅（1 月 4 日）。薄暮同壬叔至東關，往訪孫次公。次公在局中殊覺寂寞，自李小瀛外，無可談者，而小瀛冬間督辦海運，無一日閒，不能劇談，惟近泉近在咫尺，足可消遣耳。坐久之，小瀛亦出見，劇談良久而去。繼同次公、壬叔往訪近泉，偕至酒壚小飲，共罄二壺，已覺醺然。别後往邱謙六寓齋，得伯深從吴門郵寄之信，知渠近患濕瘡，不能動筆，故來札僅寥寥數語而已。

二日癸卯（1 月 5 日）。午後，孫次公來，言明日將同次游解維返里矣。予所鈔詞稿尚未竟，只好别後寄去。次公至此五十餘日，得詩詞已如束筍，所作《洋涇雜詩》六十絶，洋洋灑灑，亦傑作也，略采數絶於左。

《洋涇雜事詩序》："洋涇者，上海縣之北郊也，今爲西洋通商馬頭。戊午冬孟，來游兹土，居旬有餘，日見夫巨橋峻關，華樓彩軨，天魔賭艷，海馬揚塵，琪花弄妍，翠鳥啼暮，以及假手製造之具，悦耳（葯）〔蕩〕[1] 曼之音，淫思巧構，靡物不奇，雖窮極奢欲，暴殄已甚，而以之佐談屑、拾詩料，誠得所宜。爰作雜事詩如干首，文言道俗情，不足供大雅一噱云。"

桑田滄海倏驚心，華屋層層簇若林。地下不知誰氏冢，忍將白骨换黄金。地本桑田、墳墓，今爲西洋所買，悉已鏟平。

花冠羽帔坐深宫，握手君臣禮數崇。自是女媧傳派遠，歌風不逞大王雄。

余字蘭仙，號子九。正篆崇光。

夢燕艸堂、秋畹廬、蔔林居士、懺癡庵主、茗香寮、華曼精舍、蘅香山館、友畸山人、劚葉山房、朖膴詞客、玉魫生樓、蘼蕪外史、溪蓀居、鑱紅子、莻蔚莊、蘿藦斗室、眉珠小奩、讀畫樓、緑筠軒、紅蕉亭、迎翠書齋、衣雲閣、翫月窗、墨園、苓芳院、延凉水榭、芙蕖清沼。

咸豐八年歲次戊午十二月三日甲辰（1 月 6 日）。天晴而頗

① 據國家圖書館藏《花近樓叢書》本《洋涇雜事詩》校正，序之文字多有異同。

有寒意。薄暮，孫次公來，泊舟洋涇橋畔，特來走别，乃同小異、壬叔往黄公壚側小飲三爵，同送至江邊，約以明年正月偕作鄧尉之游，小異爲東道主人。頃之，次游亦至，閒話數語，執手而别。夜，小異飯於余舍，村釀甚甘，堪以禦冷。

四日乙巳（1月7日）。午後，柴伯廉來舍，劇談竟晷而去。予近日留意詩餘，知昔年所填，音節舛誤頗多，因於鐙下細加校正。

五日丙午（1月8日）。飯後，徐近泉攜金箑二來舍，隸書蒼古渾老，直逼秦漢，梅花疏秀嫵媚而有勁骨，不愧書畫名家也。近泉以歲暮，匆匆將返棹矣，特來走别，清話久之而去。

六日丁未（1月9日）。清晨入城，遇閬齋於塗，約作消寒會。偶過酒壚，見有蛤蜊甚巨，因酤酒獨酌。午後，小異、吉父、春甫俱集，同閬齋登鴻順樓大嚼，酒罄數壺。頃之，壬叔亦來合并，洗盞更酌，酒興勃發，嘉肴並俎，旨酒盈壘，令人屬饜，不能下箸。閬齋曰：“今日爲予生日，特開壽筵，與諸君消遣耳。”酒罷同詣凝暉閣啜茗，恂如亦偕去，茗談娓娓，抵暮乃别，是日可謂暢游矣。夕，同封書三挑鐙往訪近泉，不值。

七日戊申（1月10日）。静坐不出，江西谷來訪，劇談竟晷而去。西谷偕姚子箴來滬，寓茶棧中，旅費可以無虞。子箴名輝第，滬之舊令尹，今宦囊貧甚，復有出山之想。

八日己酉（1月11日）。晨詣江翼雲師家，清談竟晷，知次公托銷之詞僅售去一部，真可謂名士不值一錢矣！又往柴伯廉寓齋，見近泉爲渠畫梅花六幅極妙。伯廉極欲訪研耕，因與偕往，研耕倒屣出迓，相見歡然，即囑廚娘煮羹酤酒相款，意殊厚也。飯罷歸家，日已斜矣。夜煮鱸魚，招小異飯於余舍。

九日庚戌（1月12日）。飯時沈松雲、施竹琴來舍，以風雨針相詢，劇談良久乃去。江西谷見過。夜致周弢甫書云：

弢甫閣下：申浦西風，布颿遠去，江天在望，思念爲勞。比者陰雨浹旬，重寒襲裘，伏想君子攝養維宜，福履康豫，定多勝也。

瀚識閣下，於今六年，見未嘗銜杯酒接餘歡，别未嘗通一札抒積愫，天下奇士，交臂失之，豈盡頑鈍無知、疏陋自域哉？以瀚托跡侏儺，獲罪名教，羞與雅流爲伍，敢廁通人之班，日惟閉置一室，玩愒歲時，每有所作，動遇桎梏，形神俱廢，生趣索寞，豈復敢仰首伸眉，侈然論天下人才、談千秋著述哉！自慚不肖，文章小技，猶且未底於成，學難饜於己心，名不挂於人口，三十之年，忽焉已至，精神意興，迥非昔時，兼以病足三載，備歷轗軻，世味益淡，酬應愈懶，屢欲息影蓬廬，潛心邱素，迫於飢寒，困於衣食，欲罷不能，所懷未遂，良用喟然。

昨於李七几案獲見手書，得稔閣下金閶留滯，延訪維殷，近將税駕京口，返轅里舍，且言若游鄧尉，願爲主人，行李往來，無憂乏困。憶弟去年，束裝不果，梅花笑人，今東道無虞，游悰頓決，命吕安千里之駕，留平原十日之飲，其樂何如也！小異嘗云其地山水絶勝，可以築廬偕隱。何年擺脱世慮，遂我初衷，置五畝之宅，買半頃之田，葆真養素，共樂邕熙，擷蔬粟以供賓客，潔雞豚以娱慈親，人生得此，亦復何恨，徒托空言，爲可嘆耳！西書五種，藉塵惠覽，略布鄙意，多不宣悉。①

十日辛亥（1 月 13 日）。薄暮，同小異、晝三散步環馬場，至挹清茶寮啜茗，清談良久。夜沽村釀，留小異飯。

① 參見《弢園尺牘》卷三《與周弢甫比部》，文字略有異同。

十有一日（癸丑）〔壬子〕（1月14日）。雨。薄暮，小異至舍劇談，以地濕無屐，飯於余舍，村醪甚釅，堪佐清話。

十有二日（甲寅）〔癸丑〕（1月15日）。辰刻，施蕙庭從生村來，袖出玉人前後二札，詞旨凄惋欲絶，讀之令人墮淚。午後，同蕙庭至順興茶室，閒話竟晷，又款之於酒樓，聊以酬青鳥之勞。蕙庭又欲代予覓小室於鹿城，意殊惓惓，甚可感也。既夕，挑鐙作覆書，夜漏三商始眠。聞是日胡舒塘來訪，不值而返。

十有三日（乙卯）〔甲寅〕（1月16日）。清晨入城，見施蕙庭於茶室中，即與之同詣酒樓小飲。蕙庭弗嗜酒，席間殊覺寂寞，酒罷與之作茗戰，清話良久。蕙庭亟欲旋歸，送之至北城而别。午後，途遇梁閬齋、吴仙舟、徐安甫，拉之至黄壚酤飲，所煮醋魚，風味甚佳。仙舟酒量殊豪，可爲大户，特出杖頭錢爲東道主人，愧予老饕，又得一飽。繼又往福泉樓啜茗，出城已夕陽西墜矣。

十有四日（丙辰）〔乙卯〕（1月17日）。飯罷入城，往候金祝齋，不值。於冷攤上見有許淞漁所選《宋詩三百首》，殊便覽閱，出錢二十文購之歸。薄暮，江西谷來訪，言天寒思酒，且往黄壚轟飲，途遇小異，拉之偕去。酒家煮牛脯初熟，索得一盤，舉箸大嚼，殊快人意。西谷飲興甚豪，酒罄無算爵，壬叔頗有醉意。乃乘輿往訪姚子箴。子箴方踞床吸片芥，清話良久乃别。是夜月色如水，冷徹毫髮，步之而歸，殊不勝寒。

十五日（丁巳）〔丙辰〕（1月18日）。晨，入城訪金祝齋，不值。午後，柴伯廉來舍，劇話竟晷而去。薄暮，同小異、壬叔往茶寮小啜，同至酒樓，煮酒小酌，聊作餞行筵。酒罷，予獨訪金少枚，清譚數語，匆匆即别。夜，挑鐙作書，呈前任觀察吴健彰道普：

南武王瀚上書觀察大人閣下：震鑠隆名，七年於兹。自分草茅疏賤，不敢執贄進謁，故懷刺不投、及門而返者屢矣，非真介然自守也，蓋懼瀆也。況往者滬上寇氛未靖，大人寄軍國重任，軍書旁午，而下士以文字不急之務來相竿牘，未有不遭呵斥者。今者考槃退養，泉石優游，方且延攬英豪，流連詩酒，又築别墅於城西，爲娱老計，將見地以人傳，樹因德重，載諸志乘，足爲海濱嘉話矣。然瀚竊大人之心，雖不在位而洞規事勢，默運經綸，冀以上答聖主特達之知，下酬當事倚畀之重，邑中利弊所在，知無不言，言無不盡，諄諄爲來者告，豈惟官吏素欽、華彝共仰哉！羈旅之人，實嘉賴之。

顧瀚竊有言者：政事文章，其爲報稱一也。政事澤及一時，文章功流千載，其可以鑑得失、紀善惡、辨賢愚、定褒貶、别是非、信今而傳後者，莫如邑志若矣。修葺邑志之舉，非有勢位者不辦，而當今之有勢位者，案牘勞其形，税賦煩其慮，地方繁劇艱鉅之事，且未暇一一條理，安能搜羅軼事，採訪舊聞，爲此從容可緩之役哉？若大人則時足以蒐聞，力足以集事，且宏獎風流，情殷吐握，又足以收群策群力之用。況滬雖彈丸之地，而禺筴所駢羅，中外所互市，肩摩轂擊，金氣熏灼，蒼牛青虎之間，滄澥横流，耳聞目見，書不勝書。瀚昔著有《瀛壖雜志》一卷，自謂於滬城掌故略有所知，惜以洊更多故，業遂中輟，近時事實，尚未編録，倘能假以歲月，或有可觀。瀚屢欲陳諸左右而苦無其端，今聞荷汀黄先生欲修邑志，此不可失之機也，故謹繕寫上呈，如蒙大人不棄，採厥芻蕘，賜以剞劂，俾付手民，則感且不朽。瀚非敢冒昧上干，以大人平日樂煦恩於寒素，又昔年辱與二公子有尊酒之雅，故以爲言。附呈西書六種，幸留賜覽。其《雙璧行》一章，即始見二公子時所作也。冒瀆尊嚴，無任主臣。瀚謹狀。①

十有六日（戊午）〔丁巳〕（1月19日）。天甚清寒。薄暮，江西谷同姚芳洲來觀印書車，時工役已散，不及見而返。上燈時，小異來辭行，舟子已候於門，匆匆話數語即别。小異約予明歲春正爲鄧尉之游，不知能果否也。

十有七日（己未）〔戊午〕（1月20日）。晚，往石元茂棧訪胡舒塘，清話竟晷，始知舒塘爲石氏西席，課礪如之孫，挈眷來此將一載矣，今歲暮將作返櫂計，不能長聚談詩，爲之惘然若失。别去後至英署中，得見閬齋，小憩片時，見閬齋方有館事，乃辭之而行。浦濱水氣迷濛，都作寒意，月黑泥濘，艱不可行，想明日將雨矣。

十有八日（庚申）〔己未〕（1月21日）。雨，夜作書呈錦溪朱雪泉舅氏：

瀚再拜言舅氏先生閣下：寒江雁遠，古驛梅香，心曠望以爲勞，書修阻而莫達。昔在淞濱，日飲碧水；今居海曲，時餐黄沙。意境所歷，迥不同矣。揭來西風正勁，冷月又圓，因思故鄉，又得舂新穀以供餐，釀醇醪以謀醉，加棉勸食，攝衛維宜。先生以古稀之年，應聖明之詔，三徵不起，十賚頻頒，而先生方且抑然退下，如逾素分，晦不圖榮，辭非邀譽，求之當代，實罕其人。況乎家庭之間，棣棣穆穆；幼稚之輩，秩秩怡怡，固已極人生之真福，而得天倫之至樂者矣！邇維杖履優和，起居康豫，甚善甚善！

① 參見《弢園尺牘》卷三《上某觀察》，文字略有異同。

憶我不見，於今五年，迴隔懿範，時廑素心。去夏以病足返轅，蹇卧蘧廬，既益頑痾，洊更多故，承先生拯拔於垂絶之時，厚施於不報之域，飲德銘恩，銜感何極！冬間曾泐尺一之書，拜十千之貺，踆烏迅兔，倏已歲闌，道路既乖，聞問又隔，非季布之諾不踐，郭重之言竟食也。蓋以遡風之鴻，經泖峰而輒回；識字之犬，過洛川而不辨。或急於郵遞，托非其人，則將爲殷洪喬之寄書，供其投水；顧長康之取畫，托爲通靈，慮雖過當，事則或有，故瀚思於鹿城試文之時，爲趙廷完璧之舉，以此遲迴，幸勿爲罪！

瀚自來海上，綿歷歲序，雖亦時命之限，初非意計所料，第事已至此，不得不安之而已。視阸境爲亨衢，等秋荼於甘薺，其近況略可述焉。托跡侏儷，薫蕕殊臭，《傳》曰：非我族類，其心必異。飲食耆欲固不相通，動作語言尤不可苟。每日辨色以興，竟晷而散，幾於勞同負販，賤等賃舂，疏懶之性，如處狴犴，文字之間，尤爲冰炭，名爲秉筆，實供指揮，支離曲學，非特覆瓿餬窗，直可投諸溷廁。玩時愒日，坐耗壯年，其無所取一也。

同處一堂，絶少雅士，屈身謀食，豈有端人？本非知心之交，不過覿面爲友，虱身其間，時有牴牾。不得已呼聽馬牛，食爭雞鶩，隨行逐隊，竽濫齊庭，問舍求田，簫吹吴市。至於出而訂交，品類尤雜，久慁勢途，面目都變，一溺利藪，談吐可憎，性情既殊，蹤跡斯闊。其有稍知筆墨，攀附雅流，則又若郭李之徒震盛名，季緒之妄詆人作。更有自稱名士，謬托通人，詡勢矜才，分用隸甲，入其黨則裸壤炫爲龍章，逃其門則琳瑜等諸燕石，徒高標榜，無當學問，反不若却軌潛修，閉門枯坐之爲得也，其無所取又一也。

此邦氛濁之場，肩轂摩擊，腥羶萃附。鴉雀之聲，喧訇通衢；金銀之氣，熏灼白日。聆於耳者，異方之樂；接於目者，獶雜之形。每值熟梅釀潤，枕簟皆濕；當秋吼風，窗櫺欲飛。祇堪下箸，已費何曾之萬錢；聊欲容身，僅勝王尼之片瓦。獨處一室，嗒焉若喪。前塵如夢，新雨不來。偶欲豁目雲蘿，潛心邱素，則阮屐不蠟，無半仞之山可登；鄴籤未儲，無一瓻之書足借，幾於桎梏同楚囚，閉置如新婦矣。其有鈿車曲巷，飛塵散香，繡榻紅燈，銷金若土，則皆裙屐少年、鄉曲狷子所遨遊耽好者也。馳逐之游，素非所樂；鴆毒之耆，尤爲深疾，其無所取又一也。

況乎睽違故里，留滯遐方，良夜自凄，殊愁頓起，寒潮春枕，祇攪鄉心；落葉滿庭，皆含秋意。密親離逖，懿好日疏，或經年而不通筆札，或數歲而未覯容顔，歡慶喪故，皆不可知。欲宰羜殺雞，剪蔬剥果，以拾墜歡；贈縞獻紵，饋脯牽牲，以敦夙好。幸團聚之有期，庶形骸之無間，思之思之，了不可得。且也老母則波路往還，伯姊則吴淞間隔，荒園花木，皆含凄而待歸人；遠浦烟波，亦入夢而悲遊子。每念羈孤，動增凄楚，所以常觸景而欷歔，臨觴而太息者也，其無所取又一也。

凡此四端，皆由一誤。使當日者却三聘之金，以爲污我；嚴一介之義，不妄干人。雞林之使，摽諸門外；烏涇之行，絶諸意中。決然辭謝，舍之他圖。養素邱樊，葆貞衡泌。劃粥斷虀，安之而不悔；質衾典研，視之而如怡。安見脱粟不甘於粱肉，韋布不耀於絲羅。破屋壞床，不適於棲遲異地；貧交素友，不樂於徵逐浮榮。娱閒情於簡素，奮逸志於雲霄，上可以博功名，下可以垂著述，計不出此，悔焉已晚。不知事不及己者，口易騰其嘐嘐；身當其局者，情自傷夫默默。況其時寄以全家之仰事俯育，曾無大力之左提右挈，困苦交攻，鹿思走險，寒餓所迫，燕慣依人，所以遽爲幕之巢而不爲蔭之擇也。

今者已沈苦海，久困焦阽，去之愈遠，反之愈難。朋情皆曠，戚誼更疏。外無膠漆之交，内少松蘿之托。任昉之子，不見憐於故人；劉峻之文，反被斥於到溉。深恐退居窮隘，更益顛連。好事難遇，誰爲送米；學書未工，詎肯换羊。將雀去紈干，覓窮檐而不得；魚思江漢，求涸轍而且難。我知援手者無人，而姍笑者蜂起矣，且目論之士，以此爲獲罪名教，有玷清操，或則肆其妄譚，甚者加以醜詆，苦衷莫諒，初志誰原？舉世悠悠，憐才者殊不可得耳。此瀚所以顣首悴面、倒行逆施、經十載而靡怨者也。嗚呼！留則百喙莫辨，歸則半頃未置。名譽不立，誰欲停侯芭之車；汲引無聞，孰肯賃伯通之廡。左右都非，進退維谷，坐是忽忽若忘，惘惘不樂。

思先君子見背以來，締搆門户，艱劬倍至，析桂炊玉，裹鹽乞醯，瑣屑之事，惟恃一人。中間築壙營葬，爲弟授室，心力耗瘁。是以阮籍不名一錢，仍嗟垂槖；劉備空繞三匝，猶欲覓枝。所謂耕三餘一、損益積贏、爲他日退步者，僅成虚願耳。兼之舍弟讀書未就，學賈不能，呼吸烟霞，已成痼癖，迷津難返，凡百堪憂。塤篪乏迭唱之歡，手足無交推之雅。三十之年，又艱舉子，無以遂老親含飴之弄。退處閨闥，左顧彫愉，命也何如，要難相强。境遇之阨塞既如彼，家門之所值又如此，人生樂趣，泯然盡矣。何時遺棄網羅，逍遥隴畝，烟蓑雨笠，跡溷老農，月夕花晨，簡徵近局，與風月爲知己，以杞菊作比鄰。出則與燕、許争文章，抗蹤一代；處則與皮、陸同志趣，並軌千秋，此固恒情之所慕，而吾生之大快者也。曰歸曰歸，實獲我心；優哉游哉，聊以卒歲矣。

罄此委瑣，略盡所懷，想亦先生所樂聞也。伏願時賜訓言，備加崇護，引領企矚，無任主臣。瀚謹狀。[①]

十有九日（辛酉）〔庚申〕（1月22日）。雨。復致朱癯卿書云：

揖別高齋，涼暄已易，吴淞瀰渺，跂望爲勞。伏想履絇安吉，侍祉暇豫，定如私頌。去歲冬間，沙溪柴孝廉持手書至，臨風維誦，如覯良朋。柴君年少，即獲高第，才藻耀而人玉立，固翩翩佳公子也。近又致力詩詞，爲傳世之學，所造正未可量。承命爲其説項，極聲而呼，迄無應者，有辜盛意，殊耿耿爾。此邦但識金銀之氣，不辨文字之祥，苟得觀察名柬，尚易爲力，否則閉門拒客，如韓昌黎之見辭於閽人耳。然弟觀柴君有田可耕，家足自給，何必爲秋風鈍秀才，僕僕侯門，貶節求利哉？柴君於郁丈泰峰處稍有所獲，弟以鄧尉探梅之行，泰翁亦以四金爲贐，然束裝仍未果，想青山竦誚，緑萼含譏，必將以俗士笑弟矣！天寒，諸維珍重無既。[②]

二十日（壬戌）〔辛酉〕（1月23日）。雨，天極寒冷。因命价酤酒至，聊以澆愁。飯罷著屐入城，往竹林禪院訪蔣劍人不值，晤其妹曇隱大師，坐談片時即別。聞是庵爲曇隱出己資建造，以作清修習静之所。曇隱本係俗家，嫁夫早卒，薙髮入空門，頗識字，建庵後尚有餘蓄，癸丑城陷，將金埋於庵後山石

① 參見《弢園尺牘》卷四《奉朱雪泉舅氏》，文字有異同。
② 參見《弢園尺牘》卷三《與朱癯卿茂才》，文字略有異同。

下，事平無恙，惟庵中器皿、窗欞皆爲賊析作薪矣。今復出餘貲葺理，焕然重新，劍人爲題額曰“海上潮音”。或有云是係蕭氏家庵，想當時蕭亦捐貲助建耳。

二十一日（癸亥）〔壬戌〕（1月24日）。雨。夜閲《西青散記》。漏已三下，倦甚伏几假寐，時一燈熒然，窗外雨聲甚惡，離愁别緒，攪懷如搗。忽聞有彈指聲，問之則曰：“予即見在之雙卿也。”方驚愕間，則户不啓而已至，縞袂翩躚，丰姿綽約，手出一書曰：“此即渠字也，君識之否？”諦視之，乃以粉書於蕉葉上，隨讀隨滅，僅記數語云：“妾忍强暴以待君，而君不至，何負心耶？若明歲春歸人不至，則桃花紅雨梨花月，即是葬妾時耳。生爲情人，死爲情鬼，天涯地角，冥冥此心，幽明迴隔，永從此辭。”予讀至此，不禁嗚咽失聲。母氏從隔房呼予曰：“兒殆魘耶，可速醒！”予揉眼而起，見淚痕已濕透書角矣，猶覺人影亭亭如在窗外也，其殆倩女之離魂耶？予謂一切夢境皆由心造，其占有吉凶者謬也。或人有非常之事，先現於夢，則其人之神明預爲之告也。西人謂人記事皆歸於腦，睡後其氣上沖，故舊所閲歷每入於夢，説亦玄妙。

二十二日（甲子）〔癸亥〕（1月25日）。寒雨雖止，尚未放晴。雲間韓菉卿應陛來訪，以所刊《幾何原本》相贈，得之如獲拱璧。菉卿爲雲間名孝廉，熟於諸子，作文奇奥詭邃，幾不可讀。《幾何原本》八卷，係偉烈君與壬叔所譯，而菉卿以其特探秘鑰，西法大明，特出貲授梓，今已蕆事，因攜一册來餉予，殊可感也。夜挑燈，將此書略展閲一過。因憶昔年郁君泰峰曾垂問西人天算各書，何不舉以贈之，乃走筆致書云：

泰崶先生閣下：經年睽隔，寤想爲勞。久未作書，奉詢動止。鄧尉寒梅，又著花矣。回憶贈𧶼束裝，風雪解維時，猶昨日事耳。今日蒹卿韓孝廉從雲間來，以所刻《幾何原本》相餉。幾何之學，素重於泰西，自利瑪竇入中國，與徐文定公譯成此書，其學乃大明，然原書十有四卷，所譯僅得六卷，有未全之憾。定九梅氏謂精奥處皆在後八卷，前數卷略備軌法耳。匿其所長而不以告人，猶有管而無鑰也。今西士偉烈與海寧李君不憚其難而續成之，功當不在徐、李下。先生素講西法，獲之必喜，況藏書之富甲一郡，曆學之書亦不可不備一格，敢爲芹獻，幸勿卻焉。①

予在西館十年矣，於格致之學略有所聞，有終身不能明者，一爲曆算，其心最細密，予心麄氣浮，必不能入；一爲西國語言文字，隨學隨忘，心所不喜，且以舌音木强，不能驟變，字則更難剖別矣。壬叔謂少於算學若有天授，精而通之，神而明之，可以探天地造化之秘，是最大學問。予頗不信其言。算者六藝之一，不過形而下者耳，於身心性命之學何涉？

二十三日（乙丑）〔甲子〕（1 月 26 日）。雨，午後清寒殊甚，朔風如吼。薄暮，曹价送書郁氏回，知泰峰於是月四日失一子，意緒懊喪，閉門卧病。夜復作一書慰之：

泰峰別駕二丈先生閣下：寒雨微零，閉門愁坐，走使初回，述令子深甫孝廉怛焉殂化，聞信駭悼，感嘆彌襟。聞山陽之笛，因以出涕；過黄公之壚，於焉愴懷。斯人察惠，竟不永年，嗚呼傷已！猶憶今夏獲見深甫於檇李于君辛伯寓齋，初挹沖襟，即知雅尚，猥詢西法，非等侯芭之好奇；兼問異書，早欽匡衡之媚學。惟瀚觀其體本清羸，宜時攝衛，

① 參見《弢園尺牘》卷三《與郁丈泰峰》，文字略有異同。

而不虞其榦遭蓮脆，遽爾溘然，悲如之何！實厪我心。豈其中醫乏術，上藥無功，蓋死生難料，修短有數，不可强也。先生以情傷哭子，偶抱微疴，空庭枯木，無非紬感之枝；舊篋遺箋，盡是傷心之字。雖顧横山日暮悲吟，庾蘭成銜哀作賦，無以過焉。然瀚竊有所言爲先生勸：夫人非太上，誰緊無情，而善遣哀衷，尤當達識，況當黄髮之歲，煩憂恐易傷人；青陽之時，伊鬱或將乖節。伏願斂痛蠲憂，早從佛懺，空諸煩惱，悟徹因緣。人生百年，等歸於盡，電露泡影，隨幻隨滅，家庭骨肉之間，哀歡離合，亦至無常耳。昔者卜氏呼天，澹臺棄屍，悲痛或疑過分，曠達流爲不情，不若冥心學道，澄志誦經，皈依空王之足以自解也。顧或者謂淪喪大故，父子至性，豈有能恝然置者，而瀚則謂逝者不可復生，死者當思不朽。或廣徵名流，作爲傳誄；或哀其述作，授諸手民，庶使魂魄雖去，不隨秋草同萎；芳烈常留，不與曇華俱隱。九原不泯，良在於斯。

瀚年來嘆逝傷離，多愁善恨，史遷之腸，日迴九曲；潘岳之髮，時玄一莖。年已三十，尚復無子，無以付囑琴書，時自戚戚耳。以先生值境多感，處心不怡，故相與言愁，非强爲慰藉也。燈寒漏盡，呵凍磨冰，率爾作此。想遺文尚在，時追悼乎孔璋；恐解痛無能，深有慚於枚乘。先生其俯採所言，萬萬達觀自愛。瀚再拜。[①]

又作《挽深甫詩七章並序》：

深甫孝廉，少生通德之門，長承賜書之命，醇粹秉質，

① 參見《弢園尺牘》卷三《慰郁泰峰丈失子書》，文字略有異同。

貞亮挺姿，彝鼎金石之外，別無所嗜，尤好結客，慷慨濟急，無吝色，亦無德色。性本恬静，罕涉俗役，甌茗鑪香，琴翰花竹，藉以陶寫性情，消遣歲月，外此勿問，是亦儒林之清福，人生之至樂者矣。奈何天特忌之，遽速其死，且以微疾終也。蘭芽早刈，殊深鄭穆之悲；玉樹長埋，更抱庾公之慟。瀚居此十年，忝識一面，情弗能忘，詞不獲已。暮雪壅門，不阻懷人之夢；寒燈照壁，忍吟嘆逝之文，爰作絶句七章，弔諸九幽之下。

詩録四首：

檢點青衫舊淚痕，傷心宋玉爲招魂。隔鄰吹徹山陽笛，寒雨啼鴉苦閉門。

記曾于寶樓中見，日暮西風判袂時。瓊樹生埋無幾月，荒墳空唱鮑家詩。

多病無年嘆惠開，凶詞訛讖忽然來。似聞家祭團欒夜，尚拜堂前奉酒杯。聞君於冬至祭祀日尚無恙。

弔逝歌離枕不安，紙窗風雪十分寒。故人有約拚辜負，縱有梅花不忍看。

此四詩極惡劣，本不足存，聊誌交誼，故不全删。

二十四日（丙寅）〔乙丑〕（1月27日）。郁氏遣人饋吕宋銀餅六枚至，以爲卒歲之需，卻之不獲，三讓後受。予得此金，稍售雞魚肉脯，以爲甘旨之奉，可以度殘臘矣。予在滬暫假西人數椽，以爲棲息，聊蔽風雨，然雖免出貲賃屋，而在其中不能祭神祀先，並送竈禳鬼諸俗例亦無之。

二十五日（丁卯）〔丙寅〕（1月28日）。時予主修《中西曆書》已蒇事，惟中寅卯、申酉俱兩月比食，依癸卯之術推之，僅正月望、二月朔及七月朔望入限，此推蓋準西國新法也。考《春秋》襄公二十一及二十四兩年皆比食，古今言算家並以爲舊史官之誤，惟董江都謂比食。又，既有人言有推比食法，然其法不傳，未可爲據。如西術所推，竟有比食之理，其法亦不難解也。

二十六日（戊辰）〔丁卯〕（1月29日）。静坐不出，摒擋歲事。朔風凜冽，似有雪意。暮，沽酒禦冷，獨罄三爵，殊覺醺然。

二十七日（己巳）〔戊辰〕（1月30日）。清晨入城，衢路泥濘，幾難置足。與恂如閒話片時，特出近作相眎。午後，同安甫、晝三、吉甫昆仲至緑茗軒小啜。茗罷，安甫煮麵餉予，得以不飢。薄暮，匆匆出城，已曛黑矣。夜，作第二書致吴道普觀察：

瀚頓首再上書觀察大人閣下：竊聞丐潤者不飲於細流，求豐者不争夫塊壤，好賢之門，素士慕義而集；濟難之心，仁者因人以施。在昔韓愈之謁宰相，書三上而不譏其躁；李白之見荆州，面一識而即以爲榮。是故酬太穆之所須，於司空之所爲，豁達大度也。奇書生而不罪，張燕公之得以緩急用人也，竊以爲古固有之，今亦宜然，其即瀚之於大人乎？

瀚南武諸生，瑣旅下士，鮑防之孤窶徒嗟，北郭之單寒孰贍，名譽不騰於里巷，文章未抵乎公卿，有藉吹噓，長其聲價，尤叨慈惠，寵以匪頒。今者節逢送臘，時值迎年，賈島祭詩，亦須棗脯；杜陵守歲，尚辦酒漿。酌鄰款客，非空廚之可延；折券償逋，必障篚之始舉，凡此皆有待盧牟而實深欣矚。仰惟大人盼接之殷，凡士皆感，煦嫗之被，與春俱融。減太倉一稊之米，已飽侏儒；注大海半勺之泉，即蘇涸鮒。是以前者不揣謬妄，干冒尊嚴，敬呈西書六種、拙著一編，爲羔雁之先，祝篝車之獲。豈其以書换羊，老饕當戒，亦惟分俸與鶴，清致可風。猥荷帲幪之下，竟忘欧欥之嫌，復泐尺書，爲兹再瀆，幸勿指取求爲瑕疵而訶干請爲多事也。敬俟玉音，服之無斁。馳企之誠，必不虛望。瀚再頓首。①

書去仍復杳然，要求無術，竿牘徒勞，貶節以謀利，吾誠過矣！滬城赭寇之亂，釀之者實吴君也。始募粤黨爲鄉勇，而跳盪好鬥，繼復散之，又不遣歸鄉里。更縱容閩粤無賴之徒，毫不懲治，以致此禍。滬人憾之次骨，將來邑志中載其穢跡，定不曲筆相宥，吴君雖百舌亦無以自解。余前書云云，隱約其詞，蓋有挾而求耳，而不虞此老竟漠然置之也。噫！

二十八日（庚午）〔已巳〕（1月31日）。有貨骨董者來閒話，言昔時上海尚有兩個半人物：一爲喬鷺洲學博重禧，一爲瞿子冶明經應紹，其半即徐紫珊上舍渭仁也。此三人皆賞鑒家也，凡商彝周鼎、秦笲漢磚，無不立辨真贋，家所藏尤夥。雲間馮少眉《印識》中載子冶鑒别金石文字，獨具隻眼，所製月壺，精雅無比。顧三人死後皆零落，爲其子孫斥賣殆盡。物之聚散無常，良可興嘆。三人中鷺洲最爲先輩，余不及見，子冶尚能見而以因循失之。余於己酉杪秋至此，子冶即於是年冬卒，未謀一面，深以爲恨。紫珊雖數見而未深交。迨癸丑之亂，紫珊陷在圍城中，予寄書力勸之出，蒙答書往復，深自剖别，且言在閩人會館，定計復城，已有成謀，不料事忽中變，喋血踣地。當初起難時，劍

① 參見《弢園尺牘》卷三《歲暮干人書》，文字頗有異同。

人往省之，紫珊屬作《袁公殉難傳》，令詳叙本末。袁公蓄有四犬，皆不食死，更屬作《義犬記》，且爲袁公成殮如禮。劍人將别去，即啓篋贈金數笏，指其新居嘆曰："此將爲墟矣。"言極沈痛，是早知赭寇之不能成事而官軍之必旋入也，惟裹足不出城，是其大失着處。即使因名重逼留，亦可用計脱身，夤夜變服毁容，以待清晨雜衆中而出，誰復識者？戀戀危地，果何爲乎？卒至蜚語相誣，聲名狼藉而無以自明。又不善約束幼子，以致晚節不全，所交多爲惜之。無識者將其昔日詩文贈答之作皆爲删去，殊屬太過。余嘗論紫珊之生平，並無大不韙，所籌辦公事，極稱能敏，惟功罪不相掩，故德怨亦時參半耳。若竟謂之首惡大憝，則過矣！

二十九日（辛未）〔庚午〕（2月1日）。偶閲上邑乾隆舊志，所載風俗如元旦賀歲并小兒擊鼓敲鉦，各處皆然，無足異。惟十三日家人即竈卜流年事，握秫穀投焦釜中爆之，花而妍者吉，名"卜流花"，俗名"爆孛婁"，此事爲吾里所無。至元夕，採竹柏葉，結棚通衢作鐙市，大略相同，惟奢儉殊耳。昔有今無者，爲五月五日在丹鳳樓觀龍舟競渡，此風已久不行矣。三節會最盛，馬至百餘匹，妓女椎髻赭衣，鋃鐺悉索，乘輿後從，謂之犯人。又有於神前許願，破其臂，承一大香鑪，今吴俗各處盛行，蓋唐時已有之。昌黎《諫佛骨疏》云："必有斷臂臠身以爲供養者。"夫以父母遺體，毁傷不恤，益見其愚也。是日雨，閉户不出。度歲之貲，尚無所措，乃作札致恂如，假得數金，麄能過去，摒擋店逋，爲之一清，從此安穩清眠。即有剥啄雙扉，亦不疑爲索債來者矣。

三十日（壬申）〔辛未〕（2月2日）。晴。久雨之後，心志煩悶，忽睹陽和，心鬲頓爽。午後，同壬叔散步西園，登凝暉閣啜茗，楊覍門亦來合并。茶罷往訪唐芸閣，劇談竟晷。潘恂如來，留飯沽酒小飲，頗解愁緒。與沈自新啜茗談詩。夜邀壬叔守歲劇飲，欲聯句未就。余旅滬九年，八度在此迎年矣，故鄉風景，久不得見，聽爆竹聲，益增淒愴耳！

（録自上海圖書館藏稿本《蘅華館日記》）

咸豐九年己未（1859）

正　月

咸豐九年歲次己未正月朔日（癸酉）〔壬申〕（2 月 3 日）。天氣晴朗。同李君壬叔善蘭至西園散步，士女如雲，塗遇楊凫門及姚吉庵，遍游萃秀堂，造其絶頂，見來者繹絡如磨上旋蟻。後訪祝桐君不值，凫門謂桐翁於元旦概不見客。下午至泉漳北會館，賀林益扶外舅年禧，清坐片晷即退。

二日（甲戌）〔癸酉〕（2 月 4 日）。清晨，湖南樊吉山來訪。吉山名川，在部中當差，出都後久在軍營，頗悉戎事，甚慕算法天文及讖緯占望之學，以爲泰西人素精於此，必有妙授。且言其師江必成熟於邵堯夫梅花神數，於一室中静參默會，數十里以外事，皆可周知。予謂之曰："西人天算，與中華所習術數不同，斷不可誤會也。"吉山所居在鳳皇廳，其地多苗民，苗之種類極多，衣以顔色爲别。婦女容顔亦有美者，多與漢人婚姻相通。其祀牛鬼，近亦許考試，多有獲儁者。飯後往徐鎮林家賀歲，見顧氏文新女史，文新爲惠卿之妹，甲寅冬季避亂出城，曾居吾家，今嫁徐氏已一載餘矣。鎮林他出，留片〔晷〕而別。往韓華卿室，雙扉寂閉，闃無一人。入其室，則几案牆壁間塵厚盈寸，景況之索莫可知。入城候陶星垣不值，見其舅淦泉。薄暮，訪蔣劍人於竹林禪院，談及今歲將刊古文及駢體，必得諸友捐貲，始可集事，以時晚遽別。

三日（乙亥）〔甲戌〕（2月5日）。清晨往訪梁閬齋清，時閬齋尚未起，聞予至，始披衣而出，同至樂茗軒小啜，春甫亦來合并。閬齋特邀至酒樓小飲，吴仙舟特爲東道主人，醋魚一味，頗堪下箸。下午往候唐芸閣禄、張倜卿佶於懷迴樓。同春甫往訪顧惠卿，不值。出城已夕陽在山矣。

四日（丙子）〔乙亥〕（2月6日）。清晨，同李壬叔往浙紹會館觀劇。午後，同徐安甫、黄吉甫、春甫啜茗。張蓉村忽來合并，抵掌縱談，言王雪軒藩使頗不睦於桂中堂，以其剛愎自用也。雪軒名有齡，閩人，由佐雜洊升至藩臬，居官以卓異優幹聞，今與桂星使小事齟齬，遂得處分矣。黄荷汀近爲捐局督總，不日將升任松江府。荷汀名芳，湖南人，由進士出身，人頗明決。

五日（丁丑）〔丙子〕（2月7日）。清晨，同春甫入城觀劇。午後獨往緑蔭軒啜茗，得遇王子根，相見歡然。子根閩人，性頗豪邁，揮金結客無吝色。咸豐元年與予相識，二年冬回閩省親，此別苒苒六七年矣。人生歲月，真不可恃，爲之慨然。頃之，子粤同洋布捐局中三人來合并：一王湘皋，蘇之楓橋人；一郁子梅，湖州人；一吴子銘，太湖洞庭山人，清談良久而別。

六日（戊寅）〔丁丑〕（2月8日）。午後，梁閬齋來，留以飯，壬叔爲沽酒，飯罷同入城觀劇。滬人不喜聽昆腔，而弋陽等調麄率無味，不如昆腔遠甚。今昆腔之在滬者，不過大章班而已，班中有一小生，容頗可人，旦則榮桂爲領袖，態度風騷，絶似妖蕩女子。

七日（己卯）〔戊寅〕（2月9日）。顧惠卿來舍，留飯而去。午後至金祝齋家賀喜，因其姊出嫁王氏也。夜置酒小飲，同席金庚圃、柴伯廉、張秋槎、陸酉生。是夕宿於其舍。

八日（庚辰）〔己卯〕（2月10日）。晨出城至館，校勘中西曆。午後復至金氏舍送親，其倩字村樵。予以有事，俟花輿去後，匆匆遽别。晚，同壬叔散步環馬場。壬叔言昨夕夢與于辛伯聯句，得一詩云：“湖上銷魂第幾橋，桃花楊柳雨蕭蕭。曹騰醉裹春光老，不見當時舊畫橈。”辛伯擊節嘆賞。

九日（辛巳）〔庚辰〕（2月11日）。聞粤東士民與西人接仗，三戰三捷。西人不肯撤兵，必俟和款酬餉六百萬至，始還此城。督撫兩司離省二百里駐劄，今桂中堂特遣薛焕會同粤東紳耆潘仕成往辦此案，不知能妥協否？又聞西班牙國王亦遣公使至香港，意欲專立和約。英公使以聞於桂君，桂君以爲西班牙地僻國小，商舶抵中國者亦鮮少，可統歸於英，不必别立章程，西班牙公使不悦而去。

十日（壬午）〔辛巳〕（2月12日）。爲郁深甫孝廉作一聯輓之云：

> 大千世界空現曇花，嘆養志無兄承歡無弟，種此生未了因緣，目應難瞑。
>
> 四十光陰暫圓絮果，幸克紹有子不朽有文，永後日可傳事業，心尚能安。

倩梁閬齋作八分書書之。壬叔見之，謂尚拖沓，因言其先君子没後，其舅氏蒼雨崔先生輓之云：“獨行無慚，閉户不聞當世事；九京含笑，有兒能讀古人書。”爲簡净該括也。

十有一日（癸未）〔壬午〕（2月13日）。清晨入城，與潘恂如、鄧子明閒話。午時，費玉塘來邀小飲，同恂如偕去，同席徐隰楚、董錦翰。旨酒盈尊，肴核雜陳。最妙者，蚶子巨如大錢，味極鮮美，鯿魚肥嫩，頗堪下箸。拇戰爭先，酒飲無算爵。酒罷往游西園，得遇張桂山，從西泠來相見，清談數語而別。

十有二日（甲申）〔癸未〕（2 月 14 日）。閬齋來，劇談竟晷。聞徐君青先生升任江蘇巡撫。君青先生，浙之烏程人，精於曆算，於丁巳四月中曾來滬上，至墨海觀印書車，并見慕維廉、韋廉臣二君，皆以洋酒餅餌相餉，倩予爲介，得與縱談。爲人誠至謙抑，雍容大度，與壬叔爲算學交最密。午後，偉烈言英國於各處設立領事，互有移調，新嘉禮爲鎮江領事，麥華陀爲山東登州領事，密妥士爲盛京、牛莊領事，阿禮巴爲上海領事，羅白遜爲廣州領事。予觀英國人才，熟悉中外政事言語以優幹聞者，亦不過寥寥數人耳。新、麥、阿、密四人，皆繙譯舊員，久在中國，稔知民俗，固彼土之能吏也。

十有三日（乙酉）〔甲申〕（2 月 15 日）。聞新邑宰劉郇膏頗厲風裁，下車一月，即執買花老媪痛懲之，令遍游街市，以整飭風俗，亦善政也。然現在胥役爲鬼爲蜮，詭詐百出，得上官一籤，即出誅求，富者得免譴呵，貧者遭其蹂躪，吾恐未褫淫嫗之魄，早飽蠹胥之腹矣。故善爲政者，不務擾民，在乎静鎮而已。午後往訪閬齋。

十有四日（丙戌）〔乙酉〕（2 月 16 日）。壬叔言夢中得詩二句甚奇，有如《西青散記》中語。想久不作詩，肺腑靈氣，鬱而必宣，故於静中流出也。句云："日長花静犬迎客，夜冷潭空龍拜僧。"午後，柴伯廉、邵子馨來訪，同往酒樓小飲，繼啜茗茶寮，劇談良久而別。

十有五日（丁亥）〔丙戌〕（2 月 17 日）。午後，文新女史來，留話竟晷。薄暮，入城觀月食，廟中擊鼓護月，聲甚喧沓，士女來者如雲。月食時刻附記於左：入外虛，申初三刻一分五，東經一百二十五度三十三分，北緯十二度五十八分。初虧，申正二刻十二分五，東經一百十二度三分，北緯十七度四十三分。食既，酉初二刻十分一，東經九十八度十分，北緯十二度二十八分。食甚，酉正一刻十三分五，東經八十六度二十二分，北緯十二度十五分。生光，戌初一刻一分九，東經七十四度四十九分，北緯十二度一分。復圓，戌正初刻十四分五，東經六十度五十六分，北緯十一度四十六分。出外虛，亥初初刻十分五，東經四十七度二十六分，北緯十一度三十分。食分，一千分之一千六百九十三方向。初虧，北點東一百二十一度。復圓，北點西六十九度。是夕，同閬齋至叶萃樓小飲，酒旨且多，烹飪精潔，價甚廉，不過解杖頭數百錢耳。酒罷，往茶寮聽講平話，出語詼諧，妙解人頤。夜既半，散步至西園，見游人甚稀，以爆竹相擊、踞山石鳴鑼鼓笑樂者漸興闌而去，乃與唐芸閣、陸椿年登茶樓啜茗，三更始歸寓中，與閬齋聯床共話，殊樂也。

十有六日（戊子）〔丁亥〕（2月18日）。夜，修書與孫次公云：

> 江干判袂，月已兩度圓矣，新詩定如束筍。鄧尉探梅之行，又成虛語，屢屢爽約，不獨山靈騰笑，即閣下聞之，亦爲齒冷矣。去年餞臘迎春，殊乏佳致，書逋酒券，積幾如山，惟少登九成臺上避債耳。《詞選》，翼雲師處僅取一册，弟處又少一餅金矣，此項即乞代購張鑪一具。寒夜長宵，聊以消遣，酒闌夢醒，茶熟香温，亦一樂也。閣下吴門之游，未識在何日。小桃放後，弟當放櫂返里，此時或可圖良覿也。匆匆捉筆，不盡覼縷。①

① 參見《弢園尺牘》卷三《與孫次公明經》，文字有異同。

小異從鄧尉有書寄與春甫，言予所托購《庾子山集》已爲辦好，約在下旬，重游此間，蘆芽短嫩，河豚正肥，又可至酒樓大嚼矣！

十有七日（己丑）〔戊子〕（2月19日）。薄暮，閬齋來，同往環馬場酒壚小飲，壬叔、畫三皆來合并。是日天甚寒，賴酒力足以敵之。閬齋招予入城，往訪恂如，同至叶萃酒樓，沽酒薄酌，肴核數簋，味皆甘悦。酒罷往陸氏宅聽講平話，是地係陸深舊居，俗呼角端，今其子孫式微，以其宅爲茶寮矣，殊可慨也。繼閬齋導予至舊校場斗室中，謂有一女子極貧苦，無以爲度日計，不得已作烟花生活，容頗不俗而無有人過而問者。予至，特供片岕，見其翠袖已蔫，薄絮不暖，殊覺凄涼景況也。夜漏已深，留連久之而别。是夕宿閬齋寓室。

十有八日（庚寅）〔己丑〕（2月20日）。清晨，同閬齋至福泉樓啜茗。午後往浙紹公所觀劇，態致淋漓，描畫入神，殊可賞心娱目也。薄暮，同張桂山、李壬叔至樂茗軒小啜，劇談竟晷。

十有九日（辛卯）〔庚寅〕（2月21日）。江西甘子和來訪，偉烈君與之略談數語，人頗沖和。薄暮，祝桐君來，同往橋邊散步。夜，壬叔來談，言昨宵夢中又作一詩，且與錢子明唱和，殊不可解，詩云：

> 荒園覓句獨裴回，杏未還魂柳未胎。吟過壞墻開口笑，一枝梅報早春來。

二十日（壬辰）〔辛卯〕（2月22日）。壬叔近著一書曰《火器真訣》，謂銃砲鉛子之路皆依抛物線法，見其所著《重學》中，而亦能以平圜通之。苟量其砲門之廣狹長短、鉛丸之輕重大小，測其高下，度其方向，即可知其所擊遠近，發無不中。砲口宜滑溜，鉛丸宜圓靈，外可加髹漆，則永不鐵鏽。欲知敵營相距幾何，則以紀限鏡儀測之，然後核算，宜納藥若干、鉛丸若干，正至其處，無過不及。西人所以能獲勝者，率以此法，其術亦神矣哉！

二十一日（癸巳）〔壬辰〕（2月23日）。寶山蔣劍人來，見其所售二竹箭鐫刻極工，并約鹿城歲試同舟而行，乃至茗香寮小啜，言近著《詞話》，已得二卷，於陰陽清濁之間極爲留意，李笠翁所論固非，即《詞律》中舛誤亦不少，填詞家未可以爲法也。古人所譜之調，長短高下，悉合宫商，非任意輕製。今人作詞，開口便錯，因不先明韻學耳。予曰："韻學切母之法，乃係梵音。古人本無平仄四聲，亦無所謂韻，而所制《韶》《濩》諸樂，自有天然節奏，《詩》三百篇皆可被諸管絃，其中所作，不盡文人，雖婦人稚子，謳吟謡咏，亦能入拍。至後世，法則愈多，講論愈密，而愈不能明，所作亦無有及古人萬一者，是固何也?"劍人曰："細窮其源，即我亦不解其何故也。"

二十二日癸巳（2月24日）。薄暮，春甫來閒話，言："今年西國所寄來之牛痘漿，種人多不出，想係經日已久，其真已失，故不堪用也。"予問云："近西人至中國，多有染時痘毒氣而復出者，則牛痘之法，固不足信與?"春甫謂："以人痘漿種者後必再出，用牛痘漿者必無此害。近年中國漸行此法，雖祁寒盛暑多可種，但漿不可過十日，過十日則力薄不效。余考邱浩川傳海外牛種法，治小兒痘症，其術割臂微破，見血敷藥，兩三日即出痘一二顆，結痂甚易，終身不再發。所敷何藥未傳，蓋不知即牛痘漿也。"

二十三日甲午（2月25日）。飯罷入城，得遇祁翰蓀兆熙，余舊時同研友也，塗旁駐足，即與劇談，予曰："足下今歲必獲儁，然當謝泰峰丈耳。泰翁捐輸銀二十萬，王雪軒藩使有齡大爲表揚，謂其毀家紓難，與衆蒙恩，以後永廣上邑文十名、武九名，松江府文武十名，誠曠古未有之盛典也。才美而又額廣，拔幟何難。”

二十四日（丙申）〔乙未〕（2月26日）。薄暮，得見李静宣致壬叔信，云秦次游於十六日戌時長逝。次游秉體素弱而攝養甚至，食後必摩腹百遍，夜稍寒即不出户，似不至遘疾也，乃去冬一别，不過月餘日，已成異物，惜哉！人生脆弱，一至於此，又何必争競名利，馳鶩勢位，膠膠擾擾，不能自已哉！次游所著詩古文詞，皆未付梓，近撰《行軍法戒録》，亦未斷手，静宣特檢付同人，擬壽梨棗，以博不朽，亦可謂不負身後之托者也。

二十五日（丁酉）〔丙申〕（2月27日）。晨入城，同春甫、卿屏茶寮小啜。午後天色陡暗，雷始發聲，雨甚傾注。往訪閬齋，劇談良久，著屐而歸。燈下偶檢敝簏，得致周弢甫騰虎第一書稿，備論中外民俗異宜，以未成不果寄，雨夜無聊，特加删改，録出之。

> 弢甫通人足下：睽曠三年，邂逅一旦，寓齋清話，移晷忘倦。聞足下將入都應詔，作出山之想，此鄙人聞之私心竊幸、喜而不寐者也。今天下方多事，安石不出，其如蒼生何！豈僅瀚一人汲汲爲足下勸駕哉！以足下懷此厚實，副是盛名，其所設施，當有遠出尋常萬萬者，瀚何敢贊一辭，特以愚者千慮尚有一得，齊桓公於九九之術，尚且見收，又何敢嘿而不言，用獻芻蕘，足下察焉。
>
> 夫天下大利之所在，即大害之所在，有目前以爲甚便而後蒙其禍者，當時以爲無傷而久承其弊者，如今西人之互市於中國是也。西人工於貿易，素稱殷富。五口輸納之貨税，每歲所入不下數百萬，江南軍餉轉輸，藉以接濟，此海禁大

開，國用以裕，一利也。西人船堅砲利，制度精良，所造火輪舟車，便於行遠，織器田具，事半功倍，説者謂苟能仿此而行，則富强可致，夷情既悉，秘鑰可探，亦一利也。西人於學有實際，天文曆算，愈出愈精，利氏幾何之學，不足數也。且察地理，辨動植，治水利，講醫學，皆務析毫芒，窮其淵際，是以有識之士樂與之游，或則尊之曰西儒。中國英俊士子，誠能屏棄帖括，從事於此，未必無實用可裨，則又一利也。然瀚以爲中外異治，民俗異宜，强弱異勢，剛柔異性，潰彝夏之大防，爲民心之蠹賊，其害有不可勝言者矣。西人素工心計，最爲桀黠，其窺伺濱海諸處，雖非利吾土地，而揣其意，幾欲盡天下之利而有之，故商於印度而印度之王僅據虚位矣！與葡萄牙通市澳門，久之而專有其利，至葡人雖失利，而無可如何矣。本朝以寬大之仁，許其至粤東貿易，乃旋以焚烟之舉逞其貪毒矣。宣宗成皇帝軫念民生，禮崇柔遠，特允所求，曲畀五口，是宜若何感激，乃又以睚眦小故，稱兵畿輔而索内地通商矣！推其貪狼之性，幾無所饜足，自以爲甲兵之雄，天下莫敵，有所興舉，事無不成。又見中國軍事方興，無暇旁及，而乘機請命，以大遂所欲，計亦狡矣！昔藍鹿洲謂有明中葉以澳門一島畀葡人，大爲失策，何則？海疆門户斷不可與人，以自失其屏蔽也。果爾，西班牙、英、法、花旗接踵東來，而禍遂烈於今日矣！今者濱海島壤，江漢腹地，盡設埠頭，險隘之區，已與我共，猝有變故，不能控制，此誠心腹之大患也。有豪傑起，必當有術以驅除之矣，然此衹就形勢言之，猶其害之顯焉者耳。

至於播煽異端，滅裂正教，尤足以簧鼓世俗，漸漬於無形，愚夫愚婦，爲所蠱惑無論矣，而一二身列庠序者，亦靡然從風，恬不知耻。逢兹濁世，生是亂民，有心人蒿目愴懷，屢爲長太息者也。瀚觀西人教中之書，其理誕妄，其説支離，其詞鄙晦，直可投於溷廁，而欲以是訓我華民，亦不量之甚矣！顧瀚竊其意，必欲務行其説而後止，行之則人心受其害矣！①

況自西人互市以來，中國無賴亡命之徒，皆往歸之，其門一逋逃之藪也，貧而庸者仰其鼻息，寡廉鮮耻者藉以滋事，今祇計濱海一隅，出入其門者已不下萬人，他省可知矣。洪楊巨魁，以左道惑衆，其始亦出於香港西塾中②，借其説以欺人，流毒幾遍天下，此其好異釀亂之明證也。《傳》曰：非我族類，其心必異。西人隆準深目，思深而慮遠，其性外剛狠而内陰鷙，待我華民甚薄，傭其家者，駕馭之如犬馬，奔走疲困，毫不加以痛惜。見我文士，亦藐視傲睨而不爲禮，而華人猶爲其所用者，雖迫於衣食計，亦以見中國財力之凋敝、民生之窮蹙也，故西人之輕我中國也日益甚，而中國人士亦甘受其輕而莫可如何。夫謀食於西人舍者，雖乏端人，而沈落光燿之士隱淪其間者，未可謂竟無之也，乃瀚十數年來所見者，皆役於飢寒，但知目前，從未有規察事理，默稔夷情，以備他日之用。而爲其出死力者，反不乏人，可謂中國之無人矣。吾恐日復一日，華風將浸成夷俗，此實名教之大壞也。③

説者謂西人之利，祇在通商，今和約既定，海市大開，長江賊蹤所在，貨物往來，彼亦有所不便，不如借兵以平定

① "至於播煽異端……行之則人心受其害矣"一節爲《弢園尺牘》卷四《與周弢甫徵君》一文所無。
② 《弢園尺牘》卷四《與周弢甫徵君》一文作"其始亦出於粵東教會中（洪逆之師羅孝全，米利堅人）"。
③ 《弢園尺牘》卷四《與周弢甫徵君》此下有"特是歐洲諸國由西而至東……亦未見其能必行也"一節爲稿本所無，可參看。

之，事後酬以金幣，亦何不可之有？不知室不相和，出語鄰家，可爲通計乎？父撻子而嗾瘈狗噬之，有是理乎？説者又謂此迂論也，賭寇之罪，上通於天，假手西人以翦滅之，正可同泄普天之憤耳。此言實未深觀大勢而熟察全局者也。觸之武告秦穆公曰：鄰之厚，君之薄也。西人於我之損也則喜，於我之益也則憂，方欲逆焰之張，坐收漁翁之獲，謂其視我如秦越之肥瘠者，猶淺言之也。即使其果肯借師，願輔王室，如突厥故事，而需索酬餉，動以數百萬計，或遷延時日，未必成功，或祗剿一隅，未能全數肅清。即使果能迅掃妖氛，將請地請城，矜功炫德，飛揚跋扈，不可復制，而中原全土，皆侏儺之足跡矣。通盤籌算，朝廷又何必有此舉也？前英酋之至漢口也，道經賊巢，曾與賊小有接仗，乃人言藉藉，謂可假其兵威，殲茲群醜。若英師受衄，志必報復，則長江一帶藉以通行，獨瀚決其不然。賭寇烏合之衆，豈知大義，況既抗官軍，又禦强敵，亦力有未逮。英酋以其同教，方且喜之，何肯遽加以兵？果爾入城，通問結約，和好而返，此後各國通商，番舶往還，豈無賫送盜糧而以槍砲鉛丸售之者乎？是固必然之勢也，瀚方憂之。即如滬城，搆亂十有八月，西人不惟坐視不救，且爲寇賊籌畫，售以巨艘，與以火藥，濟以米石，其待官兵，則不許持械過洋涇一步，是誠何心？其例謂如我國通商其地，遇有君民相爭之事，皆不相助，何以不能懲其商人與賊貿易之罪，空援彼例，徒欺人耳，此皆西人有害於中國大勢之明驗也。

至其器械造作之精，格致推測之妙，非無裨於日用者，而我中國決不能行，請言其故……①

① 參見《弢園尺牘》卷四《與周弢甫徵君》，文字多有異同，稿本“請言其故”之後，有十六行空白，此札未完。

二十七日（己亥）〔戊戌〕（3月1日）。清晨，管小異從鄧尉來，即至其寓齋，略談别後景況。小異言馮林一中允桂芬自京師有書致彼，言俄羅斯人由山海關入都。約有百餘人聯名詣國學，以三事上請：一、乘黄轎出入禁城；二、各部中均置一員，隨同學辦事件；三、入國學肄習者，準其隨時往來，不必拘定三年期滿。其事甚秘，人莫能知。馮君旅食京華者已一載餘矣，賦閒無事，銓補不及，浩然有歸耕之想。聞於髫年讀書時，與彭咏莪蘊章頗不相睦，今彭君爲相國，或於聖上前密有啓奏，未可知也。前馮君在鄉辦團練事，曾爲言官所劾，謂其侵吞捐費以自肥，特旨命督臣何桂清查奏，旋何以吞費無據、不洽輿評爲實，據情復奏。上諭："以後馮某不必在局辦事，着來京聽選。"馮君至京後，淹滯不舉，自知聖眷已衰，已分廢棄終身，故歸計益決矣。

小異去臘歸家，道經木瀆，往訪周弢甫不值。至吴門晤宋于庭，言弢甫在江西糧臺時，虧空五萬金，其時曾國藩方以奇才異能上薦，奏牘既發，始知虧帑之事，故隱忍不言，不復能據實參奏矣。弢甫待友，慷慨誠至，能急其急難，貧友之被難無歸者，皆仰食其家，且月給以錢。性又好施，揮手千金，毫無吝色，坐是其家不名一錢。今往江寧軍營，和春聘作摺奏，每歲得二千四百金，然不足供其揮霍也。

粤東夷務，尚未妥協，黄宗漢以不善調停得處分矣，特命兩江督臣何桂清兼爲欽差大臣，辦粤省善後事宜。英人尚據省垣，不肯退出，必得酬餉六百萬金至，然後許還。今軍餉轉輸，日不暇給，安此復籌此項以饜無厭之欲哉？前壬寅之役，酬餉二千一百萬，今所索止得其四之一，尚易集事，顧每成和議，必與以餉，幾與宋之歲幣等。值此民生凋敝之秋，復以中原之銀輸之外夷，國事真不可爲，言之輒爲憤憤。有人言薛焕偕粤東紳耆潘仕成往諳廣州，説粵民罷兵息争，不知確否也。

小異言國家之舉動設施每致多左者，由於四裔之情未能熟悉也。中外言語文字，迥然各别，彼處則設有繙譯官員，及教中之教士、神父等，效華言，識漢字，明華之風俗政治，留心中國之山川形勢，勒之成書，以教其國中之民。而中國之能夷言夷字者，類皆無賴赤貧、愚蠢寡識之流，於其政事得失、制度沿革，毫不關心。至於中國文士，多鄙之而不與交，於其情性，日益隔閡，於其國政民俗，終罔有所知，是以通商十餘年來，無一能洞悉其情狀而能發一策以制之，或窺見其弊而立一説以詆之，詢以海外掌故輿地，皆茫然無據。即有一二從其游者，類皆役於飢寒，鮮有遠識，於是彼之輕視我中國也日益甚，而中國人士甘爲其所藐賤而莫可如何，則謂中國之無人才也可。西人凡於政事，無論鉅細，皆載於新聞紙，誠能得其月報，將所載各條一一譯出，月積歲累，漸知其深，則其鬼蜮臟腑無遁情矣。今新約中有“以後文移往還，例用英文”一條，則此後衙署中辦文案者，亦不得不識夷字矣。予以爲國家當於西人通商各口設立譯館數處，凡有士子願肄習英文者，聽入館中，以備他日之用，其果精深英文，則令譯西國有用之書。西國製造槍砲舟車及測量鉛丸所落遠近，皆著有專書，苟識其字，則無不可譯。誠如此，則夷之性情既悉，夷之技巧亦得矣，將見不十年間而其效可睹矣。壬叔謂江南多英俊之士，今君青先生開府吴中，其曆學爲海内宗師，可於各縣書院中别設曆算一科，悉心指授，則西學不難大明而絶緒可繼，此亦千載一時不可失之機也。

小異所居鄧尉山中，頗有山水之勝。其地例設巡檢一員，今官其地者爲海寧沈問梅錬，能詩工畫，人頗風雅，以節操自勵。舊例民間涉訟者必有饋遺，每歲不下二千金，沈君悉卻之。凡有訟牒皆不收，而令家人往和之，曰：“訟則終凶，不如以忍爲先，勿逞一時之忿而後抱無涯之戚也。”蒞任半年，所得僅數十金，齋廚肅然，嘯咏自逸。人問之曰：“君何自苦也?”沈君曰：“譬如教授蒙館，所入亦不過如是。以宦爲利，吾甚耻之。”嗚呼！江南廉吏如沈君者，亦今所僅見矣。

夜雨，略沽薄釀，剪韭蔬，留小異飯。

二十八日（庚子）〔己亥〕（3月2日）。陰。入春一月，森寒逼人。晨至小異齋中，言北闈一案，株連者數百人，柏葰擬斬監候，柏葰之如夫人亦已囚禁，以平姓關節皆由其如君傳遞也。程楞香庭桂得賄數萬金，罪案尚未擬定，其子已擬斬矣。馮景亭與程君爲兒女親家，此番其子至京應試，出房不售，獨蕭然於局外，可謂能潔己者矣。昔康熙時會試，徐健庵大司寇爲總裁，以通榜法，所取皆當時知名士。後凡值徐健庵掌文衡時，士子以夤緣進者不少，爲言官所劾，聖祖將寘之法，孝惠太后急止之曰：“國家取士，本爲人才起見，時文特其一端耳。若暗中摸索，所取非人，亦何裨於國事。今徐先生所取，皆天下名望素著之士，其才能必有可觀，其意亦欲爲國家得人，公而非私也。”徐君由是得免。今柏葰以妾弟之故，濫予名器，以國家掄才大典爲獻媚閨房之計，其罪不可勝誅矣。程庭桂納賄狥私，罪亦維均。

壬叔謂今之士子，貶氣節，慕勢利，一無實用可裨於世者，皆由時文之弊。赭寇擾攘，於今十載，東南數省，蹂躪極矣！室家亡破，骨肉離散，被其禍之烈者亦不少矣！爲其裹脅以去、忍耻苟活而得乘間逃逸者，所在多有矣，而卒未聞一人焉，枕戈嘗膽，出一奇計，爲國家剪滅妖氛，爲己身湔雪讎怨，爲數千百萬生靈拔諸水火而登諸衽席，皆靡靡焉苟偷旦夕之安，汲汲焉止爲衣食之計。其稍有貲者，捐納出仕，不過剥民以奉己，瘠國以肥身，要結當道，取媚上司，以求陞遷，賊至則遠遁矣，賊未至則告病或終養矣。不幸而城不可保，身不可逃，則猶得博殉難之名而入昭忠之祠。所謂未雨綢繆，嬰城固守，出奇制勝，挫賊自全者，未之有也，則直以宦途爲利藪也。其稍有才幹者，則夤緣鑽刺，求入軍營，或掌簿書會計，或供摺奏文移，稍得勝仗，亦可附名邀賞。或有舞弊侵吞，贍其私槖，而從未聞上一條陳，獻一密計，足以制賊死命，下一堅城，惟知伴食而已，則直以軍營爲金窟也。蓋其爲官從軍，志在謀利，立念已差，安得收其效哉？其有僻居閭里者，非不知抵掌時務，嘆不可爲，而所行每不副所言，小頭鋭面，尤爲可鄙。嗚呼！天下大矣，九州衆矣，豈無殊才異能，横出儔類，足以戡亂而定難者乎？何以至今未聞也。

漢有王莽之亂，而鄧禹、馮異佐光武而中興。漢靈之時，黄巾竊起，而一時草莽群雄，並馳角立，遂成三國鼎足之勢。六朝以來，代不乏人。隋室分崩，中原瓦裂，而太宗以神武之姿，馭賢良之佐，撫綏四方，削平僭僞。安史之亂，則有郭子儀、李光弼出焉，使社稷危而復安。有宋南渡之後，則岳武穆、韓蘄王數人，卻强鄰，殲悍寇，戮力疆埸，以安王室，卒成偏安之局。元室將亡，群思割據，若陳友諒、張士誠，亦未易才也，而明太祖起自微賤，無尺土之藉，其佐命元勛，即收之同里，竟能混一海寓，奄兹九有。由此觀之，人才豈少也哉！乃何以有明末季，流寇李自成、張獻忠竄擾遍天下，縱横十數年，任其狂躪，無人出而制之，必待吴三桂借兵本朝，始平禍難。其後雖有福王據江南，魯王據閩，桂王據粤，而輔佐無人，旋歸覆滅，其守忠全節如史可法、瞿式耜，雖明大義，非將才也，豈非明太祖以時文取士之咎哉！

夫時文僅優孟衣冠耳，其能代聖賢立言者謬也，詁經不能究其精深，言理不能闡其奥妙，自少至壯，精神全注於是，而無暇旁及於用世之學，以爲無足重輕，略焉不講，一旦有事，豈復可用？其僥倖弋取科第，出作民上者，刑名錢穀，自有承乏之人，胥吏縱弊，亦瞢然無知。其有留心經濟者，則群笑以爲迂，且有窮老終身不復用者。古人學而後入官，今則以漫不知政之人，遽令其臨事蒞民，不亦難乎？古者有鄉舉里選之法，父師以忠孝節廉訓其子弟，今則一入塾時，父師即以他日之富貴寵榮以歆動其心，其始之立念已迥異矣，無怪乎古今人才之不相及也，不廢時文，而天下之弊豈可驟除哉？

予按乾隆九年兵部侍郎舒赫德有廢科目之疏云：“科舉而取，案格而官，已非良法，況積弊已深，僥倖日衆。古人詢事考言，其所言者，即其居官所當爲之職事也。今之時文，徒空言而不適於用，此其不足以得人者一。墨卷房行，輾轉抄襲，贋辭詭説，蔓衍支離，以爲茍可以取科第而止，此不足以得人者二。士子各占一經，每經擬題，多者不過百條，少者僅止數十，古人畢生治之而不足，今則數月爲之而有餘，此其不足以得人者三。表判可以預擬而得，答策就題敷衍，無所發明，此其不足以得人者四。且人材之盛衰，必於心術之邪正，今之僥倖求售者，弊端百出，探本清源，應將考試條款改移而更張之，別思所以遴拔真才實學之道”云云。奉旨飭議，時鄂文端公爲首相，力持議駁云：“謹按取士之法，三代以上出於學，漢以來出於郡縣吏，魏晉以來出於九品中正，隋唐至今出於科舉。科舉之法，每代不同，而自明至今，則皆出於時文。三代尚矣，漢法近古而終不能復古。自漢以後，累代變法不一，而及其既也，莫不有弊。九品中正之弊，毁譽出於一人之口，至於賢愚不辨，閥閲相高，劉毅所云‘下品無高門，上品無寒士’者是也。科舉之弊，詩賦則祗尚浮華而全無實用，明經則專事記誦而文義不通，唐趙匡舉所謂‘習非所用，用非所習，當官少稱職吏’者是也。時文之弊，則今舒赫德所陳奏是也。聖人不能使立法無弊，在乎因時而補救之。蘇軾有言‘觀人之道，在於知人；知人之道，在乎責實’，蓋能責實，則雖由今之道，而振作鼓舞，人才自可奮興。若專務循名，則雖高言復古，而法立弊生，於造士終無所益。今舒赫德所謂時文、經義以及表判、策論皆爲空言剿襲而無所用者，此正不責實之過耳。夫凡宣之於口，筆之於書者，皆空言也，何獨今之時文爲然？且夫時文取士，自明至今殆四百年，人知其弊而守之不變者，非不欲變，誠以變之而未有良法美意以善其後，且就此而責其實，亦未嘗於用而未可一概訾毀也。蓋時文所論，皆孔孟之緒餘，精微之奧旨，未有不深明書理而得稱爲佳文者。今徒見世之腐爛抄襲，以爲無用，不知明之大家如王鏊、唐順之、瞿景淳、薛應旂等，以及國初諸名人，皆寢食經書，冥搜幽討，殫智畢精，殆於聖賢之義理心領神會，融洽貫通，然後參之以經史子集，以發其光華，範之規矩準繩，以密其法律，而後乃稱爲文。雖曰小技，而文武幹濟、英偉特達之才未嘗不出於其中。至於奸邪之人、迂懦之士，本於性成，雖不工文，亦不能免，未可以爲時藝咎。若今之抄襲腐爛，乃是積久生弊，不思力挽末流之失，而轉咎作法之源，不已過乎？即經義、表判、策論等，苟求其實，亦豈易副？經文雖與《四書》並重，而積習相沿，慢忽已久，士子不肯專心肄習，誠有如舒赫德所云數月爲之而有餘者。今若著爲令甲，非工不録，則服習講求，爲益匪淺。表判、策論，皆加覈實，則必淹洽乎詞章，而後可以爲表；通曉乎律令，而後可以爲判；必有論古之識，斷古之才，而後可以爲論；必通達古今，明習時務，而後可以爲策。凡此諸科，内可以見其本原之學，外可以驗其經濟之才，何一不切於士人之實用，何一不可見之於施爲乎？必變今之法，行古之制，則將治宫室，養游士，百里之内，置官立師，獄訟聽於是，軍旅謀於是。又將簡不率教者，屏之遠方，終身不齒，毋乃徒爲紛擾而不可行。又況人心不古，上以實求，下以名應，興孝則必有割股廬墓以邀名者矣，興廉則必有惡衣菲食以飾節者矣，相率爲僞，其弊尤繁，甚至借此虚名，以干進取。及乎蒞官之後，盡反所爲，至庸人之不若，此尤近日所舉孝廉方正中所可指數，又何益乎？若乃無大更改，而仍不過求之語言文字之間，則論策今所見行，表者賦頌之流，即詩賦亦未嘗盡廢。至於口問經義，背誦疏文，如古所爲帖括者，則又僅可以資誦習，而於文義多致面牆。其餘若三傳科、史科、名法、書學、算、崇文、弘文生等，或駁雜不分，或偏長曲技，尤不足以崇聖學而勵真才矣。則莫若懲循名之失，求責實之道，由今之道，振作補救之爲得也。我皇上洞見取士源流，所降諭旨，纖悉畢照，司文衡、職課士者，果能實心仰體……”①

二　月

〔二月〕二日（甲辰）〔癸卯〕（3 月 6 日）。晨至小異寓齋，見其所致馮景亭札，述近事數則，爲録於左：

額勒金之弟將駐劄京師，津門和約，英主已行蓋璽，現從其國賫至，並無更改章程之説，外邊紛紛臆度者皆謬談也。

葉制軍現被英人徙於石花洲島，奇苦異常，非比加爾各達時矣。

法國現招募兵勇，廣造輪船，將有用兵英國之意，其事甚秘，即其國民亦不得而知也。

日本國亦能製造火輪船，游駛西洋，偵探各國虚實，舟人都通西洋各國語言文字，其用心可謂周密。將來能與西人

① 稿本此後兩行空白。

抗者，日本其一也。

午後入城，遇雨著屐而歸。

三日（乙卯）〔甲辰〕（3 月 7 日）。聞法蘭西領事從寧波至杭州，欲索湖上行宫建天主會堂，浙撫許以别墅，招入署中，歡宴竟日。近英人楊雅涵至吴門，賃屋講書，言後將擇地建禮拜寺矣。侏儺日迫，爲禍日深，將奈之何？小異言蘇城紳士於朔望必集衆講説鄉約，另於生員中簡數人在每巷講解性理，勤敏者例得報優，蓋隱於西人爲敵也，然而迂矣。

四日（丙辰）〔乙巳〕（3 月 8 日）。午後，里中周少雲來，言彭氏司堂酣酒廢事，頗不協輿情，韓翰香言之蘇府前，乃仍以金質人司理其事。金氏司堂三世矣，並無大過失，彭氏非里中人，一旦而攘爲己有，殊屬不情，今仍其舊，里人稱快。少雲居里中南街，楊氏戚也，少貿易於南翔，予在里中未嘗一見之，時尚未食，乃買市脯數簋留之飯。薄暮，米利堅人瑪高温來，言日本現在已臻極盛，而漸伏衰機，其所造舟車器皿，半仿歐洲，而不能别創新法。其國男女不别，禮教蔑如，不逮中國遠矣。晚往小異寓齋閒話，壬叔、若汀亦來合并。

五日（丁巳）〔丙午〕（3 月 9 日）。雲間陸子韞履泰來訪，持雷約軒書至。子韞館於滬城，工書法，予以他出未見。午後，孫澂之來，以西人校書正急，未暇接談，殊悵悵爾。若汀言錫山徐雪村巧慧絶倫，所製新奇之物，可與泰西人相埒，善鑄吕宋銀錢，混入真者，幾不能辨。自鳴鐘表及指南針，皆極精妙。嘗登西人火船，觀其輪軸機捩，即知其造法，可謂明敏者矣。

六日（戊午）〔丁未〕（3 月 10 日）。雨。小異來此將十日矣，所謀安研地，無一就者。米利堅教士禆治文延修《舊約》書，並譯《亞墨利加志》，小異以教中書籍大悖儒教，素不願譯，竟辭不往，因謂予曰："吾人既入孔門，既不能希聖希賢，造於絶學，又不能攘斥異端，輔翼名教，而豈可親執筆墨，作不根之論，著悖理之書，隨其流揚其波哉！"予曰："教授西館，已非自守之道，譬如賃舂負販，祇爲衣食計，但求心之所安，勿問其所操何業。譯書者，彼主其意，我徒塗飾詞句耳，其悖與否，固於我無涉也。且文士之爲彼用者，何嘗肯盡其心力，不過信手塗抹，其理之順逆，詞之鄙晦，皆不任咎也。由是觀之，雖譯之，庸何傷？"小異曰："吾昔嘗於葉翰池棠言之矣，當我就合信之館，修脯月止十五金，翰池屢責以貶價屈節，以求合西人。我曾答以來此欲求西學，非逃儒而入墨，不可謂屈節。人之一身，本無定價，迫於飢寒，何所不可，不可謂貶價。惟我終生不譯彼教中書，以顯悖聖人，則可問此心而無慚，對執友而靡愧耳。翰池當時不信斯言，今不可背之，再受唾駡也。"噫！聞小異言，竊自嘆矣。當余初至時，曾無一人剖析義利，以決去留，徒以全家衣食爲憂，此足一失，後悔莫追，苟能辨其大閑，雖餓死牖下，亦不往矣。雖然，已往者不可挽，未來者猶可改，以後余將作歸計矣。

七日（己未）〔戊申〕（3 月 11 日）。館中無事，閲管異之先生同《因寄軒文集》，見其經濟性理、人品學問，卓然可傳。有《説士》二篇，言風俗一書，通達明暢，切中今時利病。其謂今之士皆民之寔而竊士之名，以取之太多，簡之太驟，人人皆可爲士，數年間，一邑之稱士者，已至數十百人，按其中皆貿然無知者居多，由是士習壞，士風不振，因而曰天下無士，豈通論哉？譬如采珠玉於山淵，取既竭，則以泥沙代之，人見泥沙，並咎珠玉爲無用，有是理乎？爲今計者，莫如減其額，遠其期，與其多取而賢不肖之皆多，毋寧寡取而賢不肖之皆少。且士既少，則下知貴而爲上者教養皆有實用，學中廩餼，書院膏火，養數百人不足者，養數十人而有餘，於是士不爲非，廉耻懋焉。又謂今風俗之弊，在好諛而嗜利，欲反其弊，莫若閉言利之門而開諫諍之路。本朝鑑明代之失，盡矯其政其弊也，遂成爲今之風俗矣。午後，同小異往訪孫澂之，不值。

八日（庚申）〔己酉〕（3 月 12 日）。見吴曉帆出示諭西商，謂近有商賈逋販貨物，陸則遠繞别路，水則私走支江，偷漏課税不少。吴淞江口温草浜，港面遼闊，内則達蘇杭，外則達各海口，最易走漏，誠爲海關一大漏巵。予謂西商狡計百出，防之不勝防，莫若於要隘各處設立關卡，使巡役細加查緝，關督給照於各船户，令其隨處驗照放行，庶稍可杜其弊耳。

九日（辛酉）〔庚戌〕（3 月 13 日）。晨，同小異、壬叔、若汀入城，往栖雲館觀畫影，見桂、花二星使之像皆在焉。畫師羅元佑，粤人，曾爲前任道吴健彰司會計，今從英人得授西法畫影，價不甚昂，而眉目明晰，無不酷肖，勝於法人李閣郎多矣。午後往茶寮小啜，得晤柴伯廉、邵子馨，劇談竟晷。伯廉近不得意，將返櫂矣。塗遇蔣劍人，約同作鹿城之行。薄暮微雨，留小異飯。

十日（壬戌）〔辛亥〕（3 月 14 日）。惺如來舍，言已得確耗，學使於十三日至昆矣。劍人以爲時太促，不果行。夜至小異寓齋閒話，小異之先子異之先生爲桐城姚姬傳鼐高弟，與鄧廷楨同門。陳石士侍郎主試江南，得之喜甚，曰："吾不以主文衡爲榮，而獨喜得一異之也。"後鄧君延課其子，公車北上，卒於道，顧家極貧，時周恤之。陳石士以千金遺其孤，時小異僅九歲，賴此能安居讀書。鄧君又爲之刊其集，可謂身後無遺憾者矣。兩君風義固不在古人下，亦以見異之先生平日不妄干瀆，一介不取，以清操自勵耳。若至今日，方且夤緣鑽刺，以求知於王公大人，既已知之，則有求無厭，已盡人歡，當時如此，身後可知矣。

十有一日（癸亥）〔壬子〕（3月15日）。恂如來舍，約同買舟旋里。薄暮解纜，泊於新閘，舟中剪燭劇談，頗不寂寞。

十有二日（甲子）〔癸丑〕（3月16日）。順風揚颿，其去如駛。恂如沽得燒春一壺，篷窗對飲，縱談至里中遺事，言里志經數十年未修，文獻無徵，良可慨已。夕泊陸家浜，距昆山三十餘里。

十有三日（乙丑）〔甲寅〕（3月17日）。晨抵昆山西門外，往恒吉醬園訪嚴静如，見其館中陳設楚楚，明窗净几，頗覺不俗，形貌比昔豐腴，已留鬚矣。詢知文宗孫葆元於十六日案臨，爲時尚早。啜茗後開颿遽别，至里日僅西斜。見同居老翁李懷谷，鬚髮皓然而話刺刺不休，秀石亦倀倀而至，因話别後闊悰。予繼往自得堂，訪莘坡不值，即至第二酸齋見滌盦師，以蔣劍人所題《無我相圖贊》呈繳。滌盦師歡然道故，剪燈命酒，特留余飯。酒罷重訪醒逋，則鐙影朦朧，雙扉已鍵，惆悵而返。

十有四日（丙寅）〔乙卯〕（3月18日）。晨往遄喜齋，訪曹友石，抵掌劇談，頗恨相見之晚，贈以晶杯洋皂，聊酬其昔日診視之勞、藥石之費而已。於宋古彝處得見嚴雲谷，縷談里中近事。雲谷初字桐君，號棉生，予戊申館曹氏漚夢廬時，昕夕過從，今睽面已久，尚不忘舊誼，殊可感也。許靄人特酤佳肴，留余小飲，友山爲介，頃之，秀卿亦來合并，飲興頗豪，爲罄數觥，醺然醉矣。午後，同恂如、醒逋、潘永哉酒壚小坐，各出杖頭百錢，以謀一醉。酒罷至自得堂，醒逋因具蔬筍留飯，剪燈對話，其趣殊永。

十有五日丙辰（3月19日）。晨，同李褎谷、嚴忍之、陳嶺某往游海藏禪寺，見壞牆斷甃，枯樹欹橋，頹敗荒蕪，舉目凄惻，小憩擊竹軒中，鏡石一片尚在焉。復至禪堂，殘經滿案，蛛網罥塵，似久無人至者，好蘭若寥落至此，殊可嘆也。扉間鐫有嚴武遷、許竹素、李客山諸老詩，皆清超可誦，恐再隔數十年，此數扇詩扉亦將朽廢，歸於無有，豈不可惜哉！里中人不好事，於此可見。既出海藏，從東巷歸，見文昌殿塔尖已失，此塔爲里中文筆，尖已墜地，尚能振起詞鋒，横掃千人乎？繼至鏡蓮居茶寮小啜，清話片時而別。飯後往西街，同恂如、周雨亭啜茗，即訂明日同舟爲鹿城之行。薄暮詣竹安舍，弔伯姑也，見堂中所懸遺容，頗覺形似，諦視久之，淚涔涔下矣。伯姑卒時，年已八十有二，壽不可謂不高，所惜者晚年筋力已衰，舉動難以自主，而竹安未能先意承旨，竭甘旨之奉，令其鬱鬱不歡，殊覺此中慊然耳。竹安近患腰痛，閒話久之乃別。

十有六日丁巳（3 月 20 日）。清晨，同恂如、雨亭、嶺梅買舟至玉峰，午刻始到，知學使已於昨日公座，現將下學講書。奔走街市者，肩相摩也。予上岸，瞥見人叢中有慕君維廉在焉，口講指畫，娓娓弗倦，因迂道避之，於小橋邊茶寮啜茗，習之淩君、静如嚴君皆來合并。繼往新廟，見士女如雲，觀者如堵，皆來聽慕君説法也，余與恂如徘徊久之，始入酒壚小飲。

十有七日戊午（3 月 21 日）。學使放告，憩息一日。予遍訪正齋不值，知其留滯雲間未返，繼往大樓訪郁子安，不值。知蕙亭在生村，久未至鹿城，且近將往吴門矣，廢然而返。

十八日己未（3 月 22 日）。是日考生員經古第一場，寅初即起，至轅門祗候，顧點名甚晚，已東方日出矣。辰正有題《五經庶幾才賦》，以“講論五經庶幾之才”爲韻；詩題《君子養源》，得“源”字，七排一首；《委懷在琴書》，擬陸放翁《題十八學士圖》。賦題係出王充《論衡》。予在場中，未知底細，迅筆直書，午後始出。“君子養源”句，係出《荀子·君道篇》。出場後途遇潘枕書，於塗略談數語遽别。夜詣茶寮，作盧仝七碗之飲。

十有九日庚申（3 月 23 日）。是日考童古賦，題《雨濕春蒲燕子低》，以題爲韻。同潘恂如往游西市，得晤徐杏林，殷勤延接，特以餛飩見餉，繼至園亭啜茗。徐杏林雖不讀書，而人頗恂雅，與昆諸生蔡湘濱爲至契，嘗三至海上，欲出西人之門，其時麥君未死，猶豫未決，後竟不果。

二十日辛酉（3月24日）。是日補歲考。恂如、雨亭皆淩晨始去，予亦早起，往新廟中樾閣啜茗，得遇江鹿門，言其兄弢叔在武林頗得詩名，上司深爲倚任，在卑官中可謂傑出者矣。日將午，約陳嶺某作登山之游，馬鞍山色不見者六年矣！足痛新痊，登臨尚健，不可謂非幸也。午時選僻店喫飯，肴饌精潔，酒罄一壺，頗覺微醺。飯罷上山，至半山亭少憩，亭四周柱上題詩甚多。繼至文昌閣，造巔長嘯，四山答響。閣西一楹，供乩仙象。仙姓諸葛，名嗣仙，中歲鰥居，有一女頗慧，後早卒，仙遂厭棄世緣，出外雲游，不知所終，庚戌春間降乩，自言始末如此。自畫小象，墨瀋淋漓，塗紙殆滿，而細視之，雲氣矇翳，中有一人在焉，鬚髮面目，約略可辨，飄飄然具仙乎之態，仙命以此象供養玉山，唯亭趙元臨爲之記。繼復登百里樓，裴回久之始下。既下山，詣花神殿啜茗，山氣蔥蒨，勢若撲人。予欲作詩，興盡未成。嶺某剌剌背誦場中所作賦，頗堪驅斥睡魔，予亦誦《擬陸劍南〈題十八學士〉》七古一篇云：

有唐崛興事威武，四海群雄歸翦滅。褒公鄂公皆英姿，此才世亦無其列。試看傑閣同雲高，文章一代稱雄豪。功烈彪炳氣節懋，登瀛俯視嗤凡曹。太宗神武以開國，駕馭群才服心力。房杜謀斷不自誇，惟以諫諍匡君德。亦有功名嘆不終，鼎折覆餗譏非忠。立言思以空文見，雕蟲小技殊毋庸。褚歐書法古無比，乃其所有豈止此。披圖想見古賢流，令人千載猶興起。畫工下筆非偶然，鬚眉生動態曲傳。風雲際會真可羡，主臣契合皆由天。嗟乎！用世當思治世術，達則經綸窮著述。願今毋竊學士名，不朽有三言其一。

詩罷茗熟，已夕陽在山矣，匆匆而歸。

二十一日壬戌（3 月 25 日）。是日考蘇屬八學生員，蘇、長、元、吴文題《萬物皆備於我矣，反身而誠》，江、震、常、昭文題《仁義禮智根於心，其生色也，粹然見於面》。薪圃諸人皆黎明進場，同恂如往樾閣啜茗。張浦許小菊來訪，言近時家食頗不得意，擬將往游海上，冀有所遇，并托予逢人説項，爲之先聲。孫吟秋來訪，攜《西醫略論》、《内科新説》、《全體新論》各一册去。予前贈吟秋西書不下十數種，吟秋未有以報，今又爲此無厭之求，其貪可知矣。吟秋近挈家住義塾中，景況殊落寞也。

二十二日癸亥（3 月 26 日）。晨，往訪慕君於舟中，特市雞肉數簋，留予飯焉，潘恂如亦同往。慕君特詢士子人數，予答以文武生童一府一州不下七千餘人，慕君咨嘆良久，以爲人才淵藪。

二十三日甲子（3 月 27 日）。晴。是日考昆、新、太屬七學，點名殊早，卯刻有題，昆、新題《見不善如探湯，吾見其人矣》；太屬題《行義以達其道，吾聞其語矣》；經題《戴仁而行，抱義而處》；詩題《嶺上晴雲披絮帽》，得雲字，係蘇東坡詩。予草草畢事而出，天暖甚，祇可容裌衣，惜予篋中未之攜也。夕發家書一封。

二十四日乙丑（3 月 28 日）。晴。醒逋、恂如、康甫約作登山之游，予欣然重往，連袂出行。頃之，踴躍而至者，惺予也，小樓轟飲，肴饌都佳，酒罄無算爵，至花神廟啜茗。醒逋輩皆賈勇登山，而予與恂如對坐看山，殊有静趣。茶寮四壁，疥詩幾滿，而可誦者略有數首。雒誦久之，吟思忽發，乃與廟祝借筆題一詩其上云："頭顱三十不成名，竿木逢場悔此行。重見故山餘涕淚，喜從老友話平生。文章憂患兵戈感，身世悲涼兒女情。何日買田容小隱，好尋溪畔結漚盟。"醒逋游山歸，亦題一絶句，恂如亦有和韻，詩罷已夕陽滿樹矣。

二十五日丙寅（3月29日）。晴。是日考長、元、吴三縣童生，元文題《既竭心思焉》，長《既竭耳力焉》，吴《既竭目力焉》。是午，等第案已出，恂如列名一等十三。予將歸甫里，而苦無便櫂，夜至趙星泉寓齋，約同買舟而歸。飯後偕潘恂如往茶寮聽平話，講者係一弱齡女子，婀娜可憐，雛鳳聲清，殊堪悦耳。

二十六日丁卯（3月30日）。晨往樾閣啜茗，茗罷解纜，同舟者陳康甫、趙星泉、方筠卿、許少穆也。星泉，予舊時門人，作時文頗自刻苦，今歲可望獲雋矣。筠卿爲方惠卿錫恩孝廉之弟，曾從其兄至粤西，遍歷山川風土之異。惠卿涖任平樂府，其地瘠苦，新經兵燹，衙署草創，山巔賊又不時至，居民無完户，惠卿謂其弟曰："汝可歸矣。予爲王事，義無退理，汝局外人，戀此危地，徒取亡身耳。"筠卿乃束裝急返，中途經歷粤東、八閩，頗豁眼界，言廣州繁華，世莫能比，潮州六篷船，尤爲海内所無。是日午後抵里門，夜飯於許氏，同靄人往添園觀牽絲傀儡，所唱昆腔，抑揚殊爲合拍。噫！吾人在世，亦一傀儡登場耳，暗中自有爲之牽絲者。歸家尚早，伯姊從吴村歸寧，與之絮話家常。

二十七日戊辰（3月31日）。往第二酸齋，桐君出邱西堂所畫牡丹屬題，西堂著色鮮艷，迥非凡手。予頓憶昔年天風草堂庭中有牡丹數叢，深紅淺紫，綽約可愛，今已剗爲平地，問："何萎之速也?"曰："因礙路出入，爲人掘去。"聞之悵然。酒邊花底，别有感觸，輒題二絶句於上，不知作何語也：

已教辜負此生心，空向春宵夢裏尋。滿眼鶯花偏懶看，斷無一朵值千金。

記昔花開曾得見，重來惆悵已無花。年年改換東風面，錯認圖中是一家。

是夕，滌盦師留飯，設旨酒。

二十八日己巳（4月1日）。午後學中報至，吾里獲雋者二人，皆元和學也，馬醴園宛生第十二名，趙星泉慶清撥入府學第三名。予同醒逋往訪星泉，閒話片時，即偕至姚家館啜茗。既夕，恂如、醒逋偕予往酒樓轟飲。

二十九日庚午（4月2日）。偶至醒逋館中劇談，見其案頭有《松漠紀聞》、《形氣元珠》各一册，即乞之以歸。醒逋近日與予殊覺落落，二年不相見，而曾無一語款曲，真所不解。夜過第二酸齋，滌盦師剪燭命酒，即席有詩，謹和元韻一首：

春來百感總無端，拂面東風尚覺寒。佳節漸從異鄉老，門生直作故交看。十年放逐名心死，雙袖淒惶客淚汍。同學諸君半蛟虎，争誇西笑向長安。

滌盦師原詩附録：

離襟欲剖苦無端，不分春宵爾許寒。的的蠟花杯底落，疏疏霜鬢鏡中看。夢魂未要崇朝復有注，涕淚何妨向夕汍。許叔潘郎省得否，一枝蛇足萬人安。

滌盦師近日作詩頗勤，前集刻出後，現所作者已裒然盈寸矣。晚境如蔗，食之愈甘，真可喜也。

三　月

三月一日辛未（4 月 3 日）。晨往第二酸齋，留飯。夜，滌盦師特命廚娘烹飪佳饌，酤旨酒，相對細酌，酒罷聯句，共得七首，皆録如左：

寒暑幾回忽此宵滌盦，十分豪氣已全消。東風不上旅人鬢嬾今，南部曾聞玉女簫。楊柳鵝黄抽短短滌盦，春波鴨緑泛迢迢。傷離感舊無窮意嬾今，坐煞紅輪碧綺寮滌盦。其一。

四禪天上奈何天滌盦，孽海回波夜夜煎。生不能成安問死嬾今，道無可學志偏堅。喜聞畫鼓三千疊滌，怕弄冰絲十五絃。甘向石榴裙底拜嬾，湔裙時候破瓜年滌。其二。

百折柔腸百煉情嬾，匆匆上巳恰清明。紙錢麥飯沿江哭滌，夢雨靈風逐客行。豈必狂傖同阮籍嬾，從來癡婢屬康成。抛經閒對彈棋局滌，誰説心中最不平嬾。其三。

郭璞鍾情亦大癡嬾，石崇香棗儼當時。便教雞犬淩雲慣滌，休訝嬋娟化石遲。生死精誠容易隔嬾，合離因果有誰知。珍珠簾底通眉約滌，病起還吟捉搦詞嬾。其四。

莫聽街頭擊柝過滌，微吟不足且高歌。自憐孤子成名少嬾，須識風人托興多。寥落園亭餘繡草滌，縱横世宙半琱戈。王郎别有銷魂事嬾，肯學江郎唤奈何滌。其五。

一寸相思一寸灰滌，未聞泉下有書回。紅衣玉雪明明在嬾，翠羽明璫得得來。嘆逝平原空作賦滌，傷春庾信自言哀。勸君莫話年時事嬾，珍重當筵酒一杯滌。其六。

登真妙訣杳難尋孄，話到無聊話轉深。刻鵠書生埋白璧滌，爛羊都尉抱黄金。勞薪身世窮途感孄，變體文章小雅音。相對惺然緣底事滌，錯教好夢負香衾孄。謂桐君。其七。

詩既聯竟，已街鼓紞如矣。是夕宿於翦燭軒，與滌盦師同榻，桐君亦來相伴。自丙午秋應試白門，與滌盦師對榻論心，師弟之樂，近來罕有，今相隔十餘年，復見此樂，轉憶當年，感深欲涕矣！

二日壬申（4月4日）。晨，飯於第二酸齋。滌盦師是日大作雞黍，將招集壬釜、子柔、春伯及門諸子，并以詩簡友石丈云：

梅花香裏見來曾，同坐蕭齋半舊朋。久未從吾鏖七字，終須與子沃三升。吴天風月愁無賴，海國魚龍怒欲騰。仙佛一龕同證悟，少年可比老年能。

予即和韻一首呈滌盦師，兼伸謝悃云：

契合襟期得未曾，勞炊雞黍集賓朋。買田故里虚籌畫，負米天涯屈斗升。客裏光陰多感慨，酒邊意氣尚飛騰。春寒凄絶闌干側，催放庭花知不能。

午後，往訪楊野舲叔岳。野翁年近七十而起居尚健，近在同仁堂司會計，頗有餘暇。里中於行善公事，較爲認真，每逢朔望，必集議事。堂主金質人也，舊爲吴門彭氏所奪，醉酒樗蒲，凡事皆廢。近有以匿名揭帖投致彭中堂者，謂三吴漕糧之弊，吴中縉紳勾結官吏，以熟作荒，多不納糧，鄉民坐是大困。其能奉公守法者，爲訥庵潘氏，即侍郎潘曾瑩家也。他若彭氏及諸紳，恃威福而抗糧者，其弊不可枚舉，其論已有刻本，不著姓名，第署“吴中老農”四字而已。彭中堂已據實奏聞，謂族中果有不肖子弟犯此者，著地方官一例褫革嚴問，官吏矇蔽，一體治罪，故諸彭近皆畏事，而以堂仍還諸質人焉。

夜，小宴第二酸齋，同席曹友石丈以綸、許壬釜起、金子柔鎔、滌盦師及桐君世弟，嘉肴異饌，絡繹而至，頗稱饜飫，酒闌燭跋，戲效鮑明遠詩聯句：

一書久未通，偶見亦如夢滌盦。二載始得歸，好風半颿送孄今。三生有夙緣，高會群仙共子柔。四方珍錯羅，隔宵食指動壬釜。五味勝易牙，異饌烹龍鳳友石。六鈞挽未能，拇戰嫌太閧滌。《七發》吾敢陳，健句愈頭痛孄。滌盦師飲酒後，忽患頭痛。八廚固所難，道義由來重子柔。九轉丹已成，雞犬白日控壬。十洲渺何方，碧桃花落洞友石。其一。

一甌防風粥，啜之了無香滌盦。二月容易過，自笑春人忙孄今。三日始得來，今夕升君堂子柔。四壁何所有，滿架皆琳琅壬釜。五字鬥心兵，堅逾長城長友石。《六韜》愧未讀，奮臂掃欃槍滌。七賢方竹林，敢詡蘭陵王孄。八荒何空闊，逸翮淩雲翔子。九臯坐鳴鶴，戛戛排天閶壬。十畝倘可隱，與子同徜徉友。其二。

二詩已竟，街鼓兩撾，遂别。

三日癸酉（4 月 5 日）。恂如至吴門未返，施西霞約至茶寮啜茗，以無暇辭之。夜至獨悟盦，時醒逋方以祭餘數簋與沈益之昆仲大嚼，予闖然至，皆拉予同飲，然三人皆已醉矣，予略進燒春一巵即飯。酒後凄然有感，於席上成七律三首，追悼嚴規生，并眎醒逋：

此夕銜杯大是難，昔年朋舊半凋殘。鐙前各訝形容老，地下應憐風日寒。不識何時重得見，忍教相對渺無歡。歌離弔逝真凄絶，兩袖汍瀾淚未乾。其一。

人天渺渺斷知聞，花月凄凄已夜分。一别西風嗟隔世，重來宿草哭秋墳。死無後嗣知君痛，生不成名愧我文。冥漠精誠定無間，泉臺好把此詩焚。其二。

死友難忘生友稀，每歸與子話心期。十年湖海勞人夢，一卷風塵失意詩。因果茫茫前定業，乾坤落落數交知。還家見面時疏略，應未嫌吾過從遲。其三。

詩罷夜已深矣，遂各分手。

四日甲戌（4 月 6 日）。晴。是日恂如從吴門歸，同往游海藏禪寺，寺有送子觀音，香火極盛，友石丈爲之撰聯。午後往訪沈益之，劇話竟晷，益之與予爲僚婿行，娶野舲叔岳之女，所居室結搆頗雅，但稍局促耳。吴村周敬夫來，載予姊歸家也。敬夫予長甥，年十六，頗聰穎，惜浮薄而不誠實，非載福致遠之器。同李子勤往觀傀儡戲，周甥亦隨往，里中有神會。

五日乙亥（4 月 7 日）。陰晴參半，風殊大，欲往錦溪不果，乃解纜至角直涇掃墓。角直涇乃幽僻小地，人知者少，在尚明瀫之北。午刻始到，見纍然數冢，荒草叢生，有蕪穢不治之嘆。子孫不肖，使先人墳墓至此，深可嘆也。午後順風揚帆而歸，抵一村，有賽神演劇者，因停舟觀之。時天氣稍涼，田塍間頗有幽趣，菜花豆莢，時有香來。戲場側得晤劉根于，遂與緩行而返。

薄暮，往訪質甫二阮，質甫從張浦發疾送回，見其言語頗爲失次，蓋質甫素有狂症，今逢春疾發，店夥急送之回。恂甫三侄在吴門未歸。竹筠從兄所生二子，皆非飛黄騰達者。質甫極拙嗇，恂甫雖稍靈敏而好博，揮手十餘金，毫不知加以節制。予弟芷卿，烟癮已成，不可救止，其本性狷薄狂妄，尤易入於匪類。王氏自有明崇禎時必憲公至此二百餘年，僅得四男子，而皆闒冗不堪者，安望其能興起乎？思之可爲一大哭。

夜至第二酸齋，滌盦師沽酒留飯。酒半因話春伯北上事，師言春伯急欲入都，其意非專爲功名，或於外別有所眷也。桐君亦言春伯自斷絃後，聞有屬意之人，時壬釜亦在座，曰亦頗聞之。滌盦師并述其昨日所見事，因命聯句以調之，廋詞讕語，箇中人自知，不復注，要以詞多諧謔，旨寓勸懲，見者可無譏焉爾。

忽聽跫然點屐聲嬾今，洞房深處擁卿卿。三千里路書來早滌盦，十二闌干花正明。頰暈紅潮非爲酒嬾今，心通緑綺漫緣笙。潘郎大有相如癖滌盦，亂拍洪肩也得情嬾。其一。

中年絲竹最關情，簾底鸚哥花底笙。每到來時偏隱約嬾今，定於私處極分明。青衫邋遢休憐我滌盦，紅粉叢殘要哭卿。別有銷魂人不識嬾，銅壺促盡一聲聲滌。其二。

靦縷街頭簫管聲嬾今，香輿綵仗迓芳卿。連蜷髣髴魂何在滌盦，撲朔迷離見不明。黑獄風多吹鐵網嬾，白華詩闕補蘭笙。奈何面目從今換滌，辜負當年萬種情嬾今。其三。

是夕宿於翦燭軒，滌盦師飲酒過多，不覺大吐，猶自吟“心頭釀得桃花醋，傾吐都成白鳳凰”之句，并戲謂吾詩自人言，渠詩如鬼語。頃之，伏案醉睡良久，始强步入内。

六日丙子（4 月 8 日）。晨解纜至錦溪，奉母氏同去。午後始到，得見雪泉舅氏，知病已數月，兩腿爲風濕所滯，酸痛異常，不能著地，遍閲名醫，皆不能治，蓋暮年血氣已衰，非藥石所可建功也。蕖卿景況如前，而容略清瘦矣。飯於墨酣，舅衿及表姊姨輩見予母氏至，咸來相問，絮談别後景況，此中人情，頗謂不薄，親親之誼，較之吾里爲厚。飯罷，同南畇大表兄往茶寮聽平話，講者係女子，忘其姓氏，雖風韻猶存，而徐娘老矣。後復往游漱霞所，爲錦溪一鎮名勝處，瓘卿亦來合并，閒話良久。時錦溪文社頗盛，歲試者多列前茅，小試獲雋者一人，乃李秋農子也。夜宿於墨酣，是室爲南畇新築，榱桷之費幾千金，明窗臨水，楚楚有致，庭中花木頗盛。

七日丁丑（4 月 9 日）。蕖卿留予飯，雖肥魚大肉，而主人之意自重。南畇子小名魁元，年十八矣，頗能文。頃之，桂林表甥來，相見極歡。桂林，予舊時門弟子，人頗肫篤，容較昔美秀矣。聞其授徒於家，所入束修，一錢不肯妄費，亦有守者也。同蕖卿至蘭表姊家，見其小築數間，尚爲寬敞。蘭姊焚香奉佛，茹素誦經，居然一老媪矣。午後辭別諸人，同母氏解纜歸里，抵家夕陽尚未下也。

八日戊寅（4 月 10 日）。午後，同恂如、筠卿、湘舟詣景蓮居啜茗，放談一切，曹禮卿翼鳳亦來合并，談次頗自誇詡，狂妄之態如昨。吴下阿蒙云：别來三日當刮目相看，吾於禮卿未敢信也。薄暮往訪許壬釜，縱譚詩古文詞，壬釜特出《夏日游仙詩》一百首見眎。游仙之作，肇自景純，大抵托志烟霞，自抒胸次，餐英餌玉，通人寓言，要其中有憔悴惋篤、憂思不可言之隱在也，壬釜庶幾亦此意乎？壬釜特市佳肴三簋，留予夜飯，予以《靈芬詩話》六册假之。

九日己卯（4 月 11 日）。午刻，飯於第二酸齋。時予將之海上，滌盦師特命修書數函致諸君子。孫次公處售《同人詞選》二册，作書答之，并題雷約軒《蓮社圖》五古一章，詩附録於左：

士或不得志，借端遁於禪。典午當末造，海寓風雲顛。廬山亦人境，劫外開白蓮。銷夏爲結社，香花滿講筵。徒以一靖節，遂令千秋傳。魔祖即佛祖，遠公豈真賢。浄土本未有，焚修何其堅。拉雜龍華會，荒唐兜率天。孰具大智慧，斥絶諸俗緣。攢眉總自好，附火吁堪憐。願君面石壁，獨立成金仙。

此作命意不苟，雷見之應叫絶也。既夕，滌盦師命煮肴沽酒，復開小宴，并以話别，同席壬釜、桐君。酒半聯句，得四首：

醉倒吟臺也不妨壬釜，今宵且復罄離觴。酒鄉許我住三日孏今，筆陣從君鏖一場。師弟友朋皆至性滌盦，箪床釵盒劇迴腸孏今。鼠姑花底匆匆别壬，漫草驪歌一兩行滌。其一。

刻燭聯詩記自今孏今，更無人與此同心。狂來直欲排閶闔滌，愁劇依然擁枕衾孏。回首歡悰如隔世壬，昔年芳樹已成陰滌。臨風把袂知何日孏，花底尋還夢裏尋滌。其二。

渺渺天涯走碧車孏，莫教辜負此陰華。碧梧新月巢梁燕滌，紅豆華鐙側鬢鴉壬。浩盪關河驚客夢孏，縱横談笑落天花。王郎未得詩千首滌，許叔居然温八叉孏今。其三。

别固傷心話更酸壬，離悰震盪蠟燈寒。鶯花空有春前感孏，絲竹怎爲場後歡滌。六鑿三杯客易醉壬，蒼茫一字最難安。道場只許維摩做滌，墨瀋淋浪筆未乾孏今。其四。

詩成漏已二下，許壬釜潛自逸去。是夜宿於翦燭軒。

十日庚辰（4月12日）。晨飯於第二酸齋，有盛饌，潘恂如亦來合并。滌盦師命寄海上王叔彝慶勛一札，桐君以其先祖築生太夫子《殘夜水明樓詩稿》相饋，并古錦墨一方。予與滌盦師假《甫里志》四册，飯後遂辭别而去。里中小試，獲雋一人，陳嶺某希駿考新陽學，即予姨甥也。午後小集於馬氏館舍，澧園子沁波頗恂謹，時來者嚴忍之、楊醒逋、潘恂如也，各醵錢沽酒，作咄嗟筵，酒酣刻燭聯句，共得兩首：

匆匆又作餞行筵嬾今，明日春風各一天忍之。無定萍蹤參聚散醒逋，有情柳色感纏綿恂如。眼看諸子飛騰意嬾。時忍之、恂如歲試皆列前茅，心結連宵倡和緣醒。我欲援琴歌一曲忍，莫言海上有成連恂。其一。

擊缽催詩亦大難嬾今，梨花月上小凴闌忍之。杯盤草草今宵話醒逋，山水迢迢異地看恂如。一醉從君消塊壘嬾，十年嘆我尚貧寒醒。隔鄰小犬催歸急忍，從此天涯更尠歡恂。其二。

酒間醒逋言海上風景久未領略，約於秋間稍暇，買櫂來游，作平原十日之飲，并一觀於海，以擴眼界，予即堅之以詩，并以録别：

臨行話别儘深杯，何日看君得得來。鹽米光陰悲畹晚，鶯花景物惜遲回。愧無茅屋三間築，那得蓬門一笑開。喜爲老親祝强健，名心尚覺未全灰。

聞今年各直省恩科已准，吴門諸紳士議欲借浙江貢院以應秋試，撫軍業已轉奏，皇上特命部臣議覆，不知果能舉行否也。如果借浙應試，則路近費簡，且有西湖山水之勝，亦將隨行逐隊，以作此游矣。

十有一日辛巳（4 月 13 日）。清晨已覓得一舟，肯往海上，舟子姓司馬，予後村鄰家也。宋安溪來，以小象命題，即作一首應之：

好從仙佛結緣深，妙訣登真可許尋。階下芝蘭成獨賞，庭前松柏訂同心。十年自愧浮人海，小築居然愜素襟。却羨向平婚嫁了，買田我亦欲歸林。

醒逋、友山、靄人皆來送別，范秀石亦倀倀而至。予歸家幾匝月，未得與秀石一談，殊悵然也，臨別贈以二十八字：

君病我忙欲見難，〔歸來一月尠言歡〕①。東風又向天涯去，臨別匆匆把袂看。

是日下船解纜，已巳刻矣，舟中無事，同恂如聯句，共得二首：

風颿葉葉下吴淞恂如，渠自西來我欲東。惘惘別離違故里孅今，依依身世感秋蓬。衡山暮色蒼茫遠恂如，到耳鄉音約略同。今夕渡頭應可泊孅今，臨流把酒奠黄公恂如。其一。

只爲飢驅欲住難孅今，登程攜母强爲歡。相看白髮垂垂老恂如，漸覺東風獵獵寒。我輩消愁惟飲酒孅今，故人臨別勸加餐。還家略説相思苦恂如，袂上啼痕應未乾孅今。其二。

是夕天陰無月，恐將作風雨，泊舟黄渡，與鄰船首尾銜接。頃之，風定月明，放舟再行里許而止。晚飯後偶有所懷，詩以寫之：

晚飯無聊酒一尊，林梢罨靄已黄昏。櫓聲漸緩行隨月，

① 此句稿本原缺，據《王韜詩集》卷二《別范大》補入。

人語微喧知近村。海曲鶯花今日盛，天涯師友幾人存？凄然不寐緣何事，剪紙重招宋玉魂。予於丁巳仲秋抱病至海上，蒙規生贈鱸十笏，今没已二年矣。

十有二日壬午（4月14日）。晨陰，忽轉順風，舟抵漁姬墩，水甚淺不能行，乃小泊以待之。舟小偪仄殊甚，頗覺其苦，因念此行，慨然有作，得七律二首：

低蓬偪仄僅容身，坐便跏趺倦欠伸。尋樂有方詩亦好，破愁無計酒相親。只緣貧賤悲遊子，那得安危托故人。揮手匆匆從此去，鼠姑開到已非春。其一。

蓬萊清淺渺登天，跋扈飛揚讓少年。應俗文章方自愧，傲人骨相肯蒙憐。買來馬骨知非俊，老去蛾眉敢鬥妍。放逐海濱吾計左，幾時歸卧故江邊。其二。

下午潮至風順，遂放櫂啓行，傍晚已到老閘市。天忽雨，衣帽沾濕，著屐登岸，將行李各物挑運至家。是夜飽飯安睡，甚爲帖然，始知連日馳逐之勞也。

十有三日癸未（4月15日）。往小異齋中閒話，見其案頭有和吴子登嘉善詩一絶，婉約深遠，不蹈禪語窠臼，予欲爲下一轉語不能，漫作三首，聊以效顰，即同其韻：

閲歷乾坤溷主賓，早憐兩脚插紅塵。夢中證得前身果，本是清涼山下人。其一。

勞勞送客復迎賓，已分微生墮劫塵。明月一窗鐘一杵，惺然夢醒别無人。其二。

寂寂朱門斷舊賓，絲絲蛛網罥輕塵。東風閒着無情思，吹起落花亂打人。其三。

小異近於禕治文處譯改《美理哥地志》，已得數卷。米利堅新闢之地，人至者少，是編乃禕君紀其往來足跡所經，見聞頗實，倘得譯成，亦考證海外輿地之學之一助也。

十有四日甲申（4月16日）。聞英國公使額羅金之弟已奉英主諭旨，飭其駐劄中國京師，現從倫敦啓行，已抵新嘉坡矣。葉名琛在石花洲島，備歷艱苦，飲食幾致不給，現擬放回中國，不知部議將何以處之。夜閱邸報，知皇上於北闈科場關節一案，赫然震怒，柏葰家人靳祥已行杖斃，平齡乳藥身故，柏葰立行斬決。本朝自乾嘉以來，大臣即有大故，從未有誅戮者，前於疆埸僨事則斬青麟，今於科場舞弊則斬柏葰，柏位爲中堂，且係滿洲世族，而竟就戮西郊，不能保其首領，天威可謂烈矣！

十有五日乙酉（4月17日）。清晨入城，同恂如、春甫於樂茗軒小啜。午後往訪潘研耕，不值。偶閱香港新聞紙，知賊匪由福建汀州竄往潮州，攻陷大埔縣城，現圍嘉應州甚急，官兵出城接仗，屢次失利。粤西紅匪竄擾大烏，地方粤官欲於佛鎮行抽釐之舉，因此貨價陡漲，幾至罷市，倘堅欲抽釐，必致官民之心失和矣。塗遇宋小坡，知張筱峰近在此間。

十月六日丙戌（4月18日）。晴。吴子登來訪，壬叔與之劇談。子登人甚謙抑，工書畫，爲壬叔寫箑，但於尾署無聲詩數語，不著一字。又爲畫《太素圖》，空無所有，其中頗有禪機，即滌盦師《無我相圖》之意。文人好奇，喜爲人所未爲之事，不知已蹈空滑窠臼，在予毋寧徵諸實踐耳。

十有七日丁亥（4月19日）。晴。日長無事，偶讀《甫里逸詩》，其中可採者甚少。沈歸愚録入《國朝别裁》者僅三人：一許竹隱虬，以時文名家者；一許子遜廷鑅，詩有唐音，刻有《竹素園專集》；一陳樹滋培脈，爲漁洋高足弟子，與歸愚同選《唐詩別裁》者。工時文、得盛名而早卒者，爲朱鄧雲林，詩亦戛然異人。其他則文不動乎公卿，名不出乎里巷，偶爾題圖與宴，得一二章，即採入集中，皆不足爲詩。即其有科第者，出爲風塵俗吏，則廢其所學，而無暇專力於詩，曠乎皮陸之跡，邈千載而難繼矣。有三女子詩，亦平弱：一熊湄，字碧滄，嫁許爛石濰，即晚年稱六休道人者也；一畢著，字韜文，能武，新安人，嘗與賊戰，事蹟略見《別裁》中，《甫里逸詩》改爲名朗，想有二名也，著有《宿花盦集》。吾里故明遺民，有馬貳師，名起城，天啓時從桂王，封得宜陽簿，著有《長鳴草》。今載其《入秣陵》一絶，饒有風神："祖道誰將酒一杯，片帆獨向暮潮開。多情最是船頭雨，夜半和愁送我來。"流寓若客山李果，最爲矯矯者。

十有七日丁亥（4 月 19 日）。雲間張筱峰、丁步洲，青浦黄雪軒來訪，同往酒樓話舊，壬叔爲東道主人。肴炙紛陳，頗堪悦口，酒罄二壺。酒罷往環馬場散步，是日西人賽馬，士女觀者如堵。賽馬之法：各選駿馬，騎者各以五色衣爲别，約遠二三里許，立一旗，並馬疾驅，先至旗下者爲勝，例得重賞。勾欄中乘輿來觀者紛如也。觀後詣茶寮啜茗。薄暮入城，往訪筱峰不值，得晤胡舒塘，知其近設帳於粤人家，歲得百金。

十有八日戊子（4 月 20 日）。下午同壬叔入城，塗遇蔣劍人，因偕訪筱峰、步洲，邀至酒樓小飲，肴核紛陳，都有真味，酒罄數壺，醺然有醉意。酒間劍人抵掌雄談，聲驚四座，自言所作詩詞駢體皆已登峰造極，海上寓公無能抗手，獨於古文尚不敢自信。壬叔亦謂："當今天算名家，非余而誰？近與偉烈君譯成數書，現將竣事，此書一出，海内談天者必將奉爲宗師，李尚之、梅定九恐將瞠乎後矣。"筱峰聞之，意若微有不滿，引杯言曰："談詞章者尚有姚梅伯，明曆算者尚有徐君青，恐其亦至海上，則二君不得專美於前矣。”因轉謂予曰：“足下當力爲可傳之學，與二君鼎足而立，毋使其獨享盛名也。”

十有九日己丑（4 月 21 日）。微雨。薄暮，潘春伯從吴門來，握手道故，相見極歡，遂邀小異、壬叔同往酒樓沽飲，爲之拂塵。所陳肴核，頗有風味，春伯謂不輸吴中佳手也。是夕春伯宿小異寓齋，聯床對話，亦客中一樂。

二十日庚寅（4 月 22 日）。春伯持嚴君書往席閬夫處診病。閬夫爲海關總書，近得咯血症，已入膏肓，非藥石所能起也。予近欲採輯海上軼事，以備修志之用。明泰昌元年修《禮部志稿》，上海生員俞廷教亦預其列，然考之初編，並不載入，名爲薦舉，公移所無，殆入局以後續招協修與？

二十一日辛卯（4 月 23 日）。微雨。讀朱祖文《北行日譜》，覺其風烈不在古人下。祖文字完天，與蓼洲先生非有膠漆之好，徒以請旌一事感激於心，臨難從行，冒險不顧，爲之職納橐饘，爲之奔走稱貸，報答知己，可謂厚矣。嘻！友道今人棄如土矣，即不投井下石，亦祇袖手坐視耳，讀此能無喟然。

二十二日壬辰（4 月 24 日）。雨極大。是日賦閒，本擬同春伯散步城闉，奈檐溜如注，不能出户，乃往小異寓齋劇話，焚香静坐，消遣雨景，亦覺不惡。春伯來此無所遇，又逢陰雨，不能暢游，深爲悵然。夜讀《宋遺民録》未竟，卷末記元順帝係宋瀛國公子，又言虞集嘗私侍文宗妃，其意蓋欲爲抒遺民之宿忿耳。今此數條已爲鮑氏刻本删去，僅記縶虞集至京，以馬尾縫眼皮，夾兩馬中馳，後順帝赦免而兩目以瞽。一代文宗末局如此，殊可嘆也！

二十三日癸巳（4 月 25 日）。雨稍止。春伯將作歸計，薄暮共往黄壚小飲，聊盡三爵。春伯意將北上，予謂：“今年恩科業已准奏，而浙江借考之説，蘇撫已行上奏，特未知部議何如耳，足下可不必遠行矣。”

二十四日甲午（4 月 26 日）。飯後春伯回里。予以俗役冗雜，未得作一書呈滁龕師，殊爲闕然。

二十五日乙未（4 月 27 日）。偶閲范石湖《吴郡志》，見所載鱸鄉亭一事，如逢舊識。癸丑春，何學使歲試曾出是典爲賦題，當時場中莫有知者，予亦以無書可查，遂置之。今展卷得之，急録於左：

鱸鄉亭在吴江。始陳文惠公堯佐《題松陵》詩，有“秋風斜日鱸魚鄉”之句，屯田郎中林肇爲令，乃作亭江上，以鱸鄉名之。陳瓘瑩中主縣簿，嘗賦詩云：“中郎臺榭據江鄉，雅稱詩翁賦卒章。蓴菜鱸魚好時節，秋風斜日舊烟光。一杯有味功名小，萬事無心歲月長。安得便抛塵網去，釣舟閑倚畫欄傍。”

二十六日丙申（4 月 28 日）。薄暮偕壬叔登樓遠眺，時春日昌昌，百物争媚，妍紅柔緑，觸目生憐，而一入羈人眼中，別有感喟，況烽烟遍地，靡有寧居，而此彈丸寸土，肩轂摩擊，貨利駢集，爲海市之極盛，有心人托跡斯土，輒興曠懷。壬叔因成一詩云：

兵戈滿海内，猶得此登樓。人物合夷夏，賓朋感去留。翻風紅藥綻，壓地緑陰稠。未敢發高咏，青天在上頭。

二十七日丁酉（4 月 29 日）。偶閲《雲南志》云：“西漢元狩間，彩雲見於南方，遣使跡之至此，後代因之，置雲南縣。”雲南之名始此。合衆國禕治文欲考苗俗種族所由來，余考談苗諸紀，中國書籍所載夥矣。熟苗例許考試，幾與中國人無異，生苗獷悍之性終不能改。其苗語各處可通，惟苗字未嘗見耳。

二十八日戊戌（4 月 30 日）。前日爲春甫婚期，行夷禮。至虹口禪治文室，往觀其合巹，西人來者甚衆。禪婦鼓琴謳歌，抑揚有節，小異亦在。其法牧師衣冠北向立，其前設一几，几上置婚書條約，新郎新婦南向立，牧師將條約所載一一舉問，儐相爲之代答，然後望空而拜，繼乃夫婦交揖，禮成即退，殊爲簡略。午後至春甫家飲酒，同席小異、壬叔、恂如，其坐首席者，上邑丞胡君臨也。

二十九日己亥（5 月 1 日）。環馬場側有蜜蠟打毬房，西人每於閒時擊毬鬥捷。又有若鞦千之戲者，以一足踏板上，一手執繩，令其四面旋轉，久之乃下。蓋此皆西北角力之風，恐筋骨久逸則脆弱，故以此習勞，亦陶侃運甓之意。遼、金、元三朝兵强於天下者，悉以此法。

晦日庚子（5 月 2 日）。飯罷偶閱小異所譯《内科新説》，下卷爲西藥本草，而間雜中藥在其中。西藥性味，予所未曉，而其所用中藥治諸病處，恐不甚效。予謂西人於臟腑節竅，固屬剖析精詳，惟治華人内症必不驗，因純以霸術故也，蓋不獨飲食嗜欲之不同，秉體强弱之有異矣。小異謂合信氏始著《全體新論》時，遠近翕然稱之，購者不憚重價，及譯《西醫略論》，備及審證治療之法，而見者反謂無奇，想亦由中西藥石錯出其間，恐依法行之必無效耳。

四　月

四月朔日辛丑（5 月 3 日）。聞虹口近側西舶黑人，多有登岸酗酒、糾衆鬥毆而戕人命者，及官民緝聽，則遁匿無蹤，舶主多袒庇，不肯將犯人交出，領事亦含糊了事，地方官文移往還，置之不理。嗚呼！人命至重，西人直以兒戲視之，其肆横凶狠，以此可見，將來不知作何底止。偶閲魏默深《海國圖志》，云昔畢秋帆治粤，辦理夷務甚嚴，殺人則償命，西人不敢異言。後林文忠公接任，一循其例，事遂敗壞，今昔異勢，可爲浩嘆！

二日壬寅（5 月 4 日）。薄暮散步北郊外，偶遇吴人韓七，與之同行，經三茅閣板橋側，韓曰："此橋以閣得名，何以閣毁而橋存耶？"予謂此亦非舊時橋矣。三茅閣本建以祀三茅真君，雖高而甚狹，與橋適相對。其西爲延真觀，頗宏敞，外爲長人司廟，即春申君黄歇也，康熙時建，嘉慶七年重修，後經癸丑赭寇之亂，爲西人所毁，石橋亦被徙，距原處十餘丈重建大板橋，以便入城往來，數百年遺跡至此泯焉，亦可惜矣！今邑人重建春申祠於北城内，規模迥隘矣。

三日癸卯（5 月 5 日）。小異來言都中有書至，述及俄羅斯因割黑龍江地五十餘里，進獻砲五千尊、槍萬枝，盡運解天津，以備海防之用。俄人又願於天津築砲臺，高下長闊，一循其法。僧王不許，惟令其繪圖以進，如法建築，頗稱鞏固。又以牛皮十數重，中納絲絮，以障砲臺，上繫繩，可曳以開闔，人盡伏其中，燃砲則開，砲放隨闔。敵舟遠望，但見砲臺，不見有人，鉛丸無可着處，即着亦不能傷人。近岸處多釘木樁，潮退沙淤，人登，足即立陷；潮漲則有木樁阻截，小舟亦不能進，其備可謂周密矣。予謂備於不虞，古之善教也，然已晚矣。

四日甲辰（5月6日）。予嘗與蔣劍人論云："西國政之大謬者，曰男女並嗣也，君民同治也，政教一體也。"西人偉烈君亞力聞之曰："是不然。泰西之政，下悦而上行，不敢以一人攬其權，而乾綱仍弗替焉。商足而國富，先欲與萬民同其利，而財用無不裕焉，故有事則歸議院，而無蒙蔽之虞，不足則籌國債，而無捐輸之弊。今中國政事壅於上聞，國家有所興作，小民不得預知，何不仿行新聞月報，上可達天聽，下可通民意。況泰西之善政頗多，苟能效而行之，則國治不難。”予謂“泰西列國，地小民聚，一日可以遍告，中國則不能也。中外異治，庶人之清議，難以佐大廷之嘉猷也。中國多塗泥之區，土鬆氣薄，久雨則泥濘陷足，車過則倏洞窟穴，電器秘機，決然難行。他如農家田具、種刈利器，皆以輪軸機捩運轉，事半功倍，宜其有利於民，不知中國貧乏者甚多，皆藉富户以養其身家，一行此法，數千萬貧民無所得食，有不生意外之變乎？中國所重者，禮義廉耻而已，上增其德，下懋其修，以求復於太古之風耳；奇技淫巧，鑿破其天者，擯之不談，亦未可爲陋也。”

五日乙巳（5月7日）。聞江蘇鄉試借浙闈之説已准，下江在十月，上江在十一月。現籌經費不敷，擬蘇、常、松三府捐貲以稍賠補，其江寧等處，曾經賊擾及距浙較遠者，概不必捐。計生員每人捐錢四千，監、貢每人八千。邱伯深寄書至，勸予秋闈必去，以酬先人未竟之志，其意良厚，奈予於帖括一道，束諸高閣者已十餘年矣，今復欲執筆爲此，斷不能如時世妝之争妍取憐也，因此功名之心益灰，雖有名師益友，亦不能鞭策矣，念及輒自悔自憾也。

六日丙午（5月8日）。是日賦閒，入城散步，得遇梁閬齋，拉至酒壚小飲。閬齋自言於壬寅議和之後，曾至此間，北郭一帶，無非荒土，白楊蕭瑟，墳冢累累，貧民以屋售之，乃始登岸而居。後乃易搆夏屋，所有古墓，盡皆剷平，骸骨拋棄，目不忍睹。予聞乙卯夏間，西人發一瞿氏冢，石槨朱棺，系明時巨官棺，後户已朽，袍袴露焉，啓之見鬚髮儼然，顔色如生，衣則隨風盡化。其子孫易以他棺，遷葬别所，是亦受西人之一厄矣。掩骼埋胔，先王之仁政也，今乃斲棺出屍，於心何安？鬼而有知，何不能與西人爲讎？想其氣焰猶雄歟？酒罷往小室中吸片芥，得見樓頭麗人，静觀久之，可以消煩釋悶。天涯芳草，何處無之，特未知渠能識我王孫否也？

七日丁未（5 月 9 日）。劍人來訪，同至茶寮啜茗，予謂“近所著《六合叢談》中有《泰西通商事略》一卷，載其貿易粤東顛末甚詳。有明中葉辦理夷務海防事宜，最爲失策，番舶出入洋面，漫無稽察，惟知受賄免咎而已，故西人獨喜其政寬大，而謂本朝爲嚴刻。計英自康熙時在粤通商，設立公局，直至嘉慶間，未嘗一得志，蓋其時國中多事，米利堅義民叛於内，法蘭西强鄰逼於外，印度未取，國且中弱，故無暇與中國爲患。至道光時，君位已安，民心已固，財富兵强，駸駸自大，智謀英傑之士如馬禮遜、義律、羅伯聃輩接踵至粤，效中國之語言文字，漸有窺伺之心，而大逞其所欲爲，即無焚烟之舉，亦將别啓釁端，故不得盡爲林文忠公咎也。”劍人曰：“然以予所知，道光十六年已有夷舶至此間矣。泊於吴淞口，三日而後行，官民無如之何也。其船名何夏米，船主麥姓，有粤人爲之通事，聲言欲至滬通商。前數日，粤督、閩督皆有文移諭寶山縣云：‘凡遇此等夷船，決勿令其入口’，然夷舶徑抵砲臺下，守砲軍士以未奉命，不敢施放，繼雖有示諭‘捕漁船户當先報聞，不得交通’之語，亦不過具文而已。中國之弱，彼已瞭然，蓋其時海禁亦少疏焉。夫善爲國者，防患於未萌，弭禍於未兆。禁烟之時，已不可爲矣。素未有備，一旦猝發，無怪其蹶也。”

八日戊申（5 月 10 日）。飯罷無事，聚衆劇談，有言及舊歲天津定約者，謂城下之盟，大可寒心，我中國當思如何可以自振。余謂“津門議和，亦國家一時權宜之策，然此‘不得已’三字，最足以因循國事。今在廷諸大臣，無一能熟稔彝情者。制夷之善法，莫如勿當其鋒而承其弊，譬諸春秋之時，夫差争長黄池，方欲逞志於晉，而不虞越之襲其後也。滿必覆，驕必敗，天道然也。英得志於中國日益甚，則與國忌之日益深。今泰西戰爭方始，英自以雄國，無役不與，則其甲兵必日鈍，財用必日匱，耀兵疆埸，興戎肘腋，未可知也。然後中國審機以發，觀釁而動，或以夷間夷，或以夷攻夷，惟我所用，皆足以制其死命而安受其燼。若今以積弱之勢而又當此至凶之鋒，多事之秋而復增一至强之敵，是未明乎事之緩急、勢之利害、時之盛衰也，雖愚者亦不出此也。”客曰：“此説何時可應？”予曰：“以鄙見度之，其在二十年之外乎？此時中國豪傑講求已悉，必有驅除之法矣。”

九日己酉（5月11日）。邑人近將修縣志，予思略參末議，而苦無書籍可證。昔時所作《瀛壖雜志》尚未蕆事，而細閲舊志，挂漏尚多。舊志修於嘉慶十九年，主纂者爲李秋農林松，不過兩月竣功，故太草率。所採事實，於前明爲詳，於國朝反略，可見蒐訪之疏。自嘉慶至今又四十餘年，其間事實頗多，若使舊聞散佚，殊可惜焉。顧邑之有志，猶國之有史，操筆者必具才、學、識三長，然後可紀載必確，繁簡必當，毁譽毋徇情，斯爲嘉志也。余觀滬中人物盛於乾隆時，如陸耳山、趙璞函、褚文淵、張策時、曹錫寶、王元翰，皆名鑠當時，後稍淩替，然未嘗無人，但不能與先輩抗衡耳。江翼雲師嘗謂余曰：“滬雖偏隅，耆碩素來不少。文章如陸公之校理秘書，節操如曹公之疏劾權豪，死事如趙公之臨難不避，載在邑志，歷歷可稽，以一邑人才與海内並驅，可云盛矣。然自嘉慶間已云中弱，道光至今益不自振，可稱絶無僅有矣，盛極而衰，其勢然也。”

十日庚戌（5月12日）。薄暮得閒，與壬叔往訪公壽，劇談久之，即邀公壽往酒樓小飲。公壽不嗜酒，量不勝一蕉葉，所煮羹湯，僅食數匙，可云食少矣。公壽近畫山水，娟秀幽澹，迥超流輩，非烟火中物也。年止三十，即造此境，真罕得者。

十有一日辛亥（5 月 13 日）。午後無事，偶入西園觀劇，見其臺上所懸一牌，乃爲驅逐文士秋風計，大意謂捐局中經費無多，將上供軍糈，下給公食，以後凡有舉人進士分送鄉、會硃卷及士子送對等件者，概不敢領。觀此可爲一嘆，斯文掃地，名士不值一錢矣！予嘗謂滬雖氛濁之場而實爲利藪，所以至滬名士豈真有真實本領？不過提綾文刺三百，爲名利之奴耳，求其能砥節礪行、氣誼相孚、清操拔俗、一介不取者，豈可得乎？

古之所謂名士者，懷抱經濟以待時，植立型坊以勵俗，世不我用，則食貧終老而無悔；人不我師，則返躬自修而益勉。豈有僕僕求人，孳孳牟利，刻數卷詩詞以爲乞錢利器，假當道柬札以爲調金要符，妄自炫耀，互相標榜，猶復誇於人曰“千秋千秋，傳人傳人”，爲之清夜以思，直堪愧死！間嘗論之：意氣僞也，標榜濫也，性情漓而不真，學問駁而不純，蓋其人欲出而交名公鉅卿，必且謬托忠孝，佯慕義烈，杯酒之間即許以馳驅，拔劍慷慨便欲殺賊自效，而按其實則無有焉。附之則升天，排之則入地，雖有可傳之學而欲見己所長，必且加以醜詆。苟得過盛之名，亦將隨聲附和而不敢摘其巨瑕，其毀譽無當於人矣。偶得一友，則遽述其吹噓；乍覯一人，且暗審其貧富。周旋揖讓，爲謀食具文；談吐詼諧，皆求錢地步，久而習之，必致面目可憎，性情日變。詩文本屬小技，曾何足重？一有騖外之心，即無爲己之實，剽竊故紙，雜綴膚學，遽以問世，其實於己無所得，於人亦無所裨，不過供餬窗覆瓿之用耳。此風開自明季而盛行於乾嘉之際，至今浸染未變，而滬中來者尤多。予著此論，見者勿詫爲過激也。

米利堅人馬高温來，以《日本考古器》諸書相眎，器上多刻各國古字，有一石籤，上鐫字若草篆，倭人謂係苗字，云出在《西番譯語》。遍檢是書，並無苗字，殆人僞造之而妄引一書，以矜其博考耳。

十有二日壬子（5月14日）。飯罷，往虹口白華院訪馬高温不值，乃至禪治文樓，見小異譯書未畢，因予至，偕往浦濱散步，帆檣林立，水波浩盪，頗豁胸襟。薄暮，閬齋來訪，同入城中，小異、壬叔偕去，詣樂茗軒小啜。閬齋酒渴欲死，乃至黄壚沽飲，酒間抵掌劇談，各言己志。壬叔言："今君青先生在此，予絶不干求，待其任滿時，請其爲予措資報捐，得一州縣官亦足矣。"小異曰："予則不然，願赴鄉、會試，得一關節，僥倖登第；否則至軍營效力，殺賊得官；否則專摺保舉，如周弢甫之以奇才異能薦，舍此三途，寧終老風塵耳。再不然，剃髮爲僧如覺阿故事，搆一蘭若，環植萬梅花樹於旁，亦可了此一生。然情緣未净，捐棄妻子，有所未忍。"閬齋曰："待我得志時，公等之事皆易辦也。"予在旁默默微笑而已。是夜留小異飯，劇譚至二更而去。

十有三日癸丑（5月15日）。雨。入城同吉甫昆仲啜茗。聞俄羅斯在天津有索地開釁之事，粤氛未靖，邊釁又生，時事真不可爲，但不知此消息果確耳。午後至閬齋寓，冒雨同往酒壚小飲，三爵而止。雨中遍訪錢壽桐，詢之鄰近，人無知者。甚矣寄書郵之難作也！夜閲邸報，見勝保奏：官軍進剿圍攻之賊，總兵柏山前行衝陣，馬蹶被殺。又見僧格林沁奏：去年四月，大沽打仗，都司訥勒古了無下落，現在海防緊要，沿途營官總宜實缺云云。觀此則京師尚有戒心，而防務未能撤矣。

十有四日甲寅（5月16日）。壬叔言前日魏默深之侄盤仲來訪，人品學問，卓然異人。雨窗無事，戲談狐鬼。予言北地多狐而南方絶少，壬叔謂間亦有之。前海寧建有行宫，天師府中特派狐一群，以備朝夕灑掃屋瓦。其類甚多，宿於行宫側水仙廟内，每逢客官借居是廟，則合家徙去，空則復來，率以爲常。人以其守禮安分，亦不之異。忽一日，有一老媪詣郁氏求屋，指一大樓而願出二百金爲賃。郁氏見其蹤跡殊詭，姑許之，倏忽不見，乃悟爲狐。頃之則樓上人聲喧雜，香氣馥郁，知已遷至矣。越數日，媪復來借床，言從山東娶婦，小姑可去隨喜。小姑者，郁氏幼女也，郁亦許其隨往，繼歸則言樓中陳設精麗，房特宏敞，重帷密幕，隱約數十間。諸婦明璫翠羽，皆如天仙，所貽鮮果，非近地所有。如是每數日輒招小姑一往。成婚之夕，空中簫管悠揚，肴炙之芬，溢於衢路。郁女歸，歷述所見，且言賃金在梁上，可待去後取之。婚後數日即去，寂無他異。同時有何二姑者，往據陳姓内室，不見其形，惟其長女見之，與之極相契好，形影無間。自言從山東來赴宴者，不久當去。工刺繡，頃刻能成，遠勝針神，所饋陳氏珠翠無算。陳氏子美豐姿，自二姑來後，日漸尫瘦，坐是竟死，人皆疑爲二姑所蠱惑，而陳氏諱之。薄暮，往閩人公墅詢益扶疾，特市雞脯留飯。夜，小異來舍劇談，言英公使於今日從香港啓行，葉名琛病殁於石花洲島。噫！同一死也，兹晚矣，且鴻毛之不若矣！

十有五日乙卯（5 月 17 日）。積雨初霽，林烟猶宿。薄暮，同壬叔往訪公壽，與之縱談書畫，約往酒樓小飲。所煮鰣魚極肥美。酒罷飯飽，同公壽供養烟雲，亦是一樂。夜閱邸抄，知軍興以來，需用浩繁，庫藏久虚，餉源屢絶，而江南所設籌餉局，捐數實多，計自咸豐七年七月開局至年底止，共收正項、雜項銀三百四十萬兩。八年正月起至年底止，收銀五百十六萬兩。司道關庫正款銀二百八十七萬九千餘兩，上海各捐銀一百六十九萬七千餘兩，蘇、松、常、鎮、太等屬各捐銀並捐錢易銀共五十八萬兩，又收錢六十萬串。以江蘇一省，其數可以當北方數省；以上海一隅，可以當蘇省之半，可謂富矣！按上海税捐整頓之初，收數較旺，自上年正月以後，浙東告警，貨物阻滯，捐釐漸形減色，又值各國議事之時，商賈觀望，遂致各項進款報解寥寥，然金陵大營招募新勇、填紮空營、開築濠墻、增製軍械，添撥之款皆出其中，則上海通商之利所係非淺也。

十有六日丙辰（5 月 18 日）。見邸抄中御史王憲成一札，言洋藥現准出售，請減吸販罪名。按洋藥載在《本草》，用以治病，乾隆以前，海關《則例》列在藥林項下，每百斤税銀三兩。今新例亦准商民售賣，如有開館聚集者，問係官員、兵丁、太監人等，按照舊例治罪，私售藏奸者照聚賭例治罪，自三月初二日爲始，是亦因時制宜、變通盡利之意也。薄暮同壬叔入城，往訪龔守畬、魏盤仲不值，得見沈鏡懷，略談數語即别。後偕桂秋田至凝暉閣啜茗，日暮碧雲合，美人殊未來，悵怏而返。

十有七日丁巳（5 月 19 日）。薄暮，唐芸閣偕馮杏泉來訪。杏泉，吴門人，能鐫刻。繼閬齋、小異皆來，遂同往環馬場散步。閬齋酒思忽發，登樓沽飲，蠶豆鮮嫩，頗堪下箸。夜留小異飯，言及法國前日招募丁勇，修治器械，若有啓釁鄰邦之意，現將與墺地里戰，墺亦强國，未知孰勝。泰西諸國，各相觀望，貨物爲之壅滯。近聞以通商之故，又將與安南從事，諭諸國毋得入其境。噫！是亦黷武矣。總之泰西數雄國正當强盛，志在耀兵，恐其弗戢自焚，一蹶而不可收拾也。

十有八日戊午（5 月 20 日）。聞江北賊氛甚熾，然何制軍隨星使駐劄此間，未聞撤回，想邊警尚未急也。吴道普觀察有書從吴門至，言《瀛壖雜誌》已在荷汀司馬處，修邑志時定當採入也。閬齋來，以金扇一柄乞陸椿年書小楷。

十有九日己未（5 月 21 日）。小異來舍，同往小店食餛飩，味頗美。薄暮往閩人公墅詢益扶丈疾，診其脈，弦數而細如亂絲，殆不能起矣。丈素日頗健，而自奉甚儉，日食饘粥，今春咯血，舊症復發，腰脚已弱不能行，而猶不肯服食補益之物，年已七十，血枯液竭，尚不加以攝養，至此已不能爲矣。夜留小異飯。

二十日庚申（5月22日）。微雨。往訪芸閣，歐陽子庸、陸椿年亦在。子庸以芸閣所畫《墨牡丹》屬題，爲作一首，即和其韻：

對鏡羞爲時世妝，縱慚無色詎無芳。春風一尺原輕虢，墨汁三升敢笑王。心地空明知守黑，文章黯淡任雌黄。胭脂肯向人間買，醉筆淋漓興未央。

子庸復以《行乞圖》求題，且言將從軍三山，乞詩爲贈。子庸閩人，其父賈於咬嚁吧，爲（必甲丹）〔甲必丹〕，貲財甚富，父殁中落，故子庸頗熟於海上掌故。從軍江北已七年矣，今因公幹回滬，不日將束裝而去，其言曰："男兒以馬革裹屍，亦是快事。"其言頗壯，予漫作二律云：

海内烽烟滿，棲棲靡所安。相期爲小隱，差幸是卑官。作客羞垂橐，逢場促上竿。聊將知己淚，遥向秣陵彈。

養親兼報國，素志已無羞。肯向風塵老，詎爲升斗謀。枕戈殘月落，擊楫暮潮愁。殺賊平生事，功名笑馬牛。

是二詩即和其自題元韻，復代芸閣題《墨牡丹》云："聊研王勃三升墨，學畫人間富貴花。不買胭脂描亦就，却將麄俗笑劉家。"詩罷，子庸邀往酒樓小飲，聊盡三爵。酒後往訪閬齋，時閬齋方作烟雲供養計，因亦吸數管，出城已昏如墨矣。夜往閩人公墅詢疾，即留不寐，危坐竟夕。時滬醫張玉書已來診視，言其不治。

二十一日辛酉（5月23日）。晴。晨，同小異、子登至環馬埸酒樓小飲，蓋小異是日將歸，予與壬叔特祖帳餞之也。子登飲量甚豪，酒罄四壺。鰣魚已老，味不甚佳，所煮江瑶柱湯尚鮮。小異此來頗不得意，且以海上夷夏雜糅，不樂久居，去亦無一枝可借，惘惘而歸，殊有可憐之色。吾知此去不復來矣，相見何年，空於夢中遇之耳。

二十二日壬戌（5月24日）。雨。時久雨，藝秧者甚苦之。上邑郭外有漁姬墩，邑志謂因漁婦而得名，俗訛稱爲野雞墩。偶閲沈夢塘孝廉《桂留山房詩》，則又呼爲虞姬墩云："漢殿秋風雌雉啼，江東坯土拜虞兮。項劉不是争墩客，誰把墩名誤野雞。"沈夢塘名學淵，與陸曼卿孝廉旦華交最密，嘗贈以詩云："六年前赴看花約，載酒春江款竹扉。苦憶旗亭重握手，燕山二月雪花飛。"陸曼卿世居上邑之法華鎮，家有嘯樓，結搆頗雅，死後書籍零落殆盡，亦可嘆也。其子仲瞻課徒爲生，予嘗識之。

二十三日癸亥（5月25日）。有客從粤東來，言及昔時之盛，爲之欷歔不置。客謂自西人啓釁後，市廛蕭索，富户多遷徙他處，華屋間有爲西兵析爲薪者。西人以木表立道，標曰此英界、此法界，其意竟將據爲己私，畫地建屋矣。因話讖緯之學不可不信。舊時粤民掘地得碑，上有一詩云："錦繡羊城八景空，烟消月落海沙紅。白雲山下傳書表，萬里蠻夷一嘆終。"今上二句已驗，下二句亦必有應，特不知白雲山在何處耳。

予觀天下大勢，中國而外，土地之大莫如俄，甲兵之强莫如英與法。法與英本世仇，因助兵伐俄，締好已密。然彝性無常，一旦見利所在，不能保其不敗盟也。英本國之地甚小，孑然三島，孤峙海中，與法僅隔一海，旦夕可渡。英所恃者，其一在通商徵税，其二在印度轉輸賦財，調遣軍旅。今印度兵變，屢征屢叛，如人之外强中槁矣，加以米利堅方興之國，在其肘腋，常有襲英之心，日與其上下兩院相議，英未嘗不隱備之，特以米利堅無機可乘耳。若我中國，妖寇蕩平，以百勝之兵與印度從事，許法、米以重賂，要之盟誓，令襲其國，得之則分裂其地，各海口通商之處同時舉事，猝不及防，勢必熸焉。一則鼓厲粵東義民，責以恢復城垣，有戰而無和，有進而無退，使數十年之夷氛洗於一旦，詎不大快人心？然而必不能也，徒托諸空談而已。

二十四日甲子（5 月 26 日）。晴。薄暮散步郊坰，信足所至，得一地頗幽，流水一灣，垂楊數樹，小樓半角，疏簾四垂，此中有人，呼之欲出。夜復入夢，見雙扉忽闢，一垂髫婢前致主人命，肅予入焉。既及階，一女子降榻相迓，容華耀人，不能逼視，出團扇屬書，予書梁武帝《蕩婦秋思賦》一通，女子覽之，微有愠色，凴闌凝佇，若有所思，忽脱腕上玉釧，擲地作聲，予遂蘧然驚醒。

二十五日乙丑（5 月 27 日）。雨。米價陡長，恐研田亦荒，侏儒不能飽食。

〔二十四日〕（二十六日）丙寅（5 月 28 日）。雨。短窗小坐，裹足不出，滿眼芳菲，俱被雨師斷送矣。壬叔將數年中詩鈔成一帙，意將付梓，予見之不覺技癢，日冉冉而老將至，實學未成，虚名未立，輒唤奈何。

二十七日丁卯（5 月 29 日）。微晴。晨，著屐入城，泥濘不可行。静坐潘氏小室中，得詩數首，皆題《墨牡丹》作也，七律次歐陽子庸元均：

富貴何須更炫妝，模糊色相自芬芳。未除黑業歸香界，且著緇衣懺法王。點筆東風辭絢爛，卷簾殘月照昏黄。迷離艷影渾難辨，燭暗幃深夜已央。

七絶二首，壬叔爲之點竄數字，亦録於左：

墨漿一斗潑水絲，淡淡濃濃寫幾枝。俗眼不知文字貴，金錢浪費買胭脂。

艷絶元妻却洗妝，如雲鬒髮自生光。天心似厭繁華習，香國新封即墨王。

壬叔云有人題《墨牡丹》云："十指濃春收不住，潑翻墨汁當胭脂"，句亦生辣。午後訪梁閬齋，以麵及饅首相餉，并出《五鶴堂印譜》示予，題詩其上者約數十人，皆江浙名士也。閬齋自言其派出自文三橋、何雪漁，非浙中麄硬槎枒之比。一技之長，足以傳名，因知千秋不朽，亦在自爲之耳。夜往閩人小墅詢疾，惠卿亦來，因留不去，相對竟夕。病者神識已昧，氣息僅屬。噫！飄泊天涯，了此一生，深可悲也！

二十八日戊辰（5月30日）。微晴。晨，見《浙江通志》主修者係上海人施維翰研山也，研山事蹟未知曾載入邑志否，暇當檢閲之。借得《寫韻樓詩》一册，係吴江吴珊珊夫人所作。夫人名瓊仙，字子佩，珊珊其號也，平望人，年二十嫁梨里徐山民達源待詔，夫婦倡和，甚相得也，年三十六卒。其子雙螺晉鎔刻其稿，略録數首，以備他日詩話中採擇。

題郭文學《寒爐買醉圖》，次素君女史韻

西風漸緊葉聲乾，況對青山分外寒。沈醉難消愁易老，不知憑遍幾闌干。山紅澗碧有人家，遮莫餘杭酒可賒。何不臨邛親滌器，年年中酒在天涯。

花　朝

不倚闌干不倚樓，春風一榻懶扶頭。花開莫要兒童祝，祝得花開不替愁。

思　親

東風惻惻水羅羅，渡夢無舟怨緑波。春去偶來湖上望，落花不比别愁多。

送春前一日作

風雨又絲絲，黄昏夢破時。惜春春不管，説與落花知。

斷句如《咏螢》云："月黑移來星一點，風高扶上閣三層。"《對月》云："薄寒如此春三月，殘夜分明水一簾。"《秋夜寄外》云："小院秋深蟲語亂，空階月落葉痕涼。"《酬袁湘濂》云："世無知己誰同調，詩到能傳必異人。"《即事》云："明月不來花又落，夜涼閒煞好闌干。"五言如《紙窗》云："蛛絲縈隙影，蠅鼓迸晴聲。"《夜霽》云："竹光明滅裹，花氣有無間。"珊珊亦能詞，聊記一闋於此：

正月十二日，外子風阻吴江，作《菩薩蠻》詞寄藥，緘酬一闋

一番風信春來矣，如何寂寞孤篷底。鈴語聽無聊，三更第三橋。　　癡情誰解得，細與殘燈説。燈不管人愁，花開

偏並頭。

姚棲霞女史臨終有“冷夢未成燈自滅，疏鐘畫角一聲聲”之句，載珊珊詩注中。珊珊家藏顧横波《墨蘭》一幅，上有柳蘼蕪題句，今摘一聯云：“世眼大都看色相，枝頭何不點胭脂？”

二十九日己巳（5月31日）。見直隸督臣恒福一摺，言析津爲海防要道，非尋常可比。僧格林沁晝夜在工，木樁、砲臺皆極堅固，層層佈置，節節謹嚴，所有鋼鐵小砲，開放極靈，已運百尊至津應用。又勸各官紳捐餉集事。觀此則天津防守之説不虚，和約必將中變。今星使猶在此間，未必不爲是事，其意欲勸阻西人入京之舉耳，然以予觀之，則難矣。巳刻，益扶丈卒。

五　月

五月朔日庚午（6月1日）。前夜留宿在閩人公墅，籌辦益扶先岳喪事。益翁囊中並無所蓄，病時所用，乃係英譯官密妥士之夫人所贈，死後不名一錢。檢其箱篋，僅有皮、棉、單、裌衣數十襲而已。乃往見南館董事章薌閣，則言閩人公賻三十金及一柩，餘事惟君酌辦，喪具稱家之有無，勿過靡可也。是日未刻入殮。嗚呼！人生到此，天道寧論，没世無稱，蓋棺論定，君子於此有深痛焉！憶予與益翁相識已十年矣，始投縞紵，繼締絲蘿，其交亦可謂密矣。乃益翁晚年與予頗疏，原其故，因城陷時寄居我家，微有芥蒂也。益翁性迂訥沈默而不免猜刻，出門數十年，無首邱之思，於父女甥舅間絶不言及家事，故余亦不知其家中有何人也。及死後啓篋，得見其往來手札，始知有侄宜恕，屢勸之歸，而益翁遲迴不決，尚有出山之想。古人云：鐘鳴漏盡而夜行不休。真可嘆也！益扶名謙晉，字牧疇，原名謙光，嘉慶癸酉舉人，丙戌大挑一等，前任安徽建平縣、戊子江南鄉試外簾官，祖籍同安，現居臺灣。

二日辛未（6 月 2 日）。晴。閱邸抄，知河撫瑛棨撥銅鐵小砲從豫省抵津，防務殊爲緊要。予意我國既與西人議和，防務固未可撤，特不應如是之嚴密，豈以舊歲兵威未壯，佈置未備，故暫時委曲順從，今已戒嚴，可以因其來而拒之耶？然果如此，則非所以待遠人之道矣。

三日壬申（6 月 3 日）。客有以殷兆鏞奏摺相示者，所言亦未嘗不是，然當在國家全盛之時，不宜在今多事之際，勝猶可言，敗必不支。長髮猶烏合之衆，而泰西各國非其比也，且其志在通商，而非利吾土地，今驟與之絶，勢必搆兵。西人勝而求和，愈長其驕；敗則將勾結長髮，狡詐百出，害有不可勝言者。爲今計者，當全力以制賊，賊滅而世治，然後講武厲兵，訓民足食，而徐議其他，所謂時有强弱，勢有緩急，事有利害也。客聞言，唯唯而退。

四日（壬寅）〔癸酉〕（6 月 4 日）。西人新聞紙至，言墺地里與那不勒戰，殺其王，法急出兵，與之復讎，墺不戰而潰，墺王近貨其宫庫珍寶以犒軍士，將與法一决雄雌。原其搆釁之始，乃墺與那接壤而侵食那地，法斷令歸那，墺不從，故有是役。又言紅海中所製電氣秘機已成，可由印度直達英國矣。予謂秘機洵速，而功鉅價奢，在中國决不能行，不如戰艦火器，尚可仿其法而爲之。或云船砲之利相等，則不過同其强而已，有哲人出，必思所以制之，則可彼弱而我强，然而未易言也。

五日甲戌（6 月 5 日）。清晨入城散步，午後往訪唐芸閣，得晤閬齋，同往酒壚小飲，三爵而止，已覺微醺。復往小室中作烟雲供養計，醉飽之後，稍吸一二管，亦可以袪疾調胃也。

六日乙亥（6 月 6 日）。微雨。薄暮，沈儆之鏞從吴門來訪，相見歡然。徽之，予十年前老友也。予於道光己酉杪秋至滬，即與徽之相識，昕夕過從，後於庚戌七月間不辭而去，信息杳如，今重來滬上覓食，復得相聚，不可謂非前緣也。是日爲益扶先岳第一七日，羽士爲之誦經，循俗例也。所遺書籍約有一橱，爲之檢點登數，以便鬻去，然所存自《十三經注疏》外，佳者寥寥，時文數十部，皆不值一錢。聞行有林西官者，將啓行至臺灣，爲作一書致其侄宜恕，書中略叙顛末。宜恕居臺灣西城。

七日丙子（6 月 7 日）。午後，應雨耕從香港來訪，此見殊出意外，急倒屣迎之，知其於昨晚始到。英公使卜魯士、副公使楞輔、總譯官威瑷瑪俱從火輪師船至，不日將詣北京，故雨耕居於舟中。數語後即往環馬場散步，雨耕有弟曰蘭皋及同事張蕙生俱來，蕙生粤東人。是日雨耕以時晚，不暇飲酒言歡，匆匆遽去。

八日丁丑（6 月 8 日）。飯後，雨耕即同其弟蘭皋來舍，特以寶劍相贈，殊可感也。約入城中作竟日之飲，即偕登叶萃樓，置酒小酌，所煮肴饌，味頗甘鮮。雨耕言今日星使有文移至英，謂至京之舉，尚宜和衷酌議，況火輪航海，其至甚速，而陸行極爲遲緩，至京後無中國接伴之員，深爲未便。英公使答以交换和約，不可誤期，駐劄京都已有新例，此行斷不能勸阻也。噫！外邊人言藉藉，皆以天津防守綦嚴，意將與西人從事，釁端一開，中原事恐不可爲矣！

九日戊寅（6 月 9 日）。雨。午後，應雨耕遣輿夫來招，即乘輿赴約，同登醉月樓小飲，烹飪甚佳，可供大嚼。雨耕言此行不知和戰若何，特以我國大臣不能熟稔彝事，以爲英酋駐劄京師，大失國體，大有齟齬，不知泰西各與國原有此例，兩相遣使，互駐都中，使往來情事不致壅於上聞，其實於大局並無損害。況舊歲定議和約時既許之，而今又不踐其言，使四彝知盟誓爲不足恃，綸綍爲不可信，而以後之事愈不可爲矣。今英酋卜魯士亦有備矣，計水師提督所統兵船十六艘，志在邀戰，倘過之不行，必將如瘈狗之反噬。楚氛未靖，邊釁又開，智者不出此也。若大臣欲顧惜國體，則國家本設有國學，藩屬子弟例許入學誦讀，兹亦可勉援斯例，藉以掩飾。盛衰不常，局勢迥異，當局者當善爲變通耳。酒罷往吟松鋪中小坐，天將晚，匆匆遽别。

十日己卯（6 月 10 日）。雨。午後，應雨耕同其弟蘭皋、侄明齋希瑒及張少屏蕙生來訪。蘭皋以明日將北行，以其子明齋相委，欲予爲之覓一安居所，因同往酒樓小飲，酒味殊醇，爲罄數觥，肴饌亦精，但不能安榻褥、吸片岕，殊敗人意。明齋時病風濕，不食海物，人殊静穆可取。

十有一日庚辰（6 月 11 日）。是日應明齋攜卧具至，乃暫以醫院一空屋處之。蓄一貓，毛色黑潤可取。午後，雨耕、少屏來訪，閒話良久而去。晚晴。

十有二日辛巳（6 月 12 日）。是日得賦閒。晨，雨耕來，邀同壬叔至西園散步。園中景物頗可人意，因載酒往東園小飲。折簡招陶星垣來，開尊話舊，得訴闊悰。須臾雨至，頓覺涼爽，披襟當之，有大王雄風之想。雨耕曰：“予於乙卯五月將至粤東，同人祖餞於此，臨别依依，有不忍之色。今相隔五年，復來此土，爲意中所不及料，雖風景如前，而迫於行役，無暇留連，爲可感也。”下午始散，復至余舍小坐，良久乃去。

十有三日壬午（6 月 13 日）。雨。裹足不出，静坐觀書。偶閱《吴中水利書》，爲上海王圻撰。圻字元翰，明嘉靖乙丑進士，曾撰《續文獻通考》者。圻以吴人而談吴地，宜其無誤，然不明赭山有二，源流未清，猶不免有舛謬也。

十有四日癸未（6 月 14 日）。微晴。午後，應雨耕遣人來招，予往見之，乃在吴氏小室踞床吸片芥，張少屏亦在。雨耕口渴欲死，予饋以盧橘一簍，聊以解饞。烟雲供養罷，即往酒樓小飲。時英公使準於明日啓行，雨耕以相見伊邇，遽欲遠行，席間每忽忽不樂，酒闌興盡，即復相别，予送之浦濱而返。

十有五日甲申（6月15日）。清晨呼舟往黄浦，登英公使火輪師船，與應雨耕作别，時已煮煤，煬竈間已烟直上矣。予問雨耕以何時行，則云午後將起錨解纜矣，計風順至津門不過二晝夜。

（録自上海圖書館藏稿本《蘅華館日記》）

六　月

咸豐九年歲次己未六月朔日己亥（6月30日）。吴江沈儆之抱病來舍，言將遷於新屋中，與應伯瑜同居。予謂君病已甚，似不可易處。診其脈象，弦而息數，危症也，勸之回不聽，無奈何，令其婿李筠庭偕往扶掖登接。薄暮往詢之，見其神識尚清，應對了了，始心安而回。

二日庚子（7月1日）。晨，遣价問沈君疾，歸云耳聾矣。沈君資斧已竭，而醫藥所費甚巨，筠庭少不更事。

賀友納妾：

近聞閣下種玉有心，量珠作聘。明月之旁，一星遂耀；名花所過，匝市爲傾。戲呼曼倩之小妻，雅稱康成之詩婢。玉臺既下，金屋遂藏。慧心可媲乎清娱，高識無殊於絡秀。調别院之偏絃，珠徽耀色；搴曲房之翠縷，錦帳生春。將來劉家妙侍，能誦靈光；阮氏清門，定生遥集，有可必矣。某願學劉楨之平視，慚無僧綽之新詞。敬肅蕪函，藉抒賀悃。

（録自上海圖書館藏稿本《蘅華館日記》）